合格テキスト

テ キ ス ト

よくわかる**簿記**シリーズ　　TEXT

日商簿記**1**級

商業簿記・会計学

❖ はしがき

　現代はＩＴ社会といわれるように，情報・通信技術の飛躍的な発達にはめざましいものがあり，企業経営においても合理化・効率化や，より戦略的な活動の推進のためＩＴ技術の積極的な導入が図られています。とりわけ経理分野では，コンピュータの利用により，簿記の知識はもはや不要とすらいわれることもあります。しかし，これらの情報機器は計算・集計・伝達のツールであり，得られたデータを生かすには簿記会計の知識をもった人の判断が必要であることを忘れてはなりません。

　また，国境という垣根のないグローバル化社会を迎え，企業は世界規模での戦略的経営を要求されるようになっています。ビジネスパーソンにとっては財務や経営に関する基礎知識は必須のものとなりつつありますが，簿記会計を学習することによりその土台を習得することができます。

　本書は，日本商工会議所主催簿記検定試験の受験対策用として，ＴＡＣ簿記検定講座で使用中の教室講座，通信講座の教材をもとに，長年蓄積してきたノウハウを集約したものであり，「合格する」ことを第一の目的において編集したものです。特に，読者の皆さんがこの一冊で教室と同じ学習効果を上げられるように，次のような工夫をしています。

　1．学習内容を具体的に理解できるよう図解や表を多く使って説明しています。
　2．各論点の説明に続けて『設例』を設け，論点の理解が問題の解法に直結するように配慮しています。
　3．より上級に属する研究的な論点や補足・参考的な論点は別枠で明示し，受験対策上，重要なものを効率よく学習できるように配慮してあります。
　4．本書のテーマに完全準拠した問題集『合格トレーニング』を用意し，基礎力の充実や実践力の養成に役立てるようにしました。

　なお，昨今の会計基準および関係法令の改定・改正にともない，日商簿記検定の出題区分も随時変更されています。本書はＴＡＣ簿記検定講座と連動することで，それらにいちはやく対応し，つねに最新の情報を提供しています。

　本書を活用していただければ，読者の皆さんが検定試験に合格できるだけの実力を必ず身につけられるものと確信しています。また，本書は受験用としてばかりでなく，簿記会計の知識を習得したいと考えている学生，社会人の方にも最適の一冊と考えています。

　現在，日本の企業は国際競争の真っ只中にあり，いずれの企業も実力のある人材，とりわけ簿記会計の知識を身につけた有用な人材を求めています。読者の皆さんが本書を活用することで，簿記検定試験に合格し，将来の日本を担う人材として成長されることを心から願っています。

2023年11月

ＴＡＣ簿記検定講座

Ver. 18. 0 刊行について

　本書は，『合格テキスト日商簿記１級商会Ⅱ』Ver. 17. 0につき，最近の試験傾向に基づき，改訂を行ったものです。

❖ 本書の使い方

　本書は，日商簿記検定試験に合格することを最大の目的として編纂しました。本書は，TAC簿記検定講座が教室講座の運営をとおして構築したノウハウの集大成です。

　本書の特徴は次のような点であり，きっと満足のいただけるものと確信しています。

各テーマの冒頭にそのテーマで学習する範囲を示してありますので，事前に学習範囲を知ることができます。

論点などを理解するために必要な内容をテーマごとにまとめましたので，無駄のない学習を行うことができます。

学習論点のまとめや計算公式・規定などは，独立してまとめてありますので暗記をする場合に便利になっています。

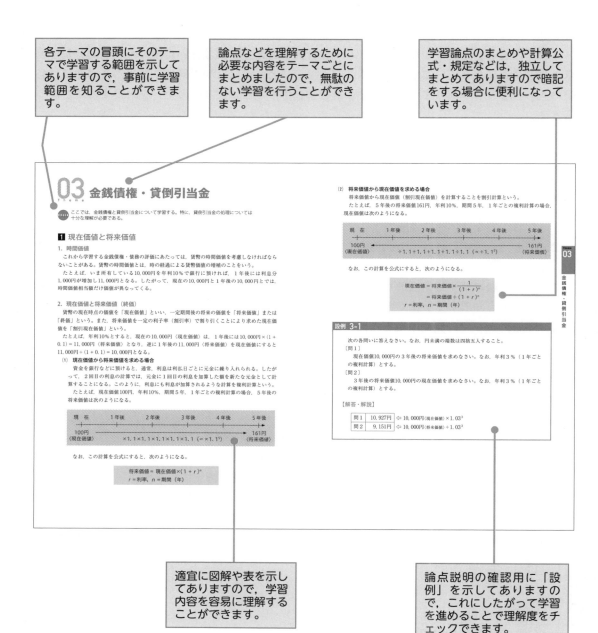

適宜に図解や表を示してありますので，学習内容を容易に理解することができます。

論点説明の確認用に「設例」を示してありますので，これにしたがって学習を進めることで理解度をチェックできます。

なお，より簿記の理解を高めるため，本書に沿って編集されている問題集『合格トレーニング』を同時に解かれることをおすすめします。

ＴＡＣ簿記検定講座スタッフ一同

理論対策には　理論　を本文に入れています。学習の参考にしてください。

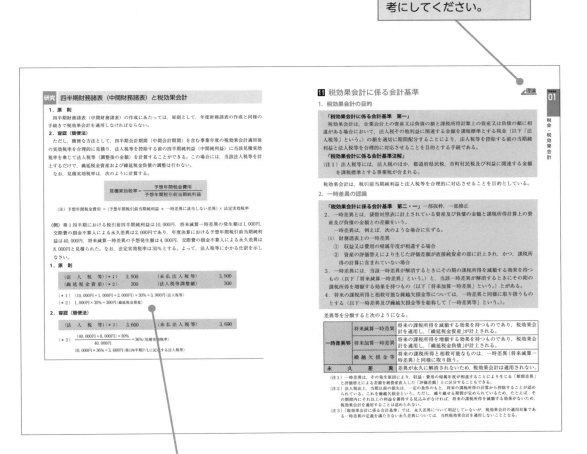

発展的な論点の「研究」，理解を助けるための「補足」，予備的な知識の「参考」などにより総合的な理解ができるようになっています。

❖ 合格までのプロセス

　本書は，合格することを第一の目的として編集しておりますが，学習にあたっては次の点に注意してください。

1．段階的な学習を意識する

　学習方法には個人差がありますが，検定試験における「合格までのプロセス」は，次の3段階に分けることができます。各段階の学習を確実に進めて，合格を勝ち取りましょう。

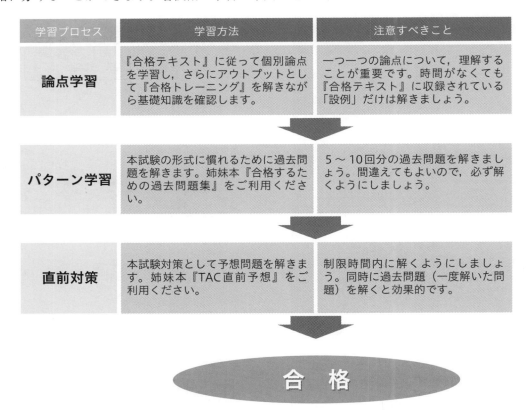

学習プロセス	学習方法	注意すべきこと
論点学習	『合格テキスト』に従って個別論点を学習し，さらにアウトプットとして『合格トレーニング』を解きながら基礎知識を確認します。	一つ一つの論点について，理解することが重要です。時間がなくても『合格テキスト』に収録されている「設例」だけは解きましょう。
パターン学習	本試験の形式に慣れるために過去問題を解きます。姉妹本『合格するための過去問題集』をご利用ください。	5～10回分の過去問題を解きましょう。間違えてもよいので，必ず解くようにしましょう。
直前対策	本試験対策として予想問題を解きます。姉妹本『TAC直前予想』をご利用ください。	制限時間内に解くようにしましょう。同時に過去問題（一度解いた問題）を解くと効果的です。

合　格

2．簿記は習うより慣れろ

　簿記は問題を解くことで理解が深まりますので，読むだけでなく実際にペンを握ってより多くの問題を解くようにしましょう。

論点学習　▶　「設例」を解く　▶　『合格トレーニング』の問題を解く　▶　次の論点学習

3．学習計画を立てる

検定試験を受験するにあたり，学習計画は事前に立てておく必要があります。日々の積み重ねが合格への近道です。学習日程を作り，一夜漬けにならないように気をつけましょう（「論点学習計画表」は（11）ページに掲載していますので，ご利用ください）。

学習テーマ		計 画		実 施	
テーマ01	税金・税効果会計	月	日	月	日
テーマ02	現金預金	月	日	月	日
テーマ03	金銭債権・貸倒引当金	月	日	月	日
テーマ04	有価証券	月	日	月	日
テーマ05	外貨換算会計	月	日	月	日
テーマ06	デリバティブ取引	月	日	月	日
テーマ07	有形固定資産	月	日	月	日
テーマ08	リース取引	月	日	月	日
テーマ09	無形固定資産・投資その他の資産	月	日	月	日
		月	日	月	日

● 学習サポートについて ●

　　　ＴＡＣ簿記検定講座では，皆さんの学習をサポートするために受験相談窓口を開設しております。ご相談は文書にて承っております。住所，氏名，電話番号を明記の上，返信用切手84円を同封し下記の住所までお送りください。なお，返信までは7〜10日前後必要となりますので，予めご了承ください。

〒101-8383　東京都千代田区神田三崎町3－2－18

資格の学校ＴＡＣ　簿記検定講座講師室　「受験相談係」宛

（注）受験相談窓口につき書籍に関するご質問はご容赦ください。

個人情報の取扱いにつきまして

1．個人情報取扱事業者の名称
　ＴＡＣ株式会社
　代表取締役　多田　敏男
2．個人情報保護管理者
　個人情報保護管理室　室長
　連絡先　privacy@tac-school.co.jp
3．管理
　学習サポートに伴いご提供頂きました個人情報は，安全かつ厳密に管理いたします。
4．利用目的
　お預かりいたしました個人情報は，学習サポートに関して利用します。ただし，取得した閲覧履歴や購買履歴等の情報は，サービスの研究開発等に利用及び興味・関心に応じた広告やサービスの提供にも利用する場合がございます。
5．安全対策の措置について
　お預かりいたしました個人情報は，正確性及びその利用の安全性の確保のため，情報セキュリティ対策を始めとする必要な安全措置を講じます。
6．第三者提供について
　お預かりいたしました個人情報は，お客様の同意なしに業務委託先

以外の第三者に開示，提供することはありません。（ただし，法令等により開示を求められた場合を除く。）
7．個人情報の取扱いの委託について
　お預かりいたしました個人情報を業務委託する場合があります。
8．情報の開示等について
　ご提供いただいた個人情報の利用目的の通知，開示，訂正，削除，利用又は提供の停止等を請求することができます。請求される場合は，当社所定の書類及びご本人確認書類のご提出をお願いいたします。詳しくは，下記の窓口までご相談ください。
9．個人情報提供の任意性について
　当社への個人情報の提供は任意です。ただし，サービスに必要な個人情報がご提供いただけない場合等は，円滑なサービスのご提供に支障をきたす可能性があります。あらかじめご了承ください。
10．その他
　個人情報のお取扱いの詳細は，TACホームページをご参照ください。
　https://www.tac-school.co.jp
11．個人情報に関する問合せ窓口
　TAC株式会社　個人情報保護管理室
　住所：東京都千代田区神田三崎町 3-2-18
　Eメール：privacy@tac-school.co.jp

❖ 効率的な学習方法

　これから学習を始めるにあたり，試験の出題傾向にあわせた効率的な学習方法について見ることにしましょう。

1．科目と配点基準

　日商簿記1級検定試験は，商業簿記・会計学・工業簿記・原価計算の4科目が出題され，各科目とも25点満点で合計100点満点となります。合計得点が70点以上で合格となりますが，1科目でも得点が10点未満の場合には合計点が70点以上であっても不合格となるため，合否判定においても非常に厳しい試験になっています。したがって各科目をバランスよく学習することが大切であり，苦手科目を極力作らないことが合格のための必要条件といえます。

商業簿記・会計学		工業簿記・原価計算	
商業簿記 25点	会計学 25点	工業簿記 25点	原価計算 25点
合計：100点			

2．出題傾向と対策

(1)　商業簿記・会計学

①　はじめに

　商業簿記・会計学の最近の試験傾向としては，商業簿記の損益計算書または貸借対照表完成の「総合問題」と会計学の「理論問題」を除き，その区別がなくなってきています。

　したがって，商業簿記対策，会計学対策というパターンで学習するよりも，「個別問題対策」，「理論問題対策」，「総合問題対策」というパターンで学習するのが，効果的であるといえます。

科　　目	出題分野	出題パターン
商業簿記 会計学	個別会計	個別問題 理論問題 総合問題
	企業結合会計	個別問題 理論問題 総合問題

②　各問題ごとの学習法

(イ)　個別会計について

　この範囲では，個々の企業が行った取引にもとづき，期中の会計処理や個々の企業ごとの財務諸表を作成する手続きなどを学習します。学習項目は，各論点ごとの個別

問題対策が中心となりますが，各論点ごとの学習と並行して，理論問題対策や学習済みの論点を含めた総合問題対策もトレーニングなどで確認するようにしましょう。

　㈻　企業結合会計について

　　この範囲では，本支店会計，合併会計，連結会計といったいわゆる企業結合会計を学習します。この論点についても出題形式としては，個別問題，理論問題，総合問題の３パターンが考えられますが，理論問題や総合問題としての特殊性はあまりないので，個別問題対策をしっかりやっておけば理論問題や総合問題でも通用するはずです。ただし，出題頻度の高い論点なので，十分な学習が必要です。

⑵　工業簿記・原価計算

科　　目	出題パターン
工 業 簿 記	勘 定 記 入 財務諸表作成
原 価 計 算	数 値 の 算 定

　現在の日商１級の工業簿記・原価計算は科目こそ分かれていますが，出題される内容自体は原価計算です。したがって科目別の対策というよりも，論点ごとの対策を考えたほうが合理的です。

①　個別原価計算

　　工業簿記において，勘定記入形式での出題が中心です。

　　工業簿記の基本的な勘定体系をしっかりと把握し，原価計算表と勘定記入の関係を押さえましょう。そのうえで，必須の論点である部門別計算を重点的に学習しましょう。

②　総合原価計算

　　主に工業簿記において出題されます。

　　仕損・減損の処理は１級の総合原価計算においては基本的事項ですから，確実に計算できるようによく練習しておきましょう。

　　また，そのうえで，工程別総合原価計算，組別総合原価計算，等級別総合原価計算，連産品の計算などの応用論点をしっかりとマスターしましょう。

③　標準原価計算

　　工業簿記において，勘定記入形式での出題が中心です。

　　標準原価計算における仕掛品の勘定記入法をしっかりと把握したうえで，仕損・減損が生じる場合の計算，標準工程別総合原価計算，配合差異・歩留差異の分析を勘定記入とあわせて重点的にマスターしましょう。

④　直接原価計算

　　直接原価計算については，工業簿記において，財務諸表作成での出題が中心です。直接原価計算の計算の仕組みをしっかりとつかんで，特に直接標準原価計算方式の損益計算書のひな型を正確に覚え，スムーズに作成できるようにしましょう。

⑤　ＣＶＰ分析・意思決定など

　　ＣＶＰ分析，業績評価，業務執行的意思決定，構造的意思決定については，原価計算において，数値算定形式での出題が中心です。個々の論点における計算方法を一つ一つしっかりとマスターしましょう。

❖ 試験概要

　現在，実施されている簿記検定試験の中で最も規模が大きく，また歴史も古い検定試験が，日本商工会議所が主催する簿記検定試験です（略して日商検定という）。

　日商検定は知名度も高く企業の人事労務担当者にも広く知れ渡っている資格の一つです。一般に履歴書に書ける資格といわれているのは同検定3級からですが，社会的な要請からも今は2級合格が一つの目安になっています。なお，同検定1級合格者には税理士試験の税法科目受験資格が付与されるという特典があり，職業会計人の登竜門となっています。

級　別	科　目	制限時間	程　　　　　度
1級	商業簿記 会計学 工業簿記 原価計算	〈商・会〉 90分 〈工・原〉 90分	極めて高度な商業簿記・会計学・工業簿記・原価計算を修得し，会計基準や会社法，財務諸表等規則などの企業会計に関する法規を踏まえて，経営管理や経営分析を行うために求められるレベル。
2級	商業簿記 工業簿記	90分	高度な商業簿記・工業簿記（原価計算を含む）を修得し，財務諸表の数字から経営内容を把握できるなど，企業活動や会計実務を踏まえ適切な処理や分析を行うために求められるレベル。
3級	商業簿記	60分	基本的な商業簿記を修得し，小規模企業における企業活動や会計実務を踏まえ，経理関連書類の適切な処理を行うために求められるレベル。
初級	商業簿記	40分	簿記の基本用語や複式簿記の仕組みを理解し，業務に利活用することができる。（試験方式：ネット試験）
原価計算 初　級	原価計算	40分	原価計算の基本用語や原価と利益の関係を分析・理解し，業務に利活用することができる。 （試験方式：ネット試験）

　各級とも100点満点のうち70点以上を得点すれば合格となります。ただし，1級については各科目25点満点のうち，1科目の得点が10点未満であるときは，たとえ合計が70点以上であっても不合格となります。

主 催 団 体	日本商工会議所，各地商工会議所
受 験 資 格	特に制限なし
試 験 日	統一試験：年3回　6月（第2日曜日）／11月（第3日曜日）／2月（第4日曜日） ネット試験：随時（テストセンターが定める日時）
試 験 級	1級・2級・3級・初級・原価計算初級
申 込 方 法	統一試験：試験の約2か月前から開始。申込期間は，各商工会議所によって異なります。 ネット試験：テストセンターの申込サイトより随時。
受験料(税込)	1級 ¥8,800　2級 ¥5,500　3級 ¥3,300　初級・原価計算初級 ¥2,200 ※　2024年4月1日より。 ※　一部の商工会議所およびネット試験では事務手数料がかかります。
問い合せ先	最寄りの各地商工会議所にお問い合わせください。 検定試験ホームページ：https://www.kentei.ne.jp/

※　刊行時のデータです。最新の情報は検定試験ホームページをご確認ください。

❖ 論点学習計画表

学習テーマ	計画		実施	
テーマ01 税金・税効果会計	月	日	月	日
テーマ02 現金預金	月	日	月	日
テーマ03 金銭債権・貸倒引当金	月	日	月	日
テーマ04 有価証券	月	日	月	日
テーマ05 外貨換算会計	月	日	月	日
テーマ06 デリバティブ取引	月	日	月	日
テーマ07 有形固定資産	月	日	月	日
テーマ08 リース取引	月	日	月	日
テーマ09 無形固定資産・投資その他の資産	月	日	月	日
テーマ10 繰延資産，研究開発費等	月	日	月	日
テーマ11 引当金	月	日	月	日
テーマ12 退職給付会計	月	日	月	日
テーマ13 社債	月	日	月	日
テーマ14 純資産（資本）	月	日	月	日

※　おおむね1～2か月程度で論点学習を終えるようにしましょう。

合格テキスト　日商簿記1級　商業簿記・会計学Ⅱ　CONTENTS

理論：理論対策

テーマ 01　税金・税効果会計／2

テーマ 02　現金預金／34

テーマ 03　金銭債権・貸倒引当金／44

CONTENTS

合格テキスト

日商簿記 **1** 級

商業簿記・会計学 II

01 税金・税効果会計
Theme

Check ここでは，税金についての基本的な会計処理と法人税等に関連する特殊な会計処理である税効果会計について学習する。

1 税　金

1. 税金の分類

株式会社に関する税金は，会計上，次のように分類される。

---

① 利益に課せられるもの……**法人税・住民税・事業税**（あわせて「法人税等」という）

② 消費という事実に対して課せられるもの……**消費税**

③ 上記以外のもの

　　費用となるもの……固定資産税・印紙税など

　　　　　　　　　　（支出時または発生時に租税公課として処理）

　　資産の付随費用となるもの……不動産取得税・登記登録税など

　　　　　　　　　　　　　　　（原則として，資産の取得原価として処理）

---

2. 法人税・住民税・事業税

法人税は，会社の各事業年度の利益に対して課される。会社は，決算によって算定した税引前当期純利益をもとにして法人税額を算定し，決算日の翌日から2か月以内に確定申告を行って納付する。住民税及び事業税の申告や納付の方法は，法人税と同じである。したがって，法人税とまとめて「法人税等」勘定で処理する。

なお，会社は通常，半年を経過した日から2か月以内に中間申告を行う。そして，決算にもとづいて法人税等の額が計算されたら，その額から，中間申告による納付額（仮払法人税等）を差し引いた額（未払法人税等）を翌期の確定申告において納付することになる。

仮　払　時	（仮 払 法 人 税 等）	××	（現　金　預　金）	××
決　算　時	（法　人　税　等）	××	（仮 払 法 人 税 等）	××
			（未 払 法 人 税 等）	××
納　付　時	（未 払 法 人 税 等）	××	（現　金　預　金）	××

前期以前の法人税等について還付を受けたとき，あるいは追徴されたときには次のように処理する。

還　付　時	（現　金　預　金）	××	（法人税等還付税額）	××
追 徴 税 の 納　付　時	（法人税等追徴税額）	××	（現　金　預　金）	××

なお，法人税等還付税額および法人税等追徴税額は，当期の法人税等の次に記載するが，重要性が乏しい場合には，当期の法人税等に含めて表示することも認められる。

3. 消費税

　消費税とは，国内における商品の販売，サービスの提供に課税される間接税であり，企業においては，得意先などから受け取った消費税（仮受消費税）と仕入先などに支払った消費税（仮払消費税）との差額を決算日後に確定申告し納付する。

　消費税の会計処理は，税抜方式により行う。税抜方式とは，消費税額を売上高および仕入高に含めないで区分して処理する方法である。

〈例〉(1)　掛け売上高　　　　　　　　　2,000円（税抜き，消費税は10%の200円）
　　　(2)　掛け仕入高　　　　　　　　　1,000円（税抜き，消費税は10%の100円）
　　　(3)　販売費の現金による支払い　　　500円（税抜き，消費税は10%の50円）
　　　(4)　決算時に未払消費税50円を計上する。
　　　(5)　消費税を現金で納付した。

(1)売　上　時	（売　　掛　　金）	2,200	（売　　　　　上） （仮　受　消　費　税）	2,000 200
(2)仕　入　時	（仕　　　　　入） （仮　払　消　費　税）	1,000 100	（買　　掛　　金）	1,100
(3)販売費支払時	（販　　売　　費） （仮　払　消　費　税）	500 50	（現　金　預　金）	550

(4)決　算　時

決算整理前残高試算表

仮 払 消 費 税	150	仮 受 消 費 税	200
仕　　　　　入	1,000	売　　　　　上	2,000
販　　売　　費	500		

（仮　受　消　費　税）	200	（仮　払　消　費　税）	150
		（未　払　消　費　税）	50

B/S流動負債

決算整理後残高試算表

仕　　　　　入	1,000	未 払 消 費 税	50
販　　売　　費	500	売　　　　　上	2,000

(5)納　付　時	（未　払　消　費　税）	50	（現　金　預　金）	50

② 法人税等の計算

　企業会計上,「法人税等」は損益計算書の末尾において「税引前当期純利益」から控除する形式で表示し,「当期純利益」を計算する。「法人税等」は,法人税法上の利益（課税所得という）に法人税法上の税率を掛けることにより算定する。

　損益計算書上の「税引前当期純利益」は,次のように算定する。

$$税引前当期純利益 = 収　益 - 費　用$$

　また,「法人税等」の額のもとになる「課税所得」は,次のように算定する。

$$課税所得 = 益　金 - 損　金$$

　企業会計上の「収益・費用」の額と法人税法上の「益金・損金」の額はほぼ同じであるが,目的観の相違により認識時点など若干の違い（これを「差異」という）がある。したがって,この差異により「税引前当期純利益」と「課税所得」にも若干の違いが生じることになる。

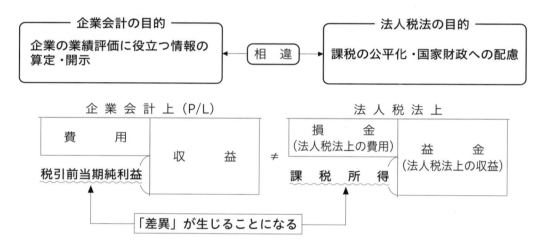

　本来の「課税所得」の算定は,益金から損金を控除して求めるが,実際の「課税所得」の算定は,「税引前当期純利益」に差異部分を「加算調整」または「減算調整」することにより行う。

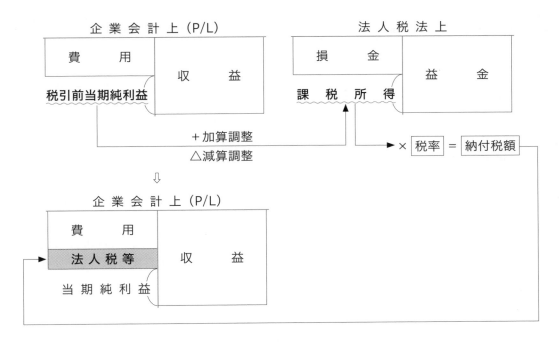

なお，「加算調整項目」および「減算調整項目」には，次のようなものがある。

加算調整項目	益金算入	「益金算入」とは，企業会計上は「収益」として計上しないが，法人税法上は「益金(収益)」として認めるものをいう。
	損金不算入	「損金不算入」とは，企業会計上は「費用」として計上したが，法人税法上は「損金(費用)」として認めないものをいう。
減算調整項目	益金不算入	「益金不算入」とは，企業会計上は「収益」として計上したが，法人税法上は「益金(収益)」として認めないものをいう。
	損金算入	「損金算入」とは，企業会計上は「費用」として計上しないが，法人税法上は「損金(費用)」として認めるものをいう。

参考 確定申告と税務調整

　会社は，決算日後一定の期日までに法人税の確定申告を行い，法人税を納付しなければならない。法人税は，「確定申告書（税務署または国税局に提出する書類）」に添付する「別表」といわれる計算用紙において損益計算書上の利益に必要な調整を行い課税所得を計算し，課税所得に税率を乗じて計算する（実際にはさまざまな調整が行われることもある）。なお，課税所得を計算するための調整を一般に「税務調整」という。

　また，住民税および事業税も法人税または課税所得を基礎に計算される。

次の資料により，法人税等の金額を求めなさい。

1. 損益計算書で計算された税引前当期純利益は4,550円であり，以下の差異を加減した課税所得に対して30％の法人税等を計上する。なお，仮払法人税等500円がある。

2. 会計上と税務上の差異

(1) ×1年度末（前期末）において仕入原価8,000円の商品が陳腐化したため，商品評価損1,000円を計上したが，法人税法上，損金不算入となった。しかし，×2年度（当期）においてその商品を売却したため，損金算入が認められた。

(2) ×1年度末（前期末）において売掛金10,000円に対して100円の貸倒引当金を設定したが，法人税法上，損金不算入となった。しかし，×2年度（当期）において損金算入が認められた。また，×2年度末（当期末）において売掛金15,000円に対して150円の貸倒引当金を設定したが，法人税法上，損金不算入となった。

(3) ×1年度末（前期末）における減価償却費の償却限度超過額の累計額は500円であった。×2年度（当期）において償却限度超過額300円が損金不算入となったため，×2年度末（当期末）における償却限度超過額の累計額は800円となった。

(4) ×2年度（当期）において交際費200円が損金不算入となった。

(5) ×2年度（当期）において受取配当金100円が益金不算入となった。

【解　答】

法 人 税 等	1,200円

【解　説】

1. 課税所得および法人税等の計算

	税 引 前 当 期 純 利 益	4,550円	
調整	商品評価損の損金不算入額の解消	△1,000円	←損金算入（減算調整）
	貸倒引当金の損金不算入額の解消	△ 100円	←損金算入（減算調整）
	貸倒引当金の損金不算入額の発生	＋ 150円	←損金不算入（加算調整）
	減価償却費の償却限度超過額の発生	＋ 300円	←損金不算入（加算調整）
	交 際 費 の 損 金 不 算 入 額 の 発 生	＋ 200円	←損金不算入（加算調整）
	受取配当金の益金不算入額の発生	△ 100円	←益金不算入（減算調整）
	課 税 所 得	4,000円	

4,000円〈課税所得〉×30％〈税率〉＝1,200円〈法人税等〉

2. 仕　訳

（法 人 税 等）	1,200	（仮払法人税等）	500
		（未払法人税等）（＊）	700

（＊）1,200円 － 500円 ＝ 700円

3 税効果会計とは

1. 税効果会計とは

　税効果会計とは，企業会計上の「収益・費用」と法人税法上の「収益（益金という）・費用（損金という）」の認識時点の相違などで，企業会計上の「資産・負債」の額と法人税法上の「資産・負債」の額に相違がある場合，利益に関連する金額をもとに課税する法人税などの税金（「法人税等」）の額を適切に期間配分することにより，「法人税等」を「税引前当期純利益」に合理的に対応させるための手続きである。

2. 税効果会計の必要性と基本的な処理

　前述したように，法人税等の計算は，会計上の税引前当期純利益を基礎に計算するのではなく，税務調整を行った課税所得を基礎に計算するため，計算された法人税等をそのまま損益計算書に計上すると税引前当期純利益と法人税等が必ずしも期間的に対応しておらず，結果として税引後の当期純利益が適正な当期の期間損益とはいえなくなってしまう。そこで，法人税等を税引前当期純利益に合理的に対応させるための手続きである税効果会計が必要となるのである。

設例 1-2　　　　　　　　　　　　　　　　　　　　　　　　　　仕 訳

　次の資料により，法人税等の計上および税効果会計にかかる仕訳を示しなさい。
（資　料）
(1)　×1年度の収益総額は10,000円，費用総額は5,000円（貸倒損失1,000円を含む）である。
(2)　売掛金の貸倒れが1,000円発生し，企業会計上は貸倒処理したが，法人税法上は損金不算入となった。
(3)　法人税等の税率は30％とする。

【解　答】

1. 法人税等の計上

（法 人 税 等）(*)	1,800	（未払法人税等）	1,800

（*）10,000円〈収益〉－5,000円〈費用〉＝5,000円〈税引前当期純利益〉
　　 5,000円〈税引前当期純利益〉＋1,000円〈貸倒損失の損金不算入〉＝6,000円〈課税所得〉
　　 6,000円〈課税所得〉×30％〈税率〉＝1,800円〈法人税等〉

2. 税効果会計

（繰 延 税 金 資 産）(*)	300	（法人税等調整額）	300

（*）1,000円〈貸倒損失の損金不算入〉×30％〈税率〉＝300円〈調整額〉

【解　説】

1．法人税等の計上

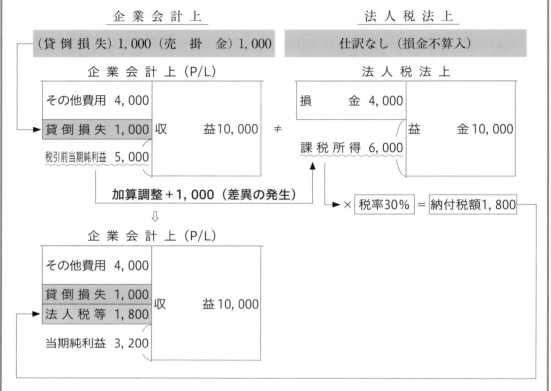

2．税効果会計（差異の発生時）

　企業会計が本来意図しているのは，財務諸表を通じての業績評価に役立つ情報の開示である。そのためには，損益計算書に実際に計上される「法人税等」の金額についても，企業活動を行ううえでの経費，すなわち企業会計上「あるべき税金費用」の額とし，「税引前当期純利益」との対応を図るべきである。そこで，財務諸表に，企業会計上「あるべき税金費用」の額を載せるために，税効果会計を適用し，調整する。

　具体的には，「加算調整」された1,000円に対する法人税等を繰り延べれば，「税引前当期純利益」に対応する法人税等を表示することができる。

　（＊）1,000円×30％＝300円

3．損益計算書の表示
(1) 税効果会計の適用がない場合

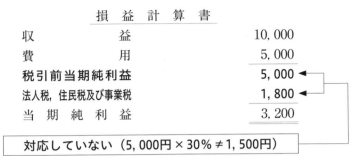

損 益 計 算 書

収　　　　　益	10,000
費　　　　　用	5,000
税引前当期純利益	5,000
法人税，住民税及び事業税	1,800
当 期 純 利 益	3,200

対応していない（5,000円 × 30％ ≠ 1,500円）

(2) 税効果会計の適用がある場合

損 益 計 算 書

収　　　　　益		10,000
費　　　　　用		5,000
税引前当期純利益		5,000
法人税，住民税及び事業税	1,800	
法 人 税 等 調 整 額	△　　300	1,500
当 期 純 利 益		3,500

対応している（5,000円 × 30％ ＝ 1,500円となる）

次の資料により，法人税等の計上および税効果会計にかかる仕訳を示しなさい。

（資　料）

(1) ×2年度の収益総額は10,000円，費用総額は5,000円である。

(2) ×1年度（前期）に貸倒処理した売掛金1,000円を×2年度（当期）に損金算入することが認められた。

(3) 法人税等の税率は30％とする。

【解　答】

1．法人税等の計上

（法　人　税　等）（＊）	1,200	（未払法人税等）	1,200

（＊） 10,000円〈収益〉－5,000円〈費用〉＝5,000円〈税引前当期純利益〉

　　　5,000円〈税引前当期純利益〉－1,000円〈貸倒損失の損金算入〉＝4,000円〈課税所得〉

　　　4,000円〈課税所得〉×30％〈税率〉＝1,200円〈法人税等〉

2．税効果会計

（法人税等調整額）（＊）	300	（繰延税金資産）	300

（＊） 1,000円〈貸倒損失の損金算入〉×30％〈税率〉＝300円〈調整額〉

【解　説】

1．法人税等の計上

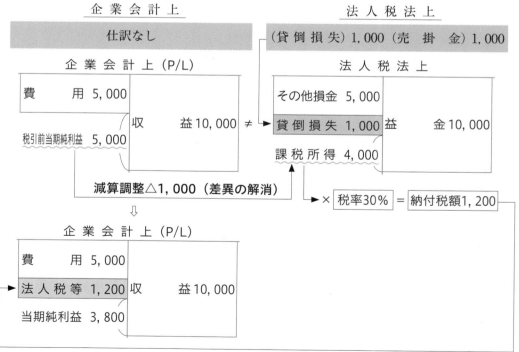

2．税効果会計（差異の解消時）

　前期に繰り延べられた「繰延税金資産」300円を取り崩して法人税等を調整すれば，「税引前当期純利益」に対応する法人税等を表示することができる。

（法人税等調整額）（＊）	300	（繰延税金資産）	300
法人税等のプラス項目			

（＊）1,000円×30％＝300円

3．損益計算書の表示

⑴　税効果会計の適用がない場合

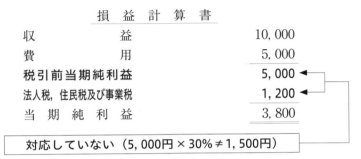

損　益　計　算　書

収　　　　　　益	10,000
費　　　　　　用	5,000
税引前当期純利益	5,000
法人税，住民税及び事業税	1,200
当　期　純　利　益	3,800

対応していない（5,000円×30％≠1,500円）

⑵　税効果会計の適用がある場合

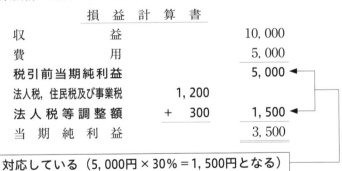

損　益　計　算　書

収　　　　　　益		10,000
費　　　　　　用		5,000
税引前当期純利益		5,000
法人税，住民税及び事業税	1,200	
法 人 税 等 調 整 額	＋　300	1,500
当　期　純　利　益		3,500

対応している（5,000円×30％＝1,500円となる）

4 税効果会計における会計処理

税効果会計では，基本的に次の3つの勘定科目を使用して処理する。

繰延税金資産	法人税等を繰り延べる場合に計上される借方科目（資産の勘定）であり，将来の法人税等の支払額を減額する効果がある。
繰延税金負債	法人税等を見越計上する場合に計上される貸方科目（負債の勘定）であり，将来の法人税等の支払額を増額する効果がある。
法人税等調整額	法人税等を繰り延べる場合または見越計上する場合に計上される科目。繰り延べる場合には，貸方に計上され，法人税等から控除し，見越計上する場合には，借方に計上され，法人税等に加算する。

税効果会計において基本となる仕訳は，次の4つのパターンである。

1．法人税等を繰り延べる場合

(1)	差異の発生時	（繰延税金資産）　　×× 前払税金	（法人税等調整額）　　×× 法人税等のマイナス項目	
(2)	差異の解消時	（法人税等調整額）　　×× 法人税等のプラス項目	（繰延税金資産）　　××	

2．法人税等を見越計上する場合

(1)	差異の発生時	（法人税等調整額）　　×× 法人税等のプラス項目	（繰延税金負債）　　×× 未払税金	
(2)	差異の解消時	（繰延税金負債）　　××	（法人税等調整額）　　×× 法人税等のマイナス項目	

5 損益計算書および貸借対照表の表示

1．「法人税等調整額」の損益計算書の表示

「法人税等調整額」が「借方残高」のときは「法人税，住民税及び事業税」に加算し，「貸方残高」のときは「法人税，住民税及び事業税」から控除する。

借方残高の場合		
税引前当期純利益		×××
法人税，住民税及び事業税	×××	
法人税等調整額	+×××	×××
当期純利益		×××

貸方残高の場合		
税引前当期純利益		×××
法人税，住民税及び事業税	×××	
法人税等調整額	△×××	×××
当期純利益		×××

2．繰延税金資産・繰延税金負債の貸借対照表の表示

「繰延税金資産」と「繰延税金負債」は，相殺して表示し，「繰延税金資産」は，「投資その他の資産」の区分に表示し，「繰延税金負債」は，「固定負債」の区分に表示する。

相殺後の純額	繰延税金資産	投資その他の資産
	繰延税金負債	固定負債

6 差異の種類

　税効果会計においては，税効果会計を適用するか否かにより「差異」を「一時差異」と「永久差異」とに分類し，さらに「一時差異」については，法人税等を繰り延べるのか見越計上するのかによって「将来減算一時差異」と「将来加算一時差異」とに分類する。

1. 一時差異 ⇨ 税効果会計を適用する

　「一時差異」とは，企業会計上の「収益・費用」と法人税法上の「益金・損金」との認識時点の相違などによって生じた企業会計上の「資産・負債」の金額と法人税法上の「資産・負債」の金額との差額であり，差異が生じている「資産・負債」が，将来，売却・決済されることなどにより解消する。「一時差異」は，その差異が一時的であることから税効果会計を適用し，法人税等を適切に期間配分する。

(1) 将来減算一時差異 ⇨ 法人税等を繰り延べる

　「将来減算一時差異」とは，一時差異が解消するときにその期の課税所得を減額する効果をもつものをいう。

(2) 将来加算一時差異 ⇨ 法人税等を見越計上する

　「将来加算一時差異」とは，一時差異が解消するときにその期の課税所得を増額する効果をもつものをいう。

2. 永久差異 ⇨ 税効果会計を適用しない

　「永久差異」とは，会計上は，「収益・費用」として計上したが，法人税法上は「益金・損金」として扱われないものから生じた差異であり，永久に解消しないものをいう。「永久差異」は，その差異が永久に解消されないことから税効果会計を適用しない。

3. 主な差異

　主な差異には，次のようなものがある。

差　異　の　分　類			主　な　項　目
一時差異 （税効果会計を適用する）	期間差異	将来減算一時差異	工事契約など売上収益の計上基準の相違による益金算入額 棚卸資産評価損の損金不算入額 引当金の損金不算入額 減価償却費の償却限度超過額の損金不算入額 その他有価証券評価損の損金不算入額
		将来加算一時差異	積立金方式による圧縮記帳の損金算入額(注)
	評価差額（将来加算一時差異・将来減算一時差異）(注)		その他有価証券評価差額金 繰延ヘッジ損益
永　久　差　異 （税効果会計を適用しない）			受取配当金の益金不算入額
			交際費の損金不算入額 寄付金の損金不算入額 罰科金の損金不算入額

（注）将来加算一時差異および評価差額の具体的な処理については，後のテーマで学習する。

13

7 将来減算一時差異

1. 将来減算一時差異の効果と税効果会計における会計手続

　将来減算一時差異は，差異が発生した年度の課税所得（納付税額）を増額させるとともに，その差異が解消される年度の課税所得（納付税額）を減額させる効果を発生させる。したがって，税効果会計では逆に，差異が発生した年度の「法人税等」を減額調整するとともに，その差異が解消される年度の「法人税等」を増額調整するように処理しなければならない。

	発　生　年　度	解　消　年　度
税　務　調　整	損金不算入（加算）	損金算入（減算）
法　人　税　等	納付税額が増額	納付税額が減額
税効果会計	法人税等を減額調整	法人税等を増額調整

繰延処理を行う

2. 会計処理

　将来減算一時差異については，次の会計処理を行う。

(1) 発生年度

（繰延税金資産）　　×× 　　　　（法人税等調整額）　　××
前払税金　　　　　　　　　　　　法人税等のマイナス項目

(2) 解消年度

（法人税等調整額）　　×× 　　　　（繰延税金資産）　　××
法人税等のプラス項目　　　　　　　前払税金

3. 繰延税金資産の金額の算定

　「繰延税金資産」は，将来減算一時差異の解消年度における法定実効税率を使用して算定する。

　　　繰延税金資産＝将来減算一時差異の発生額×解消時の法定実効税率

設例 1-4

　次の資料により，税効果会計を適用した場合の決算整理後残高試算表（一部）を作成
しなさい。なお，会計期間は1年，当期は×2年度（×2年4月1日から×3年3月31日まで）
である。

（資料1）決算整理前残高試算表（一部）

決算整理前残高試算表

×3年3月31日　　　　　（単位：円）

繰 延 税 金 資 産	480	
仮 払 法 人 税 等	500	

（資料2）その他の事項

　1．損益計算書で計算された税引前当期純利益は4,550円であり，以下の差異を加減
　　した課税所得4,000円に対して30％の法人税等を計上する。また，税効果会計の適
　　用にあたっては法定実効税率30％とする。

　2．会計上と税務上の差異

　(1)　×1年度末（前期末）において仕入原価8,000円の商品が陳腐化したため，商品評
　　価損1,000円を計上したが，法人税法上，損金不算入となった。しかし，×2年度
　　（当期）においてその商品を売却したため，損金算入が認められた。

　(2)　×1年度末（前期末）において売掛金10,000円に対して100円の貸倒引当金を設定
　　したが，法人税法上，損金不算入となった。しかし，×2年度（当期）において損
　　金算入が認められた。また，×2年度末（当期末）において売掛金15,000円に対し
　　て150円の貸倒引当金を設定したが，法人税法上，損金不算入となった。

　(3)　×1年度末（前期末）における減価償却費の償却限度超過額の累計額は500円で
　　あった。×2年度（当期）において償却限度超過額300円が損金不算入となったた
　　め，×2年度末（当期末）における償却限度超過額の累計額は800円となった。

　(4)　×2年度（当期）において交際費200円が損金不算入となった。

　(5)　×2年度（当期）において受取配当金100円が益金不算入となった。

【解　答】

決算整理後残高試算表

×3年3月31日　　　　　（単位：円）

繰 延 税 金 資 産	285	未 払 法 人 税 等	700
法 人 税 等	1,200		
法人税等調整額	195		

【解　説】

1. 法人税等の計上（設例1－1と同じ）

| （法　人　税　等）（＊） | 1,200 | （仮払法人税等） | 500 |
| | | （未払法人税等） | 700 |

（＊）税引前当期純利益 4,550円
　　　商品評価損の損金不算入額の解消 △1,000円
　　　貸倒引当金の損金不算入額の解消 △ 100円
　　　貸倒引当金の損金不算入額の発生 ＋ 150円
　　　減価償却費の繰入限度超過額の発生 ＋ 300円
　　　交際費の損金不算入額の発生 ＋ 200円
　　　受取配当金の益金不算入額の発生 △ 100円
　　　課　　税　　所　　得 4,000円

　　　4,000円〈課税所得〉×30%＝1,200円〈法人税等〉

2. 整理前T/B繰延税金資産（前期末に計上した繰延税金資産）の内訳

(1) 商品評価損：前期末の損金不算入額1,000円×30%＝300円　┐
(2) 貸倒引当金：前期末の損金不算入額100円×30%＝　　30円　├ 整理前T/B「繰延税金資産」480円
(3) 減価償却費：前期末の償却限度超過額500円×30%＝150円　┘

3. 税効果会計の処理

(1) 商品評価損

	企　業　会　計　上	法　人　税　法　上
×1年度 （前期）	（繰越商品）8,000（仕　入）8,000 （商品評価損）1,000（繰越商品）1,000	（繰越商品）8,000（仕　　入）8,000 仕訳なし（損金不算入）
×2年度 （当期）	（仕　入）7,000（繰越商品）7,000 売上原価	（仕　　入）8,000（繰越商品）8,000 売上原価

決算整理仕訳は次のようになる。

×1　年　度 （前　期）	（繰延税金資産）（＊1）300（法人税等調整額）（注1）300 前払税金　　　　　　　　法人税等のマイナス項目
×2　年　度 （当　期）	（法人税等調整額）（注2）300（繰延税金資産）（＊2）300 法人税等のプラス項目　　　　前払税金

（＊1）1,000円〈一時差異〉×30%〈法定実効税率〉＝300円
（＊2）1,000円〈一時差異〉×30%〈法定実効税率〉＝300円
（注1）×1年度：損金…⑭，納付税額…⑩，税効果会計…法人税等を小さくする
（注2）×2年度：損金…⑩，納付税額…⑭，税効果会計…法人税等を大きくする

(2) 貸倒引当金

	企 業 会 計 上	法 人 税 法 上
×1 年度 （前期）	（貸倒引当金繰入） 100 （貸倒引当金） 100 費用	仕訳なし（損金不算入）
×2 年度 （当期）	（貸倒引当金） 100 （貸倒引当金戻入） 100 （貸倒引当金繰入） 150 （貸倒引当金） 150	仕訳なし（損金不算入）

(注) 企業会計上の仕訳は洗替法によっている。

決算整理仕訳は次のようになる。

×1 年 度 （前 期）	（繰 延 税 金 資 産）（＊1） 30 前払税金	（法人税等調整額）（注1） 30 法人税等のマイナス項目
×2 年 度 （当 期）	（法人税等調整額）（注2） 30 法人税等のプラス項目	（繰 延 税 金 資 産）（＊2） 30 前払税金
	（繰 延 税 金 資 産）（＊3） 45 前払税金	（法人税等調整額）（注3） 45 法人税等のマイナス項目

（＊1）100円〈一時差異〉×30%〈法定実効税率〉＝30円
（＊2）100円〈一時差異〉×30%〈法定実効税率〉＝30円
（＊3）150円〈一時差異〉×30%〈法定実効税率〉＝45円
（注1）×1年度：損金…小，納付税額…大，税効果会計…法人税等を小さくする
（注2）×2年度：損金…大，納付税額…小，税効果会計…法人税等を大きくする
（注3）×2年度：損金…小，納付税額…大，税効果会計…法人税等を小さくする

(3) 減価償却費 ⇨ ×1年度（前期）から減価償却を行っていると仮定

	企 業 会 計 上	法 人 税 法 上
×1 年度 （前期）	（減価償却費） 500 （減価償却累計額） 500 費用	仕訳なし（損金不算入）
×2 年度 （当期）	（減価償却費） 300 （減価償却累計額） 300 費用	仕訳なし（損金不算入）

決算整理仕訳は次のようになる。

×1 年 度 （前 期）	（繰 延 税 金 資 産）（＊1） 150 前払税金	（法人税等調整額）（注1） 150 法人税等のマイナス項目
×2 年 度 （当 期）	（繰 延 税 金 資 産）（＊2） 90 前払税金	（法人税等調整額）（注2） 90 法人税等のマイナス項目

（＊1）500円〈一時差異〉×30%〈法定実効税率〉＝150円
（＊2）300円〈一時差異〉×30%〈法定実効税率〉＝90円
（注1）×1年度：損金…小，納付税額…大，税効果会計…法人税等を小さくする
（注2）×2年度：損金…小，納付税額…大，税効果会計…法人税等を小さくする

(4), (5) **交際費・受取配当金** ⇨ 永久差異のため税効果会計は適用しない。

(6) **勘定記入**

<table>
<tr><th colspan="4" style="text-align:center">繰 延 税 金 資 産</th></tr>
<tr><td>前 T/B</td><td>480</td><td>(1)解消</td><td>300</td></tr>
<tr><td>(2)発生</td><td>45</td><td>(2)解消</td><td>30</td></tr>
<tr><td>(3)発生</td><td>90</td><td>後 T/B</td><td>285</td></tr>
</table>

<table>
<tr><th colspan="4" style="text-align:center">法 人 税 等 調 整 額</th></tr>
<tr><td>(1)解消</td><td>300</td><td>(2)発生</td><td>45</td></tr>
<tr><td>(2)解消</td><td>30</td><td>(3)発生</td><td>90</td></tr>
<tr><td></td><td></td><td>後 T/B</td><td>195</td></tr>
</table>

(7) **まとめて行う場合**

(単位：円)

一 時 差 異	期 首	解 消	発 生	期 末
商品評価損の損金不算入額	1,000	1,000	0	0
貸倒引当金の損金不算入額	100	100	150	150
減価償却費の償却限度超過額	500	0	300	800
合　　　　　計	1,600	1,100	450	950
法 定 実 効 税 率	×30%	×30%	×30%	×30%
繰 延 税 金 資 産	(*1) 480	(*2) 330	(*3) 135	(*4) 285

⇧ 整理前T/B（前期繰越）　　　⇧ 整理後T/B（次期繰越）

まとめて行う場合の会計処理には，以下の3つの方法がある。

① **解消発生方式**

解消分に応じた「繰延税金資産」の戻入れの仕訳を行い，発生分に応じた「繰延税金資産」の繰入れの仕訳を行うため，最も理論的な処理である。

解 消 分	(法人税等調整額)	330	(繰延税金資産) (*2)	330
発 生 分	(繰延税金資産) (*3)	135	(法人税等調整額)	135

② **洗替方式**

期首分（前期分）の「繰延税金資産」について，解消されたかどうかにかかわらず，全額について戻入れの仕訳を行い，改めて期末分の「繰延税金資産」についての繰入れの仕訳を行う。

期首分の戻入れ	(法人税等調整額)	480	(繰延税金資産) (*1)	480
期末分の繰入れ	(繰延税金資産) (*4)	285	(法人税等調整額)	285

③ **差額補充方式**

「繰延税金資産」の期首と期末の差額（純増減額）のみを仕訳するため，「法人税等調整額」をストレートに示すことができるという利点がある。

純 増 減 額	(法人税等調整額)	195	(繰延税金資産) (*5)	195

(*5) 285円〈期末分〉(*4) － 480円〈期首分〉(*1) ＝△195円

4．損益計算書（一部）および貸借対照表（一部）

損 益 計 算 書　　　　（単位：円）

税引前当期純利益		4,550
法人税, 住民税及び事業税	1,200	
法人税等調整額	195	1,395
当 期 純 利 益		3,155

貸 借 対 照 表　　　　（単位：円）

：		Ⅰ　流 動 負 債		
Ⅱ　固 定 資 産		未払法人税等		700
3．投資その他の資産				
繰延税金資産	285			

8 将来加算一時差異

1. 将来加算一時差異の効果と税効果会計における会計手続

　将来加算一時差異は，差異が発生した年度の課税所得（納付税額）を減額させるとともに，その差異が解消される年度の課税所得（納付税額）を増額させる効果を発生させる。したがって，税効果会計では逆に，差異が発生した年度の「法人税等」を増額調整するとともに，その差異が解消される年度の「法人税等」を減額調整するように処理しなければならない。

	発　生　年　度	解　消　年　度
税　務　調　整	損金算入（減算）	損金不算入（加算）
法　人　税　等	納付税額が減額	納付税額が増額
税効果会計	**法人税等を増額調整**	**法人税等を減額調整**

見越処理を行う

2. 会計処理

　将来加算一時差異については，次の会計処理を行う。

（1）発生年度

（法人税等調整額）	××	（繰 延 税 金 負 債）	××
法人税等のプラス項目		未払税金	

（2）解消年度

（繰 延 税 金 負 債）	×××	（法人税等調整額）	×××
未払税金		法人税等のマイナス項目	

3. 繰延税金負債の金額の算定

　「繰延税金負債」は，将来加算一時差異の解消年度における法定実効税率を使用して算定しなければならない。

繰延税金負債＝将来加算一時差異の発生額 × 解消時の法定実効税率

設例 1-5

次の資料により，(1)決算整理後残高試算表（一部）および(2)損益計算書（一部）と貸借対照表（一部）を作成しなさい。なお，繰延税金資産および繰延税金負債は，決算整理後残高試算表においては，相殺前の総額で記載し，貸借対照表においては，相殺後の純額で記載すること。

（資料１）決算整理前残高試算表

決算整理前残高試算表

×3年３月31日　　　　　（単位：円）

繰 延 税 金 資 産	750	繰 延 税 金 負 債	120
仮 払 法 人 税 等	1,350		

（資料２）決算整理事項等

１．一時差異の状況は次のとおりであり，法人税等の実効税率を30％として税効果会計を適用する。

	期　首	解　消	発　生	期　末
将 来 減 算 一 時 差 異	2,500円	1,000円	1,500円	3,000円
将 来 加 算 一 時 差 異	400円	300円	700円	800円

２．損益計算書で計算された税引前当期純利益は9,500円であり，法人税等の当期の確定税額は3,000円である。

【解　答】

(1) **決算整理後残高試算表**

決算整理後残高試算表

×3年３月31日　　　　　（単位：円）

繰 延 税 金 資 産	900	未 払 法 人 税 等	1,650
法 人 税 等	3,000	繰 延 税 金 負 債	240
		法 人 税 等 調 整 額	30

(2) **損益計算書（一部）および貸借対照表（一部）**

損益計算書　　　（単位：円）

税 引 前 当 期 純 利 益		9,500
法人税, 住民税及び事業税	3,000	
法 人 税 等 調 整 額	△ 30	2,970
当 期 純 利 益		6,530

貸借対照表　　　（単位：円）

:		Ⅰ 流 動 負 債	
Ⅱ 固 定 資 産		未払法人税等	1,650
3. 投資その他の資産			
繰延税金資産	660		

【解　説】

1．法人税等の計上

（法　人　税　等）	3,000	（仮払法人税等）	1,350
		（未払法人税等）（＊）	1,650

（＊）貸借差額

2．税効果会計

　以下の解説では，①解消発生方式，②洗替方式，③差額補充方式のそれぞれの方法による仕訳を示しておく。

(1)　将来減算一時差異

	期　首	解　消	発　生	期　末
将 来 減 算 一 時 差 異	2,500円	1,000円	1,500円	3,000円
法 定 実 効 税 率	×30%	×30%	×30%	×30%
繰 延 税 金 資 産	750円	300円	450円	900円
		150円（純増加）		

①	解　消	（法人税等調整額）	300	（繰延税金資産）	300
	発　生	（繰延税金資産）	450	（法人税等調整額）	450
②	期　首	（法人税等調整額）	750	（繰延税金資産）	750
	期　末	（繰延税金資産）	900	（法人税等調整額）	900
③	純　額	（繰延税金資産）	150	（法人税等調整額）	150

(2)　将来加算一時差異

	期　首	解　消	発　生	期　末
将 来 加 算 一 時 差 異	400円	300円	700円	800円
法 定 実 効 税 率	×30%	×30%	×30%	×30%
繰 延 税 金 負 債	120円	90円	210円	240円
		120円（純増加）		

①	解　消	（繰延税金負債）	90	（法人税等調整額）	90
	発　生	（法人税等調整額）	210	（繰延税金負債）	210
②	期　首	（繰延税金負債）	120	（法人税等調整額）	120
	期　末	（法人税等調整額）	240	（繰延税金負債）	240
③	純　額	（法人税等調整額）	120	（繰延税金負債）	120

(3) 勘定記入（解消発生方式により記入しておく）

繰延税金資産

前 T/B	750	(1)① 解消	300
(1)① 発生	450	後 T/B	900

繰延税金負債

(2)① 解消	90	前 T/B	120
後 T/B	240	(2)① 発生	210

法人税等調整額

(1)① 解消	300	(1)① 発生	450
(2)① 発生	210	(2)① 解消	90
後T/B(P/L)	30		

(4) **繰延税金資産・繰延税金負債の貸借対照表の表示**

繰延税金資産および繰延税金負債は，貸借対照表には，相殺後の純額で記載する。

繰延税金資産	繰延税金負債
900円	240円

∴　900円－240円＝660円〈繰延税金資産〉

9 税率の変更

　法人税等について税率の変更があった場合には，過年度に計上された繰延税金資産および繰延税金負債を新たな税率にもとづき再計算する。

設例 1-6

　次の資料により，(1)貸借対照表に計上される繰延税金資産と(2)損益計算書に計上される法人税等調整額の金額を求めなさい。なお，法人税等調整額が貸方残高になる場合には，金額の前に△印を付すこと。

（資　料）

1．将来減算一時差異の状況は次のとおりであり，税効果会計を適用する。

期　首	解　消	発　生	期　末
2,500円	1,000円	1,500円	3,000円

2．前期までの法定実効税率は40％であったが，当期中に法人税法等の改正があり法定実効税率を30％に変更した。

【解　答】

(1)	繰延税金資産	900円
(2)	法人税等調整額	100円

【解　説】

(1)　金額の整理

	期　首	解　消	発　生	変更による調整額	期　末
将来減算一時差異	2,500円	1,000円	1,500円	―	3,000円
法定実効税率	×40%	×40%	×30%		×30%
繰延税金資産	1,000円	400円	450円	(*)△150円	900円
		100円（純減少）			

（＊）　(2,500円〈期首〉－1,000円〈解消〉)×(30％－40％)＝△150円〈調整額（減額）〉
　　　　　 1,500円〈未解消〉　　　　　△10%〈税率の差〉

(2)　当期の仕訳

　　①解消発生方式，②洗替方式，③差額補充方式のそれぞれの方法による仕訳は，次のとおりである。なお，①解消発生方式による場合には，税率の変更による調整が必要になるため，②洗替方式または③差額補充方式によった方が簡単である。

①	解　消	（法 人 税 等 調 整 額）	400	（繰 延 税 金 資 産）	400
	発　生	（繰 延 税 金 資 産）	450	（法 人 税 等 調 整 額）	450
	調　整	（法 人 税 等 調 整 額）	150	（繰 延 税 金 資 産）	150
②	期　首	（法 人 税 等 調 整 額）	1,000	（繰 延 税 金 資 産）	1,000
	期　末	（繰 延 税 金 資 産）	900	（法 人 税 等 調 整 額）	900
③	純　額	（法 人 税 等 調 整 額）	100	（繰 延 税 金 資 産）	100

🔟 繰延税金資産の回収可能性

1. 繰延税金資産の回収可能性

　繰延税金資産は，将来減算一時差異が解消されるときに課税所得を減少させ，税金負担額を軽減する効果を有するため資産としての計上が認められており，繰延税金資産の計上には，回収可能性（資産性）の検討が必要となる。繰延税金資産の回収可能性とは，繰延税金資産が将来の税金負担額を減額する効果があるかどうかをいう。

将来の 課税所得	見込める	税金負担額の軽減効果あり→回収可能性あり→資産計上できる
	見込めない	税金負担額の軽減効果なし→回収可能性なし→資産計上できない

2. 繰延税金資産の評価性引当額

　繰延税金資産のうち回収可能性がないと判断した金額を評価性引当額といい，繰延税金資産から控除し，財務諸表に注記する。

〈例〉繰延税金資産の回収可能性を検討したところ，600円については，回収可能性の基準に満たないことが判明した。

（法人税等調整額）	600	（繰 延 税 金 資 産）	600
		評価性引当額	

次の資料にもとづいて，(1)貸借対照表の繰延税金資産と(2)財務諸表に注記される評価性引当額を求めなさい。

（資料1）決算整理前残高試算表（一部）

決算整理前残高試算表　　　（単位：円）

繰延税金資産　　1,800

（資料2）決算整理事項
1．前期末および当期末における実効税率は30％であった。
2．前期末および当期末における一時差異に関する資料は，以下のとおりである。

	前期末の金額	当期末の金額
将来減算一時差異	6,000円	8,000円

3．当期末において，繰延税金資産の回収可能性を評価した結果，将来の課税所得と相殺可能な将来減算一時差異は7,200円と判断された。

【解　答】

(1)	繰延税金資産	2,160	円
(2)	評価性引当額	240	円

【解　説】
(1) 本来の繰延税金資産の計上

（繰延税金資産）(＊)　　600　　（法人税等調整額）　　600

(＊) 8,000円×30％＝2,400円〈本来の繰延税金資産〉
2,400円－1,800円〈前T／B〉＝600円〈繰延税金資産の増加額〉

(2) 回収可能な繰延税金資産への修正

（法人税等調整額）(＊)　　240　　（繰延税金資産）　　240

(＊) 7,200円×30％＝2,160円〈回収可能な繰延税金資産＝B／S価額〉
2,160円－2,400円＝△240円〈修正額＝評価性引当額〉

参考 繰延税金資産の回収可能性に関する判断基準

　繰延税金資産は，次の３つのいずれかを満たすことにより，回収可能性（資産性）があると判断される。

> ① 将来減算一時差異の解消年度を含む期間に，課税所得が発生する可能性が高いと見込まれること
> ② 将来減算一時差異の解消年度を含む期間に，課税所得を発生されるタックスプランニングが存在すること
> ③ 将来減算一時差異の解消年度を含む期間に，将来加算一時差異の解消が見込まれること

補足 繰越欠損金

　法人税法上，当期以前の損失（欠損金）は，一定の条件のもと，将来の課税所得の計算から控除することが認められている。繰越欠損金とは，この制度により将来に繰り越す欠損金をいう。この繰越欠損金は，将来の課税所得を減少させ，税金負担額を軽減する効果を有するため，一時差異（将来減算一時差異）に準じるものとして取り扱う。ただし，繰り越せる期間等が定められているため，その期間内にそれ以上の課税所得を獲得する見込みがなければ，将来の課税所得を減額する効果がないため，将来の課税所得と相殺可能な繰越欠損金のみを一時差異に準じるものとして取り扱う。

〈例〉次の資料にもとづき決算整理仕訳を行いなさい。
　１．前期末における繰延税金資産は3,000円であった。
　２．当期末における将来減算一時差異が6,600円であり，税務上の繰越欠損金の残高が4,000円あった。
　３．当期末において見積可能な期間における将来の課税所得は9,000円と見積られた。
　４．実効税率は30％であった。

（法人税等調整額）（＊）	300	（繰 延 税 金 資 産）	300

（＊）6,600円〈当期末の将来減算一時差異〉＋4,000円〈繰越欠損金〉＝10,600円
　　　10,600円 ＞ 9,000円　　∴ 9,000円にもとづいて繰延税金資産を計上する。
　　　9,000円×30％＝2,700円〈回収可能な繰延税金資産＝B/S価額〉
　　　2,700円－3,000円〈前期末の繰延税金資産〉＝△300円

上記の仕訳を分解することも出来る。

(1) 本来の繰延税金資産の計上

（繰 延 税 金 資 産）（＊）	180	（法人税等調整額）	180

（＊）10,600円×30％＝3,180円〈本来の繰延税金資産〉
　　　3,180円－3,000円〈前期末の繰延税金資産〉＝180円

(2) 回収可能な繰延税金資産への修正

（法人税等調整額）（＊）	480	（繰 延 税 金 資 産）	480

（＊）2,700円〈回収可能な繰延税金資産〉－3,180円〈本来の繰延税金資産〉＝△480円〈評価性引当額〉

研究 法定実効税率の算定

　繰延税金資産または繰延税金負債は，回収または支払いが見込まれる期の税率にもとづいて計算した「法定実効税率」によって計算する。

　法定実効税率とは，課税所得に対する法人税，住民税及び事業税の総合的な税率であり，次の算式により算定する。なお，以下の説明では，特別法人事業税率は，事業税率に含めている。

$$① \quad 法定実効税率 = \frac{法人税率 \times (1 + 地方法人税率 + 住民税率) + 事業税率}{1 + 事業税率}$$

なお，上記①の算式の意味は次のとおりである。

(1) 合計税率の算定

　各種税法にもとづいた税額および合計税率は次のように求められる。

---

② 　法人税額 ＝ 課税所得 × 法人税率

③ 　地方法人税額 ＝ 課税所得 × 法人税率 × 地方法人税率

④ 　住民税額(法人税割) ＝ 課税所得 × 法人税率 × 住民税率

⑤ 　事業税額(所得割) ＋ 特別法人事業税額 ＝ 課税所得 × 事業税率

⑥ 　合計税額 ＝ 課税所得 × {法人税率 × (1 + 地方法人税率 + 住民税率) + 事業税率}

⑦ 　合計税率 ＝ 合計税額 ÷ 課税所得 ＝ 法人税率 × (1 + 地方法人税率 + 住民税率) + 事業税率

---

(2) 法定実効税率の算定

　事業税（所得割）および特別法人事業税は，課税所得の計算上，損金算入が認められるため，法定実効税率は，合計税率から事業税率に法定実効税率を乗じた数値を控除して求められる。

---

⑧ 　法定実効税率 ＝ 合計税率 － 事業税率 × 法定実効税率

⑨ 　法定実効税率 ＋ 事業税率 × 法定実効税率 ＝ 合計税率

⑩ 　(1 + 事業税率) × 法定実効税率 ＝ 合計税率

⑪ 　$法定実効税率 = \dfrac{合計税率}{1 + 事業税率}$

---

⑪の算式の合計税率に⑦の算式をあてはめると，上記①の算式になる。

〈例〉法人税率23.2％，地方法人税率10.3％，住民税率10.4％，事業税率3.78％とした場合の法定実効税率を求めなさい。なお，端数が生じた場合には，パーセント未満の小数第3位を四捨五入すること。

$$法定実効税率 = \frac{0.232 \times (1 + 0.103 + 0.104) + 0.0378}{1 + 0.0378} = 0.30624\cdots ≒ 30.62\%$$

四半期財務諸表（中間財務諸表）と税効果会計

1．原　則

　四半期財務諸表（中間財務諸表）の作成にあたっては，原則として，年度財務諸表の作成と同様の手続きで税効果会計を適用しなければならない。

2．容認（簡便法）

　ただし，簡便な方法として，四半期会計期間（中間会計期間）を含む事業年度の税効果会計適用後の実効税率を合理的に見積り，法人税等を控除する前の四半期純利益（中間純利益）に当該見積実効税率を乗じて法人税等（調整後の金額）を計算することができる。この場合には，当該法人税等を計上するだけで，繰延税金資産および繰延税金負債の調整は行わない。

　なお，見積実効税率は，次のように計算する。

$$\text{見積実効税率} = \frac{\text{予想年間税金費用}}{\text{予想年間税引前当期純利益}}$$

（注）予想年間税金費用 ＝（予想年間税引前当期純利益 ± 一時差異に該当しない差異）× 法定実効税率

〈例〉第1四半期における税引前四半期純利益は10,000円，将来減算一時差異の発生額は1,000円，交際費の損金不算入による永久差異は2,000円であり，年度決算における予想年間税引前当期純利益は40,000円，将来減算一時差異の予想発生額は4,000円，交際費の損金不算入による永久差異は8,000円と見積られた。なお，法定実効税率は30％とする。よって，法人税等にかかる仕訳を示しなさい。

1．原　則

| （法 人 税 等）（＊1） | 3,900 | （未 払 法 人 税 等） | 3,900 |
| （繰 延 税 金 資 産）（＊2） | 300 | （法 人 税 等 調 整 額） | 300 |

（＊1）（10,000円＋1,000円＋2,000円）×30％＝3,900円〈法人税等〉
（＊2）1,000円×30％＝300円〈繰延税金資産〉

2．容認（簡便法）

| （法 人 税 等）（＊3） | 3,600 | （未 払 法 人 税 等） | 3,600 |

（＊3）$\dfrac{(40,000円＋8,000円)×30\%}{40,000円}＝36\%$〈見積実効税率〉

　　　10,000円×36％＝3,600円〈第1四半期P/Lに記載する法人税等〉

11 税効果会計に係る会計基準　　理論

1. 税効果会計の目的

> **「税効果会計に係る会計基準　第一」**
>
> 　税効果会計は，企業会計上の資産又は負債の額と課税所得計算上の資産又は負債の額に相違がある場合において，法人税その他利益に関連する金額を課税標準とする税金（以下「法人税等」という。）の額を適切に期間配分することにより，法人税等を控除する前の当期純利益と法人税等を合理的に対応させることを目的とする手続である。
>
> **「税効果会計に係る会計基準注解」**
>
> （注1）法人税等には，法人税のほか，都道府県民税，市町村民税及び利益に関連する金額を課税標準とする事業税が含まれる。

　税効果会計は，税引前当期純利益と法人税等を合理的に対応させることを目的としている。

2. 一時差異の認識

> **「税効果会計に係る会計基準　第二・一」** 一部抜粋，一部修正
>
> 2．一時差異とは，貸借対照表に計上されている資産及び負債の金額と課税所得計算上の資産及び負債の金額との差額をいう。
>
> 　　一時差異は，例えば，次のような場合に生ずる。
>
> （1）財務諸表上の一時差異
>
> 　①　収益又は費用の帰属年度が相違する場合
>
> 　②　資産の評価替えにより生じた評価差額が直接純資産の部に計上され，かつ，課税所得の計算に含まれていない場合
>
> 3．一時差異には，当該一時差異が解消するときにその期の課税所得を減額する効果を持つもの（以下「将来減算一時差異」という。）と，当該一時差異が解消するときにその期の課税所得を増額する効果を持つもの（以下「将来加算一時差異」という。）とがある。
>
> 4．将来の課税所得と相殺可能な繰越欠損金等については，一時差異と同様に取り扱うものとする（以下一時差異及び繰越欠損金等を総称して「一時差異等」という。）。

　差異等を分類すると次のようになる。

一時差異等	将来減算一時差異	将来の課税所得を減額する効果を持つものであり，税効果会計を適用し，「繰延税金資産」が計上される。
	将来加算一時差異	将来の課税所得を増額する効果を持つものであり，税効果会計を適用し，「繰延税金負債」が計上される。
	繰越欠損金等	将来の課税所得と相殺可能なものは，一時差異（将来減算一時差異）と同様に取り扱う。
永　　久　　差　　異		差異が永久に解消されないため，税効果会計は適用されない。

（注1）一時差異は，その発生原因により，収益・費用の帰属年度が相違することにより生じる「期間差異」と評価替えによる差額を純資産直入した「評価差額」とに区分することもできる。

（注2）法人税法上，当期以前の損失は，一定の条件のもと，将来の課税所得の計算から控除することが認められている。これを繰越欠損金という。ただし，繰り越せる期間が定められているため，たとえば，その期間内にそれ以上の利益を獲得する見込みがなければ，将来の課税所得を減額する効果がないため，税効果会計を適用することは認められない。

（注3）「税効果会計に係る会計基準」では，永久差異について明記していないが，税効果会計の適用対象である一時差異の定義を満たさない永久差異については，当然税効果会計を適用しないこととなる。

3. 繰延税金資産・繰延税金負債等の計上方法

「税効果会計に係る会計基準　第二・二」一部抜粋，一部修正

1. 一時差異等に係る税金の額は，将来の会計期間において回収又は支払が見込まれない税金の額を除き，繰延税金資産又は繰延税金負債として計上しなければならない。繰延税金資産については，将来の回収の見込みについて毎期見直しを行わなければならない。
2. 繰延税金資産又は繰延税金負債の金額は，回収又は支払が行われると見込まれる期の税率に基づいて計算するものとする。
3. 繰延税金資産と繰延税金負債の差額を期首と期末で比較した増減額は，当期に納付すべき法人税等の調整額として計上しなければならない。

　　ただし，資産の評価替えにより生じた評価差額が直接純資産の部に計上される場合には，当該評価差額に係る繰延税金資産又は繰延税金負債を当該評価差額から控除して計上するものとする。

5. 中間財務諸表の作成上，法人税等は，中間会計期間を含む事業年度の法人税等の計算に適用される税率に基づき，年度決算と同様に税効果会計を適用して計算するものとする。

　　ただし，中間会計期間を含む事業年度の税効果会計適用後の実効税率を合理的に見積もり，法人税等を控除する前の中間純利益に当該見積実効税率を乗じて計算することができる。

「税効果会計に係る会計基準注解」

（注4）重要性が乏しい一時差異等については，繰延税金資産及び繰延税金負債を計上しないことができる。
（注5）繰延税金資産は，将来減算一時差異が解消されるときに課税所得を減少させ，税金負担額を軽減することができると認められる範囲内で計上するものとし，その範囲を超える額については控除しなければならない。
（注6）法人税等について税率の変更があった場合には，過年度に計上された繰延税金資産及び繰延税金負債を新たな税率に基づき再計算するものとする。

繰延税金資産・繰延税金負債の計上方法に関する注意点は，次のとおりである。

① 回収または支払いが行われると見込まれる期の税率にもとづいて計算する。
② 繰延税金資産は，将来の税金負担額を軽減することができる範囲で計上し，その範囲を超える額については控除する。なお，この控除された額を「評価性引当額」という。
③ 税率の変更があった場合には，新たな税率で再計算しなければならない。
④ 四半期財務諸表または中間財務諸表では，簡便な方法によることも容認されている。

4. 繰延税金資産・繰延税金負債等の表示方法と注記事項

「税効果会計に係る会計基準　第三」一部抜粋

1. 繰延税金資産は投資その他の資産の区分に表示し，繰延税金負債は固定負債の区分に表示する。
2. 同一納税主体の繰延税金資産と繰延税金負債は，双方を相殺して表示する。
　　異なる納税主体の繰延税金資産と繰延税金負債は，双方を相殺せずに表示する。
3. 当期の法人税等として納付すべき額及び法人税等調整額は，法人税等を控除する前の当期純利益から控除する形式により，それぞれ区分して表示しなければならない。

「税効果会計に係る会計基準　第四」一部抜粋・一部修正

財務諸表については，次の事項を注記しなければならない。

1. 繰延税金資産及び繰延税金負債の発生原因別の主な内訳

「税効果会計に係る会計基準注解」

（注8）繰延税金資産の発生原因別の主な内訳における評価性引当額の取扱いについて
　（1）繰延税金資産の発生原因別の主な内訳を注記するにあたっては，繰延税金資産から控除された額（評価性引当額）（注5に係るもの）を併せて記載する。

研究　税効果会計の方法

　　税効果会計の方法には「資産負債法」と「繰延法」とがある。海外において税効果会計が導入された当初は「繰延法」が主流であったが，今日では貸借対照表における資産・負債の認識・測定が重視される傾向にあり，「資産負債法」が主流になっている。わが国では税効果会計が導入され，「税効果会計に係る会計基準」が公表された当初から「資産負債法」を採用している。

　　資産負債法と繰延法との比較は以下のとおりである。

	資 産 負 債 法	繰 延 法
特　　徴	企業会計と法人税法の差異を貸借対照表に視点を置いて認識しようとする方法	企業会計と法人税法の差異を損益計算書に視点を置いて認識しようとする方法
一時差異の定　　義	貸借対照表に計上されている資産・負債の額と法人税法上の資産・負債の額との差額をいう。	損益計算書に計上されている収益・費用の額と法人税法上の益金・損金の額との差額をいう。
一時差異の発 生 原 因	① 収益および費用の帰属年度が相違する場合（期間差異） ② 評価替えにより生じた評価差額が直接純資産の部に計上される場合	収益および費用の帰属年度が相違する場合（期間差異）のみ
適用する税　　率	差異が解消すると見込まれる年度の税率	差異が発生した年度の税率
税率が変更された場合	過年度に計上された「繰延税金資産」および「繰延税金負債」を，新たな税率で再計算する。	過年度に計上された「繰延税金資産」および「繰延税金負債」の修正は行わず，一時差異の解消年度まで繰り越す。

02 現金預金

Check ここでは，現金預金のうち現金，当座預金および定期預金の会計処理について学習する。

❶ 現金預金の表示

　預金のうち，期日の定めのある預金で満期日が貸借対照表日の翌日から起算して1年を超えるものは，貸借対照表上，「固定資産（投資その他の資産）」に「長期預金」として表示し，現金およびその他の預金は，貸借対照表上，「流動資産」の区分に「現金預金」として表示する。

表示科目	表示区分	内　　容
現 金 預 金	流 動 資 産	・現金 ・期日の定めのない預金 ・満期日が貸借対照表日の翌日から1年以内の預金
長 期 預 金	固 定 資 産 （投資その他の資産）	・満期日が貸借対照表日の翌日から1年を超える預金

❷ 現　金

1. 現金の範囲

　簿記会計上，「現金」で処理されるのは，通貨（外国通貨を含む）および通貨代用証券である。

> (1)　通貨（外国通貨を含む）……紙幣・硬貨
> (2)　通貨代用証券
> 　①　他人振出の当座小切手……他人が振り出した当座小切手
> 　②　配当金領収証……株式の配当として交付される配当金の領収証
> 　③　期限到来後の公社債利札（クーポン）……公債（国債・地方債）や社債の証券にあら
> 　　　　　　　　　　　　　　　　　　　　　　　かじめ印刷されている利息の受取証

　配当金領収証を受け取ったときと公社債利札の期限到来時の仕訳を示すと，次のようになる。

配当金領収証 受　　取　　時	（現　　　　金） 配当金領収証	××	（受 取 配 当 金） P/L営業外収益	××
利札（クーポン） の 期 限 到 来 時	（現　　　　金） 期限到来後の公社債利札	××	（有 価 証 券 利 息） P/L営業外収益	××

　（注）「有価証券利息」は，「受取利息」として処理する場合もある。
　　　　「受取利息」と「受取配当金」をあわせて，「受取利息配当金」として処理する場合もある。
　　　　売買目的有価証券にかかる配当金は「有価証券運用損益」として処理する場合もある。

その他の通貨代用証券

前記の①〜③以外の通貨代用証券には，次のようなものがある。

④ 送金小切手……銀行経由の送金手段として銀行が交付する小切手

⑤ 送金為替手形……銀行経由の送金手段として銀行が振込みに対して交付する為替手形

⑥ 預金手形……銀行が預金者へのサービスのため現金の代用として交付する証券

⑦ 郵便為替証書，電信為替券……郵便局が送金者の依頼にもとづいて交付する証券

⑧ 振替貯金払出証書……振替貯金について郵便局が交付する払出証書

⑨ 一覧払手形……受取人が支払人に呈示した日が満期とされる手形

⑩ 官公庁支払命令書……法人税等の還付通知書

 現金とまちがえやすいもの（「現金」以外の科目で処理すべきもの）

現金とまちがえやすいものには以下のようなものがある。もし，以下のものが「現金」に含まれている場合には，正しい科目に振り替える。

(1) **先 日 付 小 切 手** …**「受取手形」**で処理する。

（注1）先日付小切手とは実際の振出日より先の日付が記載された小切手をいい，記載された日付まで銀行に支払提示しない約束になっている。すぐに現金化できないものなので簿記上は約束手形に準じて「受取手形」で処理する。

(2) **自己振出の回収小切手** …**「当座預金」**で処理する。

（注2）自己振出の回収小切手とは当社が振り出した小切手が銀行に支払い呈示されずに裏書きなどにより当社に戻ってきたものをいう。振り出したときに「当座預金」を減額しているはずなので，回収時には「当座預金」の増加として処理する。

(3) **借用証書・借受けメモ** …**「貸付金」**で処理する。

（注3）借用証書・借受けメモは貸付けの条件により「短期貸付金」や「長期貸付金」などで処理する。また，会社の役員や従業員に対するものは「役員短期貸付金」などの科目を使用し，外部に対する「貸付金」と区別する。

(4) **収 入 印 紙** … 未使用分は「貯蔵品」で処理する。なお，使用分は「租税公課」で処理する。

(5) **は が き ・ 切 手** … 未使用分は「貯蔵品」で処理する。なお，使用分は「通信費」で処理する。

(6) **消 耗 品** … 未使用分は「消耗品」または「貯蔵品」で処理する。なお，使用分は「消耗品費」で処理する。

2. 現金の実査（現金過不足の処理）

(1) 期中に現金過不足が発生した場合

「現金」の帳簿残高（現金出納帳残高）と現金の実際有高は，記帳漏れなどの原因により一致しないことが多い。この場合，その事実に合わせて帳簿残高を実際有高に修正し，その不足額または過剰額を一時的に「現金過不足」で処理しておく。そして，後日，原因が判明したときに正しい勘定へ振り替える。

また，決算日になっても原因がわからない場合は，決算整理仕訳において，不足額は「現金過不足」から「雑損」（または「雑損失」）へ，過剰額は「現金過不足」から「雑益」（または「雑収入」）へ振り替える。

「雑益（または雑収入）」は損益計算書の「営業外収益」の区分に表示し，「雑損（または雑損失）」は損益計算書の「営業外費用」の区分に表示する。

〈例〉次の取引について仕訳を示しなさい。

(1)① 現金の帳簿残高は30,000円であり，実際有高は28,500円であった。

② ①の現金不足額のうち，800円は販売費の記帳漏れであったが，700円の原因は判明しなかった。

(2)① 現金の帳簿残高は28,500円であり，実際有高は30,000円であった。

② ①の現金過剰額のうち，800円は受取利息の記帳漏れであったが，700円の原因は判明しなかった。

	(1) 帳簿残高＞実際有高の場合	(2) 帳簿残高＜実際有高の場合
①	（現金過不足）1,500　（現　　金）1,500	（現　　金）1,500　（現金過不足）1,500
②	（販　売　費）　800　（現金過不足）1,500 （雑　　損）　700 <small>P/L営業外費用</small>	（現金過不足）1,500　（受 取 利 息）　800 （雑　　益）　700 <small>P/L営業外収益</small>

(2) 決算時に現金過不足が発生した場合

決算にあたり，現金の実査を行った結果，帳簿残高（現金出納帳残高）と実際有高に原因不明の不一致が生じた場合には，「現金過不足」を用いずに，次のように処理する。

帳簿残高1,000円＞実際有高900円の場合	帳簿残高900円＜実際有高1,000円の場合
（雑　　損）　100　（現　　金）　100 <small>P/L営業外費用</small>	（現　　金）　100　（雑　　益）　100 <small>P/L営業外収益</small>

36

3 当座預金

1. 当座預金とは

　当座預金とは，商取引の決済などを便利にするため，銀行と当座取引契約を結び，預入れには通貨および通貨代用証券を，引出しには小切手を使用する無利息の預金である。

　当座預金は，満期日の定めがなく，必要に応じていつでも引き出せることから，「現金」とともに貸借対照表の「流動資産」の区分に「現金預金」として表示する。

2. 当座預金の修正（銀行勘定調整表の作成）

(1) 銀行勘定調整表とは

　「当座預金」（当座預金出納帳）の残高は，本来，銀行における当座預金残高と一致するはずである。しかし，現実には小切手振出に関する事情や銀行における取立事情などにより，両者の残高が一致しないことが多い。そこで，決算時において，銀行に当座預金残高証明書（銀行が当座預金の残高がいくらかを証明したもの）の発行を依頼し，当座預金勘定残高と照合することにより，両者の一致を確かめ，不一致があれば調整する。その調整のために作成されるのが銀行勘定調整表である。

(2) 銀行勘定調整表の作成方法

　銀行勘定調整表の作成方法には，企業残高基準法，銀行残高基準法，両者区分調整法の3つがあるが，両者区分調整法が最も重要な方法である。

　両者区分調整法とは，企業側の当座預金勘定（当座預金出納帳）の残高と銀行残高証明書の残高を基準として，これに不一致原因を加減して適正な当座預金残高を求める方法である。両者区分調整法により求めた残高が，貸借対照表上の「当座預金（現金預金）」の金額となる。

　両者区分調整法による銀行勘定調整表の作成例を示すと，次のようになる。

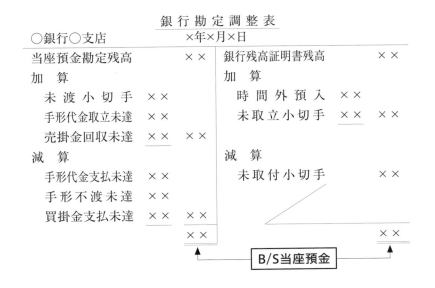

Theme
02

現金預金

37

(3) 主な不一致原因と調整方法

　　主な不一致原因と両者区分調整法による銀行勘定調整表における調整方法および内容は，次のとおりである。

① 銀行側残高の調整項目

不一致原因 と調整方法	内　　　　　容
時 間 外 預 入 (銀行側残高を加算)	時間外預入とは，銀行の営業時間終了後に夜間金庫などを利用して預け入れることをいう。当社では，預入日に当座預金の増加として処理しているが，銀行では翌営業日に入金の処理を行うことから，残高が一致しない。
未 取 立 小 切 手 (銀行側残高を加算)	未取立小切手とは，他人振出の小切手を銀行に預け入れて取立てを依頼したにもかかわらず，銀行でいまだ取立てが完了していない小切手のことをいう。当社では，預入日に当座預金の増加として処理しているが，銀行では手形交換所において決済が行われた日に入金の処理を行うことから，残高が一致しない。 　(注) 実際には，取立てが完了するまで預金を引き出すことはできないが，小切手を預け入れた日に銀行側でも入金の処理を行うため，残高は一致する。
未 取 付 小 切 手 (銀行側残高を減算)	未取付小切手とは，当社が支払いのために小切手を振り出し取引先に渡したにもかかわらず，いまだ取引先から銀行に呈示されていない小切手のことをいう。当社では，振出日に当座預金の減少として処理しているが，銀行では，小切手が呈示されるまで出金の処理を行わないため，残高が一致しない。

② 企業側残高の調整項目

不一致原因 と調整方法	内　　　　　容
未 渡 小 切 手 (当社側残高を加算)	未渡小切手とは，当社が支払いのために小切手を振り出したにもかかわらず，いまだ取引先に渡されずに手許に残っている小切手のことをいう。当社では，小切手の振出日に当座預金の減少として処理しているが，銀行では当然処理していないので，残高が一致しない。
振 込 未 達 (当社側残高を加算)	振込未達とは，取引先から当座預金に振込みが行われたが，その連絡が当社に未達であり当社で処理していないことをいう。銀行側では，振り込まれた日に入金の処理を行っているが，当社では，未処理であるため，残高が一致しない。
引 落 未 達 (当社側残高を減算)	引落未達とは，自動引落しや支払手形の決済が行われたが，その連絡が当社に未達であり当社で処理していないことをいう。銀行側では，引き落とされた日に出金の処理を行っているが，当社では未処理であるため，残高が一致しない。
企 業 側 誤 記 入 (当社側残高を加減算)	企業側誤記入とは，当社が誤って記帳していることをいい，当然，残高が一致しない。

　　なお，当社側の残高を修正する場合には，修正仕訳が必要になる。

(4) 修正仕訳

銀行勘定調整表の作成目的は，適正な当座預金勘定残高を求めることであるから，企業側の修正項目についてはすべて修正仕訳を行う。

不一致原因	修 正 仕 訳
未 渡 小 切 手	買掛金30,000円の支払いのために振り出した小切手が未渡しであった場合 （当 座 預 金）　30,000　　（買 掛 金）　30,000 広告宣伝費10,000円の支払いのために振り出した小切手が未渡しであった場合 （当 座 預 金）　10,000　　（未 払 金）　10,000
振 込 未 達	銀行で回収した売掛金150,000円が当社に未達であった場合 （当 座 預 金）　150,000　　（売 掛 金）　150,000
引 落 未 達	支払利息15,000円が当座預金から引き落とされていたが，当社に未達であった場合 （支 払 利 息）　15,000　　（当 座 預 金）　15,000
企業側誤記入	売掛金の振込額60,000円を69,000円と誤記していた場合 （売 掛 金）　9,000　　（当 座 預 金）　9,000

4 定期預金

1. 定期預金とは

定期預金とは，余裕資金を有効に運用する目的で利用される預金であり，期間（たとえば3か月，6か月，1年，2年）満了まで引出しができない利付預金である。

定期預金については一年基準の適用により，決算日の翌日から1年以内に満期日が到来するものは貸借対照表上，「流動資産」の区分に「現金」や「当座預金」と一括して「現金預金」として表示し，決算日の翌日から1年を超えて満期日が到来するものは貸借対照表上，「固定資産（投資その他の資産）」の区分に「長期定期預金（または長期預金）」として表示する。

なお，「長期定期預金」が「現金預金」に含まれている場合には，科目の振替えを行う。

（長 期 定 期 預 金）　　×× 　　（現 金 預 金）　　××

2. 未収収益の計上

定期預金の利息は一般的に後払いであるため，利払日と決算日が一致しない場合には，預入日または期中の最終利払日の翌日から決算日までの未収利息を，月割計算により見越計上する。

（未 収 収 益）　　×× 　　（受 取 利 息）　　××

次の資料にもとづいて、貸借対照表（一部）を完成しなさい。なお、会計期間は1年、当期は×1年4月1日から×2年3月31日までである。

（資料1）決算整理前残高試算表（一部）

決算整理前残高試算表
×2年3月31日 （単位：円）

現　金　預　金	90,000	買　　掛　　金	30,000
売　　掛　　金	73,000	未　　払　　金	5,000
販　　売　　費	80,000	受　取　利　息	600
支　払　利　息	1,500		

（資料2）決算整理事項

1. 現金の実際有高が1,000円過剰であることが発見された。原因を究明したところ、販売費の支払い1,500円と売掛金の入金3,000円が未処理であることが判明したが、残額は原因不明である。

2. 当座預金の帳簿残高 各自推定 円と銀行残高証明書残高77,000円との差異の原因は次のとおりであった。

   (1) 決算日に現金12,000円を預け入れたが、営業時間外であったため、銀行では翌日付で記帳していた。

   (2) 仕入先に対して買掛金支払いのために振り出した小切手9,000円が、いまだ銀行に支払呈示されていなかった。

   (3) 販売費の支払いのために振り出した小切手10,000円が未渡しであった。

   (4) 得意先より売掛金15,000円が当座預金に振り込まれていたが、その連絡が当社に未達であった。

   (5) 支払利息3,000円が当座預金から引き落とされていたが、その連絡が当社に未達であった。

3. 現金預金のうち20,000円は、×1年5月1日から期間2年の定期預金（利率年6％、利払日は4月と10月の各末日）である。

【解　答】

貸　借　対　照　表
×2年3月31日現在 （単位：円）

I　流　動　資　産		I　流　動　負　債	
現　金　預　金	93,000	買　　掛　　金	30,000
売　　掛　　金	55,000	未　　払　　金	15,000
未　収　収　益	500		
II　固　定　資　産			
⋮			
3．投資その他の資産			
長期定期預金	20,000		

40

【解　説】

1．現　金

　現金の実際有高が過剰なため，帳簿残高を実際有高に合わせるために「現金預金」を1,000円増額させる。

（現 金 預 金）	1,000	（売　掛　金）	3,000
（販　売　費）	1,500		
（雑　損）（＊）	500		

（＊）貸借差額

2．当座預金

(1)	仕 訳 な し			
(2)	仕 訳 な し			
(3)	（現 金 預 金）	10,000	（未　払　金）	10,000
(4)	（現 金 預 金）	15,000	（売　掛　金）	15,000
(5)	（支 払 利 息）	3,000	（現 金 預 金）	3,000

銀 行 勘 定 調 整 表

当座預金帳簿残高	（＊）58,000	銀行残高証明書残高	77,000
(3)未 渡 小 切 手	＋ 10,000	(1)時 間 外 預 入	＋ 12,000
(4)振 込 未 達	＋ 15,000	(2)未 取 付 小 切 手	△ 9,000
(5)引 落 未 達	△ 3,000		
修 正 後 残 高	80,000	修 正 後 残 高	80,000

（＊）帳簿残高は差額で求める。

3．定期預金

(1)　科目の分類（一年基準の適用）

　満期日（×3年4月30日）が，決算日（×2年3月31日）の翌日から起算して1年を超えるため「長期定期預金」となる。

（長 期 定 期 預 金）	20,000	（現 金 預 金）	20,000
B/S固定資産			

(2)　未収収益の計上 ⇨ 利払日≠決算日のために計上する（月割計算）

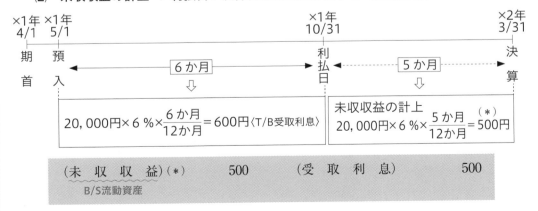

（未 収 収 益）（＊）	500	（受 取 利 息）	500
B/S流動資産			

4．現金預金のB/S価額

90,000円〈T/B〉＋1,000円＋10,000円＋15,000円－3,000円－20,000円＝93,000円〈B/S価額〉

企業残高基準法と銀行残高基準法

　銀行勘定調整表の作成方法には両者区分調整法のほかに，企業残高基準法，銀行残高基準法があるが，ここでは［設例2−1］の数値を用いて，その様式を示しておく。

(1)　企業残高基準法

　この方法は，企業の当座預金勘定残高に不一致原因を加減して，銀行残高証明書残高に一致させる形式で作成する方法である。

銀 行 勘 定 調 整 表

○○銀行○○支店	×年×月×日	（単位：円）
当座預金勘定残高		58,000
加　算		
(2)未 取 付 小 切 手	9,000	
(3)未 渡 小 切 手	10,000	
(4)振 込 未 達	15,000	34,000
減　算		
(1)時 間 外 預 入	12,000	
(5)引 落 未 達	3,000	15,000
銀行残高証明書残高		77,000

(2)　銀行残高基準法

　この方法は，銀行残高証明書残高に不一致原因を加減して，企業の当座預金勘定残高に一致させる形式で作成する方法である。

銀 行 勘 定 調 整 表

○○銀行○○支店	×年×月×日	（単位：円）
銀行残高証明書残高		77,000
加　算		
(1)時 間 外 預 入	12,000	
(5)引 落 未 達	3,000	15,000
減　算		
(2)未 取 付 小 切 手	9,000	
(3)未 渡 小 切 手	10,000	
(4)振 込 未 達	15,000	34,000
当座預金勘定残高		58,000

当座借越（当座貸越）

　当座借越とは，当座預金の残高が不足し，振り出した手形や小切手が不渡りになることを回避するために，定期預金や有価証券などを担保として，当座預金の残高が不足した場合には，自動的に銀行が不足額を貸し付ける仕組みのことである。

　当座借越が行われている場合には，当座預金の残高はマイナス（帳簿上は貸方残高）となるが，貸借対照表の表示では，「流動負債」の区分に「短期借入金」として表示する。

〈例〉当社は，A銀行，B銀行，C銀行において当座預金を開設している。

　1．当座預金出納帳における各口座の期末残高は，次のとおりである。

A 当 座 預 金	200,000円（借方残高）
B 当 座 預 金	300,000円（借方残高）
C 当 座 預 金	△ 100,000円（貸方残高）

　2．総勘定元帳における当座預金勘定の期末残高は，400,000円（借方残高）である。

　上記の〈例〉では，各口座の借方残高200,000円 + 300,000円 = 500,000円から貸方残高100,000円を控除した残高400,000円が，総勘定元帳における当座預金勘定に記帳されていることがわかる。

当 座 預 金

B/S 当座預金
500,000　⇨

A 当 座 預 金	200,000	C 当 座 預 金	100,000	⇦ B/S 短期借入金 100,000
B 当 座 預 金	300,000	残高	400,000	

　しかし，当座預金の貸方残高は，当座借越を意味するので，貸借対照表上は，「短期借入金」として表示しなければならない。そこで，次のような修正を行う。

（当　座　預　金）	100,000	（短 期 借 入 金）	100,000

∴　B/S 当 座 預 金：500,000円
　　B/S 短 期 借 入 金：100,000円

03 金銭債権・貸倒引当金
Theme

Check ここでは，金銭債権と貸倒引当金について学習する。特に，貸倒引当金の処理については十分な理解が必要である。

1 現在価値と将来価値

1. 時間価値

　これから学習する金銭債権・債務の評価にあたっては，貨幣の時間価値を考慮しなければならないことがある。貨幣の時間価値とは，時の経過による貨幣価値の増殖のことをいう。

　たとえば，いま所有している10,000円を年利10％で銀行に預ければ，1年後には利息分1,000円が増加し11,000円となる。したがって，現在の10,000円と1年後の10,000円とでは，時間価値相当額だけ価値が異なってくる。

2. 現在価値と将来価値（終価）

　貨幣の現在時点の価値を「現在価値」といい，一定期間後の将来の価値を「将来価値」または「終価」という。また，将来価値を一定の利子率（割引率）で割り引くことにより求めた現在価値を「割引現在価値」という。

　たとえば，年利10％とすると，現在の10,000円〈現在価値〉は，1年後には10,000円×(1 + 0.1) = 11,000円〈将来価値〉となり，逆に1年後の11,000円〈将来価値〉を現在価値にすると11,000円÷(1 + 0.1) = 10,000円となる。

(1) 現在価値から将来価値を求める場合

　　資金を銀行などに預けると，通常，利息は利払日ごとに元金に繰り入れられる。したがって，2回目の利息の計算では，元金に1回目の利息を加算した額を新たな元金として計算することになる。このように，利息にも利息が加算されるような計算を複利計算という。

　　たとえば，現在価値100円，年利10％，期間5年，1年ごとの複利計算の場合，5年後の将来価値は次のようになる。

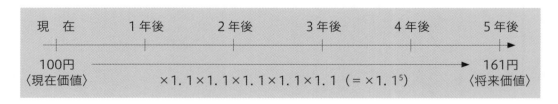

　なお，この計算を公式にすると，次のようになる。

$$将来価値 = 現在価値 \times (1 + r)^n$$
$$r = 利率, \quad n = 期間（年）$$

(2) **将来価値から現在価値を求める場合**

将来価値から現在価値（割引現在価値）を計算することを割引計算という。

たとえば、5年後の将来価値161円、年利10%、期間5年、1年ごとの複利計算の場合、現在価値は次のようになる。

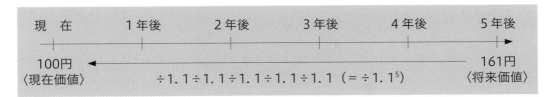

| 現　在 | 1年後 | 2年後 | 3年後 | 4年後 | 5年後 |

100円〈現在価値〉 ◄──── ÷1.1÷1.1÷1.1÷1.1÷1.1 （＝÷1.1⁵）──── 161円〈将来価値〉

なお、この計算を公式にすると、次のようになる。

$$現在価値 = 将来価値 \times \frac{1}{(1+r)^n}$$

$$= 将来価値 \div (1+r)^n$$

$$r = 利率, \quad n = 期間（年）$$

設例 3-1

次の各問いに答えなさい。なお、円未満の端数は四捨五入すること。

〔問1〕

現在価値10,000円の3年後の将来価値を求めなさい。なお、年利3%（1年ごとの複利計算）とする。

〔問2〕

3年後の将来価値10,000円の現在価値を求めなさい。なお、年利3%（1年ごとの複利計算）とする。

【解答・解説】

| 問1 | 10,927円 | ⇦ 10,000円〈現在価値〉× 1.03³ |
| 問2 | 9,151円 | ⇦ 10,000円〈将来価値〉÷ 1.03³ |

3. 現価係数と年金現価係数

(1) 現価係数

現価係数とは，将来価値から現在価値を求めるための係数であり，将来価値を基準（1）とした場合の現在価値の割合を示すものである。

$$現価係数 = \frac{1}{(1+r)^n}$$
$$= 1 \div (1+r)^n$$
$$r = 利率, \quad n = 期間（年）$$

たとえば，年利10%の場合の期間1年から5年までの現価係数は次のようになる。

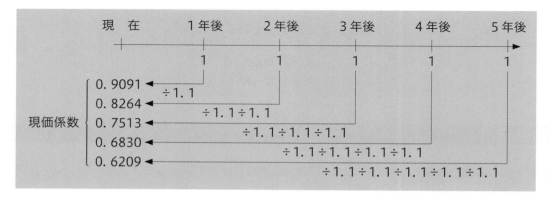

現価係数がわかっている場合には，将来価値に現価係数を乗じることで現在価値を求めることができる。

$$現在価値 = 将来価値 \times 現価係数$$

(2) 年金現価係数

年金現価係数とは，一定期間ごとに一定の額を支払いまたは受け取りつづける場合に将来価値から現在価値の合計を求めるための係数であり，現価係数を年数分だけ合計したものである。

$$年金現価係数 = \frac{1-(1+r)^{-n}}{r}$$
$$r = 利率, \quad n = 期間（年）$$

たとえば，年利10％の場合の期間１年から５年までの年金現価係数は次のようになる。

	年金現価係数	
１年	0.9091	⇐ 0.9091
２年	1.7355	⇐ 0.9091 ＋ 0.8264
３年	2.4869	⇐ 0.9091 ＋ 0.8264 ＋ 0.7513(注)
４年	3.1699	⇐ 0.9091 ＋ 0.8264 ＋ 0.7513 ＋ 0.6830(注)
５年	3.7908	⇐ 0.9091 ＋ 0.8264 ＋ 0.7513 ＋ 0.6830 ＋ 0.6209(注)

(注) 実際の年金現価係数は，上記の公式により算定するので，端数処理後の現価係数を合計して算定したものと若干違いが生じることがある。

年金現価係数がわかっている場合には，一定の支払額（受取額）に年金現価係数を乗じることで現在価値を求めることができる。

現在価値合計＝一定の支払額（受取額）×年金現価係数

設例 3-2

次の各問いに答えなさい。なお，使用する現価係数および年金現価係数は，下記の一覧表から選択すること。

現 価 係 数 表

n＼r	2 ％	3 ％	4 ％
１年	0.9804	0.9709	0.9615
２年	0.9612	0.9426	0.9246
３年	0.9423	0.9151	0.8890
４年	0.9238	0.8885	0.8548
５年	0.9057	0.8626	0.8219

年金現価係数表

n＼r	2 ％	3 ％	4 ％
１年	0.9804	0.9709	0.9615
２年	1.9416	1.9135	1.8861
３年	2.8839	2.8286	2.7751
４年	3.8077	3.7171	3.6299
５年	4.7135	4.5797	4.4518

〔問１〕

３年後に10,000円を支払う予定である。年利３％で割り引いた現在価値を求めなさい。

〔問２〕

１年ごとに10,000円ずつ３年間支払う予定である。年利３％で割り引いた現在価値を求めなさい。

【解答・解説】

問１	9,151円	⇐ 10,000円〈将来価値〉×0.9151〈利率３％，期間３年の現価係数〉
問２	28,286円	⇐ 10,000円〈一定額〉×2.8286〈利率３％，期間３年の年金現価係数〉

金銭債権・貸倒引当金

47

2 金銭債権

1. 金銭債権とは

金銭債権とは，将来，他人から一定額の金銭の支払いを受ける権利をいい，次のように分類される。

金銭債権	営業債権	売上債権	受取手形（不渡手形を含む） 売掛金（積送未収金等も含む）など
		その他	営業の必要にもとづいて経常的に発生する得意先，仕入先に対する貸付金，立替金など
	営業外債権		営業債権以外の**貸付金**，立替金および未収入金

2. 金銭債権の評価

金銭債権の貸借対照表価額は，取得価額から貸倒見積高にもとづいて算定された貸倒引当金を控除した金額とする。ただし，金銭債権を債権金額より低い価額または高い価額で取得した場合において，取得価額と債権金額との差額（取得差額）の性格が金利の調整と認められるとき（金利調整差額）は，償却原価法にもとづいて算定された価額から貸倒見積高にもとづいて算定された貸倒引当金を控除した金額としなければならない。

取得の形態		貸借対照表価額
債権金額＝取得価額（原則的評価）		B/S価額＝取得価額－貸倒引当金
債権金額≠取得価額	取得差額が金利調整差額と認められない場合	
	取得差額が金利調整差額と認められる場合	B/S価額＝償却原価－貸倒引当金

3. 償却原価法

償却原価法とは，債権を債権金額より低い価額または高い価額で取得した場合において，債権金額と取得価額の差額（取得差額）を償還期に至るまで，毎期一定の方法で貸借対照表価額に加減し，その加減額を「受取利息」に含めて処理する方法である。

資金を融資する目的で約束手形を手形金額より低い価額で割引取得した場合の仕訳は，次のようになる。

取　得　時	（手形貸付金）　　　××× 取得価額	（現　金　預　金）　　　×××
決　算　時	（手形貸付金）　　　　× 償却額	（受　取　利　息）　　　　×

償却原価法には利息法と定額法の2つの方法があり，原則として利息法によるものとするが，継続適用を条件として定額法を採用することもできる。

⑴　定額法（容認）

　定額法とは，債権の金利調整差額を取得日（または受渡日）から償還日までの期間で割って各期の損益に配分し，その配分額を帳簿価額に加減する方法である。

$$（債権金額 - 取得価額）\times \frac{当期所有月数}{取得日から償還日までの月数} = 金利調整差額償却額$$

⑵　利息法（原則）

　利息法とは，将来のキャッシュ・フロー（現金収支）の現在価値が取得価額に一致するような割引率（これを実効利子率という）をもとにして，帳簿価額への加減額を算定する方法である。

　具体的には，帳簿価額（投資簿価）に対して実効利子率を掛けた金額を，各期の利息配分額として計上し，各期の利息配分額と利息の受取額との差額を，金利調整差額の償却額として帳簿価額に加減する。金利調整差額償却額の算定は，次の手順により行う。

利息配分額の算定：帳簿価額 × 実効利子率 = 利息配分額

⇩

利息受取額の算定：債権金額 × 利子率（表面利子率）
= 利息の受取額

⇩

金利調整差額償却額の算定：利息配分額 - 利息の受取額
= 金利調整差額償却額

　当社（決算日は毎年3月31日）は，×1年4月1日にA社からB社に対する貸付金（債権金額800,000円，返済期日×4年3月31日，利子率年3％，利払日は年1回毎年3月31日）を767,012円で取得した。取得価額と債権金額との差額は金利調整差額と認められ償却原価法を適用する。よって，×1年4月1日（取得日）および×2年3月31日（利払日，決算日）における仕訳を(1)定額法および(2)利息法（実効利子率年4.5％）のそれぞれにより示しなさい。なお，取得および利息の受払いは現金預金とする。また，計算上端数が生じた場合には円未満を四捨五入すること。

【解答・解説】

(1)　定額法

①　×1年4月1日（取得日）

（長 期 貸 付 金）	767,012	（現 金 預 金）	767,012

②　×2年3月31日（利払日，決算日）

（現 金 預 金）（＊1）	24,000	（受 取 利 息）	24,000
（長 期 貸 付 金）（＊2）	10,996	（受 取 利 息）	10,996

（＊1）800,000円〈債権金額〉× 3 ％ ＝ 24,000円

（＊2）800,000円〈債権金額〉－ 767,012円〈取得価額〉＝ 32,988円〈金利調整差額〉

　　　　$32,988円〈金利調整差額〉× \dfrac{12か月}{36か月} = 10,996円〈償却額〉$

∴　B/S 長期貸付金：767,012円 ＋ 10,996円 ＝ 778,008円〈償却原価〉

　　P/L 受 取 利 息：24,000円 ＋ 10,996円 ＝ 34,996円

　なお，各年度の償却額および償却原価は次のとおりである。

```
×1年 4/1        ×2年 3/31        ×3年 3/31        ×4年 3/31
├──────────────┼───────────────┼───────────────┤
767,012  ───▶  778,008  ───▶  789,004  ───▶  800,000
        +10,996         +10,996         +10,996
```

(2) 利息法

① ×1年4月1日（取得日）

| （長 期 貸 付 金） | 767,012 | （現 金 預 金） | 767,012 |

② ×2年3月31日（利払日，決算日）

| （現 金 預 金） | 24,000 | （受 取 利 息） | 24,000 |
| （長 期 貸 付 金）（＊1） | 10,516 | （受 取 利 息） | 10,516 |

（＊1）767,012円〈取得価額〉×4.5％〈実効利子率〉≒34,516円〈×1年度利息配分額〉
34,516円〈×1年度利息配分額〉－24,000円〈利息受取額〉＝10,516円〈×1年度償却額〉

∴　B/S 長期貸付金：767,012円＋10,516円＝777,528円〈償却原価〉
　　P/L 受 取 利 息：24,000円＋10,516円＝34,516円

なお，各年度の償却額および償却原価は次のとおりである。

×1年 4/1	×2年 3/31	×3年 3/31	×4年 3/31
767,012 →	777,528 →	788,517 →	800,000
（＊1）＋10,516	（＊2）＋10,989	（＊3）＋11,483	

（＊2）777,528円×4.5％〈実効利子率〉≒34,989円〈×2年度利息配分額〉
34,989円〈×2年度利息配分額〉－24,000円〈利息受取額〉＝10,989円〈×2年度償却額〉
（＊3）788,517円×4.5％〈実効利子率〉≒35,483円〈×3年度利息配分額〉
35,483円〈×3年度利息配分額〉－24,000円〈利息受取額〉＝11,483円〈×3年度償却額〉

補足　実効利子率の計算

実効利子率とは，利息の受取額と金利調整差額の償却額を合わせた実質的な利息に対する利子率のことであり，将来キャッシュ・フローの現在価値が取得価額と一致するような割引率が実効利子率となる。〔設例3－3〕の数字によると次のように計算される。

1．タイム・テーブル（将来キャッシュ・フローを把握する）

| ×1年 4/1 | ×2年 3/31 | ×3年 3/31 | ×4年 3/31 |
| | 24,000 | 24,000 | 824,000（＊） |

（＊）800,000円＋24,000円＝824,000円

2．実効利子率の計算

実効利子率を r とし，各年度ごとの将来キャッシュ・フローを r で割引計算した現在価値の合計が取得価額とイコールとなるように方程式を立てる。

$$767,012 = \frac{24,000}{1+r} + \frac{24,000}{(1+r)^2} + \frac{824,000}{(1+r)^3}$$

上記の式を解くと「r ≒ 0.045（4.5％）」となる。

（注）通常の電卓では，上記の計算式を解くことができないが，簿記検定1級の試験では，上記の方程式の形で実効利子率の計算過程が問われることがある。

3 貸倒引当金の設定

1. 貸倒引当金とは

貸倒引当金とは，商品・製品などを販売することにより生じた受取手形，売掛金などの売上債権期末残高や貸付金などの期末残高が次期以降に回収不能となる可能性がある場合，この貸倒れに備えて設定する引当金をいう。

貸倒引当金に関する仕訳の基本形は次のとおりである。

販　売　時	（売　　掛　　金）	×××	（売　　　　　上）	×××
決　算　時	（貸倒引当金繰入）	×××	（貸 倒 引 当 金）	×××
貸　倒　時	（貸 倒 引 当 金）	×××	（売　　掛　　金）	×××

2. 債権の区分

貸倒見積高の算定にあたっては，債務者の財政状態および経営成績などに応じて，債権を次のように区分する。

債権の区分	内　　　　容
一　般　債　権	経営状態に重大な問題が生じていない債務者に対する債権
貸倒懸念債権	経営破綻の状態には至っていないが，債務の弁済に重大な問題が生じているか，または生じる可能性の高い債務者に対する債権
破産更生債権等	経営破綻，または実質的に経営破綻に陥っている債務者に対する債権

参考　債権の区分について

(1)　一般債権

　一般債権は，「貸倒懸念債権」および「破産更生債権等」に属するもの以外の債権をいう。

(2)　貸倒懸念債権

　貸倒懸念債権は，次のような債権をいう。

① 　債務の弁済がおおむね1年以上延滞している場合
② 　弁済期間の延長，弁済の一時棚上げ，元金または利息の一部免除などの大幅な条件緩和を行っている場合
③ 　債務者の業況が低調ないし不安定，または財務内容に問題（債務超過または実質債務超過）があり，過去の経営成績または経営改善計画などの実現可能性を考慮しても債務の一部を条件どおりに弁済できない可能性が高い場合

📖金融商品会計に関する実務指針

(3) 破産更生債権等

破産更生債権等は，次のような状態になっている債務者に対する債権をいう。

> ① 破産，清算，会社整理，会社更生，民事再生，手形交換所における取引停止処分などの事由が生じている債務者
> ② 法的・形式的な経営破綻の事実は発生していないが，深刻な経営難の状態にあり，再建の見通しがない状態にあると認められる債務者

📖 金融商品会計に関する実務指針

3. 貸倒見積高の算定方法

債権の区分ごとに貸倒見積高の算定方法は，次のように定められている。

債権の区分	算出単位	貸倒見積高の算定
一 般 債 権	総括引当法	貸倒実績率法
貸倒懸念債権	個別引当法	財務内容評価法
		キャッシュ・フロー見積法
破産更生債権等	個別引当法	財務内容評価法

(注) 総括引当法とは，債権をまとめて見積る方法であり，個別引当法とは，個々の債権ごとに見積る方法である。

(1) 一般債権 ⇨ 貸倒実績率法

「一般債権」については，債権全体または同種・同類の債権ごとに，債権の状況に応じて求めた過去の貸倒実績率など合理的な基準により貸倒見積高を算定する。

$$貸倒見積高 ＝ 債権金額 × 貸倒実績率$$

① 一般債権のグルーピングの方法

グルーピング（貸倒見積高の算定単位）の一般的な方法は次のとおりである。

勘定科目別	受取手形，売掛金，貸付金，未収入金などの区分
発生原因別	営業債権（受取手形，売掛金など），営業外債権（貸付金，未収入金など）の区分
期 間 別	短期債権（決算日の翌日から1年以内），長期債権（決算日の翌日から1年超）の区分

② 貸倒実績率の算定方法

貸倒実績率の計算方法にはさまざまな方法が考えられるが，ここでは，比較的簡便な方法を紹介しておく。

設例 3-4

次の資料により，×4年度末における一般債権の貸倒見積高を求めなさい。

（資　料）

(1) 一般債権の過去4期間における発生債権の期末残高およびその貸倒れに関する内容は次のとおりである。なお，一般債権の平均回収期間は1年である。

（単位：円）

	×1年度	×2年度	×3年度	×4年度
×1年度発生債権の期末残高 （うち貸倒損失発生額）	60,000	0 (1,080)		
×2年度発生債権の期末残高 （うち貸倒損失発生額）		70,000	0 (1,540)	
×3年度発生債権の期末残高 （うち貸倒損失発生額）			80,000	0 (1,600)
×4年度発生債権の期末残高 （うち貸倒損失発生額）				90,000

(2) 貸倒実績率は，債権期末残高に対する翌期1年間（算定期間）の貸倒損失発生額の割合とする。

(3) ×4年度に適用する貸倒実績率は，過去3算定年度（×1年度，×2年度および×3年度）に係る貸倒実績率の平均値とする。

【解　答】

貸倒見積高	1,800円

【解　説】

1．貸倒実績率の算定（貸倒損失となった債権の発生年度を区別する方法）

　　貸倒損失　　　　債権の期末残高　　　貸倒実績率

1,080円〈×2年度〉÷ 60,000円〈×1年度〉＝ 0.018〈×1年度〉

1,540円〈×3年度〉÷ 70,000円〈×2年度〉＝ 0.022〈×2年度〉

1,600円〈×4年度〉÷ 80,000円〈×3年度〉＝ 0.02 〈×3年度〉

　　　　　　　　　　　　　　　　　　　　 0.06

0.06 ÷ 3年〈算定期間〉＝ 0.02〈過去3算定年度に係る貸倒実績率の平均値〉

2．貸倒見積高の算定

90,000円〈×4年度発生債権の期末残高〉× 0.02 ＝ 1,800円〈貸倒見積高〉

| 研究 | 債権の平均回収期間が1年を超える場合（貸倒損失となった債権の発生年度を区別しない方法） |

〈例〉次の資料により，×5年度末における一般債権の貸倒見積高を求めなさい。

（資　料）一般債権の貸倒実績など

一般債権の平均回収期間は2年であり，×5年度に適用する貸倒実績率は次の(1)から(3)までの平均値とする。

(1)　×1年度の債権期末残高に対する×2年度および×3年度の貸倒損失額の割合

(2)　×2年度の債権期末残高に対する×3年度および×4年度の貸倒損失額の割合

(3)　×3年度の債権期末残高に対する×4年度および×5年度の貸倒損失額の割合

	×1年度	×2年度	×3年度	×4年度	×5年度
債権期末残高	130,000円	140,000円	150,000円	160,000円	150,000円
貸倒損失額	2,140円	1,980円	2,180円	1,740円	2,760円

1. 貸倒実績率の算定

$$\frac{1,980円〈×2年度貸倒損失〉+2,180円〈×3年度貸倒損失〉}{130,000円〈×1年度債権期末残高〉} = \frac{4,160円}{130,000円} = 0.032$$

$$\frac{2,180円〈×3年度貸倒損失〉+1,740円〈×4年度貸倒損失〉}{140,000円〈×2年度債権期末残高〉} = \frac{3,920円}{140,000円} = 0.028$$

$$\frac{1,740円〈×4年度貸倒損失〉+2,760円〈×5年度貸倒損失〉}{150,000円〈×3年度債権期末残高〉} = \frac{4,500円}{150,000円} = \underline{0.03}$$
$$\underline{\qquad 0.09}$$

0.09 ÷ 3年〈算定期間〉= 0.03〈貸倒実績率の平均値〉

2. 貸倒見積高の算定

150,000円〈×5年度債権期末残高〉× 0.03 = 4,500円〈貸倒見積高〉

(2)　**貸倒懸念債権 ⇨ 財務内容評価法またはキャッシュ・フロー見積法**

貸倒懸念債権については，債権の状況に応じて，①財務内容評価法または②キャッシュ・フロー見積法のいずれかの方法により貸倒見積高を算定する。ただし，同一の債権については，債務者の財政状態および経営成績の状況などが変化しないかぎり，同一の方法を継続して適用する。

① **財務内容評価法**

　財務内容評価法とは，担保または保証が付されている債権について，債権金額から担保の処分見込額および保証による回収見込額を減額し，その残額について債務者の財政状態および経営成績を考慮して貸倒見積高を算定する方法である。

> 貸倒見積高 ＝（債権金額 － 担保処分・保証回収見込額）－ 債務者からの返済見込額

設例 3-5

　次の資料により，当期末における貸倒懸念債権の貸倒見積高を財務内容評価法により求めなさい。

（資　料）当期末における貸倒懸念債権残高の明細

債 務 者	種　　類	債権金額	備　　　　考
A　社	売 掛 金	10,000円	営業保証金として2,000円の現金を受け入れている。また，支払能力を評価した結果，残額に対して30%の引当てを行うことにした。
B　社	貸 付 金	20,000円	貸付金の80%は回収が見込めないが，担保として提供を受けている土地（処分見込額15,000円）がある。

【解　答】

A　社	2,400円
B　社	1,000円

【解　説】

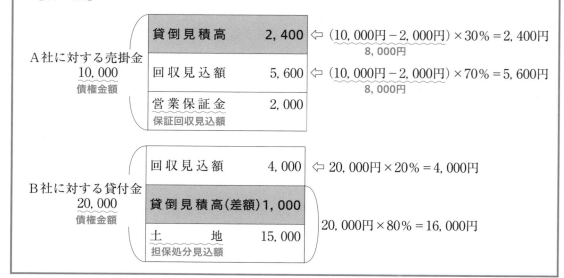

A社に対する売掛金
10,000
債権金額

貸 倒 見 積 高	2,400	⇦（10,000円－2,000円）×30%＝2,400円 8,000円
回 収 見 込 額	5,600	⇦（10,000円－2,000円）×70%＝5,600円 8,000円
営 業 保 証 金 保証回収見込額	2,000	

B社に対する貸付金
20,000
債権金額

回 収 見 込 額	4,000	⇦ 20,000円×20%＝4,000円
貸倒見積高（差額）1,000		
土　　　地 担保処分見込額	15,000	20,000円×80%＝16,000円

② キャッシュ・フロー見積法

キャッシュ・フロー見積法とは，債権の元本の回収および利息の受取りに係るキャッシュ・フローを合理的に見積ることができる債権について適用され，元本の回収額および利息の受取額を，回収および受取りが見込まれる時から当期末までの期間にわたって，当初の約定利子率を割引率として割り引いた金額（割引現在価値）と債権の帳簿価額との差額を貸倒見積高とする方法である。

> 貸倒見積高 ＝ 債権金額 － 将来キャッシュ・フローの割引現在価値

設例 3-6

当社は，×1年4月1日に業務提携をしているA社に対して貸付けを行った（当期は×1年4月1日から×2年3月31日まで）。

貸付高：10,000円（×4年3月31日に一括返済。利率年4％。利払日は毎年3月31日）

×2年3月31日の利払日後にA社の業況が悪化したため，条件の見直しを行うことにした。

よって，以下の各場合の×2年3月31日における貸倒見積高をそれぞれ求めなさい。

なお，計算過程で端数が生じた場合には，円未満を随時四捨五入すること。

(1)　弁済条件の緩和をせず，今までと同様に将来の適用利子率を当初の約定利子率のまま，年4％で据置きした場合

(2)　弁済条件の大幅な緩和を行い，将来の利払いを免除した場合

(3)　弁済条件の大幅な緩和を行い，将来の適用利子率を年2％に変更した場合

【解　答】

(1)		0円
(2)		754円
(3)		378円

【解　説】
(1)　将来の適用利子率を当初の約定利子率のまま年利 4 ％で据置きした場合

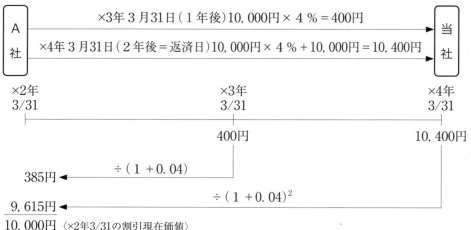

∴　貸倒見積高：10,000円〈貸付金の簿価〉－10,000円〈割引現在価値〉＝ 0

(2)　弁済条件を大幅に緩和し，将来の利払いを免除（適用利子率を年利 0 ％に変更）した場合

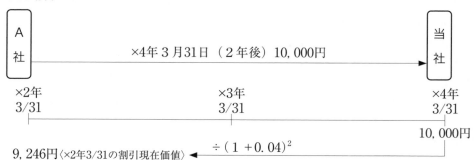

∴　貸倒見積高：10,000円〈貸付金の簿価〉－9,246円〈割引現在価値〉＝754円

(3)　弁済条件を大幅に緩和し，将来の適用利子率を年利 2 ％に変更した場合

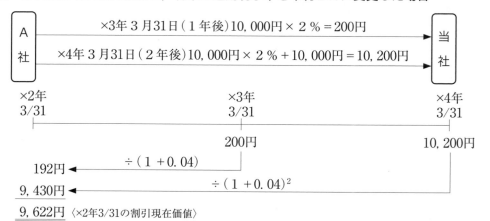

∴　貸倒見積高：10,000円〈貸付金の簿価〉－9,622円〈割引現在価値〉＝378円

なお，⑶について現価係数を用いて割引現在価値を算定すると次のようになる。

現価係数	割引率	×3年3月31日（1年後）	×4年3月31日（2年後）
	4％	0.9615	0.9246

9,623円〈×2年3/31の割引現在価値〉

⑶ **破産更生債権等 ⇨ 財務内容評価法**

「破産更生債権等」については，債権額から担保の処分見込額および保証による回収見込額を減額し，その残額をすべて貸倒見積高とする。

貸倒見積高 ＝ 債権金額 － 担保処分・保証回収見込額

設例 3-7

次の資料により，当期末における破産更生債権等の貸倒見積高を求めなさい。

（資　料）当期末における破産更生債権等の明細

債務者	種　類	帳簿価額	備　　　　考
E　社	貸付金	10,000円	担保として提供を受けている土地（処分見込額8,000円）がある。

【解　答】

貸倒見積高	2,000円

【解　説】

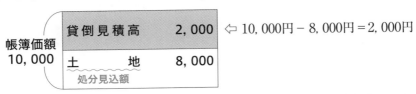

「破産更生債権等」の貸倒見積高は，原則として，「貸倒引当金」として処理する。ただし，債権金額または取得価額から直接減額することもできる。また，債権の回収可能性がほとんどないと判断された場合には，その見積額を債権から直接減額して「貸倒損失」として処理する。

　契約上の利払日を相当期間（おおむね6か月から1年）経過しても利息の支払いを受けていない債権および破産更生債権等については，すでに計上した未収利息を当期の損失として処理するとともに，それ以後の期間に係る利息を計上してはならない。

　この場合の処理方法には，以下の2つの方法がある。

1．原則法

　当期に対応する利息をすでに未収利息として計上している場合には，受取利息の計上を取り消し，前期以前に計上された部分については，貸倒損失の計上または貸倒引当金の取崩しとして処理する。

当　　期　　分	（受　取　利　息）	×××	（未　収　利　息）	×××
前　　期　　分	（貸　倒　引　当　金） 貸倒損失	×××	（未　収　利　息）	×××

2．簡便法

　原則法を適用することが実務上困難な企業については，当期分と前期分を区別せずに受取利息からの控除として処理することができる。

（受　取　利　息）	×××	（未　収　利　息）	×××

4．貸倒引当金の設定

(1) 貸倒引当金の設定方法

　貸倒見積高の算出単位には，個別引当法と総括引当法の2つがあるが，貸倒引当金の繰入れおよび取崩しの処理は引当ての対象となった債権の区分ごとに行わなければならない。

個別引当法	個々の債権ごとに見積る方法である。この方法は，「貸倒懸念債権」および「破産更生債権等」の貸倒見積高の算定方法である。
総括引当法	債権をまとめて過去の貸倒実績率により見積る方法である。この方法は，「一般債権」の貸倒見積高の算定方法である。

　また，決算における貸倒引当金の設定方法には，「洗替法」と「差額補充法（補充法）」の2つがあり，貸倒引当金の設定は，設定の対象となった債権の区分ごとに行う。

〈例〉 売上債権の期末残高100,000円に対して2,000円の貸倒引当金を設定する。なお、貸倒引当金の期末残高1,500円がある。

差 額 補 充 法	洗 替 法
(貸倒引当金繰入) 500 (貸倒引当金) 500	(貸倒引当金) 1,500 (貸倒引当金戻入) 1,500 (貸倒引当金繰入) 2,000 (貸倒引当金) 2,000

差額補充法

貸倒引当金

設定額 2,000	整理前 1,500
	繰 入 500

貸倒引当金繰入

引当金 500	

洗替法

貸倒引当金

戻 入 1,500	整理前 1,500
設定額 2,000	繰 入 2,000

貸倒引当金戻入

	引当金 1,500

貸倒引当金繰入

引当金 2,000	

（注）洗替法によった場合でも損益計算書には、戻入額1,500円と繰入額2,000円を相殺した純額500円を繰入額として記載する。したがって、損益計算書の表示上は、洗替法によった場合でも差額補充法によった場合でも同じになる。なお、本テキストでは、特に指示がないときには、差額補充法による仕訳を示している。

(2) 損益計算書の表示区分

　　繰入額が戻入額よりも大きい場合には、相殺した純額を「貸倒引当金繰入」として損益計算書の「販売費及び一般管理費」または「営業外費用」の区分に表示し、繰入額が戻入額よりも小さい場合には、相殺した純額を「貸倒引当金戻入」として損益計算書の「営業外収益」の区分に表示する。

	相 殺 し た 純 額	損益計算書の表示区分
繰入額＞戻入額	貸倒引当金繰入	営 業 債 権：販売費及び一般管理費 営業外債権：営業外費用
繰入額＜戻入額	貸倒引当金戻入	営業外収益

（注）「金融商品会計に関する実務指針」では、貸倒引当金の戻入について「原則として、営業費用または営業外費用から控除するか営業外収益として当該期間に認識する」としている。ただし、費用から控除する場合、具体的にどの科目から控除するのか、あるいは、費用の合計額の計算上控除する形式で表示するのかなど、より具体的な方法までは説明していないため、試験で出題される場合には、営業外収益とする場合が多いと思われる。なお、問題の指示や答案用紙の記入に注意すること。

(3) **営業債権と営業外債権を区別して引当金を設定している場合の繰入額の表示**

　一般債権のうち営業債権と営業外債権を区別して引当金を設定している場合には，債権の区分ごとに計上された繰入額と戻入額とを相殺し，営業債権に対する繰入額と戻入額とを相殺した純額を損益計算書の「販売費及び一般管理費」の区分に表示し，営業外債権に対する繰入額と戻入額とを相殺した純額を損益計算書の「営業外費用」の区分に表示する。

(4) **営業債権と営業外債権を区別せずに引当金を設定している場合の繰入額の表示**

　一般債権のうち営業債権と営業外債権を区別せずに引当金を設定している場合には，繰入額と戻入額とを相殺した純額を繰入額算定の基礎となる対象債権の割合など合理的な基準により按分し，営業債権に対する繰入額は，損益計算書の「販売費及び一般管理費」の区分に表示し，営業外債権に対する繰入額は，損益計算書の「営業外費用」の区分に表示する。

設例 3-8

　次の資料により，損益計算書の販売費及び一般管理費の区分に計上される貸倒引当金繰入および営業外費用の区分に計上される貸倒引当金繰入の金額を下記の問いごとに求めなさい。

（資　料）決算整理前残高試算表（一部）

決算整理前残高試算表

×2年3月31日　　　　　（単位：円）

売　掛　金	90,000	貸 倒 引 当 金	1,400
短 期 貸 付 金	10,000		

問1　貸倒引当金は売掛金および短期貸付金の期末残高に対してそれぞれ2%を計上する。なお，貸倒引当金の期末残高1,400円のうち1,300円は売掛金に対して設定されたものであり，100円は短期貸付金に対して設定されたものである。

問2　貸倒引当金は売掛金および短期貸付金の期末残高の合計額に対して2%を計上する。なお，貸倒引当金の繰入額は，相殺後の純額を設定対象債権の期末残高の割合に応じて，販売費及び一般管理費および営業外費用に計上する。

【解　答】

問1	販売費及び一般管理費	500円
	営 業 外 費 用	100円
問2	販売費及び一般管理費	540円
	営 業 外 費 用	60円

【解 説】

問1　売掛金（営業債権）と短期貸付金（営業外債権）を区別して引当金を設定している場合

①　売掛金（営業債権）：販売費及び一般管理費に計上する。

売 掛 金 （営 業 債 権）	（貸倒引当金繰入）（＊1）　500	（貸 倒 引 当 金）　500

（＊1）　90,000円〈売掛金〉× 2 ％ = 1,800円
　　　　1,800円〈繰入額〉- 1,300円〈戻入額〉= 500円〈相殺後の純額：販売費及び一般管理費〉

②　短期貸付金（営業外債権）：営業外費用に計上する。

短 期 貸 付 金 （営 業 外 債 権）	（貸倒引当金繰入）（＊2）　100	（貸 倒 引 当 金）　100

（＊2）　10,000円〈短期貸付金〉× 2 ％ = 200円
　　　　200円〈繰入額〉- 100円〈戻入額〉= 100円〈相殺後の純額：営業外費用〉

問2　売掛金（営業債権）と短期貸付金（営業外債権）を区別せずに引当金を設定している場合：相殺後の純額を設定対象債権の期末残高の割合で按分して計上する。

売 掛 金 と 短期貸付金の合計	（貸倒引当金繰入）（＊3）　600	（貸 倒 引 当 金）　600

（＊3）　(90,000円〈売掛金〉+ 10,000円〈短期貸付金〉)× 2 ％ = 2,000円
　　　　2,000円〈繰入額〉- 1,400円〈戻入額〉= 600円〈相殺後の純額〉

　　∴　600円〈相殺後の純額〉× $\dfrac{90,000円}{90,000円 + 10,000円}$ = 540円〈販売費及び一般管理費〉

　　　　600円〈相殺後の純額〉× $\dfrac{10,000円}{90,000円 + 10,000円}$ = 60円〈営業外費用〉

補足　キャッシュ・フロー見積法による貸倒引当金の減少額

　　キャッシュ・フロー見積法により貸倒見積高を算定し貸倒引当金を設定している場合には，時間の経過により貸倒引当金が減額する。この減額分は，原則として「受取利息」に含めて処理するが，「貸倒引当金戻入」として処理することも認められる。

　　［設例3－6］(2)において，翌期（×2年度末）の処理は，次のようになる。

（貸 倒 引 当 金）（＊）　369	（受 取 利 息）　369 貸倒引当金戻入

（＊）　10,000円 ÷ 1.04 ≒ 9,615円〈割引現在価値〉
　　　　10,000円 - 9,615円 = 385円〈×2年度末の貸倒引当金〉
　　　　754円〈×1年度末の貸倒引当金〉- 385円 = 369円〈貸倒引当金の減額分〉

5. 貸借対照表の表示

貸倒引当金の貸借対照表における記載方法には，次のような方法がある。

```
原　則　⇨　①　科目別間接控除方式
　　　　┌─▶　②　一括間接控除方式
例　外─┤
　　　　├─▶　③　直接控除科目別注記方式 ┐
　　　　└─▶　④　直接控除一括注記方式　 ┘ 直接控除注記方式
```

```
─── ①科目別間接控除方式（原則） ───
受 取 手 形　　　 300,000
　貸倒引当金　　   30,000　　  270,000
売 掛 金　　　　  600,000
　貸倒引当金　　   60,000　　  540,000
```

```
─── ②一括間接控除方式 ───
受 取 手 形　　　 300,000
売 掛 金　　　　  600,000
　　 計　　　　   900,000
貸倒引当金　　　   90,000　　  810,000
```

```
─── ③直接控除科目別注記方式 ───
受 取 手 形（注）　　　　　   270,000
売 掛 金（注）　　　　　　　  540,000
(注)貸倒引当金がそれぞれ控除されている。
　受 取 手 形　　30,000円
　売 掛 金　　　 60,000円
```

```
─── ④直接控除一括注記方式 ───
受 取 手 形（注）　　　　　   270,000
売 掛 金（注）　　　　　　　  540,000
(注)貸倒引当金が90,000円控除されている。
```

(注) 金額は仮のものとする。

4 貸倒れに関する会計処理

1. 当期発生債権の当期貸倒れ（当期発生債権の直接減額による取崩し）

　当期に発生した債権の回収可能性が当期において僅少であると判断された場合，当期の収益と対応させるため，貸倒損失額を債権から直接減額し，その全額を当期の「貸倒損失」として処理する。この「貸倒損失」のうち，営業債権に対する「貸倒損失（または販売費）」は損益計算書の「販売費及び一般管理費」の区分に表示し，営業外債権に対する「貸倒損失」は損益計算書の「営業外費用」の区分に表示する。

対 象 債 権	損益計算書の表示区分	表 示 科 目
営 業 債 権	販売費及び一般管理費	貸 倒 損 失（販 売 費）
営 業 外 債 権	営 業 外 費 用	貸 倒 損 失

2. 過年度発生債権の当期貸倒れ（過年度発生債権の直接減額による取崩し）

　過年度発生債権の回収可能性が当期において僅少であると判断された場合，貸倒損失額を債権から直接減額し，「貸倒引当金」を取り崩す。なお，その債権に係る貸倒引当金残高が貸倒損失額に対して不足する場合（貸倒引当金残高＜貸倒損失額），その不足額が対象債権の当期中における状況の変化によるものである場合は，債権の性格により，損益計算書の「販売費及び一般管理費（営業債権の場合）」または「営業外費用（営業外債権の場合）」の区分に「貸倒損失」として表示する。

〈例〉売掛金3,000円（前期発生分2,000円と当期発生分1,000円）が当期に貸し倒れた。なお，売掛金の前期末残高に対して設定されていた貸倒引当金の残高が1,500円あり，不足額は当期中の状況変化によるものである。

（貸 倒 引 当 金）(＊1)	1,500	（売　　　掛　　　金）	3,000
（貸　倒　損　失）(＊2)	500		
P/L販売費及び一般管理費			
（貸　倒　損　失）(＊3)	1,000		
P/L販売費及び一般管理費			

（＊1）前期発生分2,000円のうち貸倒引当金の取崩額
（＊2）前期発生分2,000円のうち貸倒引当金の不足額
（＊3）当期発生分1,000円
（注）売掛金（営業債権）の貸倒れのため「貸倒損失」はいずれも「販売費及び一般管理費」に表示する。

3. 過年度貸倒処理済債権の当期回収（直接減額後の回収）

　過年度に貸倒見積額を債権から直接減額して処理した後，当期に残存する帳簿価額を上回る回収があった場合には，「償却債権取立益」として処理する。「償却債権取立益」は，原則として損益計算書の「営業外収益」の区分に表示する。

〈例〉前期に貸倒処理した売掛金1,000円を当期に現金で回収した。

（現　　　　　金）	1,000	（償却債権取立益）	1,000
		P/L営業外収益	

次の資料により，損益計算書（一部）および貸借対照表（一部）を作成しなさい。

（資料１）決算整理前残高試算表（一部）

決算整理前残高試算表
×2年３月31日　　　　　（単位：円）

売　　掛　　金	380,000	仮　　受　　金	800
短 期 貸 付 金	40,000	貸 倒 引 当 金	3,000
貸　倒　損　失	3,500	預 り 保 証 金	200,000

（資料２）決算整理事項等

１．貸倒損失3,500円は売掛金（前期発生分2,000円と当期発生分1,500円）が当期に貸し倒れたさいに計上されたものである。

２．売掛金のうち20,000円（すべて当期発生分）は得意先Ａ社の倒産により１年以内に回収が見込めなくなった。この売掛金は破産更生債権等に該当し，財務内容評価法により貸倒引当金を設定する。なお，Ａ社からの預り保証金11,000円があり，貸倒引当金の繰入額は，特別損失とする。

３．上記２以外の売掛金および短期貸付金は，すべて一般債権であり，貸倒実績率法により貸倒引当金を債権の期末残高の合計額に対して２％設定する。貸倒引当金の正味の繰入額は，設定対象債権の期末残高の比率に応じて販売費及び一般管理費と営業外費用とに配分する。

４．仮受金800円は，前期に貸倒れとして処理していた売掛金を当期に回収したさいに計上されたものである。

【解　答】

損 益 計 算 書　（単位：円）

Ⅲ　販売費及び一般管理費

　　1．貸倒引当金繰入　　　　　　　　6,300

　　2．貸 倒 損 失　　　　　　　　　1,500

Ⅳ　営 業 外 収 益

　　1．償却債権取立益　　　　　　　　　800

Ⅴ　営 業 外 費 用

　　1．貸倒引当金繰入　　　　　　　　　700

Ⅶ　特 別 損 失

　　1．貸倒引当金繰入　　　　　　　　9,000

貸 借 対 照 表　　　（単位：円）

Ⅰ　流 動 資 産		Ⅱ　固 定 負 債	
売 掛 金	360,000	預 り 保 証 金	200,000
短 期 貸 付 金	40,000		
貸 倒 引 当 金	△8,000		
Ⅱ　固 定 資 産			
3．投資その他の資産			
破産更生債権等	20,000		
貸 倒 引 当 金	△9,000		

【解　説】

1．貸倒損失の修正

　貸倒損失のうち前期に発生した売掛金2,000円は前期末に貸倒引当金を設定しているため，取り崩して修正する。また，修正後の貸倒損失1,500円は，売掛金（営業債権）に対するものであるため販売費及び一般管理費に表示する。

（貸 倒 引 当 金）	2,000	（貸 倒 損 失）	2,000

∴　P/L貸倒損失：3,500円－2,000円＝1,500円〈当期発生分の貸倒れ〉

2．破産更生債権等（財務内容評価法）

　A社に対する売掛金を破産更生債権等に振り替え，1年以内に回収されないことが明らかであるため，投資その他の資産に表示する。また，財務内容評価法により債権金額と預り保証金との差額を貸倒引当金として設定するが，この売掛金は当期に発生したものであるため，戻入れはなく，設定額の全額を繰り入れる。この繰入額は，売掛金（営業債権）に対するものであるため，本来は，販売費及び一般管理費に表示するが，本問では，指示に従い特別損失に表示する。なお，貸倒れとして処理するまでは，預り保証金はそのままになる。

| （破産更生債権等）
投資その他の資産 | 20,000 | （売　　掛　　金） | 20,000 |
| （貸倒引当金繰入）（＊）
特別損失 | 9,000 | （貸 倒 引 当 金）
投資その他の資産 | 9,000 |

（＊）20,000円－11,000円〈預り保証金〉＝9,000円〈設定額＝繰入額〉
∴　B／S売掛金：380,000円－20,000円＝360,000円

3．一般債権（貸倒実績率法）

　売掛金（営業債権）と短期貸付金（営業外債権）の合計額に対して設定しているため，正味の繰入額（差額補充法による繰入額）を設定対象債権の期末残高の比率に応じて販売費及び一般管理費と営業外費用とに配分する。

| （貸倒引当金繰入）（＊） | 7,000 | （貸 倒 引 当 金）
流動資産 | 7,000 |

（＊）（360,000円〈修正後売掛金〉＋40,000円〈短期貸付金〉）×2％＝8,000円〈設定額〉
　　8,000円－（3,000円〈修正前貸倒引当金〉－2,000円〈前期発生分の貸倒れ〉）＝7,000円〈繰入額〉

∴　$7,000円 \times \dfrac{360,000円}{360,000円 + 40,000円} = 6,300円$〈販売費及び一般管理費〉

　　$7,000円 \times \dfrac{40,000円}{360,000円 + 40,000円} = 700円$〈営業外費用〉

4．償却債権取立益

　前期以前に貸倒れとして処理した債権を当期に回収したときには，償却債権取立益として営業外収益に表示する。

| （仮　受　金） | 800 | （償却債権取立益）
営業外収益 | 800 |

補足 誤謬の訂正

1．誤謬の訂正と見積りの変更

「会計上の変更及び誤謬の訂正に関する会計基準」および「金融商品会計に関する実務指針」が公表されたことにより，従来，「特別損益」に表示していた「前期損益修正」に関する科目は，「特別損益」に表示しないことになった。

例えば引当金の過不足額などが「計上時の見積り誤り」に起因する場合には，「過去の誤謬」に該当するため，「修正再表示」する。「修正再表示」とは，「過去の誤謬」の訂正を財務諸表に反映するため，過去に遡って計算しなおし，表示する過去の財務諸表を修正することをいう。

また，過去の財務諸表作成時に入手可能な情報にもとづいて最善の見積りを行ったにもかかわらず，「当期中の状況の変化」により「見積りの変更」があった場合には，その性質により，「営業損益」または「営業外損益」として認識する。

発生原因	基本的な取り扱い
計上時の見積り誤り（誤謬の訂正）	修正再表示
当期中の状況変化（見積りの変更）	営業損益または営業外損益

当期中の状況変化による見積りの変更の場合については，前述のとおりであるので，ここでは，計上時の見積り誤りによる誤謬の訂正に該当する場合について説明する。

2．計上時の見積り誤り（誤謬の訂正）…修正再表示

「修正再表示」する場合，帳簿上の仕訳で使用する勘定科目については，明確に規定されていない。したがって，実務においては，会計ソフトなどのシステムに依存することが多いと思われるが，学習上は，「前期以前の損益の勘定の修正＝前期から繰り越される繰越利益剰余金の修正」と考え，「繰越利益剰余金」を使用することが最も合理的だと思われる。

〈例1〉前期に発生した売掛金1,000円が当期に貸し倒れた。この売掛金には200円の貸倒引当金が設定されていたが，不足額800円は計上時の見積り誤りだったと判断された。

（貸 倒 引 当 金）	200	（売　　掛　　金）	1,000
（繰越利益剰余金） 前期の費用の増加	800		

〈例2〉貸倒引当金は過去5年間の貸倒実績率の平均値を用いて設定しているが，前期末は決算直前に生じた貸倒れを実績率の算定に反映させていなかったため，本来2.5％とするところを，2.2％で設定していたことが判明しており，過去の誤謬の訂正を行う。貸倒引当金の期首残高は1,100円であった。

（繰越利益剰余金）（＊） 前期の費用の増加	150	（貸 倒 引 当 金）	150

（＊）1,100÷2.2％＝50,000〈前期末の設定対象債権〉
　　　50,000×2.5％＝1,250〈適正額〉
　　　1,250－1,100＝150〈修正額〉

5 割引手形と裏書手形

　割引手形とは，保有手形を満期日前に早期現金化するために金融機関などに裏書譲渡した手形であり，早期現金化にともなう金利相当額（割引料）を差し引かれるとともに，譲渡人は裏書人として遡及義務を負う。

　裏書手形とは，保有手形を債務の返済などに充てるために第三者に裏書譲渡した手形であり，譲渡人は裏書人として遡及義務を負う。

　受取手形の割引時または裏書時において手形債権に対する支配が移転しているため，その時点で「受取手形」の消滅を認識する（手形の売却とみなす）。ただし，裏書人としての遡及義務という新たな債務（二次的責任である保証債務）が同時に発生することになる。その会計処理は，原則として新たに生じた二次的責任である「保証債務」を金融負債として時価評価して認識するとともに，割引きによる入金額または裏書きによる決済額から保証債務の時価相当額を差し引いて求めた譲渡金額から，譲渡原価である帳簿価額を差し引いた額を「手形売却損」として処理する。

　　　　　　　　　　　　　　　　　　　　　　　　📖 金融商品会計に関する実務指針

　（注）　保証債務の時価は，第三者に保証債務を引き受けてもらう場合の対価などにもとづいて算定される。この対価は，貸倒率（危険率），その他の要因によって算定されるが，会計上は，簡便な方法として貸倒率にもとづいて算定することが一般的である。したがって，保証債務額が100円，貸倒率が5％であれば，保証債務の時価は5円となる。

　割引きおよび裏書きに関する一連の仕訳を以下の順に示すと，次のとおりである。

〈例〉以下の各取引について仕訳を示しなさい。

(1)　**手形の割引き**

　①　受取手形100円を割引き，割引料10円を差し引いた手取金90円が入金された。なお，この受取手形には5円の貸倒引当金が設定されており，保証債務の時価は5円とする。

　②　上記の手形が無事に決済された。

(2)　**手形の裏書き**

　①　買掛金支払いのために受取手形100円を裏書きした。なお，この受取手形には5円の貸倒引当金が設定されており，保証債務の時価は5円とする。

　②　上記の手形が無事に決済された。

	(1)　割　引　手　形				(2)　裏　書　手　形			
①	（現 金 預 金）	90	（保 証 債 務）	5	（買　掛　金）	100	（保 証 債 務）	5
	（手形売却損） P/L営業外費用	15	（受 取 手 形）	100	（手形売却損） P/L営業外費用	5	（受 取 手 形）	100
	（貸倒引当金）	5	（貸倒引当金戻入）	5	（貸倒引当金）	5	（貸倒引当金戻入）	5
②	（保 証 債 務）	5	（保証債務取崩益） P/L営業外収益	5	（保 証 債 務）	5	（保証債務取崩益） P/L営業外収益	5

（注）手形売却損のうち保証債務の計上額に相当する額については，「保証債務費用」として計上することもある。なお，この場合の「保証債務費用」は，「貸倒引当金戻入」と相殺して表示する。

研究 | 不渡手形

　手形の不渡りとは，手形の所持人が満期日に支払請求をしたにもかかわらず，資金不足などの理由により支払人に支払いを拒絶されることをいう。

　保有する「受取手形」が不渡りとなった場合には，「受取手形」から「不渡手形」に振り替える。割引きまたは裏書きしていた手形が不渡りとなり，手形の所持人から償還請求を受けた場合には，支払額（法定利息などの付随費用を含む）を「不渡手形」で処理する。なお，「不渡手形」を時価で認識する場合には，差額を「保証債務損失」として処理する。

　「不渡手形」は，1年以内に回収されないことが明らかな場合には，「投資その他の資産」に表示し，それ以外の場合には「流動資産」に表示する。

〈例〉以下の各取引について仕訳を示しなさい。

(1) 保有する受取手形100円が不渡りとなった。

（不　渡　手　形）	100	（受　取　手　形）	100

(2) 銀行で割引いていた手形100円が不渡りとなり，法定利息などの付随費用3円とあわせて103円を当座預金から支払った。なお，当該手形には，割引時に保証債務5円を計上している。

（不　渡　手　形）	103	（当　座　預　金）	103
（保　証　債　務）	5	（保証債務取崩益）	5

(3) 銀行で割引いていた手形100円が不渡りとなり，法定利息などの付随費用3円とあわせて103円を当座預金から支払った。なお，当該手形には，割引時に保証債務5円を計上している。また，当該手形の時価は50円であり，不渡手形は時価で認識する方法による。

（不　渡　手　形）	50	（当　座　預　金）	103
（保　証　債　務）	5		
（保証債務損失）（＊）	48		

（＊）貸借差額

金融資産の譲渡とリコース義務

金融資産を譲渡した場合の売却損益は，次のように算定する。

① 譲渡金額 ＝ 譲渡にともなう入金額＋新たに発生した資産の時価
　　　　　　　 －新たに発生した負債の時価

② 譲渡原価 ＝ 譲 渡 し た 金 融 × $\dfrac{譲渡した金融資産の譲渡部分の時価}{譲渡した金融資産の譲渡部分の時価 ＋ 残存部分の時価}$
　　　　　　 資産の帳簿価額

③ 売却損益 ＝ 譲渡金額 － 譲渡原価

〈例〉 当社は，帳簿価額3,000円のA社に対する金銭債権をB社に3,370円で売却し現金預金を受け取った。当社は，買戻権（譲受人から買い戻す権利）をもち，延滞債権を買い戻すリコース義務を負い，また，譲渡債権の回収代行を行うこととした。この取引は，支配が移転するための条件を満たしている。なお，計算上端数が生じた場合には，円未満を四捨五入すること。

区　分	時　価
① 現金収入（新たな資産）	3,370円
② 回収サービス業務資産（残存部分）	180円
③ 買戻権（新たな資産）	170円
④ リコース義務（新たな負債）	△120円
合　計	3,600円

（現　金　預　金）	3,370	（リ コ ー ス 義 務）	120
（買　戻　権）	170	（金　銭　債　権）	3,000
（回収サービス業務資産）（＊2）	150	（債 権 売 却 益）（＊1）	570

（＊1）3,370円＋170円－120円＝3,420円〈譲渡金額＝譲渡部分の時価〉

　　　　$3,000円 × \dfrac{3,420円}{3,420円 ＋ 180円}$（0.95）＝2,850円〈譲渡原価〉

　　　　3,420円 － 2,850円 ＝ 570円〈売却益〉

（＊2）$3,000円 × \dfrac{180円}{3,420円 ＋ 180円}$（0.05）＝150円〈残存部分の帳簿価額〉

補足 クレジット取引

　クレジット取引とは，クレジット・カードなどを利用した信販取引のことをいう。クレジット・カードを利用したクレジット取引は，おおむね以下のとおりである。

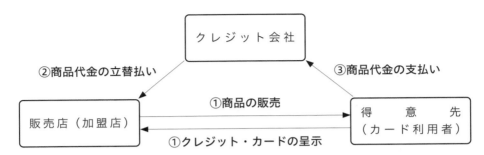

　販売店（加盟店）がクレジット・カードにより商品を販売したときは，「クレジット売掛金（売掛金）」で処理する。また，クレジット・カード利用によるクレジット会社に対する手数料（販売店（加盟店）が負担するもの）は，原則として，販売時に認識し，「支払手数料」として計上するとともに，「クレジット売掛金（売掛金）」から控除する。

　　（注）クレジット会社に対する未収入金は，貸借対照表上は，「売掛金」に含めて表示することが一般的であるが，帳簿上は，管理目的のために得意先に対する「売掛金」と区別し，「クレジット売掛金」で処理することが合理的であると考えられる。

〈例〉①　商品10,000円をクレジット・カードで販売した。なお，クレジット会社への手数料は販売代金の1%であり，販売時に認識する。

　　　②　クレジット会社より上記クレジット売掛金が入金された。

①　**販売時**

（クレジット売掛金）（＊2）	9,900	（売　　　　上）	10,000
（支払手数料）（＊1）	100		

（＊1）10,000円×1%＝100円
（＊2）10,000円－100円＝9,900円

②　**入金時**

（現金預金）	9,900	（クレジット売掛金）	9,900

電子記録債権

1．電子記録債権とは

　「電子記録債権」とは，その発生または譲渡について，電子記録（磁気ディスク等をもって電子債権記録機関が作成する記録原簿への記録事項の記録）を要件とする金銭債権であり，その取引の安全を確保し，事業者の資金調達の円滑化等を図る観点から，従来の指名債権（当事者間の合意のみで発生する債権であり売掛金などが該当する）や手形債権とは異なる新しい債権の類型として制度化されたものである。「電子記録債権」は，従来の指名債権・手形債権に比べて次のようなメリットがある。

① **指名債権のデメリット**	③ **電子記録債権のメリット**
・債権の不存在・二重譲渡のリスク◀━━▶	・電子記録により債権の存在・帰属を可視化
・人的抗弁の起きるリスク◀━━━━━▶	・人的抗弁は原則として切断
② **手形債権のデメリット**	
・紛失・盗難のリスク◀━━━━━━━▶	・記録原簿による管理
・分割して譲渡できない◀━━━━━━▶	・分割して譲渡できる

（注1）電子債権記録機関とは，電子債権記録業を営むために設立された機関であり，全国銀行協会が出資する株式会社全銀電子債権ネットワーク（でんさいネット）ほか大手金融機関が出資して設立したものがある。実際の登録業務は取引銀行等をとおして行われる。

（注2）人的抗弁とは，債務者が請求の棄却をもたらす事実を主張することをいう。掛けによる取引後に商品が返品され売掛金が消滅している場合や二重譲渡された場合など指名債権の譲渡では，債務者の人的抗弁により債権を回収できなくなることが考えられる。

2．売掛金の回収に電子記録債権を利用した場合

　売掛金の回収に電子記録債権を利用した場合，債権者は「売掛金」から「電子記録債権」に振り替え，債務者は「買掛金」から「電子記録債務」に振り替える。

〈例〉　①　A社はB社から商品10,000円を掛けで仕入れた。

　　　　②　A社およびB社は取引銀行をとおして電子記録債権の発生記録をした。

　　　　③　B社はC社に対する買掛金支払いのために上記の電子記録債権をC社に譲渡し，電子記録債権の譲渡記録をした。

　　　　④　A社は上記の電子記録債権を決済した。

①　商品売買

A社	（仕　　　　　　入）	10,000	（買　　　掛　　　金）	10,000
B社	（売　掛　　　金）	10,000	（売　　　　　　上）	10,000

②　発生記録

A社	（買　　掛　　　金）	10,000	（電 子 記 録 債 務）	10,000
B社	（電 子 記 録 債 権）	10,000	（売　　　掛　　　金）	10,000

③ 譲渡記録

A社	仕 訳 な し			
B社	（買 掛 金）	10,000	（電子記録債権）	10,000
C社	（電子記録債権）	10,000	（売 掛 金）	10,000

（注）電子記録債権を譲渡した場合には，手形の割引・裏書と同様に偶発債務の注記が必要である。また，「保証債務」の計上も必要であるが省略している。

④ 決済

A社	（電子記録債務）	10,000	（現 金 預 金）	10,000
B社	仕 訳 な し			
C社	（現 金 預 金）	10,000	（電子記録債権）	10,000

3．貸付金の回収に電子記録債権を利用した場合

貸付金の回収に電子記録債権を利用した場合，債権者，債務者ともに，通常の「貸付金」，「借入金」として処理する。これは，手形による貸付け，借入れであっても証書による貸付け，借入れと区別せずに「貸付金」，「借入金」として処理することと同様である。したがって，「貸付金」，「借入金」に対して電子記録債権の発生記録をしても，債権者，債務者ともに「仕訳なし」となる。

4．固定資産の購入や有価証券の売買などに電子記録債権を利用した場合

固定資産の購入や有価証券の売買などに電子記録債権を利用した場合には，債権者（営業債権の場合を除く）は「営業外電子記録債権」で処理し，債務者は「営業外電子記録債務」で処理する。

5．まとめ

電子記録債権を処理する科目をまとめると以下のようになる。

	債 権 者	債 務 者
売 掛 金 ・ 買 掛 金	電 子 記 録 債 権	電 子 記 録 債 務
貸 付 金 ・ 借 入 金	貸 付 金	借 入 金
その他の未収入金・未払金	営業外電子記録債権	営業外電子記録債務

6 金融商品に関する会計基準

1. 金融資産・金融負債の範囲

> **「金融商品に関する会計基準」**
>
> 4．金融資産とは，現金預金，受取手形，売掛金及び貸付金等の金銭債権，株式その他の出資証券及び公社債等の有価証券並びに先物取引，先渡取引，オプション取引，スワップ取引及びこれらに類似する取引（以下「デリバティブ取引」という。）により生じる正味の債権等をいう。
>
> 5．金融負債とは，支払手形，買掛金，借入金及び社債等の金銭債務並びにデリバティブ取引により生じる正味の債務等をいう。

上記の規定をまとめると次のとおりである。

金　融　資　産	金　融　負　債
① 現金預金	
② 金銭債権（受取手形，売掛金，貸付金など）	① 金銭債務（支払手形，買掛金，借入金，社債など）
③ 有価証券（株式，公社債など）	
④ デリバティブ取引により生じる正味の債権	② デリバティブ取引により生じる正味の債務
⑤ その他（複合金融商品など）	③ その他（複合金融商品など）

2. 金融資産・金融負債の発生の認識・消滅の認識

「金融商品に関する会計基準」

7．金融資産の契約上の権利又は金融負債の契約上の義務を生じさせる契約を締結したときは，原則として，当該金融資産又は金融負債の発生を認識しなければならない（注3）。

（注3）商品等の売買又は役務の提供の対価に係る金銭債権債務は，原則として，当該商品等の受渡し又は役務提供の完了によりその発生を認識する。

8．金融資産の契約上の権利を行使したとき，権利を喪失したとき又は権利に対する支配が他に移転したときは，当該金融資産の消滅を認識しなければならない。

上記の規定をまとめると次のとおりである。

金融資産および金融負債の発生の認識
①　金融資産の契約上の権利または金融負債の契約上の義務を生じさせる契約を締結したときは，原則として，当該金融資産または金融負債の発生を認識しなければならない。
②　商品等の売買または役務の提供の対価に係る金銭債権債務は，原則として，当該商品等の受渡しまたは役務提供の完了によりその発生を認識する。

金融資産の消滅の認識	金融負債の消滅の認識
①　金融資産の契約上の権利を行使したとき（金銭債権を回収した場合など）	①　金融負債の契約上の義務を履行したとき（金銭債務を支払った場合など）
②　権利を喪失したとき（オプション取引の権利行使期限が満了した場合など）	②　義務が消滅したとき（オプション取引の権利行使期限が満了した場合など）
③　権利に対する支配が他に移転したとき（有価証券を譲渡した場合，手形を割引・裏書した場合など）	③　第一次債務者の地位から免責されたとき（第三者に債務を引き渡した場合など）

（注）デリバティブ取引およびオプション取引については，「テーマ6」で学習する。

3. 債権および金銭債務の貸借対照表価額

「金融商品に関する会計基準」

14. 受取手形，売掛金，貸付金その他の債権の貸借対照表価額は，取得価額から貸倒見積高に基づいて算定された貸倒引当金を控除した金額とする。ただし，債権を債権金額より低い価額又は高い価額で取得した場合において，取得価額と債権金額との差額の性格が金利の調整と認められるときは，償却原価法（注5）に基づいて算定された価額から貸倒見積高に基づいて算定された貸倒引当金を控除した金額としなければならない。

26. 支払手形，買掛金，借入金，社債その他の債務は，債務額をもって貸借対照表価額とする。ただし，社債を社債金額よりも低い価額又は高い価額で発行した場合など，収入に基づく金額と債務額とが異なる場合には，償却原価法（注5）に基づいて算定された価額をもって，貸借対照表価額としなければならない。

（注5）償却原価法とは，金融資産又は金融負債を債権額又は債務額と異なる金額で計上した場合において，当該差額に相当する金額を弁済期又は償還期に至るまで毎期一定の方法で取得価額に加減する方法をいう。なお，この場合，当該加減額を受取利息又は支払利息に含めて処理する。

上記の規定をまとめると次のとおりである。

(1) 債権の場合

取 得 の 形 態		貸借対照表価額
債 権 金 額 ＝ 取 得 価 額		取得価額－貸倒引当金
債権金額 ≠ 取得価額	取得差額が金利調整差額と認められない場合	
	取得差額が金利調整差額と認められる場合	償却原価－貸倒引当金

(2) 金銭債務の場合

発 生 の 形 態	貸借対照表価額
債務額＝収入にもとづく金額	債 務 額
債務額≠収入にもとづく金額	償却原価

（注）金銭債務の場合には，債務額と収入にもとづく金額との差額は，通常すべて金利調整差額と考えられるため，差額が生じた場合には，償却原価法を適用する。

4. 債権の区分と貸倒見積高の算定

「金融商品に関する会計基準」

27. 貸倒見積高の算定にあたっては，債務者の財政状態及び経営成績等に応じて，債権を次のように区分する。

(1) 経営状態に重大な問題が生じていない債務者に対する債権（以下「一般債権」という。）

(2) 経営破綻の状態には至っていないが，債務の弁済に重大な問題が生じているか又は生じる可能性の高い債務者に対する債権（以下「貸倒懸念債権」という。）

(3) 経営破綻又は実質的に経営破綻に陥っている債務者に対する債権（以下「破産更生債権等」という。）

28. 債権の貸倒見積高は，その区分に応じてそれぞれ次の方法により算定する（注9）。

(1) 一般債権については，債権全体又は同種・同類の債権ごとに，債権の状況に応じて求めた過去の貸倒実績率等合理的な基準により貸倒見積高を算定する。

(2) 貸倒懸念債権については，債権の状況に応じて，次のいずれかの方法により貸倒見積高を算定する。ただし，同一の債権については，債務者の財政状態及び経営成績の状況等が変化しない限り，同一の方法を継続して適用する。

① 債権額から担保の処分見込額及び保証による回収見込額を減額し，その残額について債務者の財政状態及び経営成績を考慮して貸倒見積高を算定する方法

② 債権の元本の回収及び利息の受取りに係るキャッシュ・フローを合理的に見積ることができる債権については，債権の元本及び利息について元本の回収及び利息の受取りが見込まれるときから当期末までの期間にわたり当初の約定利子率で割り引いた金額の総額と債権の帳簿価額との差額を貸倒見積高とする方法

(3) 破産更生債権等については，債権額から担保の処分見込額及び保証による回収見込額を減額し，その残額を貸倒見積高とする（注10）。

(注9) 債務者から契約上の利払日を相当期間経過しても利息の支払を受けていない債権及び破産更生債権等については，すでに計上されている未収利息を当期の損失として処理するとともに，それ以後の期間に係る利息を計上してはならない。

(注10) 破産更生債権等の貸倒見積高は，原則として，貸倒引当金として処理する。ただし，債権金額又は取得価額から直接減額することもできる。

上記の規定をまとめると次のとおりである。

債権の区分	算出単位	算定方法
一　般　債　権	総括引当法	貸　倒　実　績　率　法
貸倒懸念債権	個別引当法	財　務　内　容　評　価　法
		キャッシュ・フロー見積法
破産更生債権等	個別引当法	財　務　内　容　評　価　法

04 有価証券
Theme

Check ここでは，有価証券について学習する。特に，所有目的などにより評価基準や表示方法が異なるので，十分な理解が必要である。

1 有価証券の範囲

　企業会計上の有価証券の範囲は，原則として金融商品取引法に定義する有価証券にもとづくが，それ以外のものであっても，金融商品取引法上の有価証券に類似し，企業会計上は有価証券として取り扱うことが適当であると認められるものについては，有価証券の範囲に含め，金融商品取引法上の有価証券であっても企業会計上の有価証券として取り扱うことが適当と認められないものについては，有価証券としては取り扱わないものとする。

　なお，簿記検定1級の試験で出題される有価証券には，(1)株式その他の出資証券，(2)国債・社債等の債券，(3)新株予約権証券などがある。

　(注) 上記の他にも，証券投資信託の受益証券，貸付信託の受益証券などが有価証券に該当する。

2 有価証券の分類

1. 保有目的による分類

(1) 売買目的有価証券 ⇨ 売買目的で保有

　売買目的有価証券とは，時価の変動により利益を得ることを目的（トレーディング目的）として保有する有価証券をいい，通常は同一銘柄に対して相当程度の反復的な購入と売却が行われる。

(2) 満期保有目的の債券 ⇨ 満期まで保有

　満期保有目的の債券とは，満期まで所有する意図をもって保有する社債その他の債券をいい，あらかじめ償還日が定められており，かつ，額面金額による償還が予定されている。

(3) **子会社株式・関連会社株式** ⇨ 支配目的などで保有

子会社株式とは，当社の子会社が発行している株式をいい，関連会社株式とは，当社の関連会社が発行している株式をいう。

親会社とは，他の企業の意思決定機関（株主総会，取締役会など）を支配している企業をいい，子会社とは，当該他の企業をいう。親会社および子会社または子会社が，他の企業の意思決定機関を支配している場合における当該他の企業も，その親会社の子会社とみなす。

関連会社とは，企業（当社の子会社を含む）が，出資，人事，資金，技術，取引などの関係を通じて，子会社以外の他の企業の意思決定に対して重要な影響を与えられることができる場合における当該子会社以外の他の企業をいう。

親 会 社	他の企業の意思決定機関を支配している企業
子 会 社	他の企業に意思決定機関を支配されている企業
関 連 会 社	他の企業の意思決定に重要な影響を与えることができる場合における当該子会社以外の他の企業

(注1）他の企業の意思決定機関を支配している企業とは，①他の企業の議決権の過半数（50％超）を所有している企業または②議決権の40％以上50％以下を所有し，かつ，一定の要件を満たす企業などをいう。

（注2）他の企業の意思決定機関に重要な影響を与えることができる企業とは，①子会社以外の他の企業の議決権の20％以上を所有している企業または②子会社以外の他の企業の議決権の15％以上20％未満を所有し，かつ，一定の要件を満たす企業などをいう。

(4) **その他有価証券** ⇨ 長期保有目的などで保有

その他有価証券とは，売買目的有価証券，満期保有目的の債券，子会社株式および関連会社株式以外の有価証券をいう。その他有価証券には，長期的な時価の変動により利益を得ることを目的として保有する有価証券や持ち合い株式のように業務提携の目的で保有する有価証券が含まれる。

2. 表示科目と表示区分による分類

売買目的有価証券および1年以内に満期の到来する社債その他の債券は，流動資産に「有価証券」として表示し，その他の有価証券は，原則として，固定資産（投資その他の資産）に「投資有価証券」として表示する。ただし，子会社株式および関連会社株式は，独立した科目で表示する。

保有目的による分類	B/S上の表示科目	B/S上の表示区分
売買目的有価証券	有 価 証 券	流動資産
満期保有目的の債券	投 資 有 価 証 券	固定資産（投資その他の資産）(注1)
子 会 社 株 式 関 連 会 社 株 式	関 係 会 社 株 式	固定資産（投資その他の資産）(注2)
そ の 他 有 価 証 券	投 資 有 価 証 券	固定資産（投資その他の資産）(注1)

（注1）1年以内に満期の到来する社債その他の債券は，売買目的有価証券と同様に，流動資産に「有価証券」として表示する。

（注2）簿記検定1級の試験では，子会社株式のみを「子会社株式」として独立表示することもある。

3 購入と売却

1. 株式の購入と売却

株式を購入により取得した場合は，購入代価に購入手数料などの付随費用を加算した額，すなわち取得に要した支出額をもって取得原価とする。

取得原価 = 購入代価 + 付随費用

なお，同一銘柄のものを異なる価格で購入した場合の単価（1 単位あたりの取得原価）は，平均原価法（移動平均法または総平均法）により計算する。

設例 4-1　　　　　　　　　　　　　　　　　　　　　　　　　　　　　　　　　仕 訳

次の取引について仕訳を示しなさい。なお，代金の決済はすべて現金預金で処理する。

(1) 売買目的により，A社の株式 1,000株を 1 株 80円で購入した。

(2) (1)のA社の株式 500株を 1 株 86円で追加購入した。

(3) A社の株式 500株を 1 株 100円で売却した。

【解答・解説】

(1)	（売買目的有価証券）（＊1）	80,000	（現 金 預 金）	80,000
(2)	（売買目的有価証券）（＊2）	43,000	（現 金 預 金）	43,000
(3)	（現 金 預 金）（＊3）	50,000	（売買目的有価証券）（＊4）	41,000
			（有価証券運用損益）（＊5） 有価証券売却益	9,000

（＊1）@80円 × 1,000株 = 80,000円〈取得原価〉

（＊2）@86円 × 500株 = 43,000円〈取得原価〉

∴ $\dfrac{80,000円 + 43,000円}{1,000株 + 500株} = \dfrac{123,000円}{1,500株} = $ @82円〈平均単価〉

（＊3）@100円 × 500株 = 50,000円〈売却代金〉

（＊4）@82円 × 500株 = 41,000円〈売却原価〉

（＊5）50,000円 − 41,000円 = 9,000円〈売却益〉

2．社債の購入と売却

社債を購入により取得した場合は，購入代価に購入手数料などの付随費用を加算した額，すなわち取得に要した支出額をもって取得原価とする。

$$取得原価 = 購入代価 + 付随費用$$

所有する公社債に係る利息は，「有価証券利息」で処理する。

また，社債を前回の利払日と次回の利払日の中途で購入したときは，社債の購入代金とともに，前回の利払日の翌日から購入日までの端数利息（経過利息）を支払う。

反対に，公社債を前回の利払日と次回の利払日の中途で売却したときは，社債の売却代金とともに，前回の利払日の翌日から売却日までの端数利息（経過利息）を受け取る。

設例 4-2 　　　　　　　　　　　　　　　　　　　　　　　　　　　仕 訳

次の資料により，仕訳を示しなさい。なお，代金の決済はすべて現金預金で処理する。また，会計期間は1年，決算日は12月31日である。

（資　料）

(1) ×1年7月1日。売買目的によりB社の社債額面100,000円を@100円につき@98円で購入し，端数利息とともに支払った（端数利息の計算は月割りによる）。利払日は3月と9月の各末日，利率は年6％である。

(2) ×1年9月30日。社債の利払日が到来した。

(3) ×1年12月31日。社債全額について@100円につき@99円で売却し，端数利息とともに受け取った。なお，端数利息の計算は月割りによること。

【解答・解説】

(1)	（売買目的有価証券）（＊1）	98,000	（現　金　預　金）		99,500
	（有 価 証 券 利 息）（＊2）	1,500			
(2)	（現　金　預　金）（＊3）	3,000	（有 価 証 券 利 息）		3,000
(3)	（現　金　預　金）（＊4）	99,000	（売買目的有価証券）（＊1）		98,000
			（有価証券運用損益）（＊5） 有価証券売却益		1,000
	（現　金　預　金）	1,500	（有 価 証 券 利 息）（＊6）		1,500

（＊1）$100,000円 \times \dfrac{@98円}{@100円} = 98,000円〈取得原価〉$

（＊2）$100,000円〈額面〉 \times 6\％ \times \dfrac{3か月}{12か月} = 1,500円〈端数利息〉$

（＊3）$100,000円〈額面〉 \times 6\％ \times \dfrac{6か月}{12か月} = 3,000円〈利札受取額〉$

（＊4）$100,000円 \times \dfrac{@99円}{@100円} = 99,000円〈売却価額〉$

（＊5）$99,000円 - 98,000円 = 1,000円〈売却益〉$

（＊6）$100,000円 \times 6\％ \times \dfrac{3か月}{12か月} = 1,500円〈端数利息〉$

（注）「有価証券利息」は「有価証券運用損益」に含めることもある。

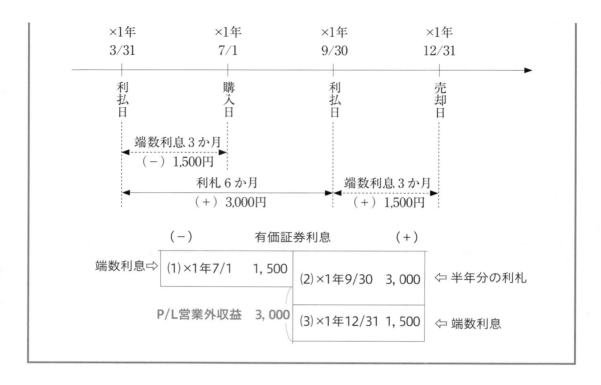

3. 売却損益の表示

売却損益の損益計算書における表示区分は次のとおりである。

分　　　　　類	売　　却　　損　　益		表　示　区　分
売買目的有価証券	運用益（運用損と相殺後の純額）		営 業 外 収 益
	運用損（運用益と相殺後の純額）		営 業 外 費 用
満期保有目的債券	合理的な理由による場合	売却益（売却損と相殺後の純額）	営 業 外 収 益
		売却損（売却益と相殺後の純額）	営 業 外 費 用
	合理的な理由によらない場合	売却益	特 別 利 益
		売却損	特 別 損 失
子 会 社 株 式 関 連 会 社 株 式	原則として売却益と売却損を相殺せずに総額で計上する	売却益	特 別 利 益
		売却損	特 別 損 失
その他有価証券	臨時的な性格のもの	売却益	特 別 利 益
		売却損	特 別 損 失
	上記以外のもの	売却益	営 業 外 収 益
		売却損	営 業 外 費 用

4 売買目的有価証券の評価

1. 期末評価 ⇨ 時価で評価

「売買目的有価証券」は，時価をもって貸借対照表価額とし，評価差額は「有価証券運用損益（または有価証券評価損益）」として当期の損益に計上する。

「有価証券運用損益」が借方および貸方の両方に生じている場合には，損益計算書上，「営業外収益」または「営業外費用」の区分に相殺して純額で表示する。なお，「有価証券運用損益」とする場合には，「受取配当金」および「有価証券利息」も含めることがある。

評 価 損 益	表 示 科 目	表 示 区 分	金 額
評 価 益 （取得原価＜時価）	有価証券運用益 （有価証券評価益）	営 業 外 収 益	運用損と相殺後の純額
評 価 損 （取得原価＞時価）	有価証券運用損 （有価証券評価損）	営 業 外 費 用	運用益と相殺後の純額

2. 会計処理

評価差額の会計処理については，切放方式または洗替方式が認められている。

(1) 切放方式

切放方式とは，当期末において時価評価したならば，翌期はその当期末の時価を帳簿価額として処理する方法である。したがって，翌期末において時価と比較される帳簿価額は，当期末の時価となる。

① 取得原価＜時価 の場合

当　　期　　末 （決　算　整　理）	（売買目的有価証券） ××	（有価証券運用損益） ×× 有価証券評価益
翌　　期　　首 （再　　振　　替）	仕　訳　な　し	

② 取得原価＞時価 の場合

当　　期　　末 （決　算　整　理）	（有価証券運用損益） ×× 有価証券評価損	（売買目的有価証券） ××
翌　　期　　首 （再　　振　　替）	仕　訳　な　し	

なお，その後「売買目的有価証券」を売却した場合，売却価額と売却時点で付されている帳簿価額（前期末時価）の差額を売却損益とする。

売却損益 ＝ 売却価額 － 帳簿価額（前期末時価）

(2) **洗替方式**

　　洗替方式とは，当期末において時価評価したとしても，翌期首において帳簿価額を取得原
価に戻して処理する方法である。したがって，翌期末において時価と比較される帳簿価額
は，取得原価となる。

① **取得原価＜時価 の場合**

当　　期　　末 （決　算　整　理）	（売買目的有価証券）	××	（有価証券運用損益） 有価証券評価益	××
翌　　期　　首 （再　　振　　替）	（有価証券運用損益） 有価証券評価損	××	（売買目的有価証券）	××

② **取得原価＞時価 の場合**

当　　期　　末 （決　算　整　理）	（有価証券運用損益） 有価証券評価損	××	（売買目的有価証券）	××
翌　　期　　首 （再　　振　　替）	（売買目的有価証券）	××	（有価証券運用損益） 有価証券評価益	××

　　なお，その後「売買目的有価証券」を売却した場合，売却価額と取得原価の差額を売却損
益とする。

$$売却損益 ＝ 売却価額 － 取得原価$$

　　次の資料により，売買目的有価証券の会計処理について切放方式を適用した場合の，
(A)×1年度および(B)×2年度の仕訳（売却時の仕訳）を示しなさい。
（資料１）×1年度（×1年４月１日から×2年３月31日まで）

決算整理前残高試算表

×2年３月31日　　　　　（単位：円）

売買目的有価証券　　2,700

　　売買目的有価証券は，すべて×1年度に取得したものであり，その内訳は次のとおり
である。

内　　訳	取得原価	時　　価
A 社 株 式	1,500円	1,700円
B 社 株 式	1,200円	1,100円

（資料２）×2年度（×2年４月１日から×3年３月31日まで）
　　×2年４月20日。（資料１）の売買目的有価証券を次のように売却し，代金が入金さ
れた。

　　　　A社株式：売却価額　2,000円，　B社株式：売却価額　1,000円

【解答・解説】
(A)　×1年度（×1年４月１日から×2年３月31日まで）⇨ 期末評価（決算整理仕訳）

A 社 株 式	（売買目的有価証券）	200	（有価証券運用損益）（＊１）	200
			有価証券評価益	
B 社 株 式	（有価証券運用損益）（＊２）	100	（売買目的有価証券）	100
	有価証券評価損			

　　（＊１）1,700円〈時価〉－1,500円〈取得原価〉＝　200円〈評価益〉
　　（＊２）1,100円〈時価〉－1,200円〈取得原価〉＝△100円〈評価損〉

有価証券運用損益

貸 借 対 照 表

×2年３月31日　　　　（単位：円）

▶売買目的有価証券　　2,800
　　有価証券

B/S　「流動資産」

⒝ ×2年度（×2年4月1日から×3年3月31日まで）
⑴ 期首（×2年4月1日）⇨ 切放方式は再振替仕訳（評価損益の振戻仕訳）を行わない

期 首 試 算 表

×2年4月1日　　　　　　　（単位：円）

売買目的有価証券　　2,800

A社株式 1,700円〈×1年度末時価〉
B社株式 1,100円〈×1年度末時価〉

A 社 株 式	仕 訳 な し
B 社 株 式	仕 訳 な し

⑵ 売却時（×2年4月20日）

A 社 株 式	（現 金 預 金）　2,000	（売買目的有価証券）　1,700 （有価証券運用損益）（＊1）　300 有価証券売却益
B 社 株 式	（現 金 預 金）　1,000 （有価証券運用損益）（＊2）　100 有価証券売却損	（売買目的有価証券）　1,100

（＊1）2,000円〈売却価額〉－1,700円〈帳簿価額＝×1年度末時価〉＝　300円〈売却益〉
（＊2）1,000円〈売却価額〉－1,100円〈帳簿価額＝×1年度末時価〉＝△100円〈売却損〉

有価証券運用損益

売 却 損（＊2）　100	
	売 却 益（＊1）　300
有価証券運用益 200 P/L営業外収益	

次の資料により，売買目的有価証券の会計処理について洗替方式を適用した場合の，
(A)×1年度および(B)×2年度の仕訳（再振替仕訳および売却時の仕訳）を示しなさい。
（資料１）×1年度（×1年４月１日から×2年３月31日まで）

決算整理前残高試算表
×2年３月31日　　　　（単位：円）

| 売買目的有価証券 | 2,700 | |

売買目的有価証券は，すべて×1年度に取得したものであり，その内訳は次のとおりで
ある。

内　　訳	取得原価	時　　価
A 社 株 式	1,500円	1,700円
B 社 株 式	1,200円	1,100円

（資料２）×2年度（×2年４月１日から×3年３月31日まで）
　　×2年４月20日。（資料１）の売買目的有価証券を次のように売却し，代金が入金さ
れた。
　　　　A社株式：売却価額　2,000円，　B社株式：売却価額　1,000円

【解答・解説】
(A)　×1年度（×1年４月１日から×2年３月31日まで）⇨　期末評価（決算整理仕訳）

A 社 株 式	（売買目的有価証券）	200	（有価証券運用損益）（＊1） 有価証券評価益	200
B 社 株 式	（有価証券運用損益）（＊2） 有価証券評価損	100	（売買目的有価証券）	100

（＊1）1,700円〈時価〉－1,500円〈取得原価〉＝　200円〈評価益〉
（＊2）1,100円〈時価〉－1,200円〈取得原価〉＝△100円〈評価損〉

有価証券運用損益

```
評　価　損（＊2）  100  │
                      │  評　価　益（＊1）  200
  有価証券運用益 100    │
    P/L営業外収益
```

貸 借 対 照 表
×2年３月31日　　　　（単位：円）

```
→ 売買目的有価証券  2,800
    有価証券

 B/S「流動資産」
```

(B) ×2年度（×2年4月1日から×3年3月31日まで）

(1) 期首（×2年4月1日）⇨ 再振替仕訳（評価損益の振戻仕訳）

期 首 試 算 表

×2年4月1日　　　　　（単位：円）

売買目的有価証券　　2,800

A社株式　1,700円〈×1年度末時価〉
B社株式　1,100円〈×1年度末時価〉

| A 社 株 式 | （有価証券運用損益）（＊1）
有価証券評価損 | 200 | （売買目的有価証券） | 200 |
| B 社 株 式 | （売買目的有価証券） | 100 | （有価証券運用損益）（＊2）
有価証券評価益 | 100 |

∴　A社株式：1,700円 − 200円 = 1,500円〈取得原価〉
　　B社株式：1.100円 + 100円 = 1,200円〈取得原価〉

(2) 売却時（×2年4月20日）

| A 社 株 式 | （現 金 預 金） | 2,000 | （売買目的有価証券）
（有価証券運用損益）（＊3）
有価証券売却益 | 1,500
500 |
| B 社 株 式 | （現 金 預 金）
（有価証券運用損益）（＊4）
有価証券売却損 | 1,000
200 | （売買目的有価証券） | 1,200 |

（＊3）2,000円〈売却価額〉− 1,500円〈取得原価〉= 　500円〈売却益〉
（＊4）1,000円〈売却価額〉− 1,200円〈取得原価〉= △200円〈売却損〉

有価証券運用損益

| 評　価　損（＊1） | 200 | 評　価　益（＊2） | 100 |
| 売　却　損（＊4） | 200 | 売　却　益（＊3） | 500 |

有価証券運用益 200
P/L営業外収益

補足 **売買目的有価証券と総記法**

売買目的有価証券は，短期的に売買が繰り返されるため，総記法で記帳すると簡単である。

〈例〉 1．当社は売買目的でA社株式の売買をしている。当期首に所有するA社株式は11,000円（100株，前期末の時価は@110円）である。なお，記帳方法は総記法とする。

2．当期中の売買の状況は，次のとおりである。なお，受払いはすべて現金預金とする。

	株数	原価	売価
第1回取得	200株	@113円	—
第1回売却	150株	—	@120円
第2回取得	300株	@124円	—
第2回売却	250株	—	@130円

3．当期末に所有するA社株式は200株，当期末の時価は@135円である。

(1) 期中取引

① 第1回取得時

（売買目的有価証券）（＊）	22,600	（現 金 預 金）	22,600

（＊）@113円×200株＝22,600円

② 第1回売却時（総記法のため売買目的有価証券勘定の貸方に売価で記帳する）

（現 金 預 金）（＊）	18,000	（売買目的有価証券）	18,000

（＊）@120円×150株＝18,000円

③ 第2回取得時

（売買目的有価証券）（＊）	37,200	（現 金 預 金）	37,200

（＊）@124円×300株＝37,200円

④ 第2回売却時（総記法のため売買目的有価証券勘定の貸方に売価で記帳する）

（現 金 預 金）（＊）	32,500	（売買目的有価証券）	32,500

（＊）@130円×250株＝32,500円

売買目的有価証券

期　　　首	11,000	第1回売却	18,000
第1回取得	22,600	第2回売却	32,500
第2回取得	37,200	前T／B	20,300

(2) 決算整理

（売買目的有価証券）（＊）	6,700	（有価証券運用損益）	6,700

（＊）@135円×200株＝27,000円〈当期末時価〉
27,000円－20,300円〈前T／B〉＝6,700円〈運用益〉

売買目的有価証券

期　　　首	11,000	第1回売却	18,000
第1回取得	22,600	第2回売却	32,500
第2回取得	37,200	前T／B　20,300	
運　用　益	6,700		

後T／B　27,000
時価

91

5 満期保有目的の債券の評価

1. 期末評価 ⇨ 取得原価または償却原価で評価

　満期保有目的の債券は，取得原価をもって貸借対照表価額とする。ただし，債券を債券金額より低い価額または高い価額で取得した場合において，取得価額と債券金額との差額（取得差額）の性格が金利の調整（金利調整差額）と認められるときは，償却原価法にもとづいて算定された価額（償却原価）をもって貸借対照表価額としなければならない。

取　得　の　形　態		貸借対照表価額
債券金額＝取得価額		B/S価額＝取得原価
債券金額 ≠ 取得価額	取得差額が金利調整差額と認められない場合	
	取得差額が金利調整差額と認められる場合	B/S価額＝償却原価

2. 償却原価法

(1) 償却原価法とは

　償却原価法とは，債券を債券金額より低い価額または高い価額で取得した場合において，債券金額と取得価額の差額（取得差額）が金利調整差額であると認められる場合に，金利調整差額に相当する金額を償還期に至るまで毎期一定の方法で貸借対照表価額に加減する方法をいう。なお，その加減額は「有価証券利息」に含めて処理される。

債券金額＞取得価額　の場合	債券金額＜取得価額　の場合
(満期保有目的債券)×× (有価証券利息)××	(有価証券利息)×× (満期保有目的債券)××
投資有価証券　　　　　　受取利息	受取利息　　　　　　投資有価証券

(2) 償却方法

金利調整差額の償却方法には定額法と利息法とがある。原則として利息法によるものとするが、継続適用を条件として定額法を採用することもできる。

📖金融商品会計に関する実務指針

① 定額法（容認）

定額法とは、債券の金利調整差額を取得日（または受渡日）から償還日までの期間で割って各期の損益に配分し、その配分額を帳簿価額に加減する方法である。

$$（債券金額－取得価額）\times \frac{当期所有月数}{取得日から償還日までの月数}＝金利調整差額償却額$$

② 利息法（原則）

利息法とは、帳簿価額（投資簿価）に対して実効利子率を掛けた金額を、各期の利息配分額として計上する方法である。したがって、各期の利息配分額とクーポン利息（利札部分の利息）計上額との差額を、金利調整差額の償却として帳簿価額に加減する。金利調整差額償却額の算定は、次の手順により行う。

利息配分額の算定：帳簿価額 × 実効利子率 ＝ 利息配分額

⇩

クーポン利息計上額の算定：債券金額 × クーポン利子率（券面利子率）
＝ クーポン利息（利札部分の利息）計上額

⇩

金利調整差額償却額の算定：利息配分額 － クーポン利息計上額
＝ 金利調整差額償却額

Theme
04

有価証券

93

当社は，×1年4月1日に満期保有の目的でC社が発行した社債を取得した。よって，次の資料により，×1年度の仕訳を示しなさい。なお，取得および利払いにともなう受払額はすべて現金預金で処理する。また，会計期間は1年，決算日は3月31日である。

（資　料）
(1) 取 得 価 額：9,400円
(2) 額 面 金 額：10,000円
(3) 満　期　日：×4年3月31日
(4) 実効利子率：年8.3%
(5) クーポン利子率（券面利子率）：年6％
(6) 利　払　日：毎年9月末日と3月末日の年2回
(7) 取得価額と額面金額の差額は，すべて金利調整差額と認められ，償却方法は定額法による。

【解答・解説】

(1) ×1年4月1日（取得日）

（満期保有目的債券）	9,400	（現 金 預 金）	9,400

取得価額

(2) ×1年9月30日（利払日）⇨ 6か月分（×1年4月1日から×1年9月30日まで）の利息計上

（現 金 預 金）	300	（有 価 証 券 利 息）（＊1）	300

期限の到来した社債利札

（＊1）10,000円〈額面金額〉× 6 %〈クーポン利子率〉× $\frac{6か月}{12か月}$ ＝300円

(3) ×2年3月31日（決算日＝利払日）

① 利払いの処理 ⇨ 6か月分（×1年10月1日から×2年3月31日まで）の利息計上

（現 金 預 金）	300	（有 価 証 券 利 息）（＊1）	300

期限の到来した社債利札

なお，利払日≠決算日の場合には，経過期間に対応する未収利息の見越計上を行う（月割計算）。

（未 収 収 益）	××	（有 価 証 券 利 息）	××

B/S流動資産

② 金利調整差額の償却 ⇨ 定額法の場合，決算日に償却額を計上する。

| （満期保有目的債券） | 200 | （有価証券利息）（＊2） | 200 |

（＊2）$(10,000円 - 9,400円) \times \dfrac{12か月}{36か月} = 200円$

∴　9,400円〈取得価額〉＋200円〈当期償却額〉＝9,600円〈期末償却原価＝B/S価額〉

有価証券利息

	(2)　期限到来の利札　　300
P/L 営業外収益800	(3)①期限到来の利札　　300
	(3)②当期償却額　　　　200

貸 借 対 照 表
×2年3月31日現在　　　　（単位：円）

▶ 満期保有目的債券　　9,600
　　　投資有価証券

┗━ B/S「固定資産（投資その他の資産）」

Theme 04　有価証券

（単位：円）

年度	年　月　日	①期首帳簿価額	②クーポン利息受取額	③金利調整差額償却	④各期の利息配分額（②＋③）	⑤期末償却原価（期末帳簿価額）（①＋③）
×1年度	×1年4月1日	9,400	——	——	——	——
	×1年9月30日	——	300	——	——	——
	×2年3月31日	——	300	200	——	——
	小　　　計	9,400	600	200	800	9,600
×2年度	×2年4月1日	9,600	——	——	——	——
	×2年9月30日	——	300	——	——	——
	×3年3月31日	——	300	200	——	——
	小　　　計	9,600	600	200	800	9,800
×3年度	×3年4月1日	9,800	——	——	——	——
	×3年9月30日	——	300	——	——	——
	×4年3月31日	——	300	200	——	——
	小　　　計	9,800	600	200	800	10,000
	合　　　計	——	1,800	600	2,400	——

95

当社は，×1年4月1日に満期保有の目的でC社が発行した社債を取得した。よって，次の資料により，×1年度の仕訳を示しなさい。なお，取得および利払いにともなう受払額はすべて現金預金で処理する。また，会計期間は1年，決算日は3月31日である。

（資 料）

(1) 取 得 価 額： 9,400円
(2) 額 面 金 額：10,000円
(3) 満 期 日：×4年3月31日
(4) 実効利子率：年8.3%
(5) クーポン利子率（券面利子率）：年6%
(6) 利 払 日：毎年9月末日と3月末日の年2回
(7) 取得価額と額面金額の差額は，すべて金利調整差額と認められ，償却方法は利息法による（計算上，端数が生じた場合には，円未満を四捨五入すること）。

【解答・解説】

(1) ×1年4月1日（取得日）

（満期保有目的債券）	9,400	（現 金 預 金）	9,400
取得価額			

(2) ×1年9月30日（利払日）

① 利払いの処理 ⇨ 6か月分（×1年4月1日から×1年9月30日まで）の利息計上

（現 金 預 金）	300	（有 価 証 券 利 息）(＊1)	300
期限の到来した社債利札			

（＊1）$10,000円〈額面金額〉× 6\%〈クーポン利子率〉× \dfrac{6か月}{12か月} = 300円$

② 金利調整差額の償却

利息法の場合，計算の構造上，利払日に償却額を計上する。

（満期保有目的債券）	90	（有 価 証 券 利 息）(＊2)	90

（＊2）$\begin{cases} 9,400円〈取得価額〉× 8.3\%〈実効利子率〉× \dfrac{6か月}{12か月} ≒ 390円〈円未満四捨五入〉 \\ 390円 - 300円〈クーポン利息受取額〉= 90円〈当期償却額〉 \end{cases}$

∴ 9,400円 + 90円 = 9,490円〈償却原価〉

(3) ×2年3月31日（決算日＝利払日）

① 利払いの処理 ⇨ 6か月分（×1年10月1日から×2年3月31日まで）の利息計上

（現 金 預 金）	300	（有 価 証 券 利 息）(＊1)	300
期限の到来した社債利札			

なお，利払日≠決算日の場合には，経過期間に対応する未収利息の見越計上を行う（月割計算）。

（未 収 収 益）	××	（有 価 証 券 利 息）	××
B/S流動資産			

② 金利調整差額の償却

（満 期 保 有 目 的 債 券）	94	（有 価 証 券 利 息）（＊3）	94

$$(*3)\begin{cases} 9,490円〈帳簿価額〉× 8.3\%〈実効利子率〉× \dfrac{6か月}{12か月} ≒ 394円〈円未満四捨五入〉\\ 394円 - 300円〈クーポン利息受取額〉= 94円〈当期償却額〉 \end{cases}$$

∴　9,490円＋94円＝9,584円〈期末償却原価＝B/S価額〉

有価証券利息

P/L 営業外収益 784 {
(2)① クーポン利息 300
(2)② 当 期 償 却 額 90
(3)① クーポン利息 300
(3)② 当 期 償 却 額 94
}

貸 借 対 照 表
×2年3月31日現在　　（単位：円）

→ 満期保有目的債券 9,584
　　投資有価証券

B/S「固定資産（投資その他の資産）」

なお，利息法によった場合の利息および償却原価のスケジュール表は次のようになる。

（単位：円）

年度	年 月 日	① 帳 簿 価 額（償却原価）	② 利息配分額（①×8.3%）$× \frac{6か月}{12か月}$	③ クーポン利息受取額	④ 金利調整差額償却（②－③）	⑤ 帳 簿 価 額（償却原価）（①＋④）
×1年度	×1年4月1日	9,400	——	——	——	9,400
	×1年9月30日	9,400	390	300	90	9,490
	×2年3月31日	9,490	394	300	94	9,584
	小　　計	——	784	600	184	——
×2年度	×2年4月1日	9,584				9,584
	×2年9月30日	9,584	398	300	98	9,682
	×3年3月31日	9,682	402	300	102	9,784
	小　　計	——	800	600	200	——
×3年度	×3年4月1日	9,784				9,784
	×3年9月30日	9,784	406	300	106	9,890
	×4年3月31日	9,890	410	300	110	10,000
	小　　計		816	600	216	
	合　　計	——	2,400	1,800	600	——

6 子会社株式・関連会社株式の評価

期末評価 ⇨ 取得原価で評価

「子会社株式」および「関連会社株式」は，取得原価をもって貸借対照表価額とする。

設例 4-7 仕 訳

次の資料により，決算整理仕訳を示しなさい。なお，会計期間は1年，当期は×1年4月1日から×2年3月31日までである。

（資料1）決算整理前残高試算表（一部）

決算整理前残高試算表
×2年3月31日 （単位：円）

子 会 社 株 式	1,500
関連会社株式	1,200

（資料2）決算整理事項

×2年3月31日現在における子会社株式の時価は1,700円，関連会社株式の時価は1,100円である。

【解答・解説】

「子会社株式」および「関連会社株式」は，取得原価をもって貸借対照表価額とするため，「仕訳なし」となる。

仕 訳 な し

---

7 その他有価証券の評価

1. 期末評価 ⇨ 時価で評価・税効果会計の適用

「その他有価証券」は，時価をもって貸借対照表価額とし，「評価差額」は原則として純資産直入（純資産の部の科目で処理）する。

「その他有価証券」は，売買目的有価証券と同じく決算時において時価評価することとしたが，評価差額は事業遂行などの必要性からただちに売買・換金を行うことには制約をともなう要素もあり，当期の損益として処理することは適切ではないため，純資産直入することになる。

なお，法人税法上，その他有価証券は原価で評価されるため，その他有価証券の「評価差額」には，税効果会計が適用される。

2. 会計処理

「評価差額」の会計処理については，「全部純資産直入法」または「部分純資産直入法」の2つ
の方法が認められている。なお，「その他有価証券」の「評価差額」の会計処理は洗替方式によ
るため，翌期首において再振替を行う。

⑴ 全部純資産直入法 ⇨「評価差額」を「純資産の部」に計上

全部純資産直入法とは，「評価差額（評価差益および評価差損）」の合計額を貸借対照表の
純資産の部に「その他有価証券評価差額金」として計上する方法である。

ただし，「評価差額」には税効果会計を適用し，「その他有価証券評価差額金」には「繰延
税金資産」または「繰延税金負債」を控除した残額が記載される。

① 取得原価＜時価 の場合 ⇨「評価差益」の処理

当 期 末 （決算整理）	（その他有価証券） ××	（繰 延 税 金 負 債） × （その他有価証券評価差額金） × B/S純資産の部に計上
翌 期 首 （再 振 替）	（繰 延 税 金 負 債） × （その他有価証券評価差額金） ×	（そ の 他 有 価 証 券） ××

② 取得原価＞時価 の場合 ⇨「評価差損」の処理

当 期 末 （決算整理）	（繰 延 税 金 資 産） × （その他有価証券評価差額金） × B/S純資産の部に計上	（そ の 他 有 価 証 券） ××
翌 期 首 （再 振 替）	（そ の 他 有 価 証 券） ××	（繰 延 税 金 資 産） × （その他有価証券評価差額金） ×

⑵ 部分純資産直入法 ⇨「評価差益」を「純資産の部」，「評価差損」を「営業外費用」に計上

部分純資産直入法とは，「評価差益」は貸借対照表の純資産の部に「その他有価証券評価
差額金」として計上するが，「評価差損」は「その他有価証券評価損益（または投資有価証
券評価損益）」として当期の損失（損益計算書の「営業外費用」の区分）に計上する方法で
ある。

評 価 差 額	表 示 科 目	表 示 区 分
評 価 差 益	その他有価証券評価差額金	B/S純資産の部
評 価 差 損	その他有価証券評価損 （投資有価証券評価損）	P/L営業外費用

Theme
04

有
価
証
券

99

① 取得原価＜時価 の場合 ⇨「評価差益」の処理

当 期 末 （決算整理）	（その他有価証券）	××	（繰延税金負債） （その他有価証券評価差額金） B/S純資産の部に計上	× ×	
翌 期 首 （再振替）	（繰延税金負債） （その他有価証券評価差額金）	× ×	（その他有価証券）	××	

② 取得原価＞時価 の場合 ⇨「評価差損」の処理

当 期 末 （決算整理）	（その他有価証券評価損益） その他有価証券評価損 （繰延税金資産）	×× ×	（その他有価証券） （法人税等調整額）	×× ×	
翌 期 首 （再振替）	（その他有価証券） （法人税等調整額）	×× ×	（その他有価証券評価損益） その他有価証券評価益 （繰延税金資産）	×× ×	

(注) 税効果会計に関する処理は決算整理として行うため，評価差損に関する再振替仕訳に付随する税効果会計に関する仕訳は，期末に他の税効果会計に関するものとまとめて行うことが一般的であるが，ここでは，理解のために意図的に期首に行っている。

設例 4-8

次の資料により，その他有価証券の会計処理について，全部純資産直入法を適用した場合の，(A)×1年度（決算整理仕訳）および(B)×2年度（再振替仕訳）の仕訳を示しなさい。なお，会計期間は1年，決算日は3月31日である。また，その他有価証券の評価差額には税率30％として税効果会計を適用する。

（資　料）×1年度（×1年4月1日から×2年3月31日まで）に関する資料

(1) 決算整理前残高試算表（一部）

決算整理前残高試算表
×2年3月31日　　　　　（単位：円）

その他有価証券	2,700

(2) 決算整理事項

その他有価証券の内訳は次のとおりである。

銘　　柄	時　　価	取得原価	期末時価
F 社 株 式	有	1,500円	1,700円
G 社 株 式	有	1,200円	1,100円

【解答・解説】

(A) ×1年度（×1年4月1日から×2年3月31日まで） ⇨ **決算整理仕訳**

F 社 株 式	（その他有価証券）（＊1）	200	（繰 延 税 金 負 債）（＊2）	60	
			（その他有価証券評価差額金）（＊3）	140	
G 社 株 式	（繰 延 税 金 資 産）（＊5）	30	（そ の 他 有 価 証 券）（＊4）	100	
	（その他有価証券評価差額金）（＊6）	70			

（＊1）1,700円〈期末時価〉− 1,500円〈取得原価〉= 200円〈評価差益〉
（＊2）200円 × 30% = 60円
（＊3）200円 − 60円 = 140円
（＊4）1,100円〈期末時価〉− 1,200円〈取得原価〉= △100円〈評価差損〉
（＊5）100円 × 30% = 30円
（＊6）100円 − 30円 = 70円

繰延税金資産・負債

G 社 株 式（＊5） 30	F 社 株 式（＊2） 60	
B/S 固定負債の部に計上 30		

その他有価証券評価差額金

G 社 株 式（＊6） 70	F 社 株 式（＊3） 140	
B/S 純資産の部に計上 70		

貸 借 対 照 表
×2年3月31日　　　（単位：円）

その他有価証券	2,800	繰 延 税 金 負 債	30
投資有価証券		その他有価証券評価差額金	70

B/S「固定資産（投資その他の資産）」

(B) ×2年度（×2年4月1日から×3年3月31日まで） ⇨ **再振替仕訳（×2年4月1日）**

期 首 試 算 表
×2年4月1日　　　（単位：円）

繰 延 税 金 資 産	30	繰 延 税 金 負 債	60
そ の 他 有 価 証 券	2,800	その他有価証券評価差額金	70

（注）試算表上は，繰延税金資産および繰延税金負債は相殺前の総額で記載している。

F 社 株 式	（繰 延 税 金 負 債）	60	（そ の 他 有 価 証 券）	200
	（その他有価証券評価差額金）	140		
G 社 株 式	（そ の 他 有 価 証 券）	100	（繰 延 税 金 資 産）	30
			（その他有価証券評価差額金）	70

試算表（再振替後）
×2年4月1日　　　（単位：円）

そ の 他 有 価 証 券	2,700

設例 4-9 （設例4-8と同じ資料）   仕 訳

次の資料により，その他有価証券の会計処理について，部分純資産直入法を適用した場合の，(A)×1年度（決算整理仕訳）および(B)×2年度（再振替仕訳）の仕訳を示しなさい。なお，会計期間は1年，決算日は3月31日である。また，その他有価証券の評価差額には税率30%として税効果会計を適用する。

（資　料）×1年度（×1年4月1日から×2年3月31日まで）に関する資料

(1)　決算整理前残高試算表（一部）

決算整理前残高試算表
×2年3月31日　　　　（単位：円）

その他有価証券	2,700	

(2)　決算整理事項

その他有価証券の内訳は次のとおりである。

銘　柄	時　価	取得原価	期末時価
F 社 株 式	有	1,500円	1,700円
G 社 株 式	有	1,200円	1,100円

【解答・解説】

(A)　×1年度（×1年4月1日から×2年3月31日まで）⇨ 決算整理仕訳

F 社株式	（その他有価証券）(＊1) 200	（繰延税金負債）(＊2) 60
		（その他有価証券評価差額金）(＊3) 140
		B/S純資産の部に計上
G 社株式	（その他有価証券評価損益）(＊4) 100 その他有価証券評価損	（その他有価証券） 100
	（繰延税金資産）(＊5) 30	（法人税等調整額） 30

（＊1）1,700円〈期末時価〉－1,500円〈取得原価〉＝200円〈評価差益〉
（＊2）200円×30％＝60円
（＊3）200円－60円＝140円
（＊4）1,100円〈期末時価〉－1,200円〈取得原価〉＝△100円〈評価差損〉
（＊5）100円×30％＝30円

繰延税金資産・負債

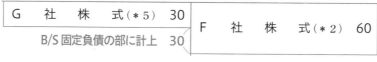

貸 借 対 照 表
×2年3月31日　　　　（単位：円）

→その他有価証券 2,800	繰 延 税 金 負 債 30
投資有価証券	その他有価証券評価差額金 140

B/S「固定資産（投資その他の資産）」

(B) ×2年度（×2年4月1日から×3年3月31日まで）⇨ 再振替仕訳（×2年4月1日）

期 首 試 算 表
×2年4月1日 　　　　　　　　　　（単位：円）

繰 延 税 金 資 産	30	繰 延 税 金 負 債	60
そ の 他 有 価 証 券	2,800	その他有価証券評価差額金	140

（注）試算表上は，繰延税金資産および繰延税金負債は相殺前の総額で記載している。

F 社 株 式	（繰 延 税 金 負 債）	60	（そ の 他 有 価 証 券）	200
	（その他有価証券評価差額金）	140		
G 社 株 式	（そ の 他 有 価 証 券）	100	（その他有価証券評価損益） その他有価証券評価益	100
	（法 人 税 等 調 整 額）	30	（繰 延 税 金 資 産）	30

試 算 表（再振替後）
×2年4月1日 　　　　　　　　　　（単位：円）

そ の 他 有 価 証 券	2,700	その他有価証券評価損益	100
法 人 税 等 調 整 額	30		

補足 | 特殊なケース

1．償却原価法と時価評価との併用

「その他有価証券」のうち，時価があり，かつ，取得差額が金利調整差額と認められる債券については，償却原価法を適用したうえで，償却原価と時価との差額を「評価差額」として処理する。

① 償却原価法を適用し，償却額を「有価証券利息」として処理する。
② 償却原価と時価との差額を「評価差額」として，「全部純資産直入法」または「部分純資産直入法」により処理する。

2．市場価格のない株式等

市場において取引されていない株式と出資金など株式と同様に持分の請求権を生じさせるものを合わせて，「市場価格のない株式等」といい，取得原価をもって貸借対照表価額とする。

8 有価証券の減損処理

「売買目的有価証券」以外の時価のある有価証券および市場価格のない株式等について，時価または実質価額までの評価減を強制される場合がある。これを減損処理という。この場合，「評価差額」は切放方式により当期の損失として処理する。

なお，減損処理には「強制評価減」と「実価法」がある。

1. 強制評価減 ⇨ 「売買目的有価証券」以外の時価のある有価証券に適用

満期保有目的の債券，子会社および関連会社株式，ならびにその他有価証券のうち時価のあるものについて，時価が著しく下落したときは，回復する見込みがあると認められる場合を除き，時価をもって貸借対照表価額とし，切放方式により「評価差額」は当期の損失として処理しなければならない。

(注) 時価が著しく下落したときとは，一般的に時価が取得原価にくらべて50％程度以上下落した場合をいう。ただし，問題文に指示があるときには，指示に従って判断すること。

2. 実価法 ⇨ 市場価格のない株式等に適用

市場価格のない株式等については，発行会社の財政状態の悪化により実質価額が著しく低下したときは，相当の減額（実質価額に減額）をなし，切放方式により「評価差額」は当期の損失として処理しなければならない。

なお，実質価額とは，発行会社の純資産額にもとづいて算定される。

発行会社 B/S

諸　資　産	諸　負　債
	純　資　産 ⇦ **株　式**

(注1) 実質価額計算上の純資産額の算定にあたっては，新株式申込証拠金，自己株式申込証拠金，新株予約権などを控除すべきであると考えられる。

$$\frac{\text{発行会社の純資産}}{\text{発行会社の発行済株式総数}} = \text{発行会社の1株あたり純資産} ⇨ 1\text{株あたりの実質価額}$$

（1株あたりの実質価額 − 1株あたりの取得原価）× 所有株式数 = 実価法評価損

または

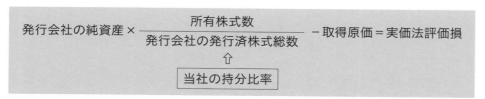

$$\text{発行会社の純資産} \times \frac{\text{所有株式数}}{\text{発行会社の発行済株式総数}} - \text{取得原価} = \text{実価法評価損}$$

⇧

当社の持分比率

(注2) 実質価額が著しく低下したときとは，一般的に実質価額が取得原価にくらべて50％程度以上低下した場合をいう。ただし，問題文に指示があるときには，指示に従って判断すること。

3. まとめ

	対　　　象	要　　　件	B/S価額	評価損のP/L表示
強制評価減	売買目的有価証券以外の時価のある有価証券	① 時価の著しい下落 ② 原価までの回復の見込みなし，または不明	時　　価	特　別　損　失
実　価　法	市場価格のない株式等	実質価額の著しい低下	実質価額	特　別　損　失

設例 4-10　　　　　　　　　　　　　　　　　　　　　　　仕　訳

次の資料により，×1年度（×1年4月1日から×2年3月31日まで）における決算整理仕訳を示しなさい。

（資　料）

(1) 決算整理前残高試算表（一部）

決算整理前残高試算表
×2年3月31日　　　　　　（単位：円）

| 子 会 社 株 式 | 15,000 |
| 関 連 会 社 株 式 | 7,500 |

(2) 決算整理事項

① 子会社株式は，Ｉ社株式（時価あり，取得原価15,000円）である。なお，期末時価は7,000円で，著しく下落しており，取得原価までの回復見込みはないと判断される。

② 関連会社株式は，Ｊ社株式（市場価格なし，取得原価7,500円，保有株式数100株）である。なお，Ｊ社（発行済株式総数250株）の財政状態は次のとおり悪化しているため，Ｊ社株式の実質価額は著しく低下していると判断される。

（Ｊ社）　　　　　　貸 借 対 照 表　　　　　（単位：円）

諸 資 産	69,000	諸　負　債	60,000
		資　本　金	25,000
		資 本 準 備 金	5,000
		繰越利益剰余金	△ 21,000
	69,000		69,000

105

【解答・解説】

(1) **子会社株式** ⇨ **強制評価減の適用（切放方式）**

　　時価のある「売買目的有価証券」以外の有価証券で，時価が著しく下落し，かつ回復する見込みがないことから，強制評価減を適用する。

(2) **関連会社株式** ⇨ **実価法の適用（切放方式）**

　　市場価格のない株式で，発行会社の財政状態の悪化により，実質価額が著しく低下していることから，実価法を適用する。

子会社株式 （強制評価減）	（子会社株式評価損）（＊1）　8,000	（子 会 社 株 式）　8,000
関連会社株式 （実　価　法）	（関連会社株式評価損）（＊2）　3,900	（関連会社株式）　3,900

（＊1）7,000円〈期末時価〉－ 15,000円〈取得原価〉＝△8,000円〈評価損〉
　　∴　7,000円〈期末時価＝B/S価額〉

（＊2）69,000円〈J社諸資産〉－ 60,000円〈J社諸負債〉＝9,000円〈J社純資産〉
　　9,000円〈J社純資産〉÷250株〈J社発行済株式総数〉
　　＝＠36円〈J社の1株あたりの純資産＝J社株式の1株あたりの実質価額〉
　　7,500円〈取得原価〉÷100株〈所有株式数〉＝＠75円〈1株あたりの取得原価〉
　　（＠36円－＠75円）×100株＝△3,900円〈評価損〉
　　∴　＠36円〈実質価額〉×100株＝3,600円〈B/S価額〉

決算整理後残高試算表

×2年3月31日　　　　　（単位：円）

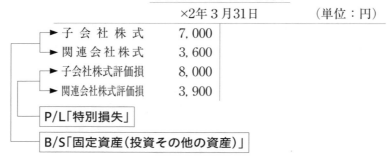

子 会 社 株 式	7,000
関 連 会 社 株 式	3,600
子会社株式評価損	8,000
関連会社株式評価損	3,900

P/L「特別損失」

B/S「固定資産（投資その他の資産）」

9 評価のまとめ

有価証券の評価をまとめると次のようになる。

保 有 目 的 等	貸借対照表価額	評価差額等の処理
売 買 目 的 有 価 証 券	時　価	当期の損益 （洗替方式または切放方式）
満 期 保 有 目 的 債 券	金利調整差額なし：取得原価	——
	金利調整差額あり：償却原価	償却額は有価証券利息
子会社株式・関連会社株式	取得原価	——
そ の 他 有 価 証 券	時　価	全部純資産直入法（洗替方式）： 評価差額は純資産の部
		部分純資産直入法（洗替方式）： 評価益は純資産の部 評価損は当期の損失
市 場 価 格 の な い 株 式 等	取得原価	——
強 制 評 価 減	時　価	当期の損失（切放方式）
実 価 法	実質価額	当期の損失（切放方式）

次の資料により，損益計算書（一部）および貸借対照表（一部）を作成しなさい。

なお，会計期間は 1 年，当期は ×1年 4 月 1 日から ×2年 3 月31日までである。

（資料 1 ）決算整理前残高試算表（一部）

決算整理前残高試算表
×2年 3 月31日　　　　（単位：円）

有 価 証 券	480,000	有価証券利息	4,000

（資料 2 ）決算整理事項

有価証券480,000円の内訳は次のとおりである。なお，貸借対照表の表示科目について，売買目的有価証券は「有価証券」，子会社株式は「子会社株式」，その他有価証券，満期保有目的債券は「投資有価証券」を用いること。

銘　柄	分　類	時　価	取得原価	市場価格	備　考
A 社株式	売買目的有価証券	有	66,000円	60,000円	
B 社株式	その他有価証券	有	96,000円	104,000円	(1)
C 社株式	子会社株式	有	100,000円	40,000円	(2)
D 社株式	子会社株式	無	120,000円	——	(3)
E 社社債	満期保有目的債券	無	98,000円	——	(4)

(1) 全部純資産直入法を適用している。評価差額には税率30％として税効果会計を適用する。

(2) 時価の下落は著しく，取得原価まで回復する見込みはない。

(3) D 社（発行済株式総数の80％を所有）の財政状態は次のとおりであり，D 社株式の実質価額は著しく低下していると認められる。

（D社）　　　　　　貸 借 対 照 表　　　　　（単位：円）

諸　資　産	130,000	諸　負　債	60,000
		資　本　金	100,000
		繰越利益剰余金	△ 30,000
	130,000		130,000

(4) E 社社債は，×1年10月 1 日に額面総額100,000円を額面100円につき98円で購入したものである。なお，クーポン利子率は年 8 ％，利払日は 3 月と 9 月の各末日，償還日は ×6年 9 月30日である。取得原価と額面金額の差額はすべて金利調整差額と認められるため，償却原価法（利息法，実効利子率年8.5％）を適用する。なお，クーポンの処理は適正に行われている。

【解　答】

損　益　計　算　書

自×1年4月1日　至×2年3月31日（単位：円）

Ⅳ　営　業　外　収　益
　　1．有　価　証　券　利　息　　　　　　　4,165
Ⅴ　営　業　外　費　用
　　1．有　価　証　券　運　用　損　　　　　6,000
Ⅶ　特　別　損　失
　　1．子会社株式評価損　　　　　　　　124,000

貸　借　対　照　表

×2年3月31日現在　　　　　　（単位：円）

資　産　の　部	負　債　の　部
Ⅰ　流　動　資　産	⋮
有　価　証　券　60,000	Ⅱ　固　定　負　債
Ⅱ　固　定　資　産	繰延税金負債　2,400
3．投資その他の資産	純　資　産　の　部
投資有価証券202,165	⋮
子　会　社　株　式　96,000	Ⅱ　評価・換算差額等
	その他有価証券評価差額金　5,600

【解　説】

(1)　売買目的有価証券（Ａ社株式）⇨「有価証券（B/S 流動資産）」

Ａ社株式	（有価証券運用損益）（＊）	6,000	（有　価　証　券）	6,000

　　　（＊）60,000円〈時価＝B/S価額〉－66,000円〈取得原価〉＝△6,000円〈評価損〉

(2)　その他有価証券（Ｂ社株式）⇨「投資有価証券（B/S 固定資産〈投資その他の資産〉）」

①　科目の振替え（財務諸表上の科目の組替仕訳）

Ｂ社株式	（投資有価証券）	96,000	（有　価　証　券）	96,000

②　期末評価（全部純資産直入法）

Ｂ社株式	（投資有価証券）（＊1）	8,000	（繰延税金負債）（＊2）	2,400
			（その他有価証券評価差額金）（＊3）	5,600

　　　（＊1）104,000円〈時価＝B/S価額〉－96,000円〈取得原価〉＝8,000円〈評価差益〉
　　　（＊2）8,000円×30％＝2,400円
　　　（＊3）8,000円－2,400円＝5,600円

(3) 子会社株式（C社株式，D社株式）

⇨「子会社株式（B/S固定資産〈投資その他の資産〉）」

① 科目の振替え（財務諸表上の科目の組替仕訳）

C 社 株 式	（子 会 社 株 式）	100,000	（有 価 証 券）	100,000
D 社 株 式	（子 会 社 株 式）	120,000	（有 価 証 券）	120,000

② 期末評価

(a) C社株式 ⇨ 時価で評価（強制評価減の適用）

「子会社株式」のうち時価のあるものについて，時価が著しく下落したときは，回復する見込みがあると認められる場合を除き，時価をもって貸借対照表価額とし，評価差額は切放方式により当期の損失（特別損失）として処理しなければならない。

C 社 株 式	（子会社株式評価損）（＊） P/L特別損失	60,000	（子 会 社 株 式）	60,000

（＊）40,000円〈時価＝B/S価額〉− 100,000円〈取得原価〉＝△60,000円〈評価損〉

(b) D社株式 ⇨ 実質価額で評価（実価法の適用）

市場価格のない株式については，発行会社の財政状態の悪化により実質価額が著しく低下したときは，相当の減額をなし，評価差額は切放方式により当期の損失（特別損失）として処理しなければならない。

D 社 株 式	（子会社株式評価損）（＊） P/L特別損失	64,000	（子 会 社 株 式）	64,000

（＊）130,000円〈D社諸資産〉− 60,000円〈D社諸負債〉＝ 70,000円〈D社純資産〉

70,000円〈D社純資産〉× 80％＝ 56,000円〈実質価額＝B/S価額〉

56,000円〈実質価額〉− 120,000円〈取得原価〉＝△64,000円〈評価損〉

∴ B/S子会社株式：40,000円〈C社〉＋ 56,000円〈D社〉＝ 96,000円

P/L子会社株式評価損：60,000円〈C社〉＋ 64,000円〈D社〉＝ 124,000円

(4) 満期保有目的債券（E社社債）

⇨「投資有価証券（B/S固定資産〈投資その他の資産〉）」

① 科目の振替え（財務諸表上の科目の組替仕訳）

E 社 社 債	（投資有価証券）	98,000	（有 価 証 券）	98,000

② 期末評価 ⇨ 償却原価で評価（償却原価法：利息法の適用）

E 社 社 債	（投資有価証券）（＊）	165	（有価証券利息） P/L営業外収益	165

（＊）98,000円〈取得原価〉× 8.5％〈実効利子率〉× $\dfrac{6 か月}{12 か月}$

＝ 4,165円〈×1年10/1 〜 ×2年3/31 ＝ 6か月分の利息配分額〉

4,165円〈当期配分額〉− 4,000円〈クーポン利息〉＝ 165円〈当期償却額〉

∴ 98,000円〈取得原価〉＋ 165円＝ 98,165円〈当期末償却原価＝B/S価額〉

∴ B/S投資有価証券：104,000円〈B社〉＋ 98,165円〈E社〉＝ 202,165円

有価証券の保有目的を変更した場合には，以下のように扱う。

変　更　前	変　更　後	振 替 価 額	振替時の評価差額
売買目的有価証券	子会社株式・関連会社株式	振 替 時 の 時 価	有 価 証 券 運 用 損 益
	その他有価証券		
満期保有目的債券	売買目的有価証券	取 得 原 価 または振替時の償却原価	──
	その他有価証券		
子 会 社 株 式・関 連 会 社 株 式	売買目的有価証券	帳　簿　価　額	──
	その他有価証券		
その他有価証券	売買目的有価証券	振 替 時 の 時 価	その他有価証券評価損益
	子会社株式・関連会社株式	下記以外 ＝ 帳簿価額	──
		部 分・評 価 損 ＝ 前 期 末 の 時 価	

（注1）他の保有目的から満期保有目的債券への変更は認められていない。
（注2）基本的に変更時までは，変更前の保有目的にしたがって処理し，変更後は，変更後の保有目的にしたがって処理する。
（注3）その他有価証券から子会社株式・関連会社株式に変更した場合には，原則として，帳簿価額（前期末の評価替前の価額）で振り替える。ただし，部分純資産直入法を採用し，かつ，前期末に評価損が計上されている場合には，評価替後の前期末の時価で振り替える。

〈例1〉 売買目的有価証券（帳簿価額10,000円，振替時の時価12,000円）の保有目的をその他有価証券に変更した。

（有 価 証 券）	2,000	（有価証券運用損益）	2,000
（その他有価証券）	12,000	（有 価 証 券）	12,000

〈例2〉 満期保有目的債券（期首償却原価9,600円，振替時の償却原価9,700円，振替時の時価9,750円）の保有目的をその他有価証券に変更した。

（満期保有目的債券）	100	（有 価 証 券 利 息）	100
（その他有価証券）	9,700	（満期保有目的債券）	9,700

〈例3〉 子会社株式（取得割合60%，帳簿価額60,000円）のうち一部を売却し，代金が入金された（売却割合50%，帳簿価額50,000円，売却価額60,000円）。この売却により子会社株式・関連会社株式に該当しなくなったので，保有目的をその他有価証券に変更した。

（現 金 預 金）	60,000	（子 会 社 株 式）	50,000
		（子会社株式売却益）	10,000
（その他有価証券）	10,000	（子 会 社 株 式）	10,000

〈例4〉その他有価証券（取得原価10,000円，前期末の時価9,000円，振替時の時価12,000円）の保有目的を以下のように変更した。なお，前期末の評価差額はいずれの場合も当期首に振り戻している。

① **売買目的有価証券に変更した場合**

（その他有価証券）	2,000	（その他有価証券評価損益）	2,000
（有 価 証 券）	12,000	（その他有価証券）	12,000

② **子会社株式に変更した場合（全部純資産直入法）**

（子 会 社 株 式）	10,000	（その他有価証券）	10,000

③ **子会社株式に変更した場合（部分純資産直入法）**

（その他有価証券評価損益）	1,000	（その他有価証券）	1,000
（子 会 社 株 式）	9,000	（その他有価証券）	9,000

補足 **有価証券の認識について**

有価証券の認識基準には，約定日基準と修正受渡日基準がある。

約定日基準 （原則的基準）	約定日基準とは，売買約定日（契約締結時）に買手は有価証券の発生を認識し，売手は有価証券の消滅を認識する基準である。
修正受渡日基準 （例外的基準）	修正受渡日基準とは，買手は保有目的区分ごとに約定日から受渡日までは時価の変動のみを認識し，売手は売却損益のみを約定日に認識する基準である。

📖 金融商品会計に関する実務指針

〈例〉次の有価証券に係る取引について，(A)約定日基準および(B)修正受渡日基準のそれぞれによる，A社（買手）およびB社（売手）の仕訳を示しなさい。なお，A社およびB社の決算日はともに3月31日であり，A社は洗替方式を適用する。

（資　料）

(1) ×1年3月30日（約定日）。A社は短期的な売買を目的として，B社から株式（簿価950円）を1,000円で購入する契約をした。

(2) ×1年3月31日（決算日）。(1)の株式の時価は1,100円である。

(3) ×1年4月1日（期首）。

(4) ×1年4月2日（受渡日）。A社はB社から株式を受け取り，代金を支払った。

(A) 約定日基準（原則）

	A社（買手）		B社（売手）	
(1)	（売買目的有価証券）1,000	（未 払 金）1,000	（未 収 入 金）1,000	（売買目的有価証券）950 （有価証券運用損益）50
(2)	（売買目的有価証券）100	（有価証券運用損益）100	仕 訳 な し	
(3)	（有価証券運用損益）100	（売買目的有価証券）100	仕 訳 な し	
(4)	（未 払 金）1,000	（現 金 預 金）1,000	（現 金 預 金）1,000	（未 収 入 金）1,000

(B) 修正受渡日基準（例外）

	A社（買手）		B社（売手）	
(1)	仕 訳 な し		（売買目的有価証券）50	（有価証券運用損益）50
(2)	（売買目的有価証券）100	（有価証券運用損益）100	仕 訳 な し	
(3)	（有価証券運用損益）100	（売買目的有価証券）100	仕 訳 な し	
(4)	（売買目的有価証券）1,000	（現 金 預 金）1,000	（現 金 預 金）1,000	（売買目的有価証券）1,000

Theme
04

有価証券

研究 有価証券の貸付・借入と差入・預り・保管

1．有価証券の貸付・借入

会社は，取引先などから有価証券を借り入れ，借り入れた有価証券を処分または担保に供することで資金を調達することがある。有価証券の貸付けおよび借入れがあった場合の仕訳は次のとおりである。

〈例1〉　①　2月1日。A社は売買目的で保有するC社株式（簿価10,000円，時価11,000円）をB社に貸し付けた。

　　　　②　3月1日。B社はC社株式を時価11,500円で売却し，代金を受け取った。

　　　　③　3月31日決算。C社株式の時価は13,000円であった。

①　**2月1日。貸付けまたは借入れ**

A社	仕 訳 な し
B社	仕 訳 な し

（注）貸付側の貸借対照表では元の科目のままで表示する。また，借入側の貸借対照表には記載しない。ただし，有価証券を借り入れている旨およびその時価を注記する。

②　**3月1日。売却**

A社		仕 訳 な し		
B社	（現　金　預　金）	11,500	（売却借入有価証券） 負　債	11,500

（注）借入側では有価証券の返還義務を時価で負債として認識する。なお，負債として認識したものは注記不要である。

③　**3月31日。決算**

A社	（有　価　証　券）	3,000	（有価証券運用益）	3,000
B社	（有価証券運用損）	1,500	（売却借入有価証券）	1,500

（注）貸付側では当初の保有目的にもとづいて評価する。なお，貸借対照表では元の科目のままで表示し，貸し付けている旨およびその貸借対照表価額を注記する。また，借入側の「売却借入有価証券」は返還義務を表すため時価で評価する。

2．有価証券の差入・預り・保管

会社は，営業保証金または借入金の担保などとして有価証券を差し入れることがある。有価証券の差入れおよび預りがあった場合の仕訳は次のとおりである。

〈例2〉　A社はその他有価証券として保有する株式（簿価10,000円，時価11,000円）を営業保証金としてB社に差し入れた。

A社	（差 入 有 価 証 券） 簿　価	10,000	（その他有価証券） 簿　価	10,000
B社		仕 訳 な し		

（注）差入側の「差入有価証券」は，当初の保有目的にもとづいて評価する。なお，元の科目のままで表示し，差し入れている旨およびその貸借対照表価額を注記することもできる。また，預り側の貸借対照表には記載しない。ただし，預かっている旨およびその時価を注記する。

🔟 金融商品に関する会計基準

1. 有価証券の貸借対照表価額等

「金融商品に関する会計基準」

(1) 売買目的有価証券

15. 時価の変動により利益を得ることを目的として保有する有価証券（以下「売買目的有価証券」という。）は，時価をもって貸借対照表価額とし，評価差額は当期の損益として処理する。

(2) 満期保有目的の債券

16. 満期まで所有する意図をもって保有する社債その他の債券（以下「満期保有目的の債券」という。）は，取得原価をもって貸借対照表価額とする。ただし，債券を債券金額より低い価額又は高い価額で取得した場合において，取得価額と債券金額との差額の性格が金利の調整と認められるときは，償却原価法（注5）に基づいて算定された価額をもって貸借対照表価額としなければならない（注6）。

(3) 子会社株式及び関連会社株式

17. 子会社株式及び関連会社株式は，取得原価をもって貸借対照表価額とする。

(4) その他有価証券

18. 売買目的有価証券，満期保有目的の債券，子会社株式及び関連会社株式以外の有価証券（以下「その他有価証券」という。）は，時価（注7）をもって貸借対照表価額とし，評価差額は洗い替え方式に基づき，次のいずれかの方法により処理する。

 (1) 評価差額の合計額を純資産の部に計上する。

 (2) 時価が取得原価を上回る銘柄に係る評価差額は純資産の部に計上し，時価が取得原価を下回る銘柄に係る評価差額は当期の損失として処理する。

 なお，純資産の部に計上されるその他有価証券の評価差額については，税効果会計を適用しなければならない。

(5) 市場価格のない株式等の取扱い

19. 市場価格のない株式は，取得原価をもって貸借対照表価額とする。市場価格のない株式とは，市場において取引されていない株式とする。また，出資金など株式と同様に持分の請求権を生じさせるものは，同様の取扱いとする。これらを合わせて「市場価格のない株式等」という。

(6) 時価が著しく下落した場合

20. 満期保有目的の債券，子会社株式及び関連会社株式並びにその他有価証券のうち，市場価格のない株式等以外のものについて時価が著しく下落したときは，回復する見込があると認められる場合を除き，時価をもって貸借対照表価額とし，評価差額は当期の損失として処理しなければならない。

21. 市場価格のない株式等については，発行会社の財政状態の悪化により実質価額が著しく低下したときは，相当の減額をなし，評価差額は当期の損失として処理しなければならない。

22. 第20項及び第21項の場合には，当該時価及び実質価額を翌期首の取得原価とする。

(7) 有価証券の表示区分

23. 売買目的有価証券及び一年内に満期の到来する社債その他の債券は流動資産に属する
ものとし，それ以外の有価証券は投資その他の資産に属するものとする。

（注5）償却原価法について

償却原価法とは，金融資産又は金融負債を債権額又は債務額と異なる金額で計上
した場合において，当該差額に相当する金額を弁済期又は償還期に至るまで毎期一
定の方法で取得価額に加減する方法をいう。なお，この場合，当該加減額を受取利
息又は支払利息に含めて処理する。

（注6）満期保有目的の債券の保有目的を変更した場合について

満期保有目的の債券の保有目的を変更した場合，当該債券は変更後の保有目的に
係る評価基準に従って処理する。

上記の規定をまとめると次のようになる。

保 有 目 的 等	貸借対照表価額	評価差額等の処理
売 買 目 的 有 価 証 券	時　　価	当期の損益 （洗替方式または切放方式）
満 期 保 有 目 的 債 券	金利調整差額なし：取得原価	——
	金利調整差額あり：償却原価	償却額は有価証券利息
子会社株式・関連会社株式	取得原価	——
そ の 他 有 価 証 券	時　　価	全部純資産直入法（洗替方式）： 評価差額は純資産の部
		部分純資産直入法（洗替方式）： 評価益は純資産の部 評価損は当期の損失
市 場 価 格 の な い 株 式 等	取得原価	——
強 制 評 価 減	時　　価	当期の損失（切放方式）
実 　 価 　 法	実質価額	当期の損失（切放方式）

(1) 強制評価減の適用条件

① 市場価格のない株式等以外のもの（時価のある有価証券。ただし，売買目的有価証券を
除く。）
② 時価が著しく下落
③ 回復すると認められる場合を除く（回復見込なしまたは不明の場合）

(2) 実価法の適用条件

① 市場価格のない株式等
② 実質価額が著しく低下

(3) 貸借対照表の表示区分

流　動　資　産	売買目的有価証券 一年内に満期の到来する社債その他の債券
投資その他の資産	上記以外のもの

2. 親会社・子会社の定義

「連結財務諸表に関する会計基準」

6．「親会社」とは，他の企業の財務及び営業又は事業の方針を決定する機関（株主総会その他これに準ずる機関をいう。以下「意思決定機関」という。）を支配している企業をいい，「子会社」とは，当該他の企業をいう。親会社及び子会社又は子会社が，他の企業の意思決定機関を支配している場合における当該他の企業も，その親会社の子会社とみなす。

7．「他の企業の意思決定機関を支配している企業」とは，次の企業をいう。ただし，財務上又は営業上若しくは事業上の関係からみて他の企業の意思決定機関を支配していないことが明らかであると認められる企業は，この限りでない。

(1) 他の企業（更生会社，破産会社その他これらに準ずる企業であって，かつ，有効な支配従属関係が存在しないと認められる企業を除く。下記(2)及び(3)においても同じ。）の議決権の過半数を自己の計算において所有している企業

(2) 他の企業の議決権の100分の40以上，100分の50以下を自己の計算において所有している企業であって，かつ，次のいずれかの要件に該当する企業

① 自己の計算において所有している議決権と，自己と出資，人事，資金，技術，取引等において緊密な関係があることにより自己の意思と同一の内容の議決権を行使すると認められる者及び自己の意思と同一の内容の議決権を行使することに同意している者が所有している議決権とを合わせて，他の企業の議決権の過半数を占めていること

② 役員若しくは使用人である者，又はこれらであった者で自己が他の企業の財務及び営業又は事業の方針の決定に関して影響を与えることができる者が，当該他の企業の取締役会その他これに準ずる機関の構成員の過半数を占めていること

③ 他の企業の重要な財務及び営業又は事業の方針の決定を支配する契約等が存在すること

④ 他の企業の資金調達額（貸借対照表の負債の部に計上されているもの）の総額の過半について融資（債務の保証及び担保の提供を含む。以下同じ。）を行っていること（自己と出資，人事，資金，技術，取引等において緊密な関係のある者が行う融資の額を合わせて資金調達額の総額の過半となる場合を含む。）

⑤ その他他の企業の意思決定機関を支配していることが推測される事実が存在すること

(3) 自己の計算において所有している議決権（当該議決権を所有していない場合を含む。）と，自己と出資，人事，資金，技術，取引等において緊密な関係があることにより自己の意思と同一の内容の議決権を行使すると認められる者及び自己の意思と同一の内容の議決権を行使することに同意している者が所有している議決権とを合わせて，他の企業の議決権の過半数を占めている企業であって，かつ，上記(2)の②から⑤までのいずれかの要件に該当する企業

上記の規定をまとめると次のとおりである。

親 会 社	他の企業の意思決定機関を支配している企業
子 会 社	当該他の企業（意思決定機関を支配されている企業）
判 断 基 準	① 議決権の過半数（50％超）を所有している場合 ② 議決権の40％以上，50％以下を所有し，一定の条件を満たす場合 ③ その他一定の条件を満たす場合

3. 関連会社の定義

「持分法に関する会計基準」

5.「関連会社」とは，企業（当該企業が子会社を有する場合には，当該子会社を含む。）が，出資，人事，資金，技術，取引等の関係を通じて，子会社以外の他の企業の財務及び営業又は事業の方針の決定に対して重要な影響を与えることができる場合における当該子会社以外の他の企業をいう。

5−2.「子会社以外の他の企業の財務及び営業又は事業の方針の決定に対して重要な影響を与えることができる場合」とは，次の場合をいう。ただし，財務上又は営業上若しくは事業上の関係からみて子会社以外の他の企業の財務及び営業又は事業の方針の決定に対して重要な影響を与えることができないことが明らかであると認められるときは，この限りでない。

(1) 子会社以外の他の企業（更生会社，破産会社その他これらに準ずる企業であって，かつ，当該企業の財務及び営業又は事業の方針の決定に対して重要な影響を与えることができないと認められる企業を除く。下記(2)及び(3)においても同じ。）の議決権の100分の20以上を自己の計算において所有している場合

(2) 子会社以外の他の企業の議決権の100分の15以上，100分の20未満を自己の計算において所有している場合であって，かつ，次のいずれかの要件に該当する場合

① 役員若しくは使用人である者，又はこれらであった者で自己が子会社以外の他の企業の財務及び営業又は事業の方針の決定に関して影響を与えることができる者が，当該子会社以外の他の企業の代表取締役，取締役又はこれらに準ずる役職に就任していること

② 子会社以外の他の企業に対して重要な融資（債務の保証及び担保の提供を含む。）を行っていること

③ 子会社以外の他の企業に対して重要な技術を提供していること

④　子会社以外の他の企業との間に重要な販売，仕入その他の営業上又は事業上の取引があること

⑤　その他子会社以外の他の企業の財務及び営業又は事業の方針の決定に対して重要な影響を与えることができることが推測される事実が存在すること

(3)　自己の計算において所有している議決権（当該議決権を所有していない場合を含む。）と，自己と出資，人事，資金，技術，取引等において緊密な関係があることにより自己の意思と同一の内容の議決権を行使すると認められる者及び自己の意思と同一の内容の議決権を行使することに同意している者が所有している議決権とを合わせて，子会社以外の他の企業の議決権の100分の20以上を占めているときであって，かつ，上記(2)の①から⑤までのいずれかの要件に該当する場合

上記の規定をまとめると次のとおりである。

関連会社	企業が子会社以外の他の企業の意思決定に対して重要な影響を与えることができる場合における当該他の企業
判断基準	①　議決権の20％以上を所有している場合 ②　議決権の15％以上，20％未満を所有し，一定の条件を満たす場合 ③　その他一定の条件を満たす場合

4. 金融商品に関する注記事項

「金融商品に関する会計基準」

40－2．金融商品に係る次の事項について注記する。ただし，重要性が乏しいものは注記を省略することができる。なお，連結財務諸表において注記している場合には，個別財務諸表において記載することを要しない。

(1)　金融商品の状況に関する事項

①　金融商品に対する取組方針

②　金融商品の内容及びそのリスク

③　金融商品に係るリスク管理体制

④　金融商品の時価等に関する事項についての補足説明

(2)　金融商品の時価等に関する事項

なお，市場価格のない株式等については時価を注記しないこととする。この場合，当該金融商品の概要及び貸借対照表計上額を注記する。

(3)　金融商品の時価のレベルごとの内訳等に関する事項

(注) 上記の注記事項は，有価証券だけでなく，金融商品全般に関するものである。

05 外貨換算会計
Theme

> **Check** ここでは，外貨換算会計の基礎について学習する。特に，決算時の換算替えと外貨建有価証券については出題頻度が高いので，しっかりとマスターしてほしい。

1 為替換算

為替換算とは，会計帳簿の記録または財務諸表を作成するにあたり，外貨で表示されている金額を円貨の金額に変更することをいい，次の計算により行う。

外貨による金額 × 為替相場（レート）＝ 円貨による金額

外国為替相場とは2国間の通貨の交換比率をいい，為替相場または為替レートともいわれる。

たとえば，毎日，新聞やニュースで示されるドルとの為替相場はドルと円の交換比率であり，1ドル＝100円であれば，100円で1ドルと交換できることを意味する。また，この為替相場が1ドル＝95円になれば，円の価値が高くなった（ドルの価値が低くなった）ことを意味するため円高とよばれ，また逆に1ドル＝105円になれば，円の価値が低くなった（ドルの価値が高くなった）ことを意味するため円安とよばれる。

以下，本テキストでは，国内企業が，外国の企業などと外貨による取引（外貨建取引）を行った場合の換算および外貨建有価証券の換算を中心に説明する。

補足　省略記号について

外貨換算会計の学習でよく使われる省略記号は次のとおりである。

(1) 相場の種類による分類
　① **直物為替相場**…SR（スポット・レート）
　② **先物為替相場**…FR（フォワード・レート）

(2) 時期の違いによる分類
　① **取引時または発生時の為替相場**…HR（ヒストリカル・レート）
　② **決算時の為替相場**……………………CR（クロージング・レートまたはカレント・レート）
　③ **期中平均相場**………………………AR（アベレージ・レート）

(3) 原価または時価など
　① **外国通貨による原価**………………………HC（ヒストリカル・コスト）
　② **外国通貨による時価または実質価額**…CC（カレント・コスト）

（注1）直物為替相場とは，取引と同時または取引後数日以内に外国通貨と円貨とが交換（両替）される外国為替取引の相場である。通常，単に為替相場といった場合には，この直物為替相場のことをいう。なお，実際の外貨建取引では，外貨を買うときのレート（TTSなど），外貨を売るときのレート（TTBなど）などを使い分ける必要があるが，学習上は，特に区別する必要はない。

（注2）先物為替相場とは，一定期間後に外国通貨と円貨とが交換（両替）される外国為替取引の相場である。「テーマ6」で学習する為替予約取引で利用される。

（注3）HR（ヒストリカル・レート）は，一連の取引の中で何度も使われるため，本テキストでは，HR¹，HR²とすることもある。

2 外貨建取引の会計処理

1. 取引発生時の会計処理
　外貨建取引は，原則として，その取引発生時の為替相場（HR）による円換算額をもって記録する。

2. 決済時の会計処理
　外貨建金銭債権債務等の決済（外国通貨の円転換を含む）にともなう現金収支額は，原則として，決済時の為替相場（HR）による円換算額をもって記録する。この場合に生じた損益（為替決済損益）は，「為替差損益」として処理する。

3. 決算時の会計処理（換算替え）
　外貨建ての資産および負債は，取得時または発生時の為替相場（HR）による円換算額で記録されているが，決算時には，外貨建ての資産および負債のうち貨幣項目（外国通貨および外貨預金を含む外貨建金銭債権債務）については，決算時の為替相場（CR）による円換算額に換算替えする。

分　　類		項　　　目	貸借対照表価額
貨幣項目	貨幣性資産	外国通貨，外貨預金　受取手形，売　掛　金　未収入金，貸付金　未収収益　など	CR換算（換算替えする）
	貨幣性負債	支払手形，買　掛　金　未払金，借入金　未払費用　など	
非貨幣項目	非貨幣性資産	棚卸資産，前　払　金　前払費用，有形固定資産　無形固定資産，繰延資産　など	HR換算（換算替えしない）
	非貨幣性負債	前　受　金，前受収益　など	

（注）未収収益および未払費用は，CR換算されるが，決算日に計上するので換算替えによる為替差損益は計上されない。

　決算時における換算によって生じた換算差額（為替換算損益）は，原則として，当期の「為替差損益」として処理する。

4. 為替差損益の表示

　「為替差損益」は，原則として，「為替差益」と「為替差損」を相殺した後の純額を損益計算書の「営業外収益（為替差益の場合）」または「営業外費用（為替差損の場合）」の区分に表示する。

　ただし，「為替差損益」の発生要因となった取引が経常取引以外の取引であり，かつ，金額に重要性があると認められる場合，または特殊な要因により一会計期間に異常に，かつ，多額に発生したと認められる場合の「為替差損益」は，「特別利益（為替差益の場合）」または「特別損失（為替差損の場合）」の区分に表示する。

　なお，換算によって生じた換算差額（為替換算損益）と決済によって生じた差額（為替決済損益）は区別せずに，ともに「為替差損益」として処理する。

次の各取引について仕訳を示しなさい。

(1)　米国のA社から商品1,000ドルを掛けで輸入した。輸入時の為替相場は1ドルあたり100円であった。

(2)　上記(1)の買掛金のうち800ドルを現金預金で支払った。なお，支払時の為替相場は1ドルあたり95円であった。

(3)　上記(1)の買掛金のうち200ドルが当期末現在未決済である。決算時の為替相場は1ドルあたり105円であった。

【解答・解説】

(1)　**輸入時**……取引時の為替相場（HR[1]とする）で換算する。

（仕　　入）(＊1)	100,000	（買　掛　金）(＊1)	100,000

（＊1）1,000ドル×100円〈HR[1]〉＝100,000円

(2)　**支払時**……支払額は支払時の為替相場（HR[2]とする）で換算する。

（買　掛　金）(＊2)	80,000	（現　金　預　金）(＊3)	76,000
		（為　替　差　損　益）(＊4)	4,000

（＊2）800ドル×100円〈HR[1]〉＝80,000円
（＊3）800ドル× 95円〈HR[2]〉＝76,000円
（＊4）貸借差額　　支払額の減少＝為替差益（貸方）

(3)　**決算時**……買掛金の残高を決算時の為替相場（CR）で換算替えする。

（為　替　差　損　益）(＊5)	1,000	（買　掛　金）(＊5)	1,000

（＊5）200ドル×100円〈HR[1]〉＝20,000円〈換算替え前〉または100,000円－80,000円＝20,000円
　　　200ドル×105円〈CR〉＝21,000円〈換算替え後＝B/S価額〉
　　　21,000円－20,000円＝1,000円　　　負債の増加＝為替差損（借方）

なお，これらの処理の結果，為替差損益の残高および決算整理後残高試算表（一部）は，次のようになる。

為 替 差 損 益

(3)買掛金の換算替え	1,000	(2)買掛金の決済	4,000
為 替 差 益	3,000		
P/L営業外収益			

決算整理後残高試算表

仕　　　　入	100,000	買　　掛　　金	21,000
		為　替　差　損　益	3,000

補足 外貨建の荷為替手形

　荷為替手形とは，輸出代金決済のために売主が振り出す為替手形に船積書類が添付されたものをいう。輸出取引においては，売主が商品を出荷しても買主が代金を支払わない可能性がある。このため，船積み後に船積書類と為替手形を取引銀行に買い取ってもらい，取引銀行が買主の国にある銀行を通じて代金を取り立てるという方法を荷為替手形の取組みという。買主は，代金を支払わない（あるいは荷為替手形を引き受けない）限り，船積書類を入手できないので，代金の支払いが担保される。

　なお，外貨建の荷為替手形を取り組んだ場合には，次のように処理する。

〈例〉次の取引にもとづきA社の仕訳を示しなさい。

1．A社は米国のB社に対して100ドルの商品を船便で輸出し，輸出と同時に取引銀行において船荷証券を担保としたB社宛ての荷為替手形80ドルを取り組み，割引料5ドルを控除した75ドルが入金された。なお，輸出時の直物為替相場は1ドルあたり100円であった。また，A社の売上は輸出時に計上している。

2．手形が決済されるとともに，残額20ドルが振り込まれた。なお，決済時の直物為替相場は1ドルあたり105円であった。

1．輸出時

（現 金 預 金）(＊2)	7,500	（売 上）(＊1)	10,000
（手 形 売 却 損)(＊3)	500		
（売 掛 金)(＊4)	2,000		

（＊1）100ドル×100円〈HR¹〉=10,000円
（＊2）75ドル×100円〈HR¹〉=7,500円
（＊3）5ドル×100円〈HR¹〉=500円
（＊4）(100ドル−80ドル)×100円〈HR¹〉=2,000円
　　　　　　20ドル

2．決済時

（現 金 預 金）(＊2)	2,100	（売 掛 金)(＊1)	2,000
		（為 替 差 損 益)(＊3)	100

（＊1）20ドル×100円〈HR¹〉=2,000円
（＊2）20ドル×105円〈HR²〉=2,100円
（＊3）2,100円−2,000円=100円〈為替差益〉

3 外貨建有価証券

1．売買目的有価証券（時価で評価）

　外貨建売買目的有価証券の決算時における円貨額は，外国通貨による時価（CC）を決算時の為替相場により円換算した額とする。この場合に生じる「換算差額」は，洗替方式または切放方式により「有価証券運用損益」として処理する。

124

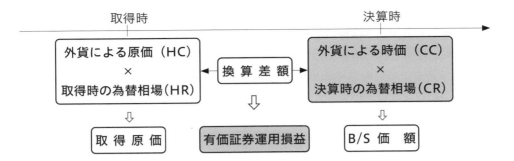

① 取得原価の算定：外貨による原価（HC）× HR ＝取得原価
② B/S価額の算定：外貨による時価（CC）× CR ＝ B/S価額
③ 換算差額の算定：②－①＝有価証券運用損益

設例 5-2　　　　　　　　　　　　　　　　　　　　　仕　訳

次の資料により，決算整理仕訳を示しなさい。なお，会計期間は1年，当期は×1年
4月1日から×2年3月31日までである。

（資料1）決算整理前残高試算表（一部）

決算整理前残高試算表
×2年3月31日　　　　　（単位：円）

売買目的有価証券　12,000

（資料2）決算整理事項

売買目的有価証券は当期に取得したA社株式である。

銘　柄	取得原価	取得時の為替相場	期末時価	決算時の為替相場
A社株式	120ドル	1ドル＝100円	115ドル	1ドル＝110円

【解答・解説】

（売買目的有価証券）（＊）	650	（有価証券運用損益）	650
有価証券		有価証券評価益	

（＊）115ドル〈CC〉×110円〈CR〉－120ドル〈HC〉×100円〈HR〉＝650円〈評価益〉
　　　12,650円〈B/S価額〉　　　12,000円〈取得原価〉

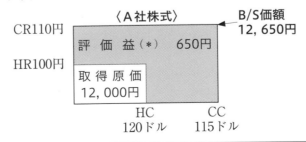

2. 満期保有目的の債券

(1) 償却原価法を適用していない場合（取得原価で評価）

外貨建満期保有目的の債券について，償却原価法を適用していない場合には，外国通貨による取得原価を決算時の為替相場により円換算した額とする。この場合に生じる「換算差額」は，当期の「為替差損益」として処理する。

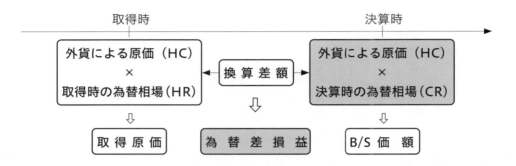

① 取得原価の算定：外貨による原価（HC）× HR = 取得原価
② B/S価額の算定：外貨による原価（HC）× CR = B/S価額
③ 換算差額の算定：② − ① = 為替差損益

設例 5-3 　　　　　　　　　　　　　　　　　　　　　　　　　　仕　訳

次の資料により，決算整理仕訳を示しなさい。なお，会計期間は 1 年，当期は ×1 年 4 月 1 日から ×2 年 3 月 31 日までである。

（資料 1）決算整理前残高試算表（一部）

決算整理前残高試算表
×2年 3 月31日

満期保有目的債券	30,000

（資料 2）決算整理事項

(1) 満期保有目的債券は ×1 年 4 月 1 日に取得した B 社社債である。

銘　柄	額面金額	取得原価	取得時の為替相場	市場価格	償還期限
B 社社債	300ドル	300ドル	1 ドル＝100円	295ドル	×4年 3 月31日

(2) 決算時の為替相場は，1 ドル = 110 円である。

【解答・解説】

| （満期保有目的債券）（＊） | 3,000 | （為 替 差 損 益） | 3,000 |
| 投資有価証券 | | 為替差益 | |

（＊） B／S 価 額：300ドル×110円〈CR〉＝33,000円
　　　為替差損益：33,000円〈B/S価額〉－30,000円〈取得原価〉＝3,000円〈差益〉

CR110円　　〈B社社債〉　　B/S価額
HR100円　　　　　　　　　　33,000円

| 為替差益（＊） | 3,000円 |
| 取得原価 | 30,000円 |

HC
300ドル

(2) **償却原価法を適用している場合（償却原価で評価）**

　　外貨建満期保有目的の債券について，償却原価法を適用している場合には，外国通貨による償却原価を決算時の為替相場により円換算した額とする。

　　なお，償却原価法を適用する場合における償却額は，外貨による償却額を期中平均相場（AR）により円換算した額とする。この場合に生じた「換算差額」は，当期の「為替差損益」として処理する。

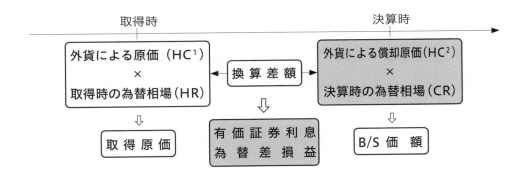

取得時　　　　　　　　　　　　　　　　決算時

| 外貨による原価（HC¹）
×
取得時の為替相場（HR） | 換 算 差 額 | 外貨による償却原価（HC²）
×
決算時の為替相場（CR） |

| 取 得 原 価 | 有 価 証 券 利 息
為 替 差 損 益 | B／S 価 額 |

① 取得原価の算定：外貨による原価（HC¹）×HR＝取得原価
② 当期償却額の算定：外貨による当期償却額×AR＝当期償却額（有価証券利息）
③ B／S価額の算定：外貨による償却原価（HC²）×CR＝B/S価額
④ 換算差額の算定：③－（①＋②）＝為替差損益

　次の資料により，決算整理仕訳を示しなさい。なお，会計期間は 1 年，当期は ×1年 4 月 1 日から ×2年 3 月31日までである。

（資料 1 ）決算整理前残高試算表（一部）

決算整理前残高試算表

×2年 3 月31日 　　　　　（単位：円）

満期保有目的債券	27,000

（資料 2 ）決算整理事項

⑴　満期保有目的債券は ×1年 4 月 1 日に取得した C 社社債である。

銘　柄	額面金額	取得原価	取得時の為替相場	市場価格	償還期限
C 社社債	300ドル	270ドル	1 ドル＝100円	285ドル	×4年 3 月31日

⑵　C 社社債の額面金額と取得原価との差額は金利調整差額であることが認められることから，償却原価法（定額法）を適用する。

⑶　決算時の為替相場は 1 ドル＝110円，期中平均相場は 1 ドル＝105円である。

【解答・解説】

（満期保有目的債券）	1,050	（有価証券利息）（＊1）	1,050
投資有価証券		当期償却額	
（満期保有目的債券）	2,750	（為替差損益）（＊2）	2,750
投資有価証券		為替差益	

$$（＊1）\begin{cases} 外貨当期償却額：\underbrace{(300ドル－270ドル)}_{30ドル} × \dfrac{12か月}{36か月} = 10ドル \\ 円貨当期償却額：10ドル×105円〈AR〉=1,050円 \end{cases}$$

$$（＊2）\begin{cases} 外貨償却原価：270ドル〈HC〉+10ドル〈外貨当期償却額〉=280ドル \\ B／S 価　額：280ドル×110円〈CR〉=30,800円 \\ 円貨取得原価：270ドル×100円〈HR〉=27,000円 \\ 為替差損益：30,800円〈B/S価額〉-\underbrace{(27,000円〈円貨取得原価〉+1,050円〈円貨当期償却額〉)}_{28,050円} \\ \qquad\qquad\quad=2,750円 \end{cases}$$

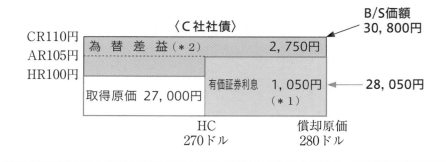

3. 子会社株式・関連会社株式（取得原価で評価）

外貨建子会社株式および関連会社株式の決算時の円貨額は，外国通貨による取得原価を取得時の為替相場により円換算した額とする。よって，決算整理仕訳は不要である。

設例 5-5　　　　　　　　　　　　　　　　　　　　　　　　　　　　　　　仕 訳

次の資料により，決算整理仕訳を示しなさい。なお，会計期間は1年，当期は×1年4月1日から×2年3月31日までである。

（資料1）決算整理前残高試算表（一部）

決算整理前残高試算表
×2年3月31日　　　　　　　（単位：円）

子 会 社 株 式　　12,000

（資料2）決算整理事項

子会社株式は当期に取得したD社株式である。

銘　柄	取 得 原 価	取得時の為替相場	期 末 時 価	決算時の為替相場
D社株式	120ドル	1ドル＝100円	115ドル	1ドル＝110円

【解答・解説】

子会社株式および関連会社株式は外国通貨による取得原価を取得時の為替相場により円換算した額（取得原価）で評価するため，「仕訳なし」となる。

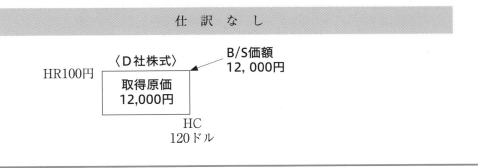

4. その他有価証券（時価がある株式～時価で評価）

　外貨建その他有価証券のうち，時価がある株式の，決算時における円貨額は，外国通貨による時価を決算時の為替相場により円換算した額とする。この場合の「換算差額」は，全部純資産直入法（洗替方式）または部分純資産直入法（洗替方式）により「その他有価証券評価差額金」として処理し，貸借対照表の「純資産の部」に計上するか，「その他有価証券評価損」として処理し，損益計算書の「営業外費用」に計上する。

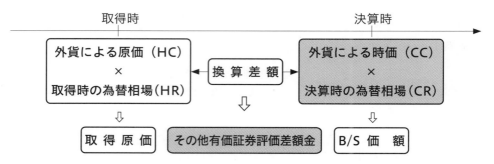

（注）部分純資産直入法を適用した場合の「評価差損」は，当期の損失（評価損）として処理する。以下，同じ。

①　取得原価の算定：外貨による原価（HC）×HR＝取得原価
②　B/S価額の算定：外貨による時価（CC）×CR＝B/S価額
③　評価差額の算定：②－①＝その他有価証券評価差額金

設例 5-6　　　　　　　　　　　　　　　　　　　　　　　　　　　　　　仕　訳

　次の資料により，決算整理仕訳を示しなさい。なお，会計期間は1年，当期は×1年4月1日から×2年3月31日までである。

（資料1）決算整理前残高試算表（一部）

決算整理前残高試算表
×2年3月31日　　　　　　（単位：円）

　その他有価証券　　12,000

（資料2）決算整理事項

　その他有価証券は当期に取得したE社株式である。なお，その他有価証券の評価差額は全部純資産直入法により処理し，税効果会計（法定実効税率30％）を適用する。

銘　柄	取得原価	取得時の為替相場	期末時価	決算時の為替相場
E社株式	120ドル	1ドル＝100円	115ドル	1ドル＝110円

【解答・解説】

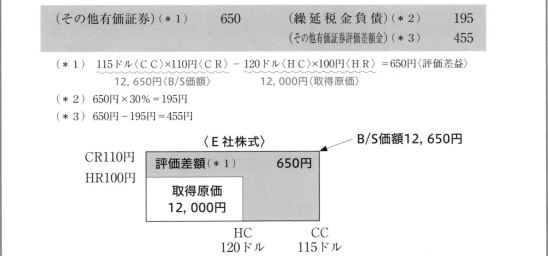

（その他有価証券）（＊1）	650	（繰延税金負債）（＊2）	195
		（その他有価証券評価差額金）（＊3）	455

（＊1） $\underbrace{115ドル〈CC〉×110円〈CR〉}_{12,650円〈B/S価額〉} - \underbrace{120ドル〈HC〉×100円〈HR〉}_{12,000円〈取得原価〉} = 650円〈評価差益〉$

（＊2） 650円×30％＝195円

（＊3） 650円－195円＝455円

Theme
05

研究 その他有価証券（市場価格のない株式等）

外貨建その他有価証券のうち，市場価格のない株式等の決算時における円貨額は，外国通貨による取得原価を決算時の為替相場により円換算した額とする。この場合の「換算差額」は，全部純資産直入法（洗替方式）または部分純資産直入法（洗替方式）により処理する。

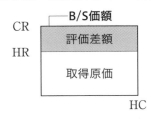

研究 その他有価証券（社債その他の債券の場合）

外貨建その他有価証券の換算差額は，前述したとおり，その他有価証券の評価差額に準じて処理される。ただし，外貨建その他有価証券のうち社債その他の債券については，換算差額のうち，外国通貨による時価の変動に係る換算差額を評価差額とし，それ以外の部分については為替差損益として処理することができる。

(1) 原 則　　　　　　　　　　(2) 容 認

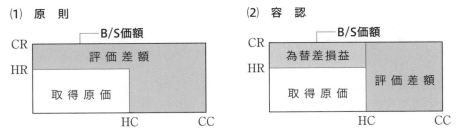

外貨換算会計

5. 減損処理

　外貨建有価証券について，時価の著しい下落または実質価額の著しい低下により評価額の引下げが求められる場合には，外貨建有価証券の時価（強制評価減の場合）または実質価額（実価法の場合）は，外国通貨による時価または実質価額を決算時の為替相場により円換算した額とする。この場合に生じる「換算差額」は切放方式により，当期の損失（評価損）として処理する。

> ① 取得原価の算定：外貨による原価（HC）×HR＝取得原価
> ② B/S価額の算定：外貨による時価または実質価額（CC）×CR＝B/S価額
> ③ 評価損の算定：②－①＝評価損

4 外貨建取引等会計処理基準　理論

「外貨建取引等会計処理基準」一部修正

一　外貨建取引

1　取引発生時の処理

　外貨建取引は，原則として，当該取引発生時の為替相場による円換算額をもって記録する。ただし，外貨建取引に係る外貨建金銭債権債務と為替予約等との関係が「金融商品に関する会計基準」における「ヘッジ会計の要件」を充たしている場合には，当該外貨建取引についてヘッジ会計を適用することができる。（注1）（注2）（注3）（注4）（注5）（注6）（注7）

2　決算時の処理

(1)　換算方法

　外国通貨，外貨建金銭債権債務，外貨建有価証券及び外貨建デリバティブ取引等の金融商品については，決算時において，原則として，次の処理を行う。ただし，外貨建金銭債権債務と為替予約等との関係が金融商品に関する会計基準における「ヘッジ会計の要件」を充たしている場合には，当該外貨建金銭債権債務等についてヘッジ会計を適用することができる。（注4）（注5）（注6）（注7）（注8）

① 外国通貨

　外国通貨については，決算時の為替相場による円換算額を付する。

② 外貨建金銭債権債務（外貨預金を含む。以下同じ。）

　外貨建金銭債権債務については，決算時の為替相場による円換算額を付する。（以下，削除）（注9）

③ 外貨建有価証券

　イ　満期保有目的の外貨建債券については，決算時の為替相場による円換算額を付する。（注9）

　ロ　売買目的有価証券及びその他有価証券については，外国通貨による時価を決算時の為替相場により円換算した額を付する。

ハ　子会社株式及び関連会社株式については，取得時の為替相場による円換算額を付する。

　　ニ　外貨建有価証券について時価の著しい下落又は実質価額の著しい低下により評価額の引下げが求められる場合には，当該外貨建有価証券の時価又は実質価額は，外国通貨による時価又は実質価額を決算時の為替相場により円換算した額による。

　④　デリバティブ取引等

　　デリバティブ取引等①から③に掲げるもの以外の外貨建ての金融商品の時価評価においては，外国通貨による時価を決算時の為替相場により円換算するものとする。

(2)　換算差額の処理

　決算時における換算によって生じた換算差額は，原則として，当期の為替差損益として処理する。ただし，有価証券の時価の著しい下落又は実質価額の著しい低下により，決算時の為替相場による換算を行ったことによって生じた換算差額は，当期の有価証券の評価損として処理する。また，金融商品に関する会計基準による時価評価に係る評価差額に含まれる換算差額については，原則として，当該評価差額に関する処理方法に従うものとする。(注10)

3　決済に伴う損益の処理

　外貨建金銭債権債務の決済（外国通貨の円転換を含む。）に伴って生じた損益は，原則として，当期の為替差損益として処理する。

注1　外貨建取引の範囲について

　外貨建取引とは，売買価額その他取引価額が外国通貨で表示されている取引をいう。

　外貨建取引には，(イ)取引価額が外国通貨で表示されている物品の売買又は役務の授受，(ロ)決済金額が外国通貨で表示されている資金の借入又は貸付，(ハ)券面額が外国通貨で表示されている社債の発行，(ニ)外国通貨による前渡金，仮払金の支払又は前受金，仮受金の受入及び(ホ)決済金額が外国通貨で表示されているデリバティブ取引等が含まれる。

　なお，国内の製造業者等が商社等を通じて輸出入取引を行う場合であっても，当該輸出入取引によって商社等に生ずる為替差損益を製造業者等が負担する等のため実質的に取引価額が外国通貨で表示されている取引と同等とみなされるものは，外貨建取引に該当する。

注2　取引発生時の為替相場について

　取引発生時の為替相場としては，取引が発生した日における直物為替相場又は合理的な基礎に基づいて算定された平均相場，例えば取引の行われた月又は週の前月又は前週の直物為替相場を平均したもの等，直近の一定期間の直物為替相場に基づいて算出されたものによる。ただし，取引が発生した日の直近の一定の日における直物為替相場，例えば取引の行われた月若しくは週の前月若しくは前週の末日又は当月若しくは当週の初日の直物為替相場によることも妨げない。

注3　外国通貨による記録について

　　外貨建債権債務及び外国通貨の保有状況並びに決済方法等から，外貨建取引について当該取引発生時の外国通貨により記録することが合理的であると認められる場合には，取引発生時の外国通貨の額をもって記録する方法を採用することができる。この場合には，外国通貨の額をもって記録された外貨建取引は，各月末等一定の時点において，当該時点の直物為替相場又は合理的な基礎に基づいて算定された一定期間の平均相場による円換算額を付するものとする。

注4　外貨建金銭債権債務について

　　外貨建金銭債権債務とは，契約上の債権額又は債務額が外国通貨で表示されている金銭債権債務をいう。

注5　為替予約等について

　　為替予約等には，通貨先物，通貨スワップ及び通貨オプションが含まれる。

注6　ヘッジ会計の方法について

　　ヘッジ会計を適用する場合には，金融商品に関する会計基準における「ヘッジ会計の方法」によるほか，当分の間，為替予約等により確定する決済時における円貨額により外貨建取引及び金銭債権債務等を換算し直物為替相場との差額を期間配分する方法（以下「振当処理」という。）によることができる。

注7　為替予約等の振当処理について

　　外貨建金銭債権債務等に係る為替予約等の振当処理（当該為替予約等が物品の売買又は役務の授受に係る外貨建金銭債権債務に対して，取引発生時以前に締結されたものである場合を除く。）においては，当該金銭債権債務等の取得時又は発生時の為替相場（決算時の為替相場を付した場合には当該決算時の為替相場）による円換算額と為替予約等による円貨額との差額のうち，予約等の締結時までに生じている為替相場の変動による額は予約日の属する期の損益として処理し，残額は予約日の属する期から決済日の属する期までの期間にわたって合理的な方法により配分し，各期の損益として処理する。ただし，当該残額について重要性が乏しい場合には，当該残額を予約日の属する期の損益として処理することができる。

　　取得時又は発生時の為替相場による円換算額と為替予約等による円貨額との差額のうち次期以降に配分される額は，貸借対照表上，資産の部又は負債の部に記載する。

注8　決算時の直物為替相場について

　　決算時の直物為替相場としては，決算日の直物為替相場のほか，決算日の前後一定期間の直物為替相場に基づいて算出された平均相場を用いることができる。

注9　償却原価法における償却額の換算について

　　外貨建金銭債権債務及び外貨建債券について償却原価法を適用する場合における償却額は，外国通貨による償却額を期中平均相場により円換算した額による。

注10　その他有価証券に属する債券の換算差額の処理について

　　その他有価証券に属する債券については，外国通貨による時価を決算時の為替相場で換算した金額のうち，外国通貨による時価の変動に係る換算差額を評価差額とし，それ以外の換算差額については為替差損益として処理することができる。

（注）為替予約その他のデリバティブ取引については，「テーマ6」で学習する。

研究　決算時における換算方法

　　決算時における外貨建資産・負債の換算方法（換算にあたってどのような為替相場を適用するのか）については，理論的にいくつかの方法が考えられる。

換　算　方　法	外　貨　建　項　目	適用為替相場
① 流　動・非　流　動　法	流動項目	CR
	非流動項目	HR
② 貨　幣・非　貨　幣　法	貨幣項目	CR
	非貨幣項目	HR
③ テンポラル法（属性法）	時価が付されている項目	CR
	原価が付されている項目	HR
④ 決　算　日　レ　ー　ト　法	すべての項目	CR

　　このうち，「外貨建取引等会計処理基準」では，原則として次のような換算方法を取り入れている。

外貨建項目	換算方法の考え方
国内企業の外貨建項目	貨幣・非貨幣法の考え方
在外支店の外貨建項目	（一部テンポラル法の考え方）
在外子会社の外貨建項目	決算日レート法の考え方

1．為替差異の処理

為替差異をどのような科目で処理すべきかについては，理論上，以下の2つの考え方がある。

(1) 二取引基準 ⇦ 「外貨建取引等会計処理基準」で採用

二取引基準とは，当初の外貨建取引と事後的に行われた決済取引または換算替えを別々の取引として扱う考え方である。この考え方にもとづけば，決済または換算替えによって生じた為替差異は，当初の取引高とは区別されて独立した損益の科目（為替差損益）として処理される。

(2) 一取引基準

一取引基準とは，当初の外貨建取引と事後的に行われた決済取引または換算替えを連続した一つの取引として扱う考え方である。この考え方にもとづけば，決済または換算替えにより生じた為替差異は，当初の取引高（たとえば売上や仕入など）の修正として処理される。

〈例〉100ドルの商品を掛けで輸入した。輸入時の為替相場は1ドルあたり100円である。後日，買掛金を現金預金で支払った。決済時の為替相場は1ドルあたり110円であった。

	(1) 二 取 引 基 準	(2) 一 取 引 基 準
輸入時	(仕 入) 10,000 (買 掛 金) 10,000	(仕 入) 10,000 (買 掛 金) 10,000
決済時	(買 掛 金) 10,000 (現金預金) 11,000 (為替差損益) 1,000	(買 掛 金) 10,000 (現金預金) 11,000 (仕 入) 1,000

2．為替差異の認識

為替差異をいつ認識すべきかについては，理論上，以下の2つの考え方がある。

(1) 保守主義

保守主義とは，不確実な損益の計上を抑制するために，決済時まで為替差異の認識を行わないとする考え方である。したがって，この考え方によれば，決算時の換算替えは行われない。

(2) 開示主義 ⇦ 「外貨建取引等会計処理基準」で採用

開示主義とは，企業の財務内容の判断に必要な情報（時価情報など）を積極的に開示すべきであるとする考え方である。したがって，この考え方によれば，決算時には，必要な項目については，決算時の為替相場に換算替えすることにより，為替差異の認識を行うことになる。

〈例〉商品100ドルを掛けで輸入した。輸入時の為替相場は1ドルあたり100円である。決算日の為替相場は1ドル105円である。決算日後，買掛金を現金預金で支払った。決済時の為替相場は1ドルあたり110円であった。

	(1) 保 守 主 義	(2) 開 示 主 義
輸入時	(仕 入) 10,000 (買 掛 金) 10,000	(仕 入) 10,000 (買 掛 金) 10,000
決算時	仕 訳 な し	(為替差損益) 500 (買 掛 金) 500
決済時	(買 掛 金) 10,000 (現金預金) 11,000 (為替差損益) 1,000	(買 掛 金) 10,500 (現金預金) 11,000 (為替差損益) 500

3．まとめ

「外貨建取引等会計処理基準」では，「二取引基準」と「開示主義」を組み合わせた考え方を採用している。

	保　守　主　義	開　示　主　義
二　取　引　基　準	——	「外貨基準」で採用
一　取　引　基　準	——	——

06 デリバティブ取引

Theme

Check ここでは，先物取引などのデリバティブ取引について学習する。新しい会計分野であり，その内容は多岐にわたるが，各取引ごとの基礎知識をしっかりと身につけてほしい。

1 デリバティブ取引

1. デリバティブ取引とは

　デリバティブ取引とは，金融派生商品取引ともよばれ，株式，債券，預金や貸付金などの伝統的な金融資産から派生した新しい金融商品を扱う取引をいう。

2. デリバティブ取引の種類

　デリバティブ取引には非常に多くの種類がある。原資産としての株式，債券，金利，通貨，商品といった種類に区分されると同時に，その機能ないし効果の観点から，先物取引，オプション取引，スワップ取引といった取引に区分することもできる。そこで，これらを組み合わせてデリバティブ取引の種類をまとめると，次のようになる。

	先物取引	オプション取引	スワップ取引
株　式	株価指数先物	株価指数オプション 個別株オプション	──
債　券	**債券先物**	債券オプション **債券先物オプション**	──
金　利	金利先物	金利オプション 金利先物オプション	**金利スワップ**
通　貨	通貨先物 **為替予約**	通貨オプション	通貨スワップ
商　品	商品先物	商品先物オプション	──

3. デリバティブ取引の会計処理

　デリバティブ取引により生じる正味の債権および債務は時価をもって貸借対照表価額とし，「評価差額」は，原則として，当期の損益として処理する。

❷ 先物取引

1. 先物取引とは

　先物取引とは，将来の一定の時点において特定の商品を一定の価格で一定の数量だけ売買することを約束する契約をいい，約定価格による取引の予約を意味する。

　先物取引を分類すると，次のようになる。

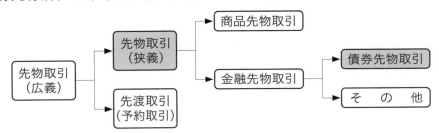

先渡取引（予約取引）と先物取引（狭義）には，以下のような相違がある。

	先 渡 取 引（フォワード）	先 物 取 引（フューチャーズ）
取　引　所	特になし	所定の取引所
取　引　方　法	相対取引(当事者間の直接交渉により成立させる取引)	取引所取引（市場取引）
取　引　単　位	自由に取り決めることができる	一定額を1単位として標準化・規格化されている
証　　拠　　金	原則として必要なし	必要
将来の決済日	自由に取り決めることができる	指定されている（限月制）
決　済　方　法	対価を相手に支払う	**通常，反対売買による差金決済**
現物の受渡し	原則として期日に受渡しを行う	**ほとんどされない**

（注1）反対売買とは，買契約なら転売，売契約なら買い戻すことである。
（注2）差金決済とは，先物取引の契約期限内に転売または買戻しを行い，その代金の差額を現金預金によって決済することである。

2. 債券先物取引

(1) 債券先物取引の特徴

① 取引対象物・決済方法

　債券先物取引の対象物となるものは，標準物といわれる定型化された国債であり，実際には存在しないものである。したがって，取引参加者は対象物の引渡し（受渡し）が目的ではなく，先物価格の変動から生じる損益により利益を得ることまたは他の金融商品取引から生じる損失を回避すること（リスク・ヘッジ）などを目的として行うことが多く，期限が到来する前に，反対売買（買建てなら転売，売建てなら買戻し）することにより差額を現金で決済（差金決済）することが多い。

　先物取引における損益は次のように考える（反対売買を行う場合）。

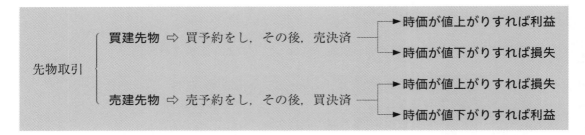

② 証拠金

　先物取引は将来の取引を約束する取引なので，契約時点では代金決済は行われない。よって，将来の決済時点で確実に決済が行われるかどうかの信用不安がつきまとうことになり，この不安に対処するために信用保証金として証拠金を差し入れる。証拠金は，取引が無事に決済されたときに返還される。

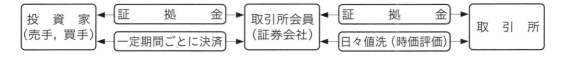

(2) 債券先物取引の会計処理

債券先物取引の会計処理には，理論上，決済基準と値洗基準（時価基準）の２つの方法が考えられるが，「金融商品に関する会計基準」の公表により，現在では，値洗基準（時価基準）が採用されている。値洗基準（時価基準）では，値洗い（時価評価）のつど，先物相場の変動による差額を損益として認識する。したがって，決算時には，先物相場の変動による正味の債権または債務が時価評価されて計上される。

なお，先物取引の会計処理により計上される主な科目は，次のとおりである。

先　物　利　益（P/L営業外収益）		先物相場の変動による利益 決算時または決済時に計上
先　物　損　失（P/L営業外費用）		先物相場の変動による損失 決算時または決済時に計上
先物取引差金	借方の場合（B/S流動資産）	先物利益を計上した場合の相手科目。 正味の債権（未収入金）を意味する。
	貸方の場合（B/S流動負債）	先物損失を計上した場合の相手科目。 正味の債務（未払金）を意味する。
先物取引差入証拠金（B/S流動資産）		取引所に対する信用保証金。取引開始時に預け入れる。

（注１）「先物利益」または「先物損失」は，仕訳上は「先物損益」とすることもある。
（注２）表示区分は一例であり，条件により異なることもある。

設例 6-1　　　　　仕　訳

次の各取引について仕訳を示しなさい。なお，会計期間は１年，決算日は３月31日である。

（資　料）
(1) ×1年２月１日。当社は，証券会社に委託して国債先物額面総額100,000円（1,000口）を額面@100円につき@92円で買い建て，委託証拠金として3,000円を現金預金で差し入れた。
(2) ×1年３月31日決算。国債先物の相場は決算日に@97円に上昇した。
(3) ×1年４月20日。国債先物の相場は，決算日後@99円に上昇し，同額で反対売買による差金決済を現金預金で行った。また，委託証拠金3,000円が返還された。

【解答・解説】
(1) 取引開始時（買建先物取引）

（先物取引差入証拠金）	3,000	（現　金　預　金）	3,000

（注）買建時には正味の債権・債務の時価はゼロのため先物取引については仕訳不要である。証拠金についてのみ仕訳を行う。

(2) 決算時

（先物取引差金）（＊１）	5,000	（先　物　損　益）	5,000
未収入金		先物利益	

（＊１）（@97円−@92円）×1,000口＝5,000円〈先物利益〉

(3) 決済時

（先物取引差金）（＊２）	2,000	（先 物 損 益）	2,000
未収入金		先物利益	
（現 金 預 金）（＊３）	7,000	（先物取引差金）	7,000
（現 金 預 金）	3,000	（先物取引差入証拠金）	3,000

（＊２）（@99円－@97円）×1,000口＝2,000円〈先物利益〉
（＊３）5,000円＋2,000円＝7,000円

　なお，洗替方式により決算時に計上された先物取引差金5,000円を翌期首に振り戻し，決済時には，先物利益7,000円を計上することもある。この場合の翌期首および決済時の仕訳は，次のとおりである。

① 翌期首（決算時の逆仕訳）

（先 物 損 益）	5,000	（先物取引差金）	5,000

② 決済時

（現 金 預 金）	7,000	（先 物 損 益）	7,000
（現 金 預 金）	3,000	（先物取引差入証拠金）	3,000

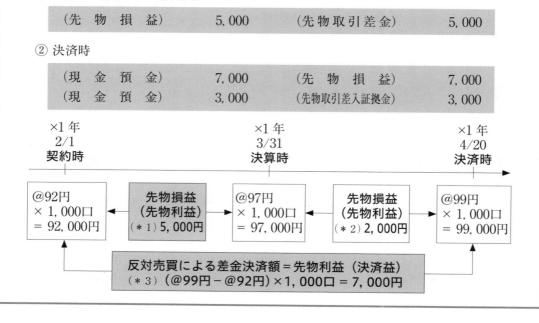

3 ヘッジ会計

1. ヘッジ取引とは

　ヘッジ取引とは，ヘッジ対象の資産または負債に係る相場変動を相殺するか，ヘッジ対象の資産または負債に係るキャッシュ・フローを固定してその変動を回避することにより，ヘッジ対象である資産または負債の価格変動，金利変動および為替変動といった，相場変動などによる損失の可能性を減殺することを目的として，デリバティブ取引をヘッジ手段として用いる取引をいう。

2. ヘッジ会計とは

　ヘッジ会計とは，ヘッジ取引のうち一定の要件を満たすものについて，ヘッジ対象に係る損益とヘッジ手段に係る損益を同一の会計期間に認識し，ヘッジの効果を会計に反映させるための特殊な会計処理をいう。

3. ヘッジ会計の方法

「金融商品に関する会計基準」では「繰延ヘッジ会計」を原則的処理方法とし,「時価ヘッジ会計」についても容認することとしている。

(1) 繰延ヘッジ会計（原則）

繰延ヘッジは, 時価評価されているヘッジ手段に係る損益または評価差額を, ヘッジ対象に係る損益が認識されるまで「繰延ヘッジ損益」として貸借対照表の純資産の部（評価・換算差額等）に計上して繰り延べる方法である。

(2) 時価ヘッジ会計（容認）

時価ヘッジは, ヘッジ対象である資産または負債に係る相場変動などを損益に反映させることにより, その損益とヘッジ手段に係る損益とを同一の会計期間に認識する方法である。

設例 6-2　　　　　　　　　　　　　　　　　　　　　　　　　　仕 訳

国債1,000口（その他有価証券とする）を額面@100円につき@94円で購入し, 価格変動によるリスクをヘッジする目的で国債先物1,000口を額面@100円につき@98円で売り建てた。決算日の時価は, 国債@93円, 国債先物@97円であった。よって, (1)全部純資産直入法, 繰延ヘッジ会計を採用した場合, (2)全部純資産直入法, 時価ヘッジ会計を採用した場合のそれぞれによる決算日の仕訳を示しなさい。なお, (1)の場合には, その他有価証券評価差額金および繰延ヘッジ損益に対して税率30%として税効果会計を適用する。

【解答・解説】

(1) 全部純資産直入法, 繰延ヘッジ会計を採用した場合

現　物	（繰延税金資産）(＊2) （その他有価証券評価差額金）(＊3)	300 700	（その他有価証券）(＊1)	1,000	
先　物	（先物取引差金）(＊4)	1,000	（繰延税金負債）(＊5) （繰延ヘッジ損益）(＊6) B/S純資産の部	300 700	

(＊1)（@93円－@94円）×1,000口＝△1,000円〈評価差額〉
(＊2) 1,000円×30％＝300円
(＊3) 1,000円－300円＝700円
(＊4)（@98円－@97円）×1,000口＝1,000円〈先物利益〉
(＊5) 1,000円×30％＝300円
(＊6) 1,000円－300円＝700円
(注) 先物利益は, その他有価証券の損益が計上されるまで繰り延べる。

(2) 全部純資産直入法, 時価ヘッジ会計を採用した場合

現　物	（その他有価証券評価損）(＊1)	1,000	（その他有価証券）	1,000
先　物	（先物取引差金）(＊4)	1,000	（先　物　損　益）	1,000

(注) その他有価証券の評価差額を損益として計上する。

4 為替予約

1. 為替予約とは

　為替予約（先物為替取引）とは，外貨建取引により発生した外貨建金銭債権債務について，将来における決済時の為替相場のいかんにかかわらず，決済が行われる銀行と決済時の円貨額をあらかじめ約定しておく通貨先渡契約をいう（デリバティブの一種）。為替予約は，為替相場の変動にともなうリスクをヘッジ（回避）する目的で行う。

　なお，先渡取引に適用されるあらかじめ約定しておいた交換レートのことを先物為替相場（FR：フォワード・レート）または予約レートという。反対に直物取引に適用される交換レートを直物為替相場（SR：スポット・レート）という。

研究　先物為替相場（予約レート）について

　先物為替相場（予約レート）は，主として日本と外国との市場利回り（金利）の差にもとづいて決定される。したがって，為替予約をしたことによって外貨建金銭債権債務に生じる換算差額は，金利調整差額としての性格を有することとなる。

　たとえば，×1年4月1日現在の直物為替相場が1ドル＝100円で，円の市場利回り（金利）が年1％，ドルの市場利回り（金利）が年4％の場合，1年後（×2年3月31日）を期日とする場合の先物為替相場は次のように計算される。

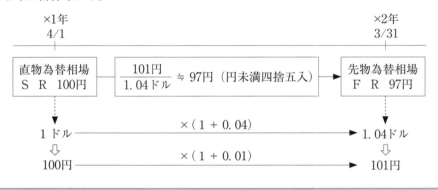

---

2. 振当処理（特例）による為替予約の会計処理

(1) 振当処理（特例）とは

　振当処理とは，ヘッジ対象である外貨建金銭債権債務とヘッジ手段である為替予約を一体のものとして処理する方法であり，為替予約により確定する将来の円貨キャッシュ・フロー（先物為替相場）によって外貨建取引および外貨建金銭債権債務を換算し，直物為替相場との差額を期間配分する。

	取 引 発 生 日	予 　 約 　 日	決 　 算 　 日
ヘッジ対象	認　　　識	先物為替相場（FR）に換算替え（認識）	直先差額を期間配分（通常は月割計算による）
ヘッジ手段	――		

(2) 為替予約の組み合わせ

振当処理による場合の会計処理として，次の組み合わせがある。

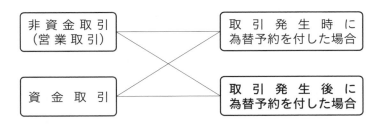

(3) 取引発生後に為替予約を付した場合

外貨建金銭債権債務について，取引発生後に為替予約を付した場合には，その外貨建金銭債権債務の取得時または発生時の為替相場による円換算額と為替予約による円換算額との差額を「直々差額（直直差額）」と「直先差額」とに分けて認識する。

① 直々差額

直々差額とは，外貨建金銭債権債務の取得時または発生時の直物為替相場による円換算額と為替予約時の直物為替相場による円換算額との差額である。

直々差額は，為替予約締結時までに生じている為替相場の変動による差額であるため，予約日の属する期の損益（為替差損益）として処理する。

② 直先差額

直先差額とは，為替予約時の直物為替相場による円換算額と為替予約（先物為替相場）による円換算額との差額である。

直先差額は，予約日の属する期から決済日の属する期までの期間にわたって合理的な方法により配分し，各期の損益として処理する。

なお，直先差額は，償却原価法に準じて利息法または定額法により配分し，利息の調整項目とすることもできる。

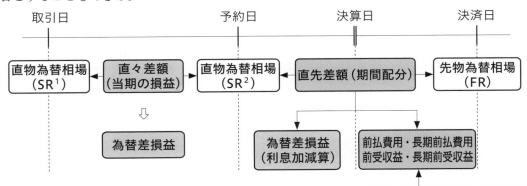

次の各取引について，振当処理による仕訳を示しなさい。なお，会計期間は1年，決算日は3月31日である。

(1)　×1年12月1日。当社は商品30ドルを掛けで輸入した。買掛金は6か月後の×2年5月31日に決済予定である。輸入時の直物為替相場は1ドルあたり100円であった。

(2)　×2年2月1日。上記(1)の買掛金30ドルに対して先物為替相場1ドルあたり101円で為替予約（ドル買いの予約）を付した。予約時の直物為替相場は1ドルあたり103円であった。

(3)　×2年3月31日決算。直先差額は月割計算で配分する。決算時の直物為替相場は1ドルあたり107円，先物為替相場は1ドルあたり106円であった。

(4)　×2年5月31日。上記(1)の買掛金30ドルを現金預金で支払った。決済時の直物為替相場は1ドルあたり115円であった。

【解答・解説】

(1)　輸入時…取引全体を輸入時の直物為替相場（SR^1とする）で換算する。

（仕　　　　　　入）（＊1）	3,000	（買　　掛　　金）	3,000

（＊1）30ドル×100円$\langle SR^1 \rangle$＝3,000円

(2)　予約時…買掛金を予約した先物為替相場（FR^1とする）で換算替えする。
　　　換算差額は，「直々差額（輸入時の直物為替相場と予約時の直物為替相場（SR^2とする）との差額）」と「直先差額（予約時の直物為替相場と予約した先物為替相場との差額）」とに区別して処理する。

（為 替 差 損 益）（＊3）	90	（買　　掛　　金）（＊2）	30
		（前 受 収 益）（＊4）	60

（＊2）30ドル×（101円$\langle FR^1 \rangle$－100円$\langle SR^1 \rangle$）＝30円〈換算差額＝買掛金の増加〉
（＊3）30ドル×（103円$\langle SR^2 \rangle$－100円$\langle SR^1 \rangle$）＝90円〈直々差額＝買掛金の増加＝為替差損〉
（＊4）30ドル×（101円$\langle FR^1 \rangle$－103円$\langle SR^2 \rangle$）＝△60円〈直先差額＝買掛金の減少＝前受収益〉

(3)　決算時…直先差額のうち経過期間分を月割計算で配分

（前 受 収 益）（＊5）	30	（為 替 差 損 益）	30

（＊5）60円〈直先差額〉$\times \dfrac{2 か月 \langle 2/1 \sim 3/31 \rangle}{4 か月 \langle 2/1 \sim 5/31 \rangle}$＝30円

（注）振当処理によるため，為替予約が付されている買掛金は決算時の為替相場で換算替えしない。
∴　B/S買　掛　金：3,000円＋30円＝3,030円
　　　　　　　　　または，30ドル×101円$\langle FR^1 \rangle$＝3,030円
　　B/S前受収益：60円－30円＝30円
　　P/L為替差損：90円－30円＝60円

(4) 決済時…予約した先物為替相場で買掛金を決済し，直先差額の残額を配分する。

| （前 受 収 益） | 30 | （為 替 差 損 益） | 30 |
| （買 掛 金） | 3,030 | （現 金 預 金） | 3,030 |

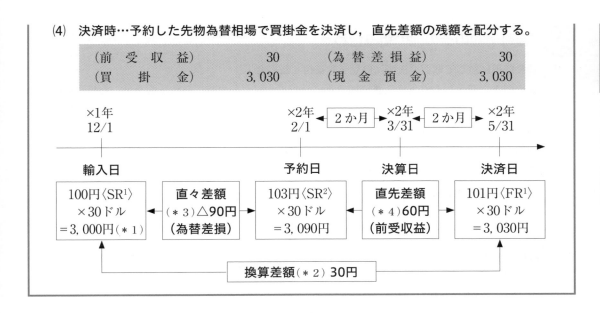

補足 利息と為替予約

　預金および貸付金または借入金に対して為替予約を付す場合に，利息の受取額または支払額についても為替予約を付す場合がある。この場合には，利息の受取額または支払額も予約された先物為替相場で決済されるため，決算時に未収収益または未払費用を見越計上する場合にも予約された先物為替相場で計上する。なお，簿記検定1級の試験では，利息の受取額または支払額にも為替予約を付す場合と付さない場合の両方が出題されるため，問題の条件から正しく判断すること。

〈例1〉借入金10ドルに対して為替予約を付した。← 借入金のみに対する為替予約

　　∴　決算における未払費用…………決算時の直物為替相場で換算

　　　　利払時における利息の支払額…支払時の直物為替相場で換算

〈例2〉借入金の元利に対して為替予約を付した。← 借入金と利息の両者に対する為替予約

　　∴　決算における未払費用…………予約した先物為替相場で換算

　　　　利払時における利息の支払額…予約した先物為替相場で換算

研究	為替予約のその他の組み合わせ

1．資金取引に対して取引発生時に為替予約を付した場合

　資金取引から発生した外貨建金銭債権債務に対して，取引発生時に為替予約を付した場合には，その外貨建金銭債権債務の取得時または発生時の為替相場による円換算額と為替予約による円換算額との差額を認識する。この場合の差額は，予約日の属する期から決済日の属する期までの期間にわたって合理的な方法により配分し，各期の損益として処理する。なお，償却原価法に準じて利息法または定額法により配分し，利息の調整項目とすることもできる。

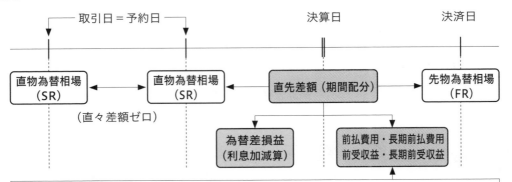

〈例〉次の各取引について振当処理による仕訳を示しなさい。なお，会計期間は1年，決算日は3月31日である。なお，支払利息は考慮しなくてよい。

(1) ×1年12月1日。当社は外国のA銀行より30ドルを借り入れ，借入れと同時に借入金30ドルに対して先物為替相場1ドルあたり101円で為替予約（ドル買いの予約）を付した。借入金は6か月後の×2年5月31日に返済予定である。借入時の直物為替相場は1ドルあたり100円であった。

(2) ×2年3月31日決算。直先差額は月割計算で配分する。決算時の直物為替相場は1ドルあたり107円，先物為替相場は1ドルあたり106円であった。

(3) ×2年5月31日。上記(1)の借入金30ドルを現金預金で返済した。返済時の直物為替相場は1ドルあたり115円であった。

(1) 借入時＝予約時

（現　金　預　金）（＊1）	3,000	（短　期　借　入　金）（＊2）	3,030
（前　払　費　用）（＊3）	30		

（＊1）30ドル×100円〈SR¹〉＝3,000円
（＊2）30ドル×101円〈FR¹〉＝3,030円
（＊3）3,030円－3,000円＝30円〈直先差額＝借入金の増加＝前払費用〉

(2) 決算時

（為　替　差　損　益）（＊4）	20	（前　払　費　用）	20

（＊4）30円〈直先差額〉× $\dfrac{4か月〈×1年12/1 ～×2年3/31〉}{6か月〈×1年12/1 ～×2年5/31〉}$ ＝20円

（注）振当処理によるため，為替予約が付されている借入金は決算時の為替相場で換算替えしない。

(3) 返済時

（為 替 差 損 益）	10		（前 払 費 用）	10
（短 期 借 入 金）	3,030		（現 金 預 金）	3,030

2．非資金取引（営業取引）に対して取引発生時に為替予約が付された場合

　非資金取引（営業取引）において，取引発生時に為替予約を締結している場合には，実務上の煩雑性を考慮して，外貨建取引および外貨建金銭債権債務に先物為替相場（予約レート）による円換算額を付すことができる。

〈例〉次の各取引について，振当処理による仕訳を示しなさい。なお，会計期間は1年，決算日は3月31日である。
(1) ×1年12月1日。当社は商品30ドルを掛けで輸入した。輸入と同時に買掛金30ドルに対して先物為替相場1ドルあたり101円で為替予約（ドル買いの予約）を付した。買掛金は6か月後の×2年5月31日に決済予定である。輸入時の直物為替相場は1ドルあたり100円であった。なお，直先差額は認識しない方法による。
(2) ×2年5月31日。上記(1)の買掛金30ドルを現金預金で支払った。決済時の直物為替相場は1ドルあたり115円であった。

(1) 仕入時＝予約時

（仕 入）（＊）	3,030		（買 掛 金）（＊）	3,030

（＊）30ドル×101円〈FR[1]〉＝3,030円
（注）取引全体を予約した先物為替相場で換算するため，直々差額も直先差額も生じない。

(2) 決済時

（買 掛 金）	3,030		（現 金 預 金）	3,030

なお，直先差額を認識する方法による仕入時＝予約時の仕訳は次のとおりである。

（仕 入）（＊1）	3,000		（買 掛 金）（＊2）	3,030
（前 払 費 用）（＊3）	30			

（＊1）30ドル×100円〈SR[1]〉＝3,000円
（＊2）30ドル×101円〈FR[1]〉＝3,030円
（＊3）3,030円－3,000円＝30円〈直先差額＝買掛金の増加＝前払費用〉

3. 独立処理（原則）による為替予約の会計処理

独立処理とは，ヘッジ対象である外貨建金銭債権債務とヘッジ手段である為替予約を別個のものとして認識し，独立して処理する方法である。

	取引発生日	予　約　日	決　算　日
ヘッジ対象	認　識	——	決算時の為替相場（CR)に換算替え
ヘッジ手段	——	認　識	時価評価

上記のように，ヘッジ手段である為替予約を決算日に時価評価するのは，「金融商品に関する会計基準」における「デリバティブを約定日に認識し（約定日基準），決算日に時価評価する（時価基準）」という規定に準拠したことによる。

独立処理による場合，ヘッジ対象である外貨建金銭債権債務は，決算時において，決算時の直物為替相場により円換算され，「為替差損益」が認識される。一方，ヘッジ手段である為替予約は，決算時において時価評価を行うことで「評価差額（＝先物為替相場間の差額)」が認識される。よって，ヘッジ対象とヘッジ手段の双方に生じた損益が同時に認識されるため，ヘッジ効果は損益に適切に反映される。

設例 6-4　　　　　　　　　　　　　　　　　　　　　　　　　　　　　仕　訳

次の各取引について，独立処理による場合の仕訳を示しなさい。なお，会計期間は1年，決算日は3月31日であり，決済額は現金預金で処理すること。

(1) ×1年12月1日。当社は商品30ドルのドル建輸入取引を行った。この輸入取引は掛けで行われ，買掛金の決済日は×2年5月31日である。

(2) ×2年2月1日。(1)の輸入取引によって生じた買掛金の決済金額の増加をヘッジする目的で，×2年5月31日を決済期日とする為替予約30ドルを行った。

(3) ×2年3月31日決算。

(4) ×2年5月31日。買掛金および為替予約が決済された。

なお，直物為替相場および先物為替相場は次のとおりである。

日　　　付	1ドルあたり直物為替相場	1ドルあたり先物為替相場
(1)×1年12月1日（取引発生日）	100円	98円
(2)×2年2月1日（為替予約日）	103円	101円
(3)×2年3月31日（決　算　日）	107円	106円
(4)×2年5月31日（決　済　日）	115円	115円

【解答・解説】

1. ×1年度（×1年4月1日から×2年3月31日まで）

	ヘッジ対象（買掛金）の処理	ヘッジ手段（為替予約）の処理
(1)取引日 (×1年12月1日)	（仕 入）3,000 （買掛金）3,000 100円〈SR〉× 30ドル＝3,000円	仕 訳 な し
(2)予約日 (×2年2月1日)	仕 訳 な し 換算替えは決算で行うため「仕訳なし」	仕 訳 な し 為替予約の時価がゼロのため「仕訳なし」
(3)決算時 (×2年3月31日)	（為替差損益）210 （買掛金）210 為替差損 （100円〈SR〉－107円〈SR〉）× 30ドル＝△210円 ×1年12/1　×2年3/31　　　差損 ∴107円〈SR〉× 30ドル＝3,210円〈B/S価額〉 ×2年3/31	（為替予約）150 （為替差損益）150 未収入金　　　　　　　為替差益 （106円〈FR〉－101円〈FR〉）× 30ドル＝150円 ×2年3/31　×2年2/1　　　評価益

貸 借 対 照 表
×2年3月31日現在　　　（単位：円）

為替予約	150	買掛金	3,210
流動資産	時価		

損 益 計 算 書
自×1年4月1日至×2年3月31日（単位：円）

為替差損（＊）	60
営業外費用	

（＊）△210円〈差損〉－150円〈差益〉＝△60円〈差損〉

2. ×2年度（×2年4月1日から×3年3月31日まで）

	ヘッジ対象（買掛金）の処理	ヘッジ手段（為替予約）の処理
(4)決済時 (×2年5月31日)	（買掛金）3,210 （現金預金）3,450 　　　　　　　　　　　　外貨 （為替差損益）240 為替差損 115円〈SR〉× 30ドル＝3,450円〈支払外貨額〉 ×2年5/31 （107円〈SR〉－115円〈SR〉）× 30ドル＝△240円〈差損〉	（為替予約）270 （為替差損益）270 　　　　　　　　　　　　為替差益 （現金預金）3,450 （現金預金）3,030 　外貨　　　　　　　円貨 　　　　　　　　　（為替予約）420 （115円〈FR〉－106円〈FR〉）× 30ドル＝270円 　×2年5/31　×2年3/31　　　評価益 115円〈SR〉× 30ドル＝3,450円〈受取外貨額〉 　×2年5/31 101円〈FR〉× 30ドル＝3,030円〈支払円貨額〉 　×2年2/1

損 益 計 算 書
自×2年4月1日至×3年3月31日（単位：円）

	為替差益（＊）	30
	営業外収益	

（＊）270円〈差益〉－240円〈差損〉＝30円〈差益〉

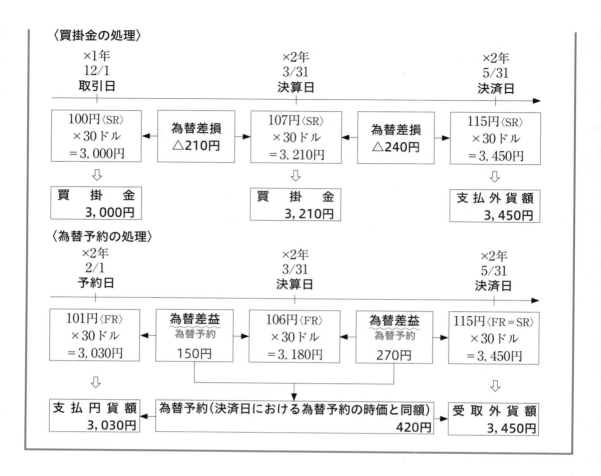

4. 予定取引をヘッジ対象とする場合の会計処理

予定取引をヘッジ対象とする場合の為替予約に関する会計処理にはいくつか方法があるが，振当処理について説明する。

設例 6-5　　　　　　　　　　　　　　　　　　　　　　　　　仕　訳

次の各取引について，振当処理による仕訳を示しなさい。なお，会計期間は1年，決算日は3月31日であり，決済額は現金預金で処理すること。

(1)　×2年2月1日。×2年5月1日に予定されている商品30ドルのドル建輸入取引によって生じるであろう買掛金の決済金額（仕入コスト）の増加をヘッジする目的で，×2年5月31日を決済期日とする為替予約（買予約）30ドルを行った。

(2)　×2年3月31日決算。繰延ヘッジ損益には，税率30%として税効果会計を適用する。

(3)　×2年4月1日。評価差額を振り戻す処理を行う。

(4)　×2年5月1日。予定どおり商品30ドルのドル建輸入取引を行った。この輸入取引は掛けで行われ，買掛金の決済日は×2年5月31日である。なお，直先差額を認識しない方法による。

(5)　×2年5月31日。買掛金および為替予約が決済された。

なお，1ドルあたりの直物為替相場および先物為替相場は次のとおりである。

日　　　付	直物為替相場	先物為替相場
×2年2月1日（予 約 日）	98円	95円
×2年3月31日（決 算 日）	100円	97円
×2年5月1日（取 引 日）	108円	107円
×2年5月31日（決 済 日）	110円	110円

【解答・解説】

1．×1年度（×1年4月1日から×2年3月31日まで）

(1)　×2年2月1日（予約日）

為替予約は認識されるが，時価がゼロのため「仕訳なし」となる。

仕　訳　な　し

(2)　×2年3月31日（決算日）

（為　替　予　約）(*1)	60	（繰延税金負債）(*2)	18
		（繰延ヘッジ損益）(*3)	42

（*1）（97円〈×2年3/31 FR〉－95円〈×2年2/1 FR〉×30ドル＝60円
（*2）60円×30%＝18円
（*3）60円－18円＝42円

2．×2年度（×2年4月1日から×3年3月31日まで）
(3) ×2年4月1日（期首）⇨ 再振替仕訳

（繰延税金負債）	18	（為　替　予　約）	60
（繰延ヘッジ損益）	42		

(4) ×2年5月1日（取引日）

（仕　　　　　入）	2,850	（買　　掛　　金）(*)	2,850

（＊）95円〈×2年2/1 FR〉×30ドル＝2,850円

(5) ×2年5月31日（決済日）

（買　　掛　　金）	2,850	（現　金　預　金）(*)	2,850

（＊）95円〈×2年2/1 FR〉×30ドル＝2,850円

研究　有価証券の現先取引

現先取引とは，現物取引と先渡取引を組み合わせた複合的な取引である。現物の有価証券の売買を行うとともに，先渡契約を結び，一定期間後に反対の売買を行う。最初に売って，後で買い戻す側では，「買戻条件付現先取引（売り現先）」といい，最初に買って，後で売り戻す側では，「売戻条件付現先取引（買い現先）」という。有価証券の現先取引は，実質的に有価証券を担保とした資金の貸し借りと考えることができるので，金融取引として処理する。

〈例〉A社は保有するC社社債（帳簿価額9,600円）を9,700円でB社に売却するとともに，1か月後に9,750円で買い戻す契約を結んだ。

1．A社（買戻条件付現先取引＝資金を借りる側）

① 売却時（売却価額で借入金を計上）

（現　金　預　金）	9,700	（短　期　借　入　金）	9,700

② 買戻時（売却価額と買戻価額との差額を支払利息に計上）

（短　期　借　入　金）	9,700	（現　金　預　金）	9,750
（支　払　利　息）	50		

2．B社（売戻条件付現先取引＝資金を貸す側）

① 取得時（取得価額で貸付金を計上）

（短　期　貸　付　金）	9,700	（現　金　預　金）	9,700

② 売戻時（取得価額と売戻価額との差額を受取利息に計上）

（現　金　預　金）	9,750	（短　期　貸　付　金）	9,700
		（受　取　利　息）	50

5 オプション取引

1. オプション取引とは

　オプション取引とは，対象となる特定の金融商品（株式，債券，金利，通貨など）を特定の価格（行使価格）で「買い取ることができる権利（コール・オプション）」または「売り渡すことができる権利（プット・オプション）」を売買する取引である。

　特定の価格（行使価格）で売買できる点では，先物取引と同様であるが，オプション取引では，「権利」を売買しているので，権利を購入した側（買手）にとって不利益になるように相場が変動した場合には，買手は権利を放棄すれば，最初に支払ったオプション料を超える損失を被らなくてすむ。

2. オプション取引の分類

　オプション取引は，その種類と，買手か売手かの相違により，次の4通りに分類される。

コール・オプション （買い取る権利）	買　手 （買建て）	売手に「オプション料（プレミアム）」を支払うことにより，オプション対象を売手から行使価格により買い取ることができる権利が発生する。また，権利の放棄も可能。
	売　手 （売建て）	買手から「オプション料（プレミアム）」を受け取ることにより，オプション対象を買手に対して売り渡す義務が生じる（買手の権利行使に必ず応じなければならない義務を負う）。
プット・オプション （売り渡す権利）	買　手 （買建て）	売手に「オプション料（プレミアム）」を支払うことにより，オプション対象を売手に対して行使価格により売り渡すことができる権利が発生する。また，権利の放棄も可能。
	売　手 （売建て）	買手から「オプション料（プレミアム）」を受け取ることにより，オプション対象を買手から買い取らなければならない義務が生じる（買手の権利行使に必ず応じなければならない義務を負う）。

3. オプション取引の決済方法

　オプション取引の決済方法には次の3つがある。

　①　権利行使によるオプション対象の売買
　②　反対売買によるオプションの転売
　③　権利の放棄

次の資料により，コール・オプション取引について，(A)A社（買手）および(B)B社（売手）の仕訳を示しなさい。なお，会計期間は1年，決算日は3月31日である。

（資　料）

(1) ×1年2月1日。A社は，債券相場が上昇するとの予想にもとづき，国債先物の相場が@94円の時点で，B社から行使価格が@94円の国債先物のコール・オプションを額面総額100,000円（1,000口）だけ買い建て，額面@100円（1口）につきオプション料@0.75円をB社に現金で支払った。なお，B社は委託証拠金として3,000円を取引所に現金預金で差し入れた。

(2) ×1年3月31日。国債先物相場が@95円，コール・オプション価格が@1.45円となった。

(3) ×1年4月20日。国債先物相場が@96円，コール・オプション価格が@2.25円となったため，A社はコール・オプションを，B社に反対売買により現金預金で転売した。

【解答・解説】

	(A) A社（買手）				(B) B社（売手）			
(1)	（オプション資産）	750 (*1)	（現金預金）	750	（現金預金）	750	（オプション負債）	750 (*1)
					（差入証拠金）	3,000	（現金預金）	3,000
(2)	（オプション資産）	700	（オプション差損益） オプション差益	700 (*3)	（オプション差損益） オプション差損	700 (*3)	（オプション負債）	700
(3)	（オプション資産）	800	（オプション差損益） オプション差益	800 (*5)	（オプション差損益） オプション差損	800 (*5)	（オプション負債）	800
	（現金預金）	2,250 (*4)	（オプション資産）	2,250	（オプション負債）	2,250	（現金預金）	2,250 (*4)
					（現金預金）	3,000	（差入証拠金）	3,000

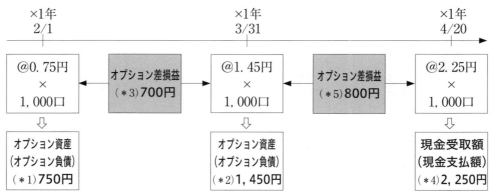

(3)について，A社が権利行使をした場合と反対売買した場合の損益を比較すると次のようになる。

①　権利行使：(@96円 − @94円)× 1,000口 − 750円 = 1,250円〈利益〉

②　反対売買：(@2.25円 − @0.75円)× 1,000口 = 1,500円〈利益〉

③　①1,250円＜②1,500円　∴　反対売買を選択

なお，(3)について，国債先物の相場が@92円に下落して，A社がコール・オプションを放棄した場合には，次の仕訳を行う。

(A)　A社（買手）			(B)　B社（売手）		
(オプション差損益) 1,450	(オプション資産) 1,450		(オプション負債) 1,450	(オプション差損益) 1,450	
オプション差損	(＊2)		(＊2)	オプション差益	
			(現　　　　金) 3,000	(差入証拠金) 3,000	

研究　通貨オプション

1．通貨オプション

通貨オプションとは，特定の外貨を，将来の一定期日に，あらかじめ定められた為替相場（権利行使価格）で売買できる権利をいう。

2．オプションの価格（本源的価値と時間的価値）

オプションの価格は，本源的価値と時間的価値に区別することができる。

(1)　オプションの価格＝本源的価値＋時間的価値

(2)　本源的価値

オプションの対象となっているものの相場と行使価格との差額である。権利の買い手にとっては，権利行使することによって得られる利益を意味する。

(3)　時間的価値

将来の相場変動によるリスクを考慮して，権利の売り手がオプションの価格に上乗せした部分である。通常，行使期日までの期間が長いほどリスクは大きくなり，短いほどリスクは小さくなると考えられるため，行使期日には時間的価値はゼロとなる。

3．ヘッジ会計との関係

オプション取引をヘッジ手段として用いている場合に，ヘッジの効果が期待されるのは，本源的価値の部分である。このことから，繰延ヘッジ会計を適用する場合には，次の2つの処理方法が認められている。

(1)　時間的価値を区別せずに，オプションの価格変動の全体を繰延処理する方法

(2)　時間的価値を区別し，本源的価値の変動のみを繰延処理する方法

〈例〉以下の資料にもとづいて，通貨オプション取引に独立処理によるヘッジ会計を適用した場合の(1)時間的価値を区別せずに，オプションの価格変動の全体を繰延処理する方法と(2)時間的価値を区別し，本源的価値の変動のみを繰延処理する方法による仕訳を示しなさい。なお，繰延経理したヘッジ損益を損益に振り戻すときは，売上高に加減することとする。また，3月末日を決算日とし，代金の決済は現金預金とし，税効果会計は考慮しなくてよい。

（資　料）

1．2月末日に商品を100ドルで輸出する契約を結んだ。出荷予定日は4月末日，代金の決済日は5月末日である。

2．円高による輸出代金が減少するリスクを回避するために，契約日の直物為替相場と同額を行使価格とし，5月末日を行使期日とする100ドルのプット・オプションを輸出契約と同時に結び，1ドルあたり3.3円のオプション料を支払った。

3．各日の直物為替相場，オプションの価格などは，次のとおりである。

	直物為替相場	行使価格	本源的価値	時間的価値	オプションの価格
契約日（2月末日）	@120円		@ 0円	@3.3円	@ 3.3円
決算日（3月末日）	@115円	@120円	@ 5円	@2.1円	@ 7.1円
輸出日（4月末日）	@105円		@15円	@1.0円	@16.0円
決済日（5月末日）	@100円		@20円	@0.0円	@20.0円

4．オプションについては通貨オプション勘定を，オプションの時間的価値を本源的価値と区別する場合の時間的価値の変動にともなう損益については，為替差損益勘定をそれぞれ用いる。

(1) 時間的価値を区別せずに，オプションの価格変動の全体を繰延処理する方法

① 契約日（2月末日）

（通貨オプション）（＊）	330	（現 金 預 金）	330

（＊）@3.3円×100ドル＝330円〈オプション料〉

② 決算日（3月末日）

（通貨オプション）（＊）	380	（繰延ヘッジ損益）	380

（＊）（@7.1円－@3.3円）×100ドル＝380円〈オプション価格の増加〉

③ 輸出日（4月末日）

（売 掛 金）（＊1）	10,500	（売 上）	10,500
（通貨オプション）（＊2）	890	（繰延ヘッジ損益）	890
（繰延ヘッジ損益）（＊3）	1,270	（売 上）	1,270

（＊1）@105円×100ドル＝10,500円
（＊2）（@16.0円－@7.1円）×100ドル＝890円〈オプション価格の増加〉
（＊3）380円＋890円＝1,270円〈繰延ヘッジ損益の累計〉

④　決済日（5月末日）

（現　金　預　金）（＊1）	10,000		（売　　掛　　金）			10,500
（為 替 差 損 益）（＊2）	500					
（現　金　預　金）（＊3）	2,000		（通貨オプション）（＊4）			1,600
			（為 替 差 損 益）（＊5）			400

（＊1）＠100円×100ドル＝10,000円
（＊2）10,000円－10,500円＝△500円〈為替差損〉
（＊3）＠20.0円×100ドル＝2,000円
（＊4）330円＋380円＋890円＝1,600円　または，＠16.0円×100ドル＝1,600円
（＊5）2,000円－1,600円＝400円〈為替差益〉

(2)　時間的価値を区別し，本源的価値の変動のみを繰延処理する方法

①　契約日（2月末日）

（通貨オプション）（＊）	330	（現　金　預　金）	330

（＊）＠3.3円×100ドル＝330円〈オプション料〉

②　決算日（3月末日）

（通貨オプション）（＊1）	380	（繰延ヘッジ損益）（＊2）	500
（為 替 差 損 益）（＊3）	120		

（＊1）（＠7.1円－＠3.3円）×100ドル＝380円〈オプション価格の増加〉
（＊2）（＠5.0円－＠0.0円）×100ドル＝500円〈本源的価値の増加〉
（＊3）（＠2.1円－＠3.3円）×100ドル＝△120円〈時間的価値の減少〉

③　輸出日（4月末日）

（売　　掛　　金）（＊1）	10,500	（売　　　　上）	10,500
（通貨オプション）（＊2）	890	（繰延ヘッジ損益）（＊3）	1,000
（為 替 差 損 益）（＊4）	110		
（繰延ヘッジ損益）（＊5）	1,500	（売　　　　上）	1,500

（＊1）＠105円×100ドル＝10,500円
（＊2）（＠16.0円－＠7.1円）×100ドル＝890円〈オプション価格の増加〉
（＊3）（＠15.0円－＠5.0円）×100ドル＝1,000円〈本源的価値の増加〉
（＊4）（＠1.0円－＠2.1円）×100ドル＝△110円〈時間的価値の減少〉
（＊5）500円＋1,000円＝1,500円〈繰延ヘッジ損益の累計〉

④　決済日（5月末日）

（現　金　預　金）（＊1）	10,000		（売　　掛　　金）			10,500
（為 替 差 損 益）（＊2）	500					
（現　金　預　金）（＊3）	2,000		（通貨オプション）（＊4）			1,600
			（為 替 差 損 益）（＊5）			400

（＊1）＠100円×100ドル＝10,000円
（＊2）10,000円－10,500円＝△500円〈為替差損〉
（＊3）＠20.0円×100ドル＝2,000円
（＊4）330円＋380円＋890円＝1,600円　または，＠16.0円×100ドル＝1,600円
（＊5）2,000円－1,600円＝400円〈為替差益〉

6 金利スワップ取引

1. 金利スワップ取引とは

　金融取引においてスワップとは，資金の支払いや受取りを交換するという意味で使われる。

　金利スワップ取引とは，当事者間での相対取引により，同一通貨に係る種類の異なった金利（固定金利と変動金利）を交換する取引である。固定金利とは，市場金利がどのように変化しようとも，適用される利子率が前もって契約された一定値に固定されているタイプの金利であり，変動金利とは，金融情勢によって変化するタイプの金利をいう。

　金利スワップ取引は，銀行借入や社債発行などの資金調達に関連して，支払利息を消滅したり，金利変動のリスクを回避する目的で利用されるケースが多いが，預金や貸付金などへの資金運用と関連して利用することもできる。

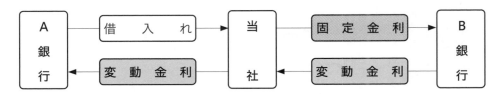

2. 金利スワップの会計処理

(1) 原則処理

　利払日には，金利スワップ取引による受払いの純額を金利スワップ差損（支払利息）または金利スワップ差益（受取利息）として計上し，決算時には，金利スワップ取引を時価評価し，金利スワップ資産または金利スワップ負債を計上する。

　(注) 金利スワップ取引の時価は，金利スワップ取引による将来キャッシュ・フローを適当な利子率で割り引いた割引現在価値にもとづいて算定する。

(2) ヘッジ会計

　金利スワップ取引がヘッジ会計の要件を満たしている場合には，ヘッジ会計を適用することができる。

(3) 特例処理

　金利スワップ取引が，資産または負債の金利の受払条件を変換することを目的として利用され，ヘッジ会計の要件を満たしており，かつ，その想定元本，利息の受払条件（利率，利息の受払日など），契約期間が，対象となる資産または負債とほぼ同一である場合には，金利スワップを時価評価せずに，その金銭の受払いの純額等を対象となる資産または負債に係る利息に加減して処理することができる。

〈例〉次の取引について仕訳を示しなさい。
　①　利払日。金利スワップ取引により，変動金利3,600円（受取）と固定金利3,500円（支払）との差額100円を現金預金で受取った。
　②　決算日。金利スワップ取引の時価は80円（資産）であった。なお，繰延ヘッジ会計の場合には，税率30%として税効果会計を適用する。

(1)　**原則処理**

利　払　日	（現　金　預　金）	100	（金利スワップ差益）	100
決　算　日	（金利スワップ資産）	80	（金利スワップ差益）	80

(2)　**ヘッジ会計（繰延ヘッジ会計）**

利　払　日	（現　金　預　金）	100	（金利スワップ差益）	100
決　算　日	（金利スワップ資産）	80	（繰延税金負債）（＊1）	24
			（繰延ヘッジ損益）（＊2）	56
			純資産の部	

（＊1）80円×30% = 24円
（＊2）80円 − 24円 = 56円

(3)　**特例処理**

利　払　日	（現　金　預　金）	100	（支　払　利　息）	100
決　算　日	仕　訳　な　し			

当社は，×1年6月1日に保有する固定利付国債の金利変動による価格変動リスクを
ヘッジするため，金利スワップ契約を締結した。よって，繰延ヘッジ会計を適用した場
合の金利スワップ契約に関する仕訳を示しなさい。なお，会計期間は1年，決算日は3
月31日である。

(1) ×1年6月1日。固定支払・変動受取の金利スワップ契約を締結した。契約時の
金利スワップの時価はゼロとする。

(2) ×2年3月31日決算。決算時の金利スワップの時価は3,000円（資産）であった。
なお，繰延ヘッジ損益には，税率30%として税効果会計を適用する。

(3) ×2年5月31日。金利スワップを決済し，現金預金で受け取った。決済時の金利
スワップの時価は4,000円（資産）であった。

【解答・解説】

(1) **契約時**

仕 訳 な し

(注) 契約時には金利スワップの時価がゼロのため仕訳不要である。

(2) **決算時**

（金利スワップ資産）（＊1）	3,000	（繰延税金負債）（＊2）	900
		（繰延ヘッジ損益）（＊3）	2,100

（＊1）時価
（＊2）3,000円×30% = 900円
（＊3）3,000円 − 900円 = 2,100円

(3) **決済時**

（金利スワップ資産）（＊1）	1,000	（繰延税金負債）（＊2）	300
		（繰延ヘッジ損益）（＊3）	700
（現 金 預 金）	4,000	（金利スワップ資産）（＊4）	4,000
（繰延税金負債）（＊5）	1,200	（金利スワップ差損益）（＊4）	4,000
（繰延ヘッジ損益）（＊6）	2,800	金利スワップ差益	

（＊1）4,000円 − 3,000円 = 1,000円〈時価のうち当期の変動額〉
（＊2）1,000円×30% = 300円
（＊3）1,000円 − 300円 = 700円
（＊4）3,000円 + 1,000円 = 4,000円〈決済時の時価〉
（＊5）900円 + 300円 = 1,200円　または　4,000円×30% = 1,200円
（＊6）2,100円 + 700円 = 2,800円　または　4,000円 − 1,200円 = 2,800円

研究 通貨スワップの会計処理

　通貨スワップとは，将来の一定期間にわたって異なった通貨によるキャッシュ・フローを相互に交換する複合契約をいう。

　通貨スワップに関する会計処理には，通貨スワップ契約のタイプに応じて，いくつかの処理方法があるが，直先フラット型および為替予約型の場合に適用することができる振当処理について説明する。

1．直先フラット型の場合における社債の換算
　契約日の受取円貨額と満了日の支払円貨額が同額なのでスワップ・レート（SW）を付す。

2．為替予約型の場合における社債の換算
(1)　契約満了日のスワップ・レートが為替予約と同等とみなされるため，スワップ・レート（満了日の支払円貨額）を付す。
(2)　契約日の受取円貨額と満了日の支払円貨額との差額については次の3種類の処理方法がある。
①　利息法により配分する方法
②　為替予約として処理する方法
③　予約相当額と利息相当額を単純期間配分する方法
　上記の処理方法のうち，②為替予約として処理する方法について説明する。

1．直先フラット型の場合
〈例1〉次の外貨建取引について，振当処理による場合の(1)×1年4月1日（発行日），(2)×2年3月31日（利払日および決算日），(3)×6年3月31日（償還日）の仕訳をそれぞれ示しなさい。なお，会計期間は1年，決算日は3月31日であり，収支額は現金預金勘定で処理すること。

（資　料）

　×1年4月1日。当社は，ドル建社債（額面100ドル，償還期限5年，利率年10％，利払日は毎年3月31日）を額面（平価）発行し，発行と同時に取引銀行と次のような通貨スワップ契約を締結した。当日の直物為替相場は1ドル120円である。

〈通貨スワップ契約の内容〉
①　ドルの授受金額は社債の元利の金額と同一とする。
②　各交換日における1ドルあたりのスワップ・レートは次のとおりである。

　　×1年4月1日（発　行）：120円（当日の直物為替相場と同一）
　　×2年3月31日（利払い）：72円
　　×3年3月31日（利払い）：72円
　　×4年3月31日（利払い）：72円
　　×5年3月31日（利払い）：72円
　　×6年3月31日（利払い）：72円
　　×6年3月31日（償　還）：120円

(1) ×1年4月1日（発行日）

　×1年4月1日のスワップ・レート（SW）1ドル120円により通貨の交換が行われる。

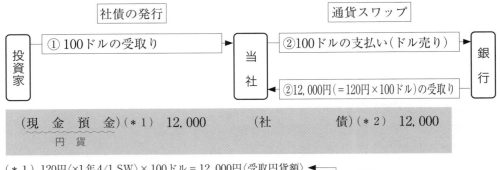

（＊1）120円〈×1年4/1 SW〉× 100ドル ＝ 12,000円〈受取円貨額〉←┐
（＊2）120円〈×6年3/31 SW〉× 100ドル ＝ 12,000円〈社債〉←──┴─ 同額

(2) ×2年3月31日（利払日および決算日）

　スワップ・レート1ドル72円により通貨の交換が行われる。

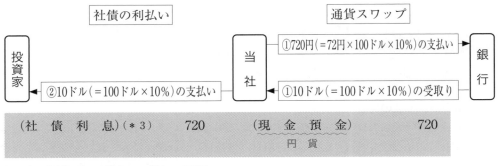

（＊3）72円〈SW〉× 100ドル × 10% ＝ 720円
　　　　　　　　　　10ドル

(3) ×6年3月31日（利払日および償還日）

① 利払い

（＊3）720　　　　　（現　金　預　金）　　　720
　　　　　　　　　　　　　円　貨

② 償　還

　スワップ・レート1ドル120円により通貨の交換が行われる。

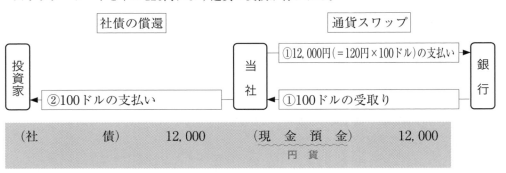

2．為替予約型の場合

〈例2〉次の外貨建取引について，振当処理による場合の(1)×1年4月1日（発行日），(2)×2年3月31日（利払日および決算日），(3)×6年3月31日（償還日）の仕訳をそれぞれ示しなさい。なお，会計期間は1年，決算日は3月31日であり，収支額は現金預金勘定で処理すること。

（資　料）

×1年4月1日。当社は，ドル建社債（額面100ドル，償還期限5年，利率10％，利払日は毎年3月31日）を額面（平価）発行し，発行と同時に取引銀行と次のような通貨スワップ契約を締結した。当日の直物為替相場は1ドル120円である。なお，スワップ差額については，為替予約と同様に月割りで均等配分する。

〈通貨スワップ契約の内容〉

① ドルの授受金額は社債の元利の金額と同一とする。

② 各交換日における1ドルあたりのスワップ・レートは次のとおりである。

　　　×1年4月1日（発　　行）：120円（当日の直物為替相場と同一）
　　　×2年3月31日（利払い）：115円
　　　×3年3月31日（利払い）：110円
　　　×4年3月31日（利払い）：106円
　　　×5年3月31日（利払い）：104円
　　　×6年3月31日（利払い）：100円
　　　×6年3月31日（償　　還）：100円

(1) ×1年4月1日（発行日）

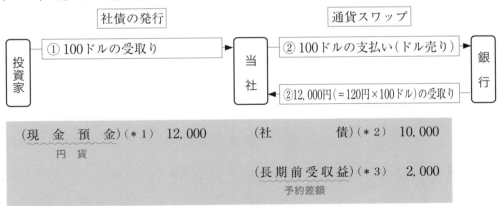

（現　金　預　金）(＊1)　12,000　　　（社　　　　　債）(＊2)　10,000
　　　円貨

　　　　　　　　　　　　　　　　　　　（長 期 前 受 収 益）(＊3)　2,000
　　　　　　　　　　　　　　　　　　　　　　　　予約差額

（＊1）120円〈×1年4/1 SW〉×100ドル＝12,000円〈受取円貨額〉
（＊2）100円〈×6年3/31 SW〉×100ドル＝10,000円〈社債〉
（＊3）12,000円(＊1)－10,000円(＊2)＝2,000円〈予約差額＝長期前受収益〉

(2) ×2年3月31日（利払日および決算日）

① 利払い

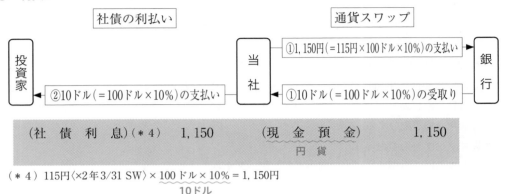

$$ （社\ 債\ 利\ 息）（*4）\quad 1,150 \qquad （現\ 金\ 預\ 金）\quad 1,150 $$
円貨

（*4）115円〈×2年3/31 SW〉× $\underset{10ドル}{\underline{100ドル × 10\%}}$ = 1,150円

② 決算整理

$$ （長期前受収益）\quad 400 \qquad （社\ 債\ 利\ 息）（*5）\quad 400 $$
×1年度配分額

（*5）2,000円〈予約差額〉× $\dfrac{12か月〈×1年4/1 ～ ×2年3/31〉}{60か月〈×1年4/1 ～ ×6年3/31〉}$ = 400円〈×1年度配分額〉

(3) ×6年3月31日（利払日および償還日）

① 利払い

$$ （社\ 債\ 利\ 息）（*6）\quad 1,000 \qquad （現\ 金\ 預\ 金）\quad 1,000 $$
円貨

（*6）100円〈×6年3/31 SW〉× $\underset{10ドル}{\underline{100ドル × 10\%}}$ = 1,000円

② 償還

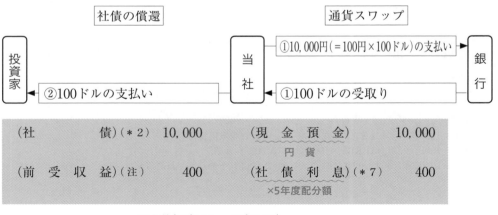

$$ （社\qquad\qquad 債）（*2）\quad 10,000 \qquad （現\ 金\ 預\ 金）\quad 10,000 $$
円貨

$$ （前\ 受\ 収\ 益）（注）\quad 400 \qquad （社\ 債\ 利\ 息）（*7）\quad 400 $$
×5年度配分額

（*7）2,000円〈予約差額〉× $\dfrac{12か月〈×5年4/1 ～ ×6年3/31〉}{60か月〈×1年4/1 ～ ×6年3/31〉}$ = 400円

（注）×5年3月31日に「長期前受収益」から「前受収益」に振り替えている。

7 金融商品に関する会計基準

　「金融商品に関する会計基準」のうちデリバティブ取引およびヘッジ会計に関する主な規定は次のとおりである。

1. デリバティブ取引

> **「金融商品に関する会計基準」**
> 25. デリバティブ取引により生じる正味の債権及び債務は，時価をもって貸借対照表価額とし，評価差額は，原則として，当期の損益として処理する。

2. ヘッジ会計

> **「金融商品に関する会計基準」**
> 29. ヘッジ会計とは，ヘッジ取引のうち一定の要件を充たすものについて，ヘッジ対象に係る損益とヘッジ手段に係る損益を同一の会計期間に認識し，ヘッジの効果を会計に反映させるための特殊な会計処理をいう。
> 32. ヘッジ会計は，原則として，時価評価されているヘッジ手段に係る損益又は評価差額を，ヘッジ対象に係る損益が認識されるまで純資産の部において繰り延べる方法による。
> 　　ただし，ヘッジ対象である資産又は負債に係る相場変動等を損益に反映させることにより，その損益とヘッジ手段に係る損益とを同一の会計期間に認識することもできる。
> 　　なお，純資産の部に計上されるヘッジ手段に係る損益又は評価差額については，税効果会計を適用しなければならない。

　ヘッジ会計の方法についてまとめると次のとおりである。

繰延ヘッジ会計 （原　則）	時価評価されているヘッジ手段に係る損益または評価差額を，ヘッジ対象に係る損益が認識されるまで純資産の部において繰り延べる方法。
時価ヘッジ会計 （容　認）	ヘッジ対象である資産または負債に係る変動相場等を損益に反映させることにより，その損益とヘッジ手段に係る損益とを同一の会計期間に認識する方法。

07 有形固定資産

Theme

Check ここでは，有形固定資産について学習する。特に，減損会計が重要なので，しっかりと理解してほしい。

1 有形固定資産とは

有形固定資産とは，企業がその営業目的を達成するために所有し，かつ，その加工もしくは売却を予定しない（＝長期間にわたって使用する）財貨をいい，具体的には次のようなものがある。

表示科目	内容
建物	① 冷暖房や照明などの付属設備を含む。 ② 社宅，社員寮，保養所などの経営付属建物を含む。
構築物	鉄塔，舗装道路，塀などの土木設備または工作物をいう。
機械装置	機械と装置を合わせた科目（機械のみで表示する場合もある）
車両運搬具	車両と運搬具を合わせた科目（車両のみで表示する場合もある）
工具器具備品	工具と器具と備品を合わせた科目（器具備品または備品として表示する場合もある）
土地	社宅敷地，運動場，保養所敷地などの経営付属用の土地を含む。
リース資産	リース取引により使用している有形固定資産
建設仮勘定	① 設備の建設のために支出した手付金や前払金をいう。 ② 設備の建設のために取得した材料や機械を含む。

（注）リース取引については，「テーマ8」で学習する。

2 減価償却

1. 減価償却とは

減価償却とは，費用配分の原則にもとづいて，有形固定資産の取得原価を耐用期間における各事業年度に費用として配分する手続きであり，費用配分後の残余部分が各事業年度末における有形固定資産の貸借対照表価額となる。

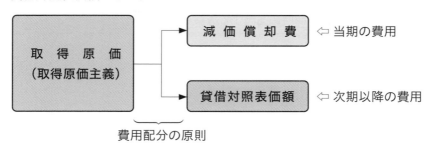

取得原価（取得原価主義） → 減価償却費 ⇦ 当期の費用

取得原価（取得原価主義） → 貸借対照表価額 ⇦ 次期以降の費用

費用配分の原則

168

2. 減価償却の計算方法

減価償却の計算方法には，期間を配分基準とする方法として定額法，定率法，級数法が，生産高を配分基準とする方法として生産高比例法がある。

(1) 定額法

定額法とは，有形固定資産の耐用期間中，毎期均等額の減価償却費を計上する方法である。

$$（取得原価－残存価額）÷耐用年数 ＝ 1 年間の減価償却費$$

要償却総額または減価償却総額

または

$$（取得原価－残存価額）×定額法償却率 ＝ 1 年間の減価償却費$$

要償却総額または減価償却総額

（注1） 残存価額は，通常取得原価の10%であるので，要償却総額は取得原価×0.9（＝90%）で求められる。

（注2） 従来，わが国の企業では，税法の規定にもとづいて残存価額を取得原価の10%として設定することが多くみられたが，平成19年の税法の改正により税法上の残存価額はゼロとなった。このため，簿記検定1級の試験では残存価額をゼロとした問題が多く出題されている。

（注3） 定額法償却率は，次の計算式により計算する。

$$定額法償却率 ＝ \frac{1 年}{耐用年数}（耐用年数20年の場合には，\frac{1 年}{20 年} ＝ 0.05 となる）$$

(2) 定率法

定率法とは，有形固定資産の耐用期間中，毎期期首未償却残高（取得原価－期首減価償却累計額）に一定の償却率を乗じて減価償却費を計上する方法である。

$$（取得原価－期首減価償却累計額）×定率法償却率 ＝ 1 年間の減価償却費$$

期首未償却残高または期首帳簿価額

(3) 生産高比例法

生産高比例法とは，有形固定資産の耐用期間中，毎期その資産による生産または用役の提供の度合いに比例した減価償却費を計上する方法である。

有形固定資産の総利用可能量を物理的に確定できる資産（鉱業用設備，航空機，自動車など）に適用される。

$$（取得原価－残存価額）× \frac{当期利用量（当期採掘量）}{総利用可能量（総採掘可能量）} ＝ 1 年間の減価償却費$$

　当社は，×1年4月1日に車両150,000円を取得し，同日より事業の用に供している。よって，次の資料にもとづいて，当期（×2年4月1日から×3年3月31日まで）における減価償却費を⑴定額法，⑵定率法，⑶生産高比例法の各方法により求めなさい。

（資　料）
　1．耐用年数：5年
　2．残存価額：ゼロ
　3．定率法償却率：0.4
　4．総可能走行距離：400,000km，うち当期走行距離 90,000km

【解　答】

⑴ 定　額　法	30,000円
⑵ 定　率　法	36,000円
⑶ 生産高比例法	33,750円

【解　説】
⑴ 定額法

150,000円 ÷ 5年〈耐用年数〉＝ 30,000円
または，

$$150,000円 \times \frac{1年}{5年}（＝0.2\langle定額法償却率\rangle）＝30,000円$$

⑵ 定率法

150,000円 × 0.4〈定率法償却率〉＝ 60,000円〈前期の減価償却費〉

（150,000円 － 60,000円）× 0.4〈定率法償却率〉＝ 36,000円〈当期の減価償却費〉

⑶ 生産高比例法

$$150,000円 \times \frac{90,000km}{400,000km}＝33,750円$$

補足 定率法償却率

1. 従来の定率法償却率

　従来の定率法償却率は，耐用年数到来時における帳簿価額（未償却残高）が残存価額となるように以下の算式により数学的に算出していた。

$$定率法償却率 = 1 - \sqrt[耐用年数]{\dfrac{残存価額}{取得原価}}$$

〈例〉耐用年数5年，残存価額は取得原価の10％とした場合。

$$定率法償却率 = 1 - \sqrt[5年]{\dfrac{1}{10}} (≒0.631) ≒ 0.369$$

2. 現在の定率法償却率（新定率法，200％定率法）

　平成19年の税法の改正により残存価額がゼロとなったため，従来の方法では数学的な根拠にもとづいた定率法償却率を求めることができなくなった。また，企業の設備投資を促進する目的から，税法にもとづく定率法償却率は，定額法償却率を2.5倍（250％）した率とした。さらに平成23年の税法の改正により，税法にもとづく定率法償却率は，定額法償却率を2倍（200％）した率とすることになった。

$$定額法償却率 = \dfrac{1年}{耐用年数}$$
$$定率法償却率 = 定額法償却率 \times 200\%$$

〈例〉耐用年数5年，残存価額はゼロとした場合。

$$定額法償却率 = \dfrac{1年}{5年} = 0.2$$
$$定率法償却率 = 0.2 \times 200\% = 0.4$$

3. 均等償却への切り替え（償却保証率と改定償却率）

　現在の定率法償却率による計算では，耐用年数到来時まで償却しても，帳簿価額がゼロとならないため，定率法償却率による減価償却費が，未償却残高を残存耐用年数で均等配分した額（償却保証額）を下回る事業年度からは，残存耐用年数による均等償却に切り替える。また，切り替えのタイミングを決定し，切り替え後の減価償却費を算定するために，税法では，耐用年数ごとの保証率（取得原価に乗じて償却保証額を計算するための率）および改定償却率（切り替え時の未償却残高（改定取得価額）に乗じて切り替え後の減価償却費を計算するための率）を定めている。

〈例〉取得原価150,000円，耐用年数5年，定率法償却率は0.4，保証率は0.10800，改定償却率は0.500の場合。なお，円未満の端数は四捨五入する。

	1年目	2年目	3年目	4年目	5年目
期 首 簿 価	150,000	90,000	54,000	32,400	16,200
減 価 償 却 費	60,000	36,000	21,600	16,200	16,199
期 末 簿 価	90,000	54,000	32,400	16,200	1
調整前償却額	60,000	36,000	21,600	12,960	―
償 却 保 証 額	16,200	16,200	16,200	16,200	―

（＊1）1年目〜3年目（定率法償却率により計算）

　　　期首簿価×0.4〈定率法償却率〉＝調整前償却額

　　　150,000円〈取得原価〉×0.10800＝16,200円〈償却保証額〉

　　　各年度の調整前償却額が，償却保証額16,200円を上回るため，調整前償却額がそのまま各年度の減価償却費となる。

（＊2）4年目（改定償却率により計算）

　　　32,400円〈4年目の期首簿価〉×0.4＝12,960円〈調整前償却額〉

　　　4年目の調整前償却額12,960円が償却保証額16,200円を下回るため，4年目から均等償却に切り替える。

　　　32,400円〈4年目の期首簿価＝改定取得価額〉×0.500〈改定償却率〉＝16,200円〈減価償却費〉

（＊3）5年目〈耐用年数到来時（最終年度）〉

　　　耐用年数到来時には，残存簿価（備忘価額）1円を残して全額を償却する。

　　　16,200円〈5年目の期首簿価〉−1円〈残存簿価〉＝16,199円〈減価償却費〉

（注）税法では，他の償却方法によった場合にも，残存簿価（備忘価額）1円を残すことになっているため，耐用年数到来時（最終年度）の減価償却費は，耐用年数到来時の期首簿価から残存簿価（備忘価額）1円を控除した差額で求める。

研究 級数法

「企業会計原則」では、［設例 7 － 1 ］で確認した「定額法」、「定率法」、「生産高比例法」のほかに、「級数法」を減価償却の計算方法として認めている。級数法とは、有形固定資産の耐用期間中、毎期一定の額を算術級数的に逓減した減価償却費を計上する方法である。

$$（取得原価-残存価額）\times \frac{当期項数（期首残存耐用年数）}{総項数}=1年間の減価償却費$$

（注）各期の当期項数には、各期の期首における残存耐用年数を使用し、各期の当期項数を合計した値が総項数となる。したがって、耐用年数が 5 年の場合には次のようになる。

	1年目	2年目	3年目	4年目	5年目
当期項数	5	4	3	2	1
総 項 数	15				

なお、総項数は次の式により求めることもできる。

$$総項数=\frac{耐用年数\times（耐用年数+1）}{2} \qquad \therefore \quad 耐用年数 5 年の場合：\frac{5\times（5+1）}{2}=15$$

〈例〉取得原価150,000円、耐用年数 5 年、残存価額はゼロの場合の 1 年目および 2 年目の減価償却費を求めなさい。なお、円未満の端数は四捨五入する。

$$1年目：150,000円\times \frac{5}{15}=50,000円$$

$$2年目：150,000円\times \frac{4}{15}=40,000円$$

なお、1 年目から 5 年目までの各期の減価償却費の関係を図示すると次のとおりである。

```
1年目
┌───┐
│ 5 │ 2年目
├───┼───┐
    │ 4 │ 3年目
    ├───┼───┐
        │ 3 │ 4年目
        ├───┼───┐
            │ 2 │ 5年目
            ├───┼───┐
                │ 1 │ 計15（総項数）
                └───┘
50,000円 40,000円 30,000円 20,000円 9,999円 計149,999円
```

（注）5 年目の減価償却費は、残存簿価（備忘価額）1 円を残すために差額で求めている。

3. 減価償却の記帳方法

(1) 記帳方法

減価償却の記帳方法には，間接控除法と直接控除法の2つがある。

① 間接控除法

間接控除法とは，減価償却費を有形固定資産の勘定から直接控除しないで，「減価償却累計額」で処理する方法である。なお，「減価償却累計額」は，有形固定資産の帳簿価額を示すための評価勘定である。

② 直接控除法

直接控除法とは，減価償却費の額を有形固定資産の勘定から直接控除する方法である。この場合，有形固定資産の帳簿価額のみ帳簿上に計上され，「取得原価」および「減価償却累計額」は計上されない。

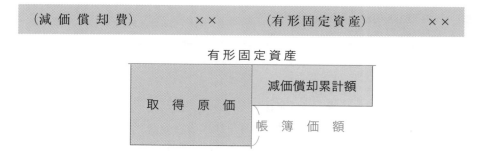

4. 減価償却累計額の貸借対照表における記載方法

減価償却累計額の貸借対照表における記載方法には，次のような方法がある。

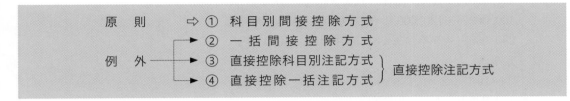

①科目別間接控除方式（原則）		
建　　　　　物	2,000	
減価償却累計額	1,300	700
機　　　　　械	800	
減価償却累計額	500	300

②一括間接控除方式		
建　　　　　物	2,000	
機　　　　　械	800	
減価償却累計額	1,800	1,000

③直接控除科目別注記方式	
建　　　物(注)	700
機　　　械(注)	300
(注) 減価償却累計額がそれぞれ控除されている。	
建　　　　　物　1,300円	
機　　　　　械　500円	

④直接控除一括注記方式	
建　　　物(注)	700
機　　　械(注)	300
(注) 減価償却累計額が1,800円控除されている。	

(注) 金額は仮のものとする。

3 耐用年数の変更

耐用年数の変更など会計上の見積りの変更があった場合には，変更後の残存耐用年数にもとづき減価償却する。

設例 7-2

当社は×1年4月1日に取得した備品400,000円を耐用年数10年，残存価額ゼロにより前期末まで3年間償却してきたが，当期首に当期首からの残存耐用年数を5年に変更した。よって，(1)定額法および(2)定率法（200%定率法，変更後の償却率は変更後の残存耐用年数にもとづいて算定する。）のそれぞれにより当期の減価償却費を求めなさい。なお，当期は×4年4月1日から×5年3月31日までの1年である。

【解　答】

(1) 定　額　法	56,000円
(2) 定　率　法	81,920円

【解　説】

(1)　定額法

400,000円÷10年×3年＝120,000円〈前期末までの減価償却費〉

400,000円－120,000円＝280,000円〈当期首の帳簿価額〉

280,000円÷5年〈変更後の残存耐用年数〉＝56,000円

(2)　定率法

1÷10年×2＝0.2〈変更前の定率法償却率〉

400,000円×0.2＝80,000円〈1年目の減価償却費〉

(400,000円－80,000円)×0.2＝64,000円〈2年目の減価償却費〉

(400,000円－80,000円－64,000円)×0.2＝51,200円〈3年目の減価償却費〉

400,000円－80,000円－64,000円－51,200円＝204,800円〈当期首の帳簿価額〉

1÷5年×2＝0.4〈変更後の定率法償却率〉

204,800円×0.4＝81,920円

研究　資本的支出と収益的支出

　有形固定資産に係る支出は，その性格により「資本的支出」と「収益的支出」に分類できる。「資本的支出」とは，資本に対応する支出という意味であり，有形固定資産の取得原価に算入される。「収益的支出」とは，収益に対応する支出という意味であり，支出のつど費用として処理される。

1．資本的支出

　ある支出により，①有形固定資産の耐用年数が延長した場合，あるいは②有形固定資産の価値が増加した場合（改良に該当する場合）には，これを資本的支出とし，有形固定資産の取得原価に算入し，資本的支出以後の期間に減価償却費として配分する。

(有 形 固 定 資 産)	××	(現 金 預 金)	××
取得原価に算入			

2．収益的支出

　単に現状を維持するための支出（修繕に該当する場合）は収益的支出とし，支出した期の費用（修繕費）として処理する。

(修　繕　費)	××	(現 金 預 金)	××
支出した期の費用			

3．資本的支出と収益的支出の区分計算（耐用年数の延長があった場合）

　資本的支出と収益的支出を同時に行い耐用年数が延長した場合には，延長後の残存耐用年数に占める延長年数に対応する部分を資本的支出とする。

$$資本的支出 ＝ 支出した額 \times \frac{延長年数}{延長後の残存耐用年数}$$

4．資本的支出後の減価償却計算

　資本的支出後の減価償却費は，前述した耐用年数の変更と同様に資本的支出後の帳簿価額（未償却残高）と延長後の残存耐用年数にもとづき計算する。定額法の場合には，次のようになる。

$$減価償却費 ＝ 資本的支出後の帳簿価額（未償却残高）÷延長後の残存耐用年数$$

〈例〉次の資料により，(1)改修時および(2)決算時の仕訳をそれぞれ示しなさい。なお，会計期間は1年，当期は×1年4月1日から×2年3月31日までである。

（資料1）期首試算表（一部）

期　首　試　算　表
×1年4月1日　　　　　　　（単位：円）

建 物	160,000	減価償却累計額	120,000

（資料2）期中取引

　×1年4月1日に建物（取得原価160,000円，減価償却累計額120,000円，前期末まで30年経過）について大規模な改修を行い，30,000円を現金で支払った。この結果，耐用年数が20年延長し，当期首から30年間使用できることになった。支出額のうち延長年数に対応する金額は，資本的支出（改良）とする。なお，建物については前期末まで，耐用年数40年，残存価額はゼロ，定額法により減価償却を行っている。

(1)　改修時（×1年4月1日＝当期首）⇒ 資本的支出と収益的支出の区分計算

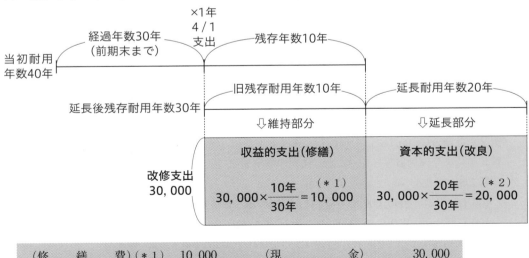

07

有形固定資産

(2) 決算時（×2年3月31日）⇨ 資本的支出後の減価償却計算

経過年数30年
（前期末まで）

延長後残存耐用年数30年

| 既償却額（減価償却累計額） | 未償却残高 | 未償却残高 |

既償却額（減価償却累計額）
$160,000 \times \dfrac{30年}{40年} = 120,000$

未償却残高
$160,000 \times \dfrac{10年}{40年} = 40,000$

未償却残高
20,000

当初の取得原価160,000

資本的支出
20,000

∴　減価償却費：（40,000円＋20,000円）÷30年＝2,000円（＊）

| （減　価　償　却　費）（＊） | 2,000 | （減価償却累計額） | 2,000 |

なお，決算整理後の残高試算表は，次のとおりである。

決算整理後残高試算表
×2年3月31日　　　　（単位：円）

建　　　　物	180,000	減価償却累計額	122,000
修　繕　費	10,000		
減　価　償　却　費	2,000		

参考　**償却方法の変更**

　償却方法を変更した場合には，耐用年数の変更と同様に見積りの変更として扱い，変更した期の期首の帳簿価額（未償却残高）を変更後の方法にしたがって償却する。

(1) 定額法から定率法への変更

〈例1〉　前期首に100,000円で取得した備品を定額法，残存価額ゼロ，耐用年数5年により減価償却していたが，当期から定率法（変更後の残存耐用年数4年にもとづく定率法償却率は0.5）に変更することとした。よって，当期の減価償却費を求めなさい。

　　100,000円÷5年＝20,000円〈定額法による前期の減価償却費〉

　　100,000円−20,000円＝80,000円〈当期首の帳簿価額〉

　　80,000円×0.5〈変更後の定率法償却率〉＝40,000円〈当期の減価償却費〉

(2) 定率法から定額法への変更

〈例2〉　前期首に100,000円で取得した備品を定率法（定率法償却率は0.4），残存価額ゼロ，耐用年数5年により減価償却していたが，当期から定額法に変更することとした。よって，当期の減価償却費を求めなさい。

　　100,000円×0.4＝40,000円〈定率法による前期の減価償却費〉

　　100,000円−40,000円＝60,000円〈当期首の帳簿価額〉

　　60,000円÷4年〈変更後の残存耐用年数〉＝15,000円〈当期の減価償却費〉

研究　総合償却

1．総合償却

総合償却とは，多数の有形固定資産についてまとめて減価償却計算および記帳を行う方法である。耐用年数の異なる多数の有形固定資産について総合償却を適用する場合には，「平均耐用年数」を用いて減価償却計算および記帳を行う。

総合償却によれば，耐用年数の異なる有形固定資産について一括して減価償却費を計算するため，平均耐用年数を算出しなければならない。

$$平均耐用年数 = \frac{個々の資産の減価償却総額（要償却額）の合計額}{個々の資産の定額法による年減価償却費の合計額}$$

（注）減価償却総額＝取得原価－残存価額
　　　要償却額総額

平均耐用年数が計算されれば，減価償却計算は一括して行われる。総合償却では減価償却方法として定額法が一般的に用いられる。

$$（取得原価合計額 － 残存価額合計額）÷ 平均耐用年数 = 減価償却費$$
減価償却総額（要償却額総額）

〈例〉次の3つの機械について，総合償却を行うことにした。次の資料にもとづいて，(1)平均耐用年数および(2)減価償却費を求めなさい。

　なお，会計期間は1年，当期は×1年4月1日から×2年3月31日までである。

（資　料）

種　　類	取 得 年 月 日	取 得 原 価	個別耐用年数	残 存 価 額
A機械	×1年4月1日	24,000円	6年	ゼロ
B機械	×1年4月1日	42,000円	7年	ゼロ
C機械	×1年4月1日	70,000円	10年	ゼロ

減価償却費の計算は，定額法による。

(1)　平均耐用年数

種　　類	①取 得 原 価	②残 存 価 額	③ 要 償 却 額 （①－②）	④個別耐用年数	⑤個別償却費 （③÷④）
A機械	24,000円	0円	24,000円	6年	4,000円
B機械	42,000円	0円	42,000円	7年	6,000円
C機械	70,000円	0円	70,000円	10年	7,000円
合　　計	136,000円	0円	136,000円	———	17,000円

$$\frac{136,000円〈要償却額合計〉}{17,000円〈個別償却費合計〉} = 8 年〈平均耐用年数〉$$

(2) 減価償却費

136,000円〈要償却額合計〉÷ 8 年〈平均耐用年数〉＝17,000円〈減価償却費〉

なお，総合償却では，平均耐用年数に代わって総合償却率（取得原価の合計または要償却額の合計を基準とした減価償却費の割合）を使用して減価償却費を計算することもある。

$$\frac{17,000円〈個別償却費合計〉}{136,000円〈取得原価合計または要償却額合計〉}=0.125(12.5\%)〈総合償却率〉$$

136,000円〈取得原価合計〉×0.125＝17,000円〈減価償却費〉

2．総合償却資産の一部売却

総合償却には，次のような特徴がある。

> 総合償却法のもとでは，個々の資産の未償却残高は明らかでないから，平均耐用年数到来以前に除却される資産についても，除却損は計上されないで，除却資産原価（残存価額を除く）がそのまま減価償却累計額勘定から控除される。また，平均耐用年数の到来以後においても，資産が存在するかぎり未償却残高も残存するので，減価償却費の計上を資産がなくなるまで行うことが一般的である。

このため，総合償却資産の一部を途中で売却した場合には，特別な配慮が必要となる。

(1) 売却損益を計上する方法

前述のA機械を取得から2年後に3,000円で売却した場合には，次のようになる。

（減価償却累計額）（＊1）	24,000		（機　　　　械）		24,000
（現　金　預　金）	3,000		（機 械 売 却 益）（＊2）		3,000

（＊1）取得原価＝要償却額
（＊2）貸借差額

(2) 売却損益を計上しない方法

前述のA機械を取得から2年後に3,000円で売却した場合には，次のようになる。

（減価償却累計額）（＊）	21,000		（機　　　　械）		24,000
（現　金　預　金）	3,000				

（＊）貸借差額

4 有形固定資産の売却・除却・買換え

1. 有形固定資産の売却

(1) 売却損益の計算

有形固定資産を売却した場合には，その有形固定資産の売却時点における帳簿価額と売却価額との差額により売却損益を求める。

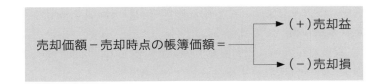

なお，売却時点の帳簿価額は，以下のように計算する。

① **期首に売却した場合** ⇨ **当期における減価償却費の計上は行わない**

> 取得原価 － 期首減価償却累計額 ＝ 帳簿価額

② **期中に売却した場合** ⇨ **期首から売却日までの減価償却費を月割計算して計上する**

> 取得原価 － 期首減価償却累計額 － 期首から売却時点までの減価償却費 ＝ 帳簿価額

(2) 売却損益の表示

有形固定資産の売却損益は臨時損益であり，「固定資産売却益」は，損益計算書の「特別利益」の区分に表示し，「固定資産売却損」は，損益計算書の「特別損失」の区分に表示する。

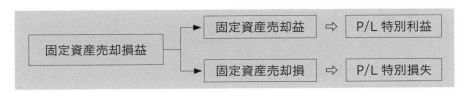

(3) 売却時の仕訳

① **売却価額＞帳簿価額の場合**

（減価償却累計額）	×××	（有形固定資産）	×××
（減 価 償 却 費）	×××	（固定資産売却益）	×××
（現 金 預 金）	×××		

② **売却価額＜帳簿価額の場合**

（減価償却累計額）	×××	（有形固定資産）	×××
（減 価 償 却 費）	×××		
（現 金 預 金）	×××		
（固定資産売却損）	×××		

2. 有形固定資産の除却

除却とは，有形固定資産を事業の用途から取り除くことをいう。除却した有形固定資産は，スクラップとして売却する場合と，そのまま廃棄する場合とがある。

(1) スクラップとして売却する場合

① 除却時

除却資産の売却価額（除却時の帳簿価額を超えるときは，除却時の帳簿価額とする。）を見積って「貯蔵品」へ振り替える。その際，除却時の帳簿価額と見積売却価額（評価額）との差額を「固定資産除却損」で処理する。

「貯蔵品」は，貸借対照表の「流動資産」の区分に表示し，「固定資産除却損」は，損益計算書の「特別損失」の区分に表示する。

（減価償却累計額）	×××	（有 形 固 定 資 産）	×××
（減 価 償 却 費）	×××		
（貯 蔵 品）	×××		
（固定資産除却損）	×××		

② その後売却した場合

その後売却した場合は，「貯蔵品」と売却価額との差額を「貯蔵品売却益」または「貯蔵品売却損」で処理する。

(a) 売却価額＞貯蔵品の帳簿価額 の場合

（現 金 預 金）	×××	（貯 蔵 品）	×××
		（貯 蔵 品 売 却 益）	×××

(b) 売却価額＜貯蔵品の帳簿価額 の場合

（現 金 預 金）	×××	（貯 蔵 品）	×××
（貯 蔵 品 売 却 損）	×××		

(2) そのまま廃棄される場合

除却資産に価値がないので，除却時の帳簿価額を「固定資産廃棄損」で処理し，損益計算書の「特別損失」の区分に表示する。

（減価償却累計額）	×××	（有 形 固 定 資 産）	×××
（減 価 償 却 費）	×××		
（固定資産廃棄損）	×××		

3．有形固定資産の買換え

　買換えとは，有形固定資産を下取りに供し，新たに有形固定資産を購入することをいう。つまり，旧資産の売却と新資産の購入を同時に行う取引である。

　下取りに供した有形固定資産は下取価格で売却したと考え，下取価格と帳簿価額の差額を「固定資産売却損益」として処理する。また，期中に買換えが行われた場合，期首から買換時の期間に係る減価償却費についても月割計算により計上する。

$$下取価格 - 下取資産の買換時の帳簿価額 = \begin{cases} (+) & 固定資産売却益 \\ (-) & 固定資産売却損 \end{cases}$$

設例 7-3　　　　　　　　　　　　　　　　　　　　　　　　　　　　　仕　訳

　×1年6月30日に車両（取得原価200,000円，期首減価償却累計額120,000円）を下取りに出し，新車300,000円を購入した。下取価格は100,000円であり，下取価格と新車代金の差額200,000円を現金預金で支払った。減価償却は，耐用年数5年，残存価額はゼロとして定額法により行っている。よって，買換時の仕訳を示しなさい。なお，会計期間は1年，当期は×1年4月1日から×2年3月31日までである。

【解答・解説】
　旧資産の売却取引と新資産の購入取引とに分解して考える。

(1)　**旧資産の売却取引 ⇨ 下取価格と帳簿価額の差額を売却損益として計上**

（減価償却累計額）	120,000	（車　　　　両）	200,000 旧
（減 価 償 却 費）（＊1）	10,000	（車 両 売 却 益）（＊3）	30,000
（現 　金 　預 　金）（＊2）	100,000		

（＊1）$200,000円 \div 5年 \times \dfrac{3か月}{12か月} = 10,000円$

（＊2）下取価格

（＊3）$100,000円\langle下取価格\rangle - \underbrace{(200,000円 - 120,000円 - 10,000円)}_{70,000円\,\langle買換時の帳簿価額\rangle} = 30,000円\langle売却益\rangle$

(2)　**新資産の購入取引**

新（車　　　　　両）	300,000	（現 　金 　預 　金）	300,000

(3)　**(1)と(2)の合計 ⇨ 結論**

（減価償却累計額）	120,000	（車　　　　　両）	200,000 旧
（減 価 償 却 費）（＊1）	10,000	（車 両 売 却 益）（＊3）	30,000
新（車　　　　　両）	300,000	（現 　金 　預 　金）（＊4）	200,000

（＊4）$300,000円\langle新車代金\rangle - 100,000円\langle下取価格\rangle = 200,000円\langle支払額\rangle$

下取価格が時価より高い場合

　問題文に下取りに供した有形固定資産の時価が与えられている場合で，下取価格が時価より高い場合には，その差額を新たに取得する有形固定資産に対する値引と考え，その資産の取得原価から控除する。また，時価と下取資産の買換時の帳簿価額との差額を「固定資産売却益」または「固定資産売却損」として処理する。

下　　取　　価　　格	新資産に対する値引（新資産の取得原価から控除）
下　取　資　産　の　時　価	
下取資産の買換時の帳簿価額	固定資産売却損益

　[設例7-3]の条件を一部変更し，下取車の時価100,000円，下取価格110,000円とした場合には，次のようになる。

(1) 旧資産の売却取引 ⇨ 時価と帳簿価額の差額を売却損益として計上

（減価償却累計額）	120,000	（車　　　　　　両）	200,000 旧
（減 価 償 却 費）（＊1）	10,000	（車 両 売 却 益）（＊3）	30,000
（現 金 預 金）（＊2）	100,000		

（＊1）$200,000円 \div 5年 \times \dfrac{3か月}{12か月} = 10,000円$

（＊2）下取車の時価

（＊3）$100,000円〈下取車の時価〉-\underbrace{(200,000円-120,000円-10,000円)}_{70,000円〈買換時の帳簿価額〉} = 30,000円〈売却益〉$

(2) 新資産の購入取引

新 （車　　　　　　両）	300,000	（現 金 預 金）	300,000

(3) 新資産の値引取引 ⇨ 下取価格と時価の差額を新資産から控除（値引）

（現 金 預 金）	10,000	（車　　　　　両）（＊4）	10,000 新

（＊4）$110,000円〈下取価格〉-100,000円〈下取車の時価〉 = 10,000円〈値引＝新車両から控除〉$

(4) (1)から(3)までの合計 ⇨ 結論

（減価償却累計額）	120,000	（車　　　　　　両）	200,000 旧
（減 価 償 却 費）（＊1）	10,000	（車 両 売 却 益）（＊3）	30,000
新 （車　　　　　　両）（＊6）	290,000	（現 金 預 金）（＊5）	190,000

（＊5）$300,000円〈新車代金〉-110,000円〈下取価格〉 = 190,000円〈支払額〉$

（＊6）$300,000円〈新車代金〉-10,000円〈値引〉 = 290,000円$

5 臨時損失と保険差益

「臨時損失」とは，災害，事故などの偶発的事情により，有形固定資産の実体が減失した場合に，この事実に対応して臨時的に実施される簿価の切下げである。

「保険差益」とは，保険事故の発生により受け取った保険金額が，被災直前の減失資産の帳簿価額を超える額をいう。

たとえば，建物が火災により焼失した場合には，焼失時の帳簿価額（当期中に焼失した場合には減価償却費を月割計上する。）と保険金受取額との差額を「保険差益」または「火災損失（臨時損失)」として損益計算書の「特別利益」または「特別損失」に計上する。

設例 7-4 　　　　　　　　　　　　　　　　　　仕　訳

×1年9月17日に建物（取得原価200,000円，期首減価償却累計額80,000円）が火災により焼失した。この建物は，定額法，耐用年数20年，残存価額ゼロにより償却している。よって，次の各条件ごとに仕訳を示しなさい。なお，当期は×1年4月1日から×2年3月31日までの1年である。

(1) 保険契約が付されていない場合
(2) 保険契約が付されており，保険金120,000円を現金で受け取った場合
(3) 保険契約が付されており，保険金100,000円を現金で受け取った場合

【解答・解説】

(1) 保険契約が付されていない場合

(減価償却累計額)	80,000	(建　　　　　物)	200,000
(減 価 償 却 費)（＊1)	5,000		
(火 災 損 失)（＊2)	115,000		
P/L特別損失			

（＊1) $200,000円÷20年×\dfrac{6か月}{12か月}=5,000円〈当期減価償却費〉$

（＊2) $200,000円-80,000円-5,000円=115,000円〈焼失時の帳簿価額〉$

(注) 保険契約が付されていないため焼失時の帳簿価額の全額が火災損失となる。

(2) 保険契約が付されており，保険金120,000円を受け取った場合

(減価償却累計額)	80,000	(建　　　　　物)	200,000
(減 価 償 却 費)（＊1)	5,000	(保 険 差 益)（＊3)	5,000
(現 金 預 金)	120,000	P/L特別利益	

（＊3) $120,000円〈保険金〉-115,000円〈焼失時の帳簿価額〉=5,000円〈保険差益〉$

(3) 保険契約が付されており，保険金100,000円を受け取った場合

（減価償却累計額）	80,000	（建　　物）	200,000
（減価償却費）（＊1）	5,000		
（現　金　預　金）	100,000		
（火　災　損　失）（＊4）	15,000		
P/L特別損失			

（＊4）100,000円〈保険金〉−115,000円〈焼失時の帳簿価額〉＝△15,000円〈火災損失〉

　なお，保険契約が付されている場合には，①焼失時，②保険金確定時，③保険金受取時を区別して段階的に処理する場合がある。この場合には，①焼失時には焼失時の帳簿価額を「火災未決算（保険未決算）」として処理し，②保険金確定時に「保険差益」または「火災損失」を計上する。上記(3)の仕訳を段階的に処理する場合には，次のようになる。

① 焼失時

（減価償却累計額）	80,000	（建　　物）	200,000
（減価償却費）（＊1）	5,000		
（火　災　未　決　算）（＊2）	115,000		

② 保険金確定時

（未　収　入　金）	100,000	（火　災　未　決　算）	115,000
（火　災　損　失）（＊4）	15,000		
P/L特別損失			

③ 保険金受取時

（現　金　預　金）	100,000	（未　収　入　金）	100,000

6 圧縮記帳

1. 圧縮記帳とは

圧縮記帳とは，国庫補助金などにより取得した有形固定資産について，その取得原価を一定額だけ減額（圧縮）し，減額（圧縮）後の帳簿価額を貸借対照表価額とする方法であり，法人税法上の課税の繰延べを図る政策的な制度である。

なお，圧縮記帳の対象となる有形固定資産については，次のようなものがある。

内　　　　　　容	圧　縮　限　度　額
(1)国庫補助金により取得した有形固定資産	国 庫 補 助 金 相 当 額
(2)工事負担金により取得した有形固定資産	工 事 負 担 金 相 当 額
(3)保険金により取得した有形固定資産	保 険 差 益 相 当 額

（注1）国庫補助金とは，国または地方公共団体から交付された有形固定資産取得のための補助金であり，受入時に「国庫補助金受贈益」を計上する。

（注2）工事負担金とは，電力会社，電信電話会社などが利用者から設備取得のために受け取った資金であり，受入時に「工事負担金受贈益」を計上する。

2. 圧縮記帳の会計処理

圧縮記帳の会計処理には，(1)直接減額方式（簿価減額方式）と(2)積立金方式とがある。

(1) 直接減額方式（簿価減額方式）

直接減額方式（簿価減額方式）とは，圧縮相当額について「固定資産圧縮損」を計上するとともに，同額を有形固定資産の取得原価（帳簿価額）から直接減額（直接減額法）または評価勘定を用いて間接的に減額（間接減額法）する方法である。「固定資産圧縮損」は，損益計算書の「特別損失」の区分に表示する。

直 接 減 額 法		間 接 減 額 法	
(固定資産圧縮損) ×× (有形固定資産) ××		(固定資産圧縮損) ×× (固定資産圧縮額) ××	
P/L特別損失　　　　　　　　　直接減額		P/L特別損失　　　　　　　　　評価勘定	

直接減額方式により圧縮記帳を行う場合の減価償却費の計算は，圧縮後の簿価（＝取得原価－圧縮額）を取得原価とみなして計算する。

なお，圧縮記帳を行った場合の貸借対照表の表示は，次のいずれかの方法によるものとする。

(1) 取得原価から国庫補助金等に相当する金額を控除する形式で記載する方法
(2) 取得原価から国庫補助金等に相当する金額を控除した残額のみを記載し，当該国庫補助金等の金額を注記する方法

　　次の取引について仕訳を示しなさい。なお，会計期間は１年，当期は×1年４月１日から×2年３月31日までである。

（1）×1年４月１日。国から国庫補助金300,000円を現金預金で受け入れ，国庫補助金に自己資金600,000円を加えて，備品900,000円を購入し，代金は現金預金で支払った。この備品は同日より営業の用に供しており，国庫補助金相当額の圧縮記帳を直接減額方式により行った。

（2）×2年３月31日決算。定額法（残存価額はゼロ，耐用年数３年）により減価償却を行う（記帳方法は間接法）。

【解答・解説】

（1）　国庫補助金の受入れと備品の取得（×1年４月１日＝当期首）

①　国庫補助金の受入れ

（現 金 預 金）	300,000	（国庫補助金受贈益）（＊１）	300,000
		P/L特別利益	

（＊１）国庫補助金相当額

②　備品の取得

　(a)　直接減額法

（備　　　　　品）	900,000	（現 金 預 金）	900,000
（備 品 圧 縮 損）（＊１）	300,000	（備　　　　　品）	300,000
P/L特別損失		直接減額	

　(b)　間接減額法

（備　　　　　品）	900,000	（現 金 預 金）	900,000
（備 品 圧 縮 損）（＊１）	300,000	（備 品 圧 縮 額）	300,000
P/L特別損失		評価勘定	

（2）　決算時（×2 年 3 月 31 日）

　　直接減額方式により圧縮記帳を行った場合の減価償却費の計算は，圧縮後の簿価（＝取得原価－圧縮額）を取得原価とみなして計算する。

（減 価 償 却 費）（＊２）	200,000	（減価償却累計額）	200,000

（＊２）（900,000円－300,000円）÷３年＝200,000円
　　　　600,000円〈圧縮後の簿価〉

　　なお，貸借対照表上の表示には，次の２つの方法がある。

①　間接控除方式

備　　　　　品	900,000	
備 品 圧 縮 額	△ 300,000	
減価償却累計額	△ 200,000	400,000

②　直接控除注記方式

備　　　　　品(注)		600,000
減価償却累計額	△200,000	400,000

（注）備品圧縮額300,000円が控除されている。

⑵　積立金方式

①　積立金方式とは

　積立金方式とは，有形固定資産について圧縮記帳を行う際に，取得原価（帳簿価額）は据え置く代わりに，決算時に任意積立金である「圧縮積立金（その他利益剰余金）」を積み立てる方法である。この場合には，減価償却のつど，「圧縮積立金」のうち減価償却費に対応する額を取り崩す。

　(注) 通常の任意積立金の積立ては，株主総会の決議事項であるが，税法で特に認められた積立金の積立てについては，決算時に積み立て，その後，株主総会で承認する。

②　税効果会計

　積立金方式では，企業会計上は，取得した資産は取得原価のまま据え置かれるが，法人税法上は，「圧縮額」を損金として算入することができる。このため，積立金方式による圧縮記帳を行った場合には，損金算入による「将来加算一時差異」が発生するため，税効果会計を適用し，「繰延税金負債」を計上する。なお，前述した直接減額方式の場合には，企業会計上も「圧縮額」を費用処理するため，差異は生じず，税効果会計も適用しない。［設例7－5］の金額により取得時の評価額を比較すると次のようになる。

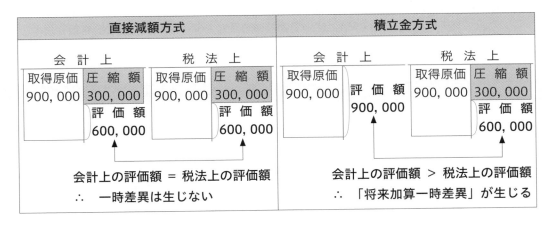

③ 会計処理

積立金方式による会計処理の要点は次のとおりである。

(a)	国庫補助金の受入れ	国庫補助金の受入額を「**国庫補助金受贈益（P／L特別利益）**」とする。
(b)	資　産　の　取　得	自己資金とあわせて取得原価を「**有形固定資産**」とする。
(c)	圧縮額と税効果会計 （将来加算一時差異の発生）	圧縮額に法定実効税率を乗じた額を「**繰延税金負債（B／S固定負債）**」とする。
(d)	圧縮積立金の積立て	圧縮額から繰延税金負債を控除した額を「**圧縮積立金（B／Sその他利益剰余金）**」とする。 （注）積立金は，利益の留保額である繰越利益剰余金から積み立てられるため，税効果会計を適用する場合には，税効果後の利益にもとづいて積み立てる。
(e)	減価償却費の計上	取得原価にもとづいて「**減価償却費**」を計上する。
(f)	減価償却費と税効果会計 （将来加算一時差異の解消）	企業会計上は，取得原価にもとづいて「**減価償却費**」を計上するが，法人税法上は，直接減額方式と同様に圧縮後の簿価にもとづいた「**減価償却費**」が損金算入される。この減価償却費の計上額の差額が将来加算一時差異の解消となる。よって，減価償却費の計上額の差額に法定実効税率を乗じた額の「**繰延税金負債**」を取り崩す。
(g)	圧縮積立金の取崩し	「**圧縮積立金**」のうち「**減価償却費**」に対応する額を取り崩す。

設例 7-6　　　　　　　　　　　　　　　　　　　　　　　仕　訳

　次の取引について仕訳を示しなさい。なお，会計期間は1年，当期は×1年4月1日から×2年3月31日までである。また，法定実効税率30％として税効果会計を適用し，税効果会計の処理は決算時に行うものとする。

(1) ×1年4月1日。国から国庫補助金300,000円を現金預金で受け入れ，国庫補助金に自己資金600,000円を加えて，備品900,000円を購入し，代金は現金預金で支払った。この備品は同日より営業の用に供しており，国庫補助金相当額の圧縮記帳は積立金方式によることとした。

(2) ×2年3月31日決算。定額法（残存価額はゼロ，耐用年数3年）により減価償却を行う（記帳方法は間接法）。

【解答・解説】

(1) 国庫補助金の受入れと備品の取得（×1年4月1日＝当期首）

① 国庫補助金の受入れ

（現 金 預 金）（＊1）300,000	（国庫補助金受贈益）	300,000
	P/L特別利益	

（＊1）国庫補助金相当額

② 備品の取得

（備 品）	900,000	（現 金 預 金）	900,000

（注）積立金方式のため圧縮損は計上しない。また，圧縮積立金の積立ては決算時に行う。

(2) 決算時（×2年3月31日）

① 減価償却（取得原価にもとづいて計上）

（減 価 償 却 費）（＊2）300,000	（減価償却累計額）	300,000

（＊2）900,000円 ÷ 3年 ＝ 300,000円〈会計上の減価償却費〉

② 税効果会計

(a) 将来加算一時差異の発生

（法人税等調整額）（＊3）90,000	（繰 延 税 金 負 債）	90,000
	B/S固定負債	

（＊3）300,000円〈圧縮額相当額＝将来加算一時差異の発生額〉× 30% ＝ 90,000円

(b) 将来加算一時差異の解消

（繰 延 税 金 負 債）（＊4）　30,000	（法人税等調整額）　　　30,000

（＊4）（900,000円－300,000円〈圧縮額相当額〉）÷3年＝200,000円〈税法上の減価償却費〉
　　　　　　　600,000円〈圧縮後の簿価〉
　　　　（300,000円〈会計上の減価償却費〉－200,000円〈税法上の減価償却費〉）×30％＝30,000円
　　　　　　　100,000円〈将来加算一時差異の解消額〉
∴　B/S繰延税金負債：90,000円－30,000円＝60,000円
　　P/L法人税等調整額：90,000円－30,000円＝60,000円（借方）

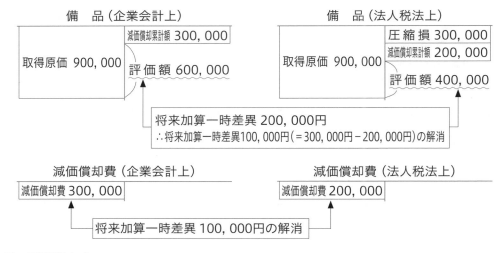

③　圧縮積立金
(a)　圧縮積立金の積立て

（繰越利益剰余金）（＊5）210,000	（圧 縮 積 立 金）　　　210,000

（＊5）300,000円〈国庫補助金相当額〉－90,000円〈繰延税金負債の計上額〉＝210,000円

(b)　圧縮積立金の取崩し

（圧 縮 積 立 金）（＊6）　70,000	（繰越利益剰余金）　　　　70,000

（＊6）210,000円〈圧縮積立金の積立額〉÷3年＝70,000円
∴　B/S圧縮積立金：210,000円－70,000円＝140,000円

当期の損益計算書および貸借対照表の項目をまとめると次のとおりである。

損益計算書　　（単位：円）

減価償却費	300,000	国庫補助金受贈益	300,000
法人税等調整額	60,000		

貸借対照表　　（単位：円）

備　　　品	900,000	繰延税金負債	60,000
減価償却累計額	△300,000	圧縮積立金	140,000

また，繰延税金負債および圧縮積立金の各年度末における残高を求めると次のとおりである。

	会計上	税法上	将来加算一時差異 発生・解消	将来加算一時差異 残　　高	繰 延 税 金 負 債 計上・取崩	繰 延 税 金 負 債 残　　高	圧 縮 積 立 金 積立・取崩	圧 縮 積 立 金 残　　高
×1年度 圧 縮 額	0	300,000	300,000	300,000	90,000	90,000	210,000	210,000
×1年度 減価償却費	300,000	200,000	△100,000	200,000	△30,000	60,000	△70,000	140,000
×2年度 減価償却費	300,000	200,000	△100,000	100,000	△30,000	30,000	△70,000	70,000
×3年度 減価償却費	300,000	200,000	△100,000	0	△30,000	0	△70,000	0
合　　計	900,000	900,000	——		——		——	

(注) ×3年度末における残存簿価（備忘価額）1円はないものとする。

7 固定資産の減損会計

1. 固定資産の減損会計とは

土地，建物などの固定資産は，取得原価基準にもとづき原則として取得原価から減価償却等を控除した金額で評価される。しかし，固定資産の利用によって得られる収益が，当初の予想よりも低下した場合には，資産の回収可能性を帳簿価額に反映させなければならない場合がある。このような場合には，固定資産の過大な帳簿価額を減額し，将来に損失を繰り延べないための会計処理が必要となる。これを固定資産の減損会計という。

なお，固定資産の減損会計は，金融商品に適用されている時価評価とは異なり，取得原価基準の下で行われる帳簿価額の臨時的な減額である。

固定資産の減損会計の対象となるものは，固定資産全般（投資不動産，ファイナンス・リース取引を含む）であるが，「金融商品に関する会計基準」における金融商品や「税効果会計に係る会計基準」における繰延税金資産など他の基準に定めのあるものは除かれる。

2. 減損会計の手順

固定資産の減損会計は，次の手順で行われる。

(1) 対象となる資産のグルーピングを行う（認識・測定する単位を決定する）。
(2) 資産または資産グループごとに減損の兆候を把握する。
(3) 減損の兆候のある資産または資産グループについては，減損損失を認識するかどうかを判定する。
(4) 減損損失を認識すべきと判定された資産または資産グループについては，減損損失の金額を測定し，計上する。

(1) 資産のグルーピング

固定資産の減損会計では，資産をおおむね独立したキャッシュ・フロー（現金等の収支）を生み出す最小の単位でグルーピングすることを原則とし，管理会計上の区分，投資の意思決定を行う際の単位などを考慮して決定する。

(注) 本社建物，研究設備などの共用資産に減損の兆候がある場合には，共用資産を加えたより大きな単位で，減損損失を認識するかどうかを判定する。ただし，共用資産の帳簿価額を共用資産に関連する資産または資産グループに合理的な基準で配分することができる場合には，共用資産の帳簿価額を各資産または資産グループに配分し，減損損失を認識するかどうかを判定することができる。

(2) **減損の兆候の把握**

　資産または資産グループごとに減損が生じている可能性を示す事象（以下，減損の兆候という）があるかどうかを把握する。減損の兆候としては，次の事象が考えられる。

> ① 営業活動から生ずる損益またはキャッシュ・フローが，継続してマイナスとなっているか，あるいは，継続してマイナスとなる見込みであること
> ② 回収可能価額（正味売却価額または使用価値）を著しく低下させる変化が生じたか，あるいは，生ずる見込みがあること
> 　・事業を廃止または再編成すること
> 　・当初の予定よりも著しく早期に処分すること
> 　・当初の予定と異なる用途に転用すること
> 　・遊休状態になったこと
> 　　など
> ③ 経営環境が著しく悪化したか，あるいは，悪化する見込みであること
> ④ 市場価格が著しく下落したこと

(注1) いずれの場合も資産または資産グループごとあるいは関連する営業活動または事業ごとに把握する。
(注2) 回収可能価額とは，資産または資産グループの正味売却価額と使用価値のいずれか高い方の金額をいう。
(注3) 正味売却価額とは，資産または資産グループの時価（市場価格または合理的に算定された価額）から処分費用見込額を控除して算定される金額をいう。
(注4) 使用価値とは，資産または資産グループの継続的使用と使用後の処分によって生ずると見込まれる将来キャッシュ・フローの現在価値をいう。

(3) **減損損失の認識**

　減損の兆候があると把握された資産または資産グループについては，さらに，減損損失を認識するかどうかを判定する。減損損失を認識するかどうかの判定は，資産または資産グループから得られる割引前将来キャッシュ・フローの総額と帳簿価額を比較し，割引前将来キャッシュ・フローの総額が帳簿価額を下回る場合には，減損損失を認識する。

> ① 帳簿価額 ≦ 割引前将来キャッシュ・フロー ⇨ 減損損失を認識しない
> ② 帳簿価額 ＞ 割引前将来キャッシュ・フロー ⇨ 減損損失を認識する

　なお，割引前将来キャッシュ・フローを見積る期間は，資産または資産グループ中の主要な資産の経済的残存使用年数と20年のうち，いずれか短い方とする。

(注) 将来キャッシュ・フローの見積りにあたっては，次の点に留意する。
　・企業に固有の事情を反映した合理的で説明可能な仮定および予測にもとづいて見積る。
　・現在の使用状況および合理的な使用計画などを考慮する。
　・生起する可能性の最も高い単一の金額，または生起しうる複数の将来キャッシュ・フローをそれぞれの確率で加重平均した金額とする。
　・間接的に生ずる支出は，合理的な方法により配分し，将来キャッシュ・フローの見積りに際し控除する。
　・将来キャッシュ・フローには，利息の支払額ならびに法人税等の支払額および還付額を含めない。
　・資産または資産グループ中の主要な資産の経済的残存使用年数が20年を超える場合には，20年経過時点の回収可能価額（21年目以降の将来キャッシュ・フローを20年目の時点まで割り引いた価額）を算定し，20年目までの割引前将来キャッシュ・フローに加算する。

⑷ 減損損失の測定

　減損損失を認識すべきと判定された資産または資産グループについては，帳簿価額を回収可能価額（正味売却価額または使用価値のいずれか高い方）まで減額し，その減少額を減損損失として当期の損失（Ｐ／Ｌ特別損失）とする。なお，計上された減損損失は，翌期以降に戻入れは行わない（棚卸資産や有価証券における切放方式と同様）。

　次の資料にもとづいて×1年度期末に所有する備品について⑴減損損失の認識を「する」か「しない」かを判定し○で囲みなさい。また，⑵減損損失の認識を「する」と答えた場合には，減損損失の金額を求めなさい。なお，この備品の×1年度期末からの残存耐用年数は４年であり，使用価値の算定にあたっては割引率を年３％とし，円未満の端数が生じた場合には，その都度四捨五入すること。

（資　料）

取　　得　　原　　価		2,000円
×1年度期末の減価償却累計額		800円
×1年度期末の帳簿価額		1,200円
割　引　前　将　来キャッシュ・フロー	×2年度	258円
	×3年度	212円
	×4年度	164円
	×5年度	225円
	合　計	859円
×1年度期末の正味売却価額		750円

（注）各年度の割引前将来キャッシュ・フローは各年度の期末に発生するとみなす。

【解　答】

⑴　減損損失の認識	する　　しない
⑵　減損損失の測定	400円

【解　説】

(1) 減損損失の認識

帳簿価額と割引前将来キャッシュ・フローを比較する。

1,200円〈帳簿価額〉＞ 859円〈割引前将来キャッシュ・フローの合計〉

∴　減損損失を認識する。

(2) 減損損失の測定

正味売却価額と使用価値（将来キャッシュ・フローの現在価値）を比較して，いずれか高い方の金額を回収可能価額とし，帳簿価額と回収可能価額の差額を減損損失とする。

① 使用価値の計算と回収可能価額の決定

×2年度	250円	← 258円÷1.03
×3年度	200円	← 212円÷1.03^2
×4年度	150円	← 164円÷1.03^3
×5年度	200円	← 225円÷1.03^4
使用価値	800円	＞ 750円〈正味売却価額〉　∴　回収可能価額：800円

② 減損損失の測定

1,200円〈帳簿価額〉－800円〈回収可能価額〉＝400円〈減損損失〉

3. 貸借対照表における表示

　減損処理を行った資産の貸借対照表における表示は，原則として，減損処理前の取得原価から減損損失を直接控除し，控除後の金額をその後の取得原価とする形式で行う。ただし，その資産の取得原価から間接控除する形式で表示することもできる。この場合，減損損失累計額を減価償却累計額に合算して表示することができる。

(1) 原則：直 接 控 除 形 式…取得原価から減損損失を直接控除して表示
(2) 容認：独立間接控除形式…取得原価から減損損失累計額を控除する形式で表示
(3) 容認：合算間接控除形式…取得原価から減価償却累計額と合算して控除する形式で表示

〈例〉備品の取得原価 2,000円，減価償却累計額 800円，減損損失累計額 400円

(1) 直接控除形式	(2) 独立間接控除形式	(3) 合算間接控除形式
備　品　1,600	備　品　2,000	備　品　2,000
減価償却累計額　△800　800	減価償却累計額　△800	減価償却累計額　△1,200　800
	減損損失累計額　△400　800	

(注) 合算間接控除形式によった場合には，「減価償却累計額」として表示し，減損損失累計額が含まれる旨を注記するか，「減価償却累計額及び減損損失累計額」として表示する。

なお，貸借対照表における表示にあわせた場合の仕訳は，次のようになる。

(1) **直接控除形式**

（減 損 損 失）	400	（備　　　　　品）	400
P/L特別損失		直接控除	

(2) **独立間接控除形式**

（減 損 損 失）	400	（減損損失累計額）	400
P/L特別損失		B/S備品から控除	

(3) **合算間接控除形式**

（減 損 損 失）	400	（減価償却累計額）	400
P/L特別損失		B/S備品から控除	

4. 資産グループについて認識された減損損失の配分

資産グループについて認識された減損損失は，帳簿価額にもとづく比例配分等の合理的な方法により，その資産グループの各構成資産に配分する。

設例 7-8

当期末に保有する備品A，備品Bおよび備品Cに関する資料にもとづいて，各資産に対する減損損失の金額を求めなさい。なお，備品A，備品Bおよび備品Cをグルーピングしており，資産グループに対して認識された減損損失は，帳簿価額にもとづき各構成資産に配分する。

（資　料）

	資産グループX			
	備品A	備品B	備品C	合　計
帳　簿　価　額	240,000円	160,000円	200,000円	600,000円
割引前将来キャッシュ・フロー	—	—	—	350,000円
回 収 可 能 価 額	—	—	—	330,000円

【解 答】

備 品 A	108,000円
備 品 B	72,000円
備 品 C	90,000円

【解 説】

(1) 減損損失の認識

600,000円〈資産グループXの帳簿価額合計〉＞350,000円〈割引前将来キャッシュ・フロー〉

∴ 減損損失を認識する

(2) 減損損失の測定

600,000円〈資産グループXの帳簿価額合計〉－330,000円〈回収可能価額〉

＝270,000円〈減損損失〉

(3) 減損損失の配分（原則の仕訳を示している）

(減 損 損 失)	270,000	(備 品 A)(＊1)	108,000
		(備 品 B)(＊2)	72,000
		(備 品 C)(＊3)	90,000

(＊1) $270,000円 \times \dfrac{240,000円〈備品A〉}{600,000円〈帳簿価額合計〉} = 108,000円〈備品A〉$

(＊2) $270,000円 \times \dfrac{160,000円〈備品B〉}{600,000円〈帳簿価額合計〉} = 72,000円〈備品B〉$

(＊3) $270,000円 \times \dfrac{200,000円〈備品C〉}{600,000円〈帳簿価額合計〉} = 90,000円〈備品C〉$

5. 減損処理後の減価償却

減損処理を行った資産については，減損損失を控除した帳簿価額，残存価額，残存耐用年数にもとづき減価償却を行う。

(1) 定額法の場合

減価償却費＝（取得原価－減価償却累計額－減損損失累計額－残存価額）
÷残存耐用年数

(注) 残存価額は，耐用年数到来時において予想される正味売却価額とする。

(2) 定率法の場合

減価償却費＝（取得原価－減価償却累計額－減損損失累計額）×償却率

(注) 償却率は，減損処理後の残存価額，残存耐用年数にもとづき新たに計算する。

〈例1〉 前期末に備品（取得原価2,000円，減価償却累計額800円）に対して減損損失400円を計上した。減損処理後の残存価額はゼロ，残存耐用年数は4年である。よって，当期の減価償却費を定額法により求めなさい。

(2,000円−800円−400円)÷4年＝200円〈減価償却費〉

800円〈減損処理後の未償却残高〉

〈例2〉 前期末に備品（取得原価2,000円，減価償却累計額800円）に対して減損損失400円を計上した。減損処理後の残存価額はゼロ，残存耐用年数は4年である。よって，当期の減価償却費を200％定率法（償却率0.5）により求めなさい。なお，円未満の端数が生じた場合には四捨五入すること。

(2,000円−800円−400円)×0.5＝400円〈減価償却費〉

800円〈減損処理後の未償却残高〉

6. 共用資産の取扱い

(1) 共用資産とは

減損損失の認識および測定は，おおむね独立したキャッシュ・フローを生み出す最小の単位でグルーピングすることを前提とする。しかし，1つの工場で機械Aを使って製品Aを製造し，機械Bを使って製品Bを製造している場合のように，機械は製品ごとに独立したキャッシュ・フローを把握することができるが，工場用の土地・建物などのように製品A，製品Bに共通して使用しているものは独立したキャッシュ・フローを把握することができない。

このように複数の資産または資産グループの将来キャッシュ・フローの生成に寄与する資産のうち，のれん以外のものを共用資産という。

(2) 減損損失の認識と測定

共用資産がある場合には，次の方法により減損損失の認識および測定を行う。

① 共用資産を含むより大きな単位で行う方法（原則）
② 共用資産の帳簿価額を各資産グループに配分して行う方法（容認）

(3) 共用資産を含むより大きな単位で行う方法

共用資産に減損の兆候がある場合には，共用資産を含むより大きな単位で減損損失の認識と測定を行い，共用資産を含めて計算した減損損失が，共用資産を含まずに計算した減損損失を上回る場合には，その超過額を原則として，共用資産に対する減損損失とする。なお，「のれん」がある場合には，共用資産と同様に処理する。

① 共用資産を含めずに減損損失を計算する。
② 共用資産を含めて減損損失を計算する。
③ ① ＜ ②の場合
　②−①＝共用資産の減損損失

　当期末に保有する機械A，Bおよび共用資産に関する以下の資料にもとづいて，各資産に対する減損損失の金額を求めなさい。

（資　料）

	機 械 A	機 械 B	共用資産	合　　計
取　　得　　原　　価	300,000円	400,000円	250,000円	950,000円
減 価 償 却 累 計 額	135,000円	180,000円	90,000円	405,000円
帳　　簿　　価　　額	165,000円	220,000円	160,000円	545,000円
割引前将来キャッシュ・フロー	150,000円	230,000円	—	405,000円
正　味　売　却　価　額	130,000円	225,000円	145,000円	500,000円
使　　用　　価　　値	120,000円	200,000円	—	340,000円
回　収　可　能　価　額	130,000円	225,000円	—	500,000円

【解　答】

機　　械　　A	35,000円
機　　械　　B	0円
共 用 資 産	10,000円

【解　説】

(1)　減損損失の認識

①　機 械 A　165,000円〈帳簿価額〉＞150,000円〈割引前将来ＣＦ〉

　　∴　認識する

②　機 械 B　220,000円〈帳簿価額〉＜230,000円〈割引前将来ＣＦ〉

　　∴　認識しない

③　共用資産　545,000円〈帳簿価額合計〉＞405,000円〈割引前将来ＣＦ合計〉

　　∴　認識する

　　(注) 共用資産がある場合の減損損失の認識は，共用資産を含むより大きな単位で行う。

(2)　減損損失の測定

①　機 械 A　165,000円〈帳簿価額〉－130,000円〈回収可能価額〉＝35,000円〈減損損失〉

②　機 械 B　減損損失はない

③　共用資産　545,000円〈帳簿価額合計〉－500,000円〈回収可能価額合計〉

　　　　　　　＝45,000円〈減損損失合計〉

　　　　　　　45,000円－35,000円〈機械Aの減損損失〉＝10,000円〈共用資産の減損損失〉

研究 共用資産の帳簿価額を各資産グループに配分して行う場合

　共用資産の帳簿価額を共用資産に関連する資産または資産グループに合理的な基準で配分することができる場合には，共用資産の帳簿価額を各資産または資産グループに配分したうえで，減損損失の認識と測定を行うことができる。この場合には，資産グループについて認識された減損損失は，帳簿価額にもとづく比例配分等の合理的な方法により，共用資産の配分額を含む資産グループの各構成資産に配分する。

> ① 共用資産の帳簿価額を資産または資産グループに配分する。
> ② 共用資産の配分額を含む資産グループごとに減損損失を計算する。
> ③ 減損損失を共用資産を含む各構成資産に配分する。

〈例〉 当社は工場用の建物の中で機械C，Dを使用して製品Xを製造し，機械E，Fを使用して製品Yを製造している。製品別に独立したキャッシュ・フローを生み出すことができるため，減損損失の認識と測定にあたっては，機械C，Dを資産グループX，機械E，Fを資産グループYとし，建物を共用資産とする。よって，共用資産の帳簿価額を各資産グループに配分する方法により，各資産の減損損失を求めなさい。なお，共用資産の配分割合は，資産グループXに40％，資産グループYに60％とし，資産グループについて認識された減損損失は，配分された共用資産も含む帳簿価額にもとづいて共用資産も含む各構成資産に配分する。なお，建物の正味売却価額は考慮しなくてよい。

(単位：円)

	資産グループX			資産グループY			建 物	合 計
	機械C	機械D	小 計	機械E	機械F	小 計		
帳 簿 価 額	120,000	80,000	200,000	210,000	90,000	300,000	250,000	750,000
減 損 の 兆 候	あ り			な し			あ り	—
割引前将来キャッシュ・フロー	175,000			495,000			—	670,000
回 収 可 能 価 額	165,000			475,000			—	640,000

【解 答】

機 械 C	54,000	円
機 械 D	36,000	円
機 械 E	0	円
機 械 F	0	円
建 物	45,000	円

1．建物（共用資産）の帳簿価額の配分

250,000円〈帳簿価額（建物）〉×40％＝100,000円〈資産グループXへの配分額〉

250,000円〈帳簿価額（建物）〉×60％＝150,000円〈資産グループYへの配分額〉

2．資産グループX

200,000円〈帳簿価額（小計）〉＋100,000円〈建物の配分額〉

＝300,000円〈建物の配分額を含む帳簿価額〉

300,000円〈建物の配分額を含む帳簿価額〉＞175,000円〈割引前将来ＣＦ〉

∴　減損損失を認識する。

300,000円〈建物の配分額を含む帳簿価額〉－165,000円〈回収可能価額〉

＝135,000円〈資産グループXの減損損失〉

$135,000円 \times \dfrac{120,000円}{300,000円} = 54,000円$〈機械Cの減損損失〉

$135,000円 \times \dfrac{80,000円}{300,000円} = 36,000円$〈機械Dの減損損失〉

$135,000円 \times \dfrac{100,000円}{300,000円} = 45,000円$〈建物の減損損失〉

3．資産グループY

300,000円〈帳簿価額（小計）〉＋150,000円〈建物の配分額〉

＝450,000円〈建物の配分額を含む帳簿価額〉

450,000円〈建物の配分額を含む帳簿価額〉＜495,000円〈割引前将来ＣＦ〉

∴　減損損失を認識しない。

4．建物（共用資産）の減損損失

45,000円〈資産グループXの分〉＋0円〈資産グループYの分〉＝45,000円〈建物の減損損失〉

8 資産除去債務

1. 資産除去債務とは

「資産除去債務」とは，有形固定資産の取得，建設，開発または通常の使用によって生じ，その有形固定資産の除去に関して法令または契約で要求される法律上の義務およびそれに準じるものをいう。有形固定資産を除去する場合には，解体作業や廃材の処分などのために「除去費用」が生じることがある。そこで，法令または契約によって有形固定資産を除去する義務が生じている場合には，その義務を「資産除去債務」として負債の部に計上する。

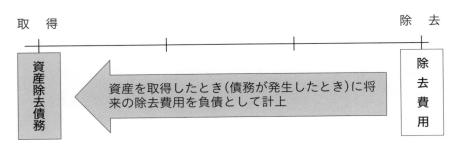

（注1）資産除去債務の計上の対象となる「有形固定資産」には，貸借対照表の有形固定資産に区分される資産のほか，それに準じる有形の資産が含まれる。したがって，建設仮勘定やリース資産，投資その他の資産に区分される投資不動産なども資産除去債務の計上の対象となる。

（注2）有形固定資産の「除去」とは，有形固定資産を用役提供から除外することをいう（一時的に除外する場合を除く）。具体的には，売却，廃棄，リサイクルなどが除去に該当するが，転用や用途変更および遊休状態になる場合は除去に該当しない。

（注3）「法律上の義務またはそれに準じるもの」には，有形固定資産に使用されている有害物質等（土壌汚染やアスベストなど）を法律等の要求する特別の方法で除去する義務も含まれる。また，法律上の義務でなくとも，過去の判例や行政当局からの通達等により，法律上の義務とほぼ同等の不可避的な支出が義務づけられているものは，法律上の義務に準じるものに該当すると考えられる。ただし，企業が自発的な計画のみによって除去する場合には，法律上の義務に準じるものには該当しない。

2. 資産除去債務の負債計上と除去費用の資産計上（発生時）

(1) 資産除去債務の負債計上と除去費用の資産計上

「資産除去債務」は，有形固定資産の取得，建設，開発または通常の使用によって発生したときに負債として計上し，「資産除去債務」に対応する除去費用は，「資産除去債務」と同額を，関連する「有形固定資産」の帳簿価額に加算し資産として計上する。

（注1）資産除去債務は，通常，有形固定資産の取得，建設，開発の時点で発生すると考えられるが，土壌汚染のように有形固定資産の使用により発生する場合もある。

（注2）資産除去債務の発生時に，その金額を合理的に見積ることができない場合には，資産除去債務を計上せずに，合理的に見積ることができるようになったときに負債として計上する。

203

⑵ 資産除去債務の算定

「資産除去債務」は，その発生時に，有形固定資産の除去に要する割引前の将来キャッシュ・フロー（除去するために必要な支出額）を見積り，割引後の金額（現在価値）で算定する。なお，現在価値を計算するための割引率には，貨幣の時間価値を反映した無リスクの税引前の利率（利付国債の流通利回りなど）を使用する。

$$資産除去債務 = 将来キャッシュ・フロー \times \frac{1}{(1+r)^n}$$

$$r = 割引率, \quad n = 発生から除去までの期間$$

| （有形固定資産） | ××× | （資産除去債務） | ××× |
| 除去費用 | | | |

3. 除去費用の費用配分と調整額（利息費用）の処理（決算時）

⑴ 除去費用の費用配分

資産計上された「資産除去債務」に対応する除去費用は，関連する有形固定資産の残存耐用年数にわたり，各期に費用配分する（減価償却と同様に処理）。

$$除去費用の費用配分額（定額法の場合） = 資産計上された除去費用 \div 残存耐用年数$$

| （減価償却費） | ××× | （減価償却累計額） | ××× |
| 除去費用の費用配分額 | | | |

（注）「資産除去債務」が有形固定資産の稼働等にしたがって，使用のつど発生する場合には，「資産除去債務」に対応する除去費用を各期においてそれぞれ資産計上し，関連する有形固定資産の残存耐用年数にわたり，各期に費用配分するが，計上時期と同一の会計期間に，資産計上額と同一の金額を費用処理することも認められる。

⑵ 時の経過による資産除去債務の調整額（利息費用）の処理

「資産除去債務」は，発生時に割引計算された現在価値で計上しているため，時の経過によって増加させる必要がある。この増加額を時の経過による資産除去債務の調整額（利息費用）という。時の経過による資産除去債務の調整額（利息費用）は，期首の「資産除去債務」の帳簿価額に負債計上時の割引率を乗じて算定し，その発生時の費用として処理する。

$$調整額（利息費用） = 期首の資産除去債務 \times 割引率$$

| （減価償却費） | ××× | （資産除去債務） | ××× |
| 利息費用 | | | |

（注）利息費用は，減価償却費に含めずに「利息費用」または「資産除去債務調整額」として処理することもある。

204

4. 表 示

　「資産除去債務」は，「固定負債」の区分に表示する。ただし，貸借対照表日後1年以内に資産除去債務の履行が見込まれる場合には，「流動負債」の区分に表示する。

　資産計上された「資産除去債務」に対応する除去費用に係る費用配分額および時の経過による「資産除去債務」の調整額（利息費用）は，関連する有形固定資産の減価償却費と同じ区分に表示する。また，資産除去債務の履行時における「資産除去債務」の残高と実際の支払額との差額は，原則として，資産除去債務に対応する除去費用に係る費用配分額と同じ区分に含めて計上する。したがって，通常の「有形固定資産」に対するものは，「販売費及び一般管理費」に表示するが，「投資不動産」に対するものは，「営業外費用」に表示する。

・資産除去債務	1年以内に履行	B／S流動負債
	1年を超えて履行	B／S固定負債
・資産計上した除去費用の費用配分額 ・時の経過による調整額（利息費用） ・履行時の債務と支払額との差額	通常の有形固定資産	P／L販売費及び一般管理費
	投資不動産	P／L営業外費用

設例 7-10 　　　　　　　　　　　　　　　　　　　　　　仕 訳

　×1年度期首に機械30,000円を取得し，使用を開始した。機械の使用可能期間は3年であり，使用後に除去する法的義務がある。3年後に除去するときの支出は2,000円と見積られた。資産除去債務は割引率5％で算定する。機械および資産計上された資産除去債務に対応する除去費用は，定額法，残存価額0，耐用年数3年で減価償却する。また，3年後に除去したときの支出は2,200円であり，機械の処分価値はなかった。なお，計算上，円未満の端数が生じた場合には，四捨五入すること。よって，仕訳を示しなさい。時の経過による資産除去債務の調整額（利息費用）は，減価償却費として処理すること。

【解説・解答】
(1)　×1年度期首（取得）
①　機械の計上

（機　　　　　械）	30,000	（現 金 預 金）	30,000

②　資産除去債務の計上
　3年後の将来キャッシュ・フローの見積額2,000円を割引率5％で割り引き，資産除去債務を算定する。

（機　　　　械）(*)	1,728	（資 産 除 去 債 務）	1,728

（*）2,000円÷1.05³≒1,728円〈資産除去債務〉

(2) ×1年度期末（決算）

① 機械の減価償却

| （減 価 償 却 費）(＊) | 10,000 | （減価償却累計額） | 10,000 |

（＊）30,000円 ÷ 3 年 = 10,000円〈減価償却費〉

② 除去費用の費用配分

資産計上した除去費用は減価償却と同様に費用配分する。

| （減 価 償 却 費）(＊) 除去費用の費用配分額 | 576 | （減価償却累計額） | 576 |

（＊）1,728円 ÷ 3 年 = 576円〈除去費用の費用配分額〉

③ 時の経過による資産除去債務の調整額（利息費用）の処理

期首の資産除去債務に割引率を乗じて，時の経過による資産除去債務の調整額（利息費用）を算定し，資産除去債務を増加させる。なお，借方科目は減価償却費とする。

| （減 価 償 却 費）(＊) 利息費用 | 86 | （資 産 除 去 債 務） | 86 |

（＊）1,728円 × 5 ％ ≒ 86円〈利息費用〉

(3) ×2年度期末（決算）

① 機械の減価償却

| （減 価 償 却 費）(＊) | 10,000 | （減価償却累計額） | 10,000 |

（＊）30,000円 ÷ 3 年 = 10,000円〈減価償却費〉

② 除去費用の費用配分

| （減 価 償 却 費）(＊) 除去費用の費用配分額 | 576 | （減価償却累計額） | 576 |

（＊）1,728円 ÷ 3 年 = 576円〈除去費用の費用配分額〉

③ 時の経過による資産除去債務の調整額（利息費用）の処理

| （減 価 償 却 費）(＊) 利息費用 | 91 | （資 産 除 去 債 務） | 91 |

（＊）(1,728円 + 86円) × 5 ％ ≒ 91円〈利息費用〉
　　　 1,814円

(4) ×3年度期末（除去）

① 機械の減価償却

| （減 価 償 却 費）(＊) | 10,000 | （減価償却累計額） | 10,000 |

（＊）30,000円 ÷ 3 年 = 10,000円〈減価償却費〉

② 除去費用の費用配分

（減 価 償 却 費）（＊）	576	（減価償却累計額）	576

除去費用の費用配分額

（＊）1,728円÷3年＝576円〈除去費用の費用配分額〉

③ 時の経過による資産除去債務の調整額（利息費用）の処理

（減 価 償 却 費）（＊）	95	（資 産 除 去 債 務）	95

利息費用

（＊）（1,728円＋86円＋91円）×5％≒95円〈利息費用〉
　　　　　1,905円
　　　または　2,000円－1,905円＝95円

④ 除去

(a) 機械の除去

　機械の除去（廃棄）の処理を行う。なお，本例では，残存価額0，処分価値なしのため，除却損益は計上されない。

（減価償却累計額）（＊）	31,728	（機　　　　　械）	31,728

（＊）30,000円＋1,728円＝31,728円

(b) 資産除去債務の履行

　資産除去債務の残高と実際支払額との差額（履行差額）を費用処理する。

（資 産 除 去 債 務）（＊1）	2,000	（現 金 預 金）	2,200
（資 産 除 去 費 用）（＊2）	200		

履行差額

（＊1）1,728円＋86円＋91円＋95円＝2,000円〈資産除去債務の残高〉
（＊2）貸借差額

なお，財務諸表上の各金額は，次のようになる。

	機　　械 A	減価償却累計額 B	資産除去債務 C	減価償却費（機械分）D	除去費用の費用配分額 E	調整額（利息費用）F	減価償却費（費用合計）G
×1年度期首	31,728	0	1,728	0	0	0	0
×1年度期末	31,728	10,576	1,814	10,000	576	86	10,662
×2年度期末	31,728	21,152	1,905	10,000	576	91	10,667
×3年度期末	31,728	31,728	2,000	10,000	576	95	10,671

（注1）A＝30,000円〈機械〉＋1,728円〈資産計上した除去費用〉　　　B＝B〈期首残高〉＋D＋E
　　　　C＝C〈期首残高〉＋F　　　　　　　　　　　　　　　　　　D＝30,000円÷3年
　　　　E＝1,728円÷3年　　　　　　　　　　　　　　　　　　　　F＝C〈期首残高〉×5％
　　　　G＝D＋E＋F
（注2）×3年度期末の金額は除去前の金額である。

5. 資産除去債務の見積りの変更

　割引前の将来キャッシュ・フローに重要な見積りの変更があった場合には，変更による調整額を「資産除去債務」および関連する「有形固定資産」の帳簿価額に加減する。また，「資産除去債務」が法令の改正等により新たに発生した場合も見積りの変更と同様に処理する。

> （注）変更による調整額（増加額または減少額）の算定にあたっては，「資産除去債務」が増加した場合には，新たな負債の計上と考え，変更時の割引率を適用し，減少した場合には，既存の資産除去債務の減少と考え，負債を計上したときの割引率を適用する。ただし，過去に増加させた後で減少することによって，減少部分に適用すべき割引率を特定できないときは，加重平均した割引率を適用する。

設例 7-11　　　　　　　　　　　　　　　　　　　　　　　　　　　　　　仕　訳

　次の資料により，×1年度および×2年度において必要な仕訳を示しなさい。なお，時の経過による資産除去債務の調整額（利息費用）は，減価償却費で処理すること。また，計算上，円未満の端数が生じた場合には，四捨五入すること。

（資　料）

1．×1年度期首に機械30,000円（耐用年数3年，残存価額0，定額法）を取得した。当社には，使用後に除去する法的義務があり，3年後に除去するときの支出は2,000円と見積られた。なお，割引率は5％である。

2．×1年度期末に除去時の支出の見積額が1,700円に減少した。なお，割引率は7％であった。

【解答・解説】

(1) ×1年度期首（取得）

（機　　　　　械）（＊2）	31,728	（現　　　　　金）	30,000
		（資 産 除 去 債 務）（＊1）	1,728

（＊1）2,000円 ÷ 1.05³ ≒ 1,728円
（＊2）30,000円 + 1,728円 = 31,728円

(2) ×1年度期末

① 減価償却

（減 価 償 却 費）（＊）	10,576	（減価償却累計額）	10,576

（＊）31,728円 ÷ 3年 = 10,576円

② 時の経過による資産除去債務の調整額（利息費用）の処理

（減 価 償 却 費）（＊）	86	（資 産 除 去 債 務）	86

（＊）1,728円 × 5％ ≒ 86円〈利息費用〉

③ 見積額の減少による資産除去債務の調整額の処理

見積額が減少した場合には，負債計上時の割引率を適用し，変更による調整額を関連する有形固定資産の帳簿価額から減額する。

（資 産 除 去 債 務）（＊）	272	（機　　　　　　　械）	272

（＊）1,700円 ÷ 1.05² ≒ 1,542円〈減少後の資産除去債務〉
　　　1,542円 − (1,728円〈取得時〉 + 86円〈×1年度利息費用〉) = △272円

(3) ×2年度期末

① 減価償却

（減 価 償 却 費）（＊）	10,440	（減価償却累計額）	10,440

（＊）31,728円 − 272円 − 10,576円 = 20,880円〈×2年度期首の未償却残高〉
　　　20,880円 ÷ 2年〈残存耐用年数〉 = 10,440円

② 時の経過による資産除去債務の調整額（利息費用）の処理

（減 価 償 却 費）（＊）	77	（資 産 除 去 債 務）	77

（＊）1,542円 × 5% ≒ 77円〈利息費用〉

設例 7-12　　　　　　　　　　　　　　　　　　　　　　　　　　　　仕　訳

次の資料により，×1年度および×2年度において必要な仕訳を示しなさい。なお，時の経過による資産除去債務の調整額（利息費用）は，減価償却費で処理すること。また，計算上，円未満の端数が生じた場合には，四捨五入すること。

（資　料）

1．×1年度期首に機械30,000円（耐用年数3年，残存価額0，定額法）を取得した。当社には，使用後に除去する法的義務があり，3年後に除去するときの支出は2,000円と見積られた。なお，割引率は5%である。

2．×1年度期末に除去時の支出の見積額が2,300円に増加した。なお，割引率は7%であった。

【解答・解説】

(1) ×1年度期首（取得）

（機　　　　　　　械）（＊2）	31,728	（現　　　　　　　金）	30,000
		（資 産 除 去 債 務）（＊1）	1,728

（＊1）2,000円 ÷ 1.05³ ≒ 1,728円
（＊2）30,000円 + 1,728円 = 31,728円

(2) ×1年度期末

① 減価償却

| （減 価 償 却 費）（＊） | 10,576 | （減価償却累計額） | 10,576 |

（＊）31,728円 ÷ 3 年 ＝ 10,576円

② 時の経過による資産除去債務の調整額（利息費用）の処理

| （減 価 償 却 費）（＊） | 86 | （資 産 除 去 債 務） | 86 |

（＊）1,728円 × 5 ％ ≒ 86円〈利息費用〉

③ 見積額の増加による資産除去債務の調整額の処理

　見積額が増加した場合には，変更時の割引率を適用し，変更による調整額を関連する有形固定資産の帳簿価額に加算する。

| （機　　　　　械）（＊） | 262 | （資 産 除 去 債 務） | 262 |

（＊）2,300円 － 2,000円 ＝ 300円〈増加見積額〉
　　　300円 ÷ 1.07^2 ≒ 262円

(3) ×2年度期末

① 減価償却

| （減 価 償 却 費）（＊） | 10,707 | （減価償却累計額） | 10,707 |

（＊）31,728円 ＋ 262円 － 10,576円 ＝ 21,414円〈×2年度期首の未償却残高〉
　　　21,414円 ÷ 2 年〈残存耐用年数〉 ＝ 10,707円

② 時の経過による資産除去債務の調整額（利息費用）の処理

| （減 価 償 却 費）（＊） | 109 | （資 産 除 去 債 務） | 109 |

（＊）（1,728円 ＋ 86円）× 5 ％ ≒ 91円
　　　262円 × 7 ％ ≒ 18円
　　　91円 ＋ 18円 ＝ 109円〈利息費用〉

研究 不動産の流動化（証券化）

1. 不動産の流動化（証券化）とは

不動産の流動化（証券化）とは，当社（譲渡人，オリジネーター）が所有する不動産を特別目的会社（ＳＰＣ＝Special Purpose Company）や匿名組合などの受皿会社（以下，広義での「ＳＰＣ」という）に売却して資金を調達し，ＳＰＣは譲渡された不動産およびその利用により得られる収益を担保に出資証券や社債などの有価証券を発行して資金を調達する。すなわち，不動産の流動化（証券化）とは，ＳＰＣをとおして不動産を証券化して資金を調達するための取引であるといえる。なお，不動産の流動化（証券化）では，有価証券の発行により多数の投資家から資金を調達するため，通常の売却に比べ，資金が調達しやすく，リスクを分散させることができる。また，不動産の流動化（証券化）では，不動産の売却による資産の減少と，調達した資金による借入金の返済などにより，資産総額と負債総額を圧縮することができ，この結果として財務内容を健全化することができる。

> 不動産の流動化（証 券 化）…ＳＰＣをとおして不動産を証券化し，資金を調達すること
> 目的または効果 ………………① 資金の調達
> ② 財務内容の健全化

不動産の流動化（証券化）の手法には，さまざまな複雑な取引が組み合わされることもあるが，本書では，もっとも基本的なケースを前提に取引の流れを説明する。

〈例１〉

(1) 譲渡時の取引

① A社（譲渡人）は，B社（ＳＰＣ）を設立し，B社に対して所有する不動産を売却した。

② B社は，出資証券と社債を発行し，このうち出資証券はA社が購入し，社債は他の投資家が購入した。

(2) 各年度ごとの取引

① B社は，管理会社をとおして不動産をテナントに貸し付け，管理会社へ賃貸原価（管理料など）を支払い，テナントからの賃貸収入を受け取る。

② B社は，社債利息および配当金を支払う。

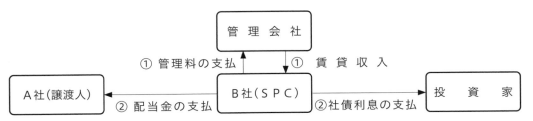

２．譲渡人の会計処理

　不動産の譲渡人の会計処理は，売却取引として処理する方法と金融取引として処理する方法の２つがあり，譲渡不動産のリスク（価値の下落）と経済価値（保有，使用または処分することによって生ずる経済的利益を得る権利）のほとんどすべてが他の者に移転していると認められるか否かにより，使い分けられる。

① 適正な価額で譲渡されている。 ② リスクと経済価値のほとんどすべてがＳＰＣを通じて他の者に移転していると認められる。	売却取引として処理
上 記 以 外	金融取引として処理

　リスクと経済価値の移転についての具体的な判断にあたっては，流動化する不動産の譲渡時の適正な価額（時価）に対するリスク負担の金額（譲渡人が取得した証券の取得価額など）の割合が概ね５％以内であれば，リスクと経済価値のほとんどすべてが他の者に移転しているものとする。

$$リスク負担割合 = \frac{リスク負担の金額}{流動化する不動産の譲渡時の適正な価額（時価）}$$

リスク負担割合が概ね５％以内の場合……売却取引として処理

リスク負担割合が概ね５％を超える場合…金融取引として処理

　（注）上記の他にも買戻し契約が付されているなど特殊な条件がある場合には，それらを考慮して判断する。

〈例2〉 次の取引についてA社（譲渡人）の仕訳を示しなさい。なお，収入・支出は現金預金とする。

(1) 譲渡時の取引

① A社（譲渡人）は，B社（SPC）を設立し，B社に対して所有する土地1,500円を時価2,000円で売却した。

② B社は，優先出資証券100円と普通社債1,900円を発行した。このうち優先出資証券100円をA社が購入した。

(2) 各年度ごとの取引

① B社は，管理会社に賃貸原価100円を支払い，賃貸収入300円を受け取った。

② B社は，配当金10円と社債利息190円を支払った。

1．判　定

$$\frac{100円〈優先出資証券〉}{2,000円〈土地の時価〉}=5\% \quad \therefore \quad 売却取引として処理$$

2．仕　訳

(1) 譲渡時

① 土地の売却時

（現　金　預　金）	2,000	（土　　　　　地）	1,500
		（土　地　売　却　益）	500

② 優先出資証券の取得時

（有　価　証　券）	100	（現　金　預　金）	100
優先出資証券			

(注) 取得した優先出資証券は保有目的等に応じて適当な有価証券の勘定で処理する。

(2) 各年度ごと

① 賃貸原価と賃貸収入

仕　訳　な　し

(注) 賃貸原価の支払いと賃貸収入の受取りはB社の取引であり，A社には，直接の関係はない。

② 配当金

（現　金　預　金）	10	（受　取　配　当　金）	10

(注) 社債利息の支払いは，B社と投資家（社債権者）との取引であり，A社には，直接の関係はない。

〈例3〉次の取引についてＡ社（譲渡人）の仕訳を示しなさい。なお，収入・支出は現金預金とする。

(1) 譲渡時の取引

① Ａ社（譲渡人）は，Ｂ社（ＳＰＣ）を設立し，Ｂ社に対して所有する土地1,500円を時価2,000円で売却した。

② Ｂ社は，優先出資証券400円と普通社債1,600円を発行した。このうち優先出資証券400円をＡ社が購入した。

(2) 各年度ごとの取引

① Ｂ社は，管理会社に賃貸原価100円を支払い，賃貸収入300円を受け取った。

② Ｂ社は，配当金40円と社債利息160円を支払った。

1．判 定

$$\frac{400円〈優先出資証券〉}{2,000円〈土地の時価〉}=20\% \quad ∴ \quad 金融取引として処理$$

2．仕 訳

(1) 譲渡時

① 土地の売却時

（現 金 預 金）	2,000	（借 入 金）	2,000

(注) 土地を担保に資金を借り入れたと仮定し，借入金を計上する。

② 優先出資証券の取得時

（借 入 金）	400	（現 金 預 金）	400

(注) 優先出資証券の購入は，借入金の返済と仮定する。①と②をあわせるとＢ社を経由して社債1,600円分の資金をＡ社が調達したことになる。

(2) 各年度ごと

① 賃貸原価と賃貸収入

（賃 貸 原 価）	100	（賃 貸 収 入）	300
（現 金 預 金）	200		

(注) 金融取引として処理する場合には，会計上は，Ａ社が土地を持ったままなので，賃貸原価の支払いや賃貸収入の受取りもＢ社を経由してＡ社が行ったと仮定し，賃貸原価，賃貸収入を計上する。

② 配当金と利息

（支 払 利 息）	160	（現 金 預 金）	160

(注) Ｂ社の社債利息の支払いについても，Ａ社が借入金の利息を支払ったと仮定して処理する。また，配当金の受取りについては「仕訳なし」となる。①と②をあわせると受取配当金に相当する40円（300円－100円－160円）の利益がＡ社に計上されることになる。

9 取得原価と費用配分

1. 取得原価と貸借対照表価額

> **「貸借対照表原則　五　D」**一部抜粋
>
> 　有形固定資産については，その取得原価から減価償却累計額を控除した価額をもって貸借対照表価額とする。有形固定資産の取得原価には，原則として当該資産の引取費用等の付随費用を含める。
>
> 　償却済の有形固定資産は，除却されるまで残存価額又は備忘価額で記載する。

上記の規定をまとめると次のようになる。

$$取　得　原　価＝購入代金＋付随費用$$
$$貸借対照表価額＝取得原価－減価償却累計額$$

　(注) 付随費用には，買入手数料，運送費などの購入までに発生したもののほか，試運転費，整地費用など購入後から正常に使用できるまでに発生したものも含まれる。

研究　有形固定資産の取得原価

有形固定資産を特殊な状態で取得した場合の取得原価は，次のようになる。

(1)	一 括 購 入	全体の取得原価を，時価を基準にしてそれぞれの有形固定資産に按分する。
(2)	自 家 建 設	①原則：適正な原価計算基準にしたがって製造原価を計算し，これにもとづいて取得原価を決定する。
		②容認：自家建設に要する借入資本の利子で稼働前の期間に属するものは，これを取得原価に算入することができる。
(3)	現 物 出 資	公正に評価した額をもって取得原価とする。一般的に交付株式を発行した場合の払込金額により評価され，それが不確実な場合には，受入資産の市場価格により評価する。
(4)	交　　　換	①有形固定資産と交換：交換に供された有形固定資産の適正な簿価をもって取得原価とする。 (注) 受入資産の時価をもって取得原価とし，交換に供された資産の簿価との差額は「固定資産交換益」とすることもある。なお，この場合には後述する圧縮記帳が適用されることもある。
		②有 価 証 券 と 交 換：交換に供された有価証券の適正な時価または簿価をもって取得原価とする。 (注) 時価を取得原価とする場合，簿価と時価との差額は「有価証券売却損益」とする。
(5)	贈　　　与	時価等を基準として公正に評価した額をもって取得原価とする。 (注) 相手科目は，「固定資産受贈益（特別利益）」とする。

研究 有形固定資産の割賦購入

　有形固定資産を割賦（分割払い）により購入した場合には，一括払いにより購入した場合よりも支払額が高くなることがある。この差額は利息的な性格をもっているので，原則として，有形固定資産の取得原価には含めずに区分して処理する。

(1)　購入時（複数の約束手形を振り出して分割払いにした場合）

（有形固定資産）	×××	（営業外支払手形）	×××
	現金購入価額		固定資産購入支払手形	額面金額
（前　払　費　用）	×××		
	利息相当額		

(2)　決済時

　支払利息は，決済時または決算時に均分法，級数法，利回法などの方法で配分する。

（営業外支払手形）	×××	（現　金　預　金）	×××
（支　払　利　息）	×××	（前　払　費　用）	×××

2.　減価償却

(1)　減価償却とは

　減価償却とは，費用配分の原則にもとづいて，有形固定資産の取得原価を耐用期間における各事業年度に費用として配分する手続きであり，費用配分後の残余部分が各事業年度末における有形固定資産の貸借対照表価額となる。

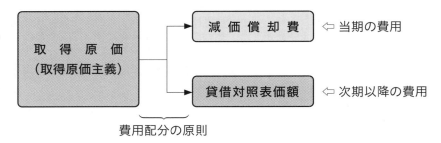

(2)　減価償却の目的（正規の減価償却）

　減価償却の最も重要な目的は，適正な費用配分を行うことにより毎期の損益計算を正確にすることにある。このためには，減価償却は所定の減価償却方法にしたがい，計画的・規則的に実施されなければならない。このような考え方を正規の減価償却という。

　正規の減価償却の手続きによって各事業年度に配分された減価償却費は，さらに原価計算によって製品原価と期間原価（期間費用）とに分類される。製品原価に分類された減価償却費は製品単位ごとに集計され，販売されるまでは，期末棚卸資産（製品，仕掛品など）として繰り越される。したがって，正規の減価償却費のすべてが当期の費用となるとは限らない。

研究 **減価償却の効果について**

減価償却の効果として，「固定資産の流動資産化」と「自己金融」の2つがあげられることがある。ただし，これらの効果はあくまでも副次的なものであり，これらの効果を得ることを目的として減価償却を行うわけではない。

(1) 固定資産の流動資産化

固定資産に投下されていた資本は，減価償却の手続きによって，貨幣性資産の裏づけのある収益により回収される。すなわち，減価償却の手続きにより，有形固定資産に投下されていた資本が流動資産に転化する。これを固定資産の流動資産化という。

(2) 自己金融

減価償却費は支出をともなわない費用なので，減価償却の手続きによって，資金的にはその金額だけ取替資金の蓄積が行われる。これを自己金融という。

3. 減価償却累計額の貸借対照表における記載方法

減価償却累計額の貸借対照表における記載方法について，「企業会計原則」では次のように規定している。

「企業会計原則注解【注17】」一部抜粋

減価償却累計額は，その有形固定資産が属する科目ごとに控除する形式で表示することを原則とするが，次の方法によることも妨げない。

(1) 二以上の科目について，減価償却累計額を一括して記載する方法

(2) 有形固定資産について，減価償却累計額を控除した残額のみを記載し，当該減価償却累計額を注記する方法

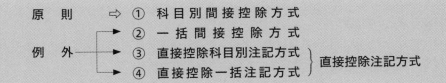

┌①科目別間接控除方式（原則）┐			┌②一括間接控除方式┐		
建 物	2,000		建 物	2,000	
減価償却累計額	1,300	700	機 械	800	
機 械	800		減価償却累計額	1,800	1,000
減価償却累計額	500	300			

┌③直接控除科目別注記方式┐		┌④直接控除一括注記方式┐	
建 物(注)	700	建 物(注)	700
機 械(注)	300	機 械(注)	300

③（注）減価償却累計額がそれぞれ控除されている。

建 物 1,300円
機 械 500円

④（注）減価償却累計額が1,800円控除されている。

（注）金額は仮のものとする。

研究 取替法

1．取替法とは

取替法とは，取替資産の部分的取替（新資産の取得）に要する費用を収益的支出（その期の費用）として処理する方法である。取替法は，減価償却とは異なる費用配分法であり，減価償却の代用法として認められる。

2．適用資産（＝取替資産）

取替法の適用が認められる有形固定資産は取替資産とよばれ，鉄道業におけるレール，枕木，信号機などのように，同種の物品が多数集まって一つの全体を構成し，老朽品の部分的取替えを繰り返すことによって全体が維持されるような有形固定資産に限られる。

取替資産に対して取替法を適用した場合の貸借対照表価額は，原始取得原価がそのまま維持される。

3．減価償却法との相違点

減価償却法は過去に支出した取得原価を各会計期間に費用として配分する方法であるのに対して，取替法は取替えに要した支出額を費用として配分する方法である。

資金回収の面からみると，減価償却法は名目資本（過去の支出額＝取得原価）を回収するものであり，名目利益が計上されてしまうのに対して，取替法は実体資本（取替えに要した支出額）を回収するものであり，名目利益を排除することができる。

〈例〉 1．構築物200,000円を取得し，代金を現金預金で支払った。

2．構築物の一部が老朽化したため，一部を取り替え，代金50,000円を支払った。また，老朽化した資産は5,000円で売却し，代金を現金預金で受け取った。

取 得 時	（構 築 物）	200,000	（現 金 預 金）	200,000
取 替 時	（固定資産取替費）	50,000	（現 金 預 金）	50,000
	（現 金 預 金）	5,000	（固定資産売却益）	5,000

218

| 研究 | 減耗償却 |

1. 減耗償却とは

　減耗償却とは，減耗性資産に対して適用される費用配分の方法である。減耗償却は減価償却とは異なる別個の費用配分方法であるが，手続的には生産高比例法と同じ方法で減耗償却費を計算する。

2. 適用資産（＝減耗性資産）

　減耗性資産とは，鉱山業における埋蔵資源あるいは林業における山林のように，採取されるにつれて漸次減耗（徐々に減耗）し枯渇する天然資源を表す資産をいう。

3. 減価償却との相違点

　減耗償却と減価償却との相違点は，次のとおりである。

減　耗　償　却	減　価　償　却
取替え・更新ができない減耗性資産に対して適用される。	取替え・更新が可能な有形固定資産に対して適用される。
減耗性資産の物量的な減少に着目して行われる。	有形固定資産の価値的な減少に着目して行われる。
減耗償却費相当額だけ，資産の実体が製品原価または商品原価に即物的に転化する。	減価償却費相当額が製品原価に価値的に転化するか，または期間費用となる。

〈例〉　A鉱山を採掘用土地（減耗性資産）として600,000円で取得し現金預金で支払った。資源の推定埋蔵量は1,000トン，採掘後の土地の価額（残存価額）は100,000円と見積られた。採掘開始後第1年度において60トンが採掘され，そのうち40トンが25,000円で販売（掛け）された。

取　得　時	（採 掘 用 土 地）　600,000	（現 金 預 金）　600,000
採　掘　時	（商　　　　　品）(*1)30,000	（採 掘 用 土 地）　30,000
販　売　時	（売　　掛　　金）　25,000	（売　　　　　上）　25,000
	（売 上 原 価）(*2)20,000	（商　　　　　品）　20,000

（＊1）　$(600{,}000円 - 100{,}000円) \times \dfrac{60 トン}{1{,}000 トン} = 30{,}000円〈減耗償却費〉$

（注）減耗償却費30,000円は，商品，原材料等の棚卸資産の勘定で処理する。

（＊2）　$30{,}000円 \times \dfrac{40 トン}{60 トン} = 20{,}000円〈売上原価〉$

（注）減耗償却費のうち販売された部分20,000円が売上原価に振り替えられる。

「固定資産の減損に係る会計基準」

一　対象資産

　本基準は，固定資産を対象に適用する。ただし，他の基準に減損処理に関する定めがある資産，例えば，「金融商品に係る会計基準」における金融資産や「税効果会計に係る会計基準」における繰延税金資産については，対象資産から除くこととする。(注1)(注12)

二　減損損失の認識と測定

1．減損の兆候

　資産又は資産グループ（6．(1)における最小の単位をいう。）に減損が生じている可能性を示す事象（以下「減損の兆候」という。）がある場合には，当該資産又は資産グループについて，減損損失を認識するかどうかの判定を行う。減損の兆候としては，例えば，次の事象が考えられる。

① 資産又は資産グループが使用されている営業活動から生ずる損益又はキャッシュ・フローが，継続してマイナスとなっているか，あるいは，継続してマイナスとなる見込みであること

② 資産又は資産グループが使用されている範囲又は方法について，当該資産又は資産グループの回収可能価額を著しく低下させる変化が生じたか，あるいは，生ずる見込みであること（注2）

③ 資産又は資産グループが使用されている事業に関連して，経営環境が著しく悪化したか，あるいは，悪化する見込みであること

④ 資産又は資産グループの市場価格が著しく下落したこと

2．減損損失の認識

(1) 減損の兆候がある資産又は資産グループについての減損損失を認識するかどうかの判定は，資産又は資産グループから得られる割引前将来キャッシュ・フローの総額と帳簿価額を比較することによって行い，資産又は資産グループから得られる割引前将来キャッシュ・フローの総額が帳簿価額を下回る場合には，減損損失を認識する。

(2) 減損損失を認識するかどうかを判定するために割引前将来キャッシュ・フローを見積る期間は，資産の経済的残存使用年数又は資産グループ中の主要な資産の経済的残存使用年数と20年のいずれか短い方とする。(注3)(注4)

3．減損損失の測定

　減損損失を認識すべきであると判定された資産又は資産グループについては，帳簿価額を回収可能価額まで減額し，当該減少額を減損損失として当期の損失とする。

4．将来キャッシュ・フロー

(1) 減損損失を認識するかどうかの判定に際して見積られる将来キャッシュ・フロー及び使用価値の算定において見積られる将来キャッシュ・フローは，企業に固有の事情を反映した合理的で説明可能な仮定及び予測に基づいて見積る。

(2) 将来キャッシュ・フローの見積りに際しては，資産又は資産グループの現在の使用状況及び合理的な使用計画等を考慮する。(注5)

(3) 将来キャッシュ・フローの見積金額は，生起する可能性の最も高い単一の金額又は生起しうる複数の将来キャッシュ・フローをそれぞれの確率で加重平均した金額とする。（注6）

(4) 資産又は資産グループに関連して間接的に生ずる支出は，関連する資産又は資産グループに合理的な方法により配分し，当該資産又は資産グループの将来キャッシュ・フローの見積りに際し控除する。

(5) 将来キャッシュ・フローには，利息の支払額並びに法人税等の支払額及び還付額を含めない。

5．使用価値の算定に際して用いられる割引率

使用価値の算定に際して用いられる割引率は，貨幣の時間価値を反映した税引前の利率とする。

資産又は資産グループに係る将来キャッシュ・フローがその見積値から乖離するリスクが，将来キャッシュ・フローの見積りに反映されていない場合には，割引率に反映させる。（注6）

6．資産のグルーピング

(1) 資産のグルーピングの方法

減損損失を認識するかどうかの判定と減損損失の測定において行われる資産のグルーピングは，他の資産又は資産グループのキャッシュ・フローから概ね独立したキャッシュ・フローを生み出す最小の単位で行う。

(2) 資産グループについて認識された減損損失の配分

資産グループについて認識された減損損失は，帳簿価額に基づく比例配分等の合理的な方法により，当該資産グループの各構成資産に配分する。

7．共用資産の取扱い

共用資産に減損の兆候がある場合に，減損損失を認識するかどうかの判定は，共用資産が関連する複数の資産又は資産グループに共用資産を加えた，より大きな単位で行う。（注7）

共用資産を含む，より大きな単位について減損損失を認識するかどうかを判定するに際しては，共用資産を含まない各資産又は資産グループにおいて算定された減損損失控除前の帳簿価額に共用資産の帳簿価額を加えた金額と，割引前将来キャッシュ・フローの総額とを比較する。この場合に，共用資産を加えることによって算定される減損損失の増加額は，原則として，共用資産に配分する。（注8）

共用資産の帳簿価額を当該共用資産に関連する資産又は資産グループに合理的な基準で配分することができる場合には，共用資産の帳簿価額を各資産又は資産グループに配分したうえで減損損失を認識するかどうかを判定することができる。この場合に，資産グループについて認識された減損損失は，帳簿価額に基づく比例配分等の合理的な方法により，共用資産の配分額を含む当該資産グループの各構成資産に配分する。

8. のれんの取扱い

のれんを認識した取引において取得された事業の単位が複数である場合には，のれんの帳簿価額を合理的な基準に基づき分割する。（注9）（注10）

分割されたそれぞれののれんに減損の兆候がある場合に，減損損失を認識するかどうかの判定は，のれんが帰属する事業に関連する複数の資産グループにのれんを加えた，より大きな単位で行う。（注7）

のれんを含む，より大きな単位について減損損失を認識するかどうかを判定するに際しては，のれんを含まない各資産グループにおいて算定された減損損失控除前の帳簿価額にのれんの帳簿価額を加えた金額と，割引前将来キャッシュ・フローの総額とを比較する。この場合に，のれんを加えることによって算定される減損損失の増加額は，原則として，のれんに配分する。（注11）

のれんの帳簿価額を当該のれんが帰属する事業に関連する資産グループに合理的な基準で配分することができる場合には，のれんの帳簿価額を各資産グループに配分したうえで減損損失を認識するかどうかを判定することができる。この場合に，各資産グループについて認識された減損損失は，のれんに優先的に配分し，残額は，帳簿価額に基づく比例配分等の合理的な方法により，当該資産グループの各構成資産に配分する。

三　減損処理後の会計処理

1. 減価償却

減損処理を行った資産については，減損損失を控除した帳簿価額に基づき減価償却を行う。

2. 減損損失の戻入れ

減損損失の戻入れは，行わない。

四　財務諸表における開示

1. 貸借対照表における表示

減損処理を行った資産の貸借対照表における表示は，原則として，減損処理前の取得原価から減損損失を直接控除し，控除後の金額をその後の取得原価とする形式で行う。ただし，当該資産に対する減損損失累計額を，取得原価から間接控除する形式で表示することもできる。この場合，減損損失累計額を減価償却累計額に合算して表示することができる。

2. 損益計算書における表示

減損損失は，原則として，特別損失とする。

3. 注記事項

重要な減損損失を認識した場合には，減損損失を認識した資産，減損損失の認識に至った経緯，減損損失の金額，資産のグルーピングの方法，回収可能価額の算定方法等の事項について注記する。

（注1）本基準における用語の定義は，次のとおりである。

1. 回収可能価額とは，資産又は資産グループの正味売却価額と使用価値のいずれか高い方の金額をいう。

2. 正味売却価額とは，資産又は資産グループの時価から処分費用見込額を控除して算定される金額をいう。

3．時価とは，公正な評価額をいう。通常，それは観察可能な市場価格をいい，市場価格が観察できない場合には合理的に算定された価額をいう。

4．使用価値とは，資産又は資産グループの継続的使用と使用後の処分によって生ずると見込まれる将来キャッシュ・フローの現在価値をいう。

5．共用資産とは，複数の資産又は資産グループの将来キャッシュ・フローの生成に寄与する資産をいい，のれんを除く。

（注2） 資産又は資産グループが使用される範囲又は方法について生ずる当該資産又は資産グループの回収可能価額を著しく低下させる変化とは，資産又は資産グループが使用されている事業を廃止又は再編成すること，当初の予定よりも著しく早期に資産又は資産グループを処分すること，資産又は資産グループを当初の予定と異なる用途に転用すること，資産又は資産グループが遊休状態になったこと等をいう。

（注3） 主要な資産とは，資産グループの将来キャッシュ・フロー生成能力にとって最も重要な構成資産をいう。

（注4） 資産又は資産グループ中の主要な資産の経済的残存使用年数が20年を超える場合には，20年経過時点の回収可能価額を算定し，20年目までの割引前将来キャッシュ・フローに加算する。

（注5） 計画されていない将来の設備の増強や事業の再編の結果として生ずる将来キャッシュ・フローは，見積りに含めない。また，将来の用途が定まっていない遊休資産については，現在の状況に基づき将来キャッシュ・フローを見積る。

（注6） 将来キャッシュ・フローが見積値から乖離するリスクについては，将来キャッシュ・フローの見積りと割引率のいずれかに反映させる。ただし，減損損失を認識するかどうかを判定する際に見積られる割引前将来キャッシュ・フローの算定においては，このリスクを反映させない。

（注7） 共用資産又はのれんに係る資産のグルーピングを，共用資産又はのれんが関連する複数の資産又は資産グループに共用資産又はのれんを加えた，より大きな単位で行う場合，減損の兆候の把握，減損損失を認識するかどうかの判定及び減損損失の測定は，先ず，資産又は資産グループごとに行い，その後，より大きな単位で行う。

（注8） 共用資産に配分される減損損失が，共用資産の帳簿価額と正味売却価額の差額を超過することが明らかな場合には，当該超過額を合理的な基準により各資産又は資産グループに配分する。

（注9） のれんの帳簿価額を分割し帰属させる事業の単位は，取得の対価が概ね独立して決定され，かつ，取得後も内部管理上独立した業績報告が行われる単位とする。

（注10） のれんの帳簿価額の分割は，のれんが認識された取引において取得された事業の取得時における時価の比率に基づいて行う方法その他合理的な方法による。

（注11） のれんに配分された減損損失が，のれんの帳簿価額を超過する場合には，当該超過額を合理的な基準により各資産グループに配分する。

（注12）

1. ファイナンス・リース取引について，借手側が賃貸借取引に係る方法に準じて会計処理を行っている場合，借手側が当該ファイナンス・リース取引により使用している資産（以下「リース資産」という。）又は当該リース資産を含む資産グループの減損処理を検討するに当たっては，当該リース資産の未経過リース料の現在価値を，当該リース資産の帳簿価額とみなして，本基準を適用する。ただし，リース資産の重要性が低い場合においては，未経過リース料の現在価値に代えて，割引前の未経過リース料を，リース資産の帳簿価額とみなすことができる。

2. 賃貸借取引に係る方法に準じて会計処理を行っているファイナンス・リース取引に係るリース資産に本基準を適用した場合，リース資産に配分された減損損失は負債として計上し，リース契約の残存期間にわたり規則的に取崩す。取崩された金額は，各事業年度の支払リース料と相殺する。

⑪ 資産除去債務に関する会計基準　　理論 <small>THEORY</small>

「資産除去債務に関する会計基準」
用語の定義

3. 本会計基準における用語の定義は，次のとおりとする。

(1) 「資産除去債務」とは，有形固定資産の取得，建設，開発又は通常の使用によって生じ，当該有形固定資産の除去に関して法令又は契約で要求される法律上の義務及びそれに準ずるものをいう。この場合の法律上の義務及びそれに準ずるものには，有形固定資産を除去する義務のほか，有形固定資産の除去そのものは義務でなくとも，有形固定資産を除去する際に当該有形固定資産に使用されている有害物質等を法律等の要求による特別の方法で除去するという義務も含まれる。

(2) 有形固定資産の「除去」とは，有形固定資産を用役提供から除外することをいう（一時的に除外する場合を除く。）。除去の具体的な態様としては，売却，廃棄，リサイクルその他の方法による処分等が含まれるが，転用や用途変更は含まれない。

　また，当該有形固定資産が遊休状態になる場合は除去に該当しない。

会計処理
資産除去債務の負債計上

4. 資産除去債務は，有形固定資産の取得，建設，開発又は通常の使用によって発生した時に負債として計上する。

（資産除去債務を合理的に見積ることができない場合）

5. 資産除去債務の発生時に，当該債務の金額を合理的に見積ることができない場合には，これを計上せず，当該債務額を合理的に見積ることができるようになった時点で負債として計上する。その場合の負債の計上の処理は，第10項及び第11項に準じる。

資産除去債務の算定

6．資産除去債務はそれが発生したときに，有形固定資産の除去に要する割引前の将来キャッシュ・フローを見積り，割引後の金額（割引価値）で算定する。

　(1)　割引前の将来キャッシュ・フローは，合理的で説明可能な仮定及び予測に基づく自己の支出見積りによる。その見積金額は，生起する可能性の最も高い単一の金額又は生起し得る複数の将来キャッシュ・フローをそれぞれの発生確率で加重平均した金額とする。将来キャッシュ・フローには，有形固定資産の除去に係る作業のために直接要する支出のほか，処分に至るまでの支出（例えば，保管や管理のための支出）も含める。

　(2)　割引率は，貨幣の時間価値を反映した無リスクの税引前の利率とする。

資産除去債務に対応する除去費用の資産計上と費用配分

7．資産除去債務に対応する除去費用は，資産除去債務を負債として計上した時に，当該負債の計上額と同額を，関連する有形固定資産の帳簿価額に加える。

　　資産計上された資産除去債務に対応する除去費用は，減価償却を通じて，当該有形固定資産の残存耐用年数にわたり，各期に費用配分する。

（資産除去債務が使用の都度発生する場合の費用配分の方法）

8．資産除去債務が有形固定資産の稼動等に従って，使用の都度発生する場合には，資産除去債務に対応する除去費用を各期においてそれぞれ資産計上し，関連する有形固定資産の残存耐用年数にわたり，各期に費用配分する。

　　なお，この場合には，上記の処理のほか，除去費用をいったん資産に計上し，当該計上時期と同一の期間に，資産計上額と同一の金額を費用処理することもできる。

（時の経過による資産除去債務の調整額の処理）

9．時の経過による資産除去債務の調整額は，その発生時の費用として処理する。当該調整額は，期首の負債の帳簿価額に当初負債計上時の割引率を乗じて算定する。

資産除去債務の見積りの変更

（割引前将来キャッシュ・フローの見積りの変更）

10．割引前の将来キャッシュ・フローに重要な見積りの変更が生じた場合の当該見積りの変更による調整額は，資産除去債務の帳簿価額及び関連する有形固定資産の帳簿価額に加減して処理する。資産除去債務が法令の改正等により新たに発生した場合も，見積りの変更と同様に取り扱う。

（割引前将来キャッシュ・フローの見積りの変更による調整額に適用する割引率）

11．割引前の将来キャッシュ・フローに重要な見積りの変更が生じ，当該キャッシュ・フローが増加する場合，その時点の割引率を適用する。これに対し，当該キャッシュ・フローが減少する場合には，負債計上時の割引率を適用する。なお，過去に割引前の将来キャッシュ・フローの見積りが増加した場合で，減少部分に適用すべき割引率を特定できないときは，加重平均した割引率を適用する。

開　示

（貸借対照表上の表示）

12. 資産除去債務は，貸借対照表日後1年以内にその履行が見込まれる場合を除き，固定負債の区分に資産除去債務等の適切な科目名で表示する。貸借対照表日後1年以内に資産除去債務の履行が見込まれる場合には，流動負債の区分に表示する。

（損益計算書上の表示）

13. 資産計上された資産除去債務に対応する除去費用に係る費用配分額は，損益計算書上，当該資産除去債務に関連する有形固定資産の減価償却費と同じ区分に含めて計上する。

14. 時の経過による資産除去債務の調整額は，損益計算書上，当該資産除去債務に関連する有形固定資産の減価償却費と同じ区分に含めて計上する。

15. 資産除去債務の履行時に認識される資産除去債務残高と資産除去債務の決済のために実際に支払われた額との差額は，損益計算書上，原則として，当該資産除去債務に対応する除去費用に係る費用配分額と同じ区分に含めて計上する。

（注記事項）

16. 資産除去債務の会計処理に関連して，重要性が乏しい場合を除き，次の事項を注記する。

　(1)　資産除去債務の内容についての簡潔な説明

　(2)　支出発生までの見込期間，適用した割引率等の前提条件

　(3)　資産除去債務の総額の期中における増減内容

　(4)　資産除去債務の見積りを変更したときは，その変更の概要及び影響額

　(5)　資産除去債務は発生しているが，その債務を合理的に見積ることができないため，貸借対照表に資産除去債務を計上していない場合には，当該資産除去債務の概要，合理的に見積ることができない旨及びその理由

12 賃貸等不動産の時価等の開示に関する会計基準　　　理論

「賃貸等不動産の時価等の開示に関する会計基準」

範　囲

3. 本会計基準は，賃貸等不動産を保有する企業に適用する。なお，連結財務諸表において賃貸等不動産の時価等の開示を行っている場合には，個別財務諸表での開示を要しない。

用語の定義

4. 本会計基準における用語の定義は次のとおりとする。

　(1)　「時価」とは，公正な評価額をいう。通常，それは観察可能な市場価格に基づく価額をいい，市場価格が観察できない場合には合理的に算定された価額をいう。

　(2)　「賃貸等不動産」とは，棚卸資産に分類されている不動産以外のものであって，賃貸収益又はキャピタル・ゲインの獲得を目的として保有されている不動産（ファイナンス・リース取引の貸手における不動産を除く。）をいう。したがって，物品の製造や販売，サービスの提供，経営管理に使用されている場合は賃貸等不動産には含まれない。

賃貸等不動産の範囲

5．賃貸等不動産には，次の不動産が含まれる。

(1) 貸借対照表において投資不動産（投資の目的で所有する土地，建物その他の不動産）として区分されている不動産

(2) 将来の使用が見込まれていない遊休不動産

(3) 上記以外で賃貸されている不動産

6．賃貸等不動産には，将来において賃貸等不動産として使用される予定で開発中の不動産や継続して賃貸等不動産として使用される予定で再開発中の不動産も含まれる。また，賃貸を目的として保有されているにもかかわらず，一時的に借手が存在していない不動産についても，賃貸等不動産として取り扱う。

7．不動産の中には，物品の製造や販売，サービスの提供，経営管理に使用されている部分と賃貸等不動産として使用される部分で構成されるものがあるが，賃貸等不動産として使用される部分については，賃貸等不動産に含める。なお，賃貸等不動産として使用される部分の割合が低いと考えられる場合は，賃貸等不動産に含めないことができる。

賃貸等不動産に関する注記事項

8．賃貸等不動産を保有している場合は，次の事項を注記する。ただし，賃貸等不動産の総額に重要性が乏しい場合は注記を省略することができる。また，管理状況等に応じて，注記事項を用途別，地域別等に区分して開示することができる。

(1) 賃貸等不動産の概要

(2) 賃貸等不動産の貸借対照表計上額及び期中における主な変動

(3) 賃貸等不動産の当期末における時価及びその算定方法

(4) 賃貸等不動産に関する損益

08 リース取引
Theme

> **Check** ここでは，リース取引について学習する。特に，借手の会計処理と利息の計算が重要なので，しっかりと学習してほしい。

1 リース取引とは

リース取引とは，特定の物件（主に有形固定資産）の所有者たる貸手（レッサー：リース会社）が，その物件の借手（レッシー：ユーザー）に対し，合意した期間（リース期間）にわたりこれを使用収益する権利を与え，借手は，合意した使用料（リース料）を貸手に支払う取引をいう。一般的には，借手（ユーザー）と貸手（リース会社）がリース契約を結ぶと，貸手（リース会社）はメーカー等との売買契約によりリース物件を調達し，調達したリース物件を借手（ユーザー）に貸与する。また，リース物件の保守は，メーカー等が行うことが多い。

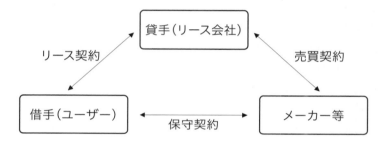

2 リース取引の分類

リース取引は，「ファイナンス・リース取引」と「オペレーティング・リース取引」とに分類される。

1. ファイナンス・リース取引

ファイナンス・リース取引とは，次の2つの要件をともに満たす取引をいう。

> ① **解約不能（ノン・キャンセラブル）**
>   ・解約することができないリース取引
>   ・解約することができないリース取引に準じるリース取引
>   〈例〉法的形式上は解約可能でも，解約時に相当の違約金を支払うなど，事実上解約不能な取引
> ② **フルペイアウト**
>   ・借手がリース物件の経済的利益を実質的に享受すること
>   ・借手がリース物件の使用に伴って生じるコスト（取得価額相当額，維持管理費など）を実質的に負担すること

また，ファイナンス・リース取引は，リース物件の所有権が借手に移転すると認められる「所有権移転ファイナンス・リース取引」と，それ以外の「所有権移転外ファイナンス・リース取引」に分類される。

2. オペレーティング・リース取引

オペレーティング・リース取引とは，ファイナンス・リース取引以外のリース取引をいう。

3. 判定基準

リース取引の分類にあたっては詳細な基準が定められている。まず，「現在価値基準」または「経済的耐用年数基準」のいずれかの条件に該当するものをファイナンス・リース取引と判定し，それ以外のものをオペレーティング・リース取引とする。次にファイナンス・リース取引と判定されたもののうち，契約上の諸条件により所有権が移転すると認められるものを所有権移転ファイナンス・リース取引とし，それ以外のファイナンス・リース取引を所有権移転外ファイナンス・リース取引とする。

ファイナンス・リース取引	①現在価値基準　リース料総額の現在価値が，見積現金購入価額の概ね90%以上　②経済的耐用年数基準　解約不能のリース期間が，経済的耐用年数の概ね75%以上　①または②のいずれかに該当するもの	所有権移転ファイナンス・リース取引	③所有権移転条項付リース　④割安購入選択権付リース　⑤特別仕様物件のリース　③から⑤のいずれかに該当するもの
		所有権移転外ファイナンス・リース取引	上　記　以　外
オペレーティング・リース取引	上　記　以　外		

(注1)「リース料総額の現在価値」とは，リース料総額を適当な割引率で割り引いた金額をいう。現在価値の算定に用いる割引率（借手の場合）は，借手が貸手の計算利子率を知り得る場合には，貸手の計算利子率とし，知り得ない場合には，借手の追加借入れに適用されると合理的に見積もられた利率（追加借入利子率）とする。

(注2)「見積現金購入価額」とは，借手がリース物件を現金で購入すると仮定した場合の合理的見積金額をいう。

3 リース取引の会計処理

リース取引は，次のように処理する。

リース取引		会　計　処　理
ファイナンス・リース取引	所有権移転ファイナンス・リース取引	売　買　処　理
	所有権移転外ファイナンス・リース取引	
オペレーティング・リース取引		賃　貸　借　処　理

(注) ファイナンス・リース取引であっても，個々のリース資産に重要性が乏しいと認められる場合は，オペレーティング・リース取引の会計処理に準じて，通常の賃貸借取引に係る方法に準じて会計処理を行うことができる。

4 ファイナンス・リース取引の会計処理（借手側）

1. 売買処理

　ファイナンス・リース取引については，通常の売買取引に係る方法に準じた会計処理（売買処理）を行う。売買処理では，リース会社からリース物件を購入し，購入代金を分割で返済するとみなした処理が行われる。

（1）リース取引開始時

　リース取引開始時には，リース物件とこれに係る債務を「リース資産」および「リース債務」として計上する。「リース資産」および「リース債務」の計上価額は，原則として，リース料総額からこれに含まれている利息相当額の合理的見積額を控除した取得価額相当額とする。

（リース資産）	×××	（リース債務）	×××
	取得価額相当額		取得価額相当額

（注1）「リース資産」については，原則として，有形固定資産，無形固定資産の別に，一括して「リース資産」として表示する。ただし，有形固定資産または無形固定資産に属する各科目に含めることもできる。

（注2）「リース債務」については，一年基準により分類し，貸借対照表日後1年以内に支払期限が到来するものは流動負債に表示し，1年を超えて支払期限が到来するものは固定負債に表示する。

（注3）所有権移転外ファイナンス・リース取引については，リース資産の総額に重要性が乏しいと認められる場合には，利息相当額を控除せずに「リース料総額」で「リース資産」および「リース債務」を計上することができる。

　なお，実際の「リース資産」および「リース債務」の計上価額（取得価額相当額）は，次のように決定する。

	借手側でリース物件の貸手の購入価額等が明らかな場合	借手側でリース物件の貸手の購入価額等が明らかでない場合
所有権移転ファイナンス・リース取引	貸手の購入価額等	・見積現金購入価額 } いずれか ・リース料総額の現在価値 } 低い額
所有権移転外ファイナンス・リース取引	・貸手の購入価額等 } いずれか ・リース料総額の現在価値 } 低い額	

（注）「貸手の購入価額等」とは，「貸手の購入価額または現金販売価額」である。

(2) リース料支払時

　リース料支払時には，リース料のうち経過期間の利息に相当する額を「利息法」により算定し「支払利息」として処理し，残額を「リース債務」の返済として処理する。

（リース債務）	××	（現金預金）	×××
（支　払　利　息）	×		リース料

(注1)「利息法」とは，各期の利息相当額をリース債務の未返済元本残高に一定の利率を乗じて算定する方法をいう。

(注2) 利息相当額の算定に使用する一定の利率は，リース料総額の現在価値が，リース取引開始時におけるリース資産およびリース債務の計上価額と等しくなる利率として求められる。したがって，リース資産およびリース債務の計上価額を決定する際に，リース料総額の現在価値をもってリース資産およびリース債務の計上価額とした場合には，リース料総額の現在価値を算定する際に使用した貸手の計算利子率または追加借入利子率をそのまま使用するが，貸手の購入価額等または見積現金購入価額をもってリース資産およびリース債務の計上価額とした場合には，上記の条件を満たす利率を別に算定しておく必要がある。

(注3) 所有権移転外ファイナンス・リース取引については，リース資産の総額に重要性が乏しいと認められる場合には，「利息法」に代わって「定額法」により利息相当額を算定することもできる。

Theme **08** リース取引

（3）　決算時

① リース資産の償却

　「リース資産」について減価償却費を計上する。

（減　価　償　却　費）	×××	（減価償却累計額）	×××

　なお，減価償却費の算定は，次のように行う。

	耐用年数	残存価額
所 有 権 移 転 ファイナンス・リース取引	経済的耐用年数（経済的使用可能予測期間）	自己資産と同様
所 有 権 移 転 外 ファイナンス・リース取引	リース期間	ゼロ

(注) 所有権移転外ファイナンス・リース取引では，リース期間終了時にはリース資産を貸手に返却するため，原則として，リース期間，残存価額ゼロで減価償却する。

② 支払利息の見越計上

　決算日とリース料の支払日が異なる場合には，経過期間の利息を見越計上する。

（支　払　利　息）	×	（未　払　費　用）	×

231

　P社（借手）は下記の条件によって×1年4月1日にS社（貸手）と備品のリース契約を結んだ。なお，P社の会計期間は1年，決算日は3月31日であり，計算上，円未満の端数が生じる場合は，円未満を四捨五入する。よって，P社の(1)契約時（×1年4月1日），(2)リース料支払時（×2年3月31日），(3)決算時（×2年3月31日）の仕訳を示しなさい。

〔条　件〕

1．リース契約の内容
 (1)　解約不能のリース期間：5年
 (2)　リース料：年額18,000円，総額90,000円，毎年3月31日払い（後払い，現金預金で処理）
 (3)　解約不能のリース期間がリース物件の経済的耐用年数の75％以上である場合には，ファイナンス・リース取引に該当するものとする。
 (4)　リース契約期間経過後，備品の所有権がP社に無償で移転する（所有権移転条項付リース）。

2．リース物件のS社の購入価額は75,000円であり，S社の計算利子率は年利6.4％である。

3．経済的耐用年数：6年

4．リース資産の減価償却は，残存価額ゼロの定額法で行う。

【解答・解説】

　解約不能のリース期間5年が，経済的耐用年数6年の75％である4.5年以上で，かつ，所有権移転条項付リースであるため，所有権移転ファイナンス・リース取引に該当する。

(1)　契約時（×1年4月1日）⇨ 所有権移転ファイナンス・リース取引（売買処理）

（リース資産）(*)	75,000	（リース債務）	75,000
備品			

（*）所有権移転ファイナンス・リース取引であり，かつ，貸手の購入価額が明らかなため，貸手の購入価額75,000円を取得価額とする。

(2)　リース料支払時（×2年3月31日）

（リース債務）(*3)	13,200	（現金預金）(*1)	18,000
（支払利息）(*2)	4,800	年間リース料	

（*1）年間リース料
（*2）75,000円〈リース債務期首残高〉×6.4％＝4,800円〈支払利息〉
（*3）18,000円〈年間リース料〉－4,800円〈支払利息〉＝13,200円〈リース債務の返済額〉

リース料支払額を，利息相当分とリース債務の元本返済分に区分する計算は，次のとおりである。

（単位：円）

支　払　日	(1)期首元本 (リース債務期首残高)	(2)リース料	(3)利息分 （支払利息） 〈(1)×6.4%〉	(4)元本返済分 （リース債務返済額） 〈(2)−(3)〉	(5)期末元本 (リース債務期末残高) 〈(1)−(4)〉
×2年3月31日	75,000	18,000	4,800	13,200	(注3) 61,800
×3年3月31日	61,800	18,000	(注1) 3,955	14,045	47,755
×4年3月31日	47,755	18,000	(注1) 3,056	14,944	32,811
×5年3月31日	32,811	18,000	2,100	15,900	16,911
×6年3月31日	16,911	18,000	(注2) 1,089	16,911	0
合　　　計	——	90,000	15,000	75,000	——

（注1）円未満四捨五入
（注2）18,000円 − 16,911円 = 1,089円〈差額調整をする〉
（注3）リース債務の残高は，一年基準により流動・固定に分類して表示する。したがって，×2年3月31日の貸借対照表では次のようになる。

リース債務残高61,800円 $\begin{cases} \text{リース債務（流動負債）：14,045円} \\ \text{長期リース債務（固定負債）：47,755円} \end{cases}$

(3) **決算時**（×2年3月31日）⇨ **減価償却費の計上**

所有権移転ファイナンス・リース取引であることから，経済的耐用年数により減価償却をする。

（減　価　償　却　費）（＊1）	12,500	（減価償却累計額）	12,500

（＊1）75,000円 ÷ 6年〈経済的耐用年数〉= 12,500円

なお，所有権移転外ファイナンス・リース取引の場合には，リース期間で減価償却する。

（減　価　償　却　費）（＊2）	15,000	（減価償却累計額）	15,000

（＊2）75,000円 ÷ 5年〈リース期間〉= 15,000円

2. 年金現価係数を使用した計算

簿記検定1級の試験では，年金現価係数を使用してリース債務残高を計算する問題が出題されることがある。

設例 8-2

　P社（決算日は毎年3月31日）は，×1年4月1日にS社から備品をリース取引によって取得した。このリース取引は，その契約条件から所有権移転ファイナンス・リース取引と判断されたので，P社は，この取引の会計処理を通常の売買取引に係る方法に準じた方法で行うことにした。よって，次の資料にもとづいて，P社の(1)×1年度（×1年4月1日から×2年3月31日まで）における①支払利息と②減価償却費および(2)×1年度末におけるリース債務を求めなさい。

（資　料）
(1) リース料は，毎年3月31日に300,000円ずつ支払う。
(2) リース期間は，×1年4月1日から×6年3月31日までの5年間である。
(3) 備品の見積現金購入価額は1,373,910円であり，見積現金購入価額とリース料の現在価値を等しくする割引率は3％であった。
(4) リース料総額の現在価値は，年4％の追加借入利子率で割り引いた金額とする。
(5) 備品の経済的耐用年数は6年で，耐用年数経過時の残存価額はゼロとする。減価償却は定額法によって行う。
(6) 利子率を年r％，期間をn年とする年金現価係数（毎期末に年利r％で一定額ずつ1年複利でn年間積み立てる場合の，その積立額の現在価値を求める係数）は，次の表のとおりである。

n \ r	2％	3％	4％	5％
1年	0.9804	0.9709	0.9615	0.9524
2	1.9416	1.9135	1.8861	1.8594
3	2.8839	2.8286	2.7751	2.7232
4	3.8077	3.7171	3.6299	3.5460
5	4.7135	4.5797	4.4518	4.3295

【解　答】

支　払　利　息	53,430円
減　価　償　却　費	222,590円
リ　ー　ス　債　務	1,088,970円

【解　説】

1．取引開始時（×1年4月1日）

所有権移転ファイナンス・リース取引であるが，借手側でリース物件の貸手の購入価額等が明らかではないため，「見積現金購入価額」と「リース料総額の割引現在価値」のうち，いずれか低い額を「リース資産」および「リース債務」の計上価額とする。

300,000円〈年間リース料〉× 4.4518〈年4％，期間5年とする年金現価係数〉

＝ 1,335,540円〈リース料総額の割引現在価値〉

見 積 現 金 購 入 価 額 1,373,910円　　∴ 1,335,540円〈いずれか低い額〉
リース料総額の割引現在価値 1,335,540円

（リ ー ス 資 産）　1,335,540　　　（リ ー ス 債 務）　　1,335,540

2．リース料支払時（×2年3月31日）

「年金現価係数」が与えられている場合には，「リース債務」の返済額を先に計算し，「年間リース料」と「リース債務」の返済額の差額を「支払利息」として処理する。

利息法の場合	年金現価係数が与えられている場合（本問）
リース料－支払利息＝リース債務返済額	リース料－リース債務返済額＝支払利息
（リース債務）②×× 　（現金預金）×× リース料 （支 払 利 息）①××	（リース債務）①×× 　（現金預金）×× リース料 （支 払 利 息）②××

	リース債務残高	返 済 額	支払利息（＝リース料－リース債務返済額）
×1年4月1日	300,000 × 4.4518		
残り回数5回	＝ 1,335,540		
×2年3月31日	300,000 × 3.6299	246,570	53,430（＝ 300,000 － 246,570）
残り回数4回	＝ 1,088,970		
×3年3月31日	300,000 × 2.7751	256,440	43,560（＝ 300,000 － 256,440）
残り回数3回	＝ 832,530		
×4年3月31日	300,000 × 1.8861	266,700	33,300（＝ 300,000 － 266,700）
残り回数2回	＝ 565,830		
×5年3月31日	300,000 × 0.9615	277,380	22,620（＝ 300,000 － 277,380）
残り回数1回	＝ 288,450		
×6年3月31日		288,450	11,550（＝ 300,000 － 288,450）
残り回数0回	0		

1,335,540 ＋ 164,460 ＝ 1,500,000〈リース料総額〉

（リ ー ス 債 務）（＊2）246,570　　　（現 金 預 金）（＊1）300,000
（支 払 利 息）（＊3）　53,430

（＊1）年間リース料
（＊2）（300,000円×4.4518）－（300,000円×3.6299）＝246,570円〈リース債務返済額〉
　　　　 1,335,540円　　　1,088,970円〈B/S価額〉
（＊3）300,000円〈年間リース料〉－246,570円〈リース債務返済額〉＝53,430円〈支払利息〉

Theme 08　リース取引

235

3．決算時（×2年3月31日）⇨ **減価償却費の計上**

　　所有権移転ファイナンス・リース取引であるため，経済的耐用年数により減価償却費を計上する。

| （減 価 償 却 費）（*） | 222,590 | （減価償却累計額） | 222,590 |

（*）1,335,540円÷6年〈経済的耐用年数〉＝222,590円

研究 **年金現価係数を使った計算の応用**

1．半年複利の場合

〈例〉　P社（決算日は毎年3月31日）は，×1年4月1日にS社から備品をリース取引によって取得した。このリース取引は，その契約条件から所有権移転ファイナンス・リース取引と判断されたので，P社は，この取引の会計処理を通常の売買取引に係る方法に準じた方法で行うことにした。よって，次の資料にもとづいて，P社の(1)×1年度（×1年4月1日から×2年3月31日まで）における支払利息と(2)×1年度末におけるリース債務を求めなさい。

（資　料）

(1)　リース料は，毎年9月と3月の各末日に100,000円ずつ支払う。

(2)　リース期間は，×1年4月1日から×6年3月31日までの5年間である。

(3)　リース料総額の現在価値は，年4％（半年複利）の追加借入利子率で割り引いた金額であり，リース資産の取得価額とする。

(4)　利子率を年 r ％，期間を n 年とする年金現価係数（毎期末に年利 r ％で一定額ずつ1年複利で n 年間積み立てる場合の，その積立額の現在価値を求める係数）は，次の表のとおりである。

n ＼ r	2 %	3 %	4 %	5 %
1 年	0.9804	0.9709	0.9615	0.9524
2	1.9416	1.9135	1.8861	1.8594
3	2.8839	2.8286	2.7751	2.7232
4	3.8077	3.7171	3.6299	3.5460
5	4.7135	4.5797	4.4518	4.3295
6	5.6014	5.4172	5.2421	5.0757
7	6.4720	6.2303	6.0021	5.7864
8	7.3255	7.0197	6.7327	6.4632
9	8.1622	7.7861	7.4353	7.1078
10	8.9826	8.5302	8.1109	7.7217

【解　答】

支 払 利 息	34,290円
リ ー ス 債 務	732,550円

【解　説】

　本問では，半年複利計算なので半年分の利率2%の10回払いと考えて計算する。また，年金現価係数が与えられているため，利率を用いて支払利息を計算するのではなく，リース債務残高の差額から返済額を求め，リース料との差額で支払利息を求める。

　　　100,000円〈半年分のリース料〉×8.9826〈年2%，期間10年とする年金現価係数〉

　　　=898,260円〈リース料総額の割引現在価値=取得価額〉

リース債務残高	返済額	支払利息(=リース料-リース債務返済額)
×1年4月1日　100,000円×8.9826=898,260円		
残り回数10回	82,040円	17,960円(=100,000円-82,040円)
×1年9月30日　100,000円×8.1622=816,220円		
残り回数9回	83,670円	16,330円(=100,000円-83,670円)
×2年3月31日　100,000円×7.3255=732,550円		
残り回数8回	165,710円	34,290円

2．1か月複利の場合

〈例〉P社（決算日は毎年3月31日）は，×1年4月1日にS社から備品をリース取引によって取得した。このリース取引は，その契約条件から所有権移転ファイナンス・リース取引と判断されたので，P社は，この取引の会計処理を通常の売買取引に係る方法に準じた方法で行うことにした。よって，次の資料にもとづいて，P社の(1)×1年度（×1年4月1日から×2年3月31日まで）における支払利息と(2)×1年度末におけるリース債務を求めなさい。

（資　料）

(1)　リース料は，毎月末に10,000円ずつ支払う。

(2)　リース期間は，×1年4月1日から×6年3月31日までの5年間である。

(3)　リース料総額の現在価値は，年6%（1か月複利）の追加借入利子率で割り引いた金額であり，リース資産の取得原価とする。

(4)　利子率年6%の場合の年金現価係数は，支払回数60回のときに51.726，48回のときに42.580である。

237

【解　答】

(1)	支 払 利 息	28,540円
(2)	リ ー ス 債 務	425,800円

【解　説】

　本問では，1か月複利計算なので1か月あたり利率0.5％の60回払いと考えて計算する。また，年金現価係数が与えられているため，利率を用いて支払利息を計算するのではなく，リース債務残高の差額から返済額を求め，返済額とリース料との差額で支払利息を求める。また，実際には，毎月の支払いごとに計算，処理すべきであるが，本例では，毎回の年金現価係数が与えられていないため解答上は1年分をまとめて計算する。

リース債務残高	返済額	支払利息（＝リース料−リース債務返済額）
×1年4月1日　10,000円×51.726＝517,260円 残り回数60回 ×2年3月31日　10,000円×42.580＝425,800円 残り回数48回	91,460円	28,540円（＝10,000円×12回−91,460円）

238

研究　貸手側の会計処理

ファイナンス・リース取引について貸手側で売買処理する方法には，次の３つがある。

第１法	リース取引開始時に売上高と売上原価を計上する方法（総額法１）
第２法	リース料受取時に売上高と売上原価を計上する方法（総額法２）
第３法	売上高を計上せずに利息相当額を各期へ配分する方法（純額法）

第１法　リース取引開始時に売上高と売上原価を計上する方法（総額法１）

リース取引開始時に売上高と売上原価を計上する方法は，以下の手順で処理する。

(1)リース取引開始時には，リース料総額により「売上高」を計上し，同額の「リース債権（または
リース投資資産）」を計上する。また，リース物件の現金購入価額により「売上原価」を計上する。
(2)リース料受取時には，受取リース料を「リース債権（またはリース投資資産）」から減額する。(3)
決算時には，売上高と売上原価の差額を利息相当額とし，決算日後の期間（未経過分）に対応する利
益を繰り延べ，翌期以降には，経過期間分の利益を戻し入れる。

> (注) 所有権移転ファイナンス・リース取引の場合には，「リース債権」として計上し，所有権移転外ファイ
> ナンス・リース取引の場合には，「リース投資資産」として計上する（以下，同じ）。
> 　なお，通常の取引により発生したリース債権またはリース投資資産は流動資産に記載する（破産更生債
> 権等で１年以内に回収されないことが明らかなものを除く）。

第２法　リース料受取時に売上高と売上原価を計上する方法（総額法２）

リース料受取時に売上高と売上原価を計上する方法は，以下の手順で処理する。

(1)リース取引開始時には，リース物件の現金購入価額により「リース債権（またはリース投資資
産）」を計上する。(2)リース料受取時には，受取リース料を「売上高」として計上し，受取リース料
に含まれる利息相当額を控除した額を「リース投資資産（またはリース債権）」から減額し，「売上原
価」に振り替える。

第３法　売上高を計上せずに利息相当額を各期へ配分する方法（純額法）

売上高を計上せずに利息相当額を各期へ配分する方法は，ファイナンス・リース取引を金融取引と
して取り扱い，利息相当額を純額で計上する処理方法である。

(1)リース取引開始時には，リース物件の現金購入価額により「リース債権（またはリース投資資
産）」を計上する。(2)リース料受取時には，受取リース料を利息相当額とリース投資資産（またはリ
ース債権）の元本回収部分とに区別し，利息相当額は「受取利息」として計上し，元本回収部分は
「リース債権（またはリース投資資産）」から減額する。

> (注) なお，所有権移転外ファイナンス・リース取引の場合には，リース期間終了時にリース物件が返却され
> るため，リース物件の見積残存価額をもって，「リース投資資産」からその後の使用目的に応じて「貯蔵
> 品」または適当な「固定資産」の勘定へ振り替える。

上記の各方法による仕訳は，次のとおりである。なお，金額は［設例８－１］によっている。

1．×1年度

	第1法　総額法1		第2法　総額法2	
取引開始時	（リース債権）90,000　（売上高）90,000 （売上原価）75,000　（買掛金）75,000		（リース債権）75,000　（買掛金）75,000	
リース料受取時	（現金預金）18,000　（リース債権）18,000		（現金預金）18,000　（売上高）18,000 （売上原価）13,200　（リース債権）13,200	
決算時	（繰延リース利益繰入）10,200　（繰延リース利益）10,200 リース債権から控除		仕　訳　な　し	
	P/L　売　上　高　　90,000 　　　売　上　原　価　　75,000 　　　修正前売上総利益　　15,000 　　　繰延リース利益繰入　10,200 　　　売　上　総　利　益　　4,800 B/S　リ　ー　ス　債　権　61,800		P/L　売　上　高　　18,000 　　　売　上　原　価　　13,200 　　　売　上　総　利　益　　4,800 B/S　リ　ー　ス　債　権　61,800	

	第3法　純額法
取引開始時	（リース債権）75,000　（買掛金）75,000
リース料受取時	（現金預金）18,000　（リース債権）13,200 　　　　　　　　　（受取利息）4,800
決算時	仕　訳　な　し P/L　受　取　利　息　　4,800 B/S　リ　ー　ス　債　権　61,800

（注）いずれの方法によった場合でも，損益計算書に記載される利益は4,800円であり，貸借対照表に記載される資産は61,800円となる。

2．×2年度

	第1法　総額法1		第2法　総額法2	
リース料受取時	（現金預金）18,000　（リース債権）18,000		（現金預金）18,000　（売上高）18,000 （売上原価）14,045　（リース債権）14,045	
決算時	（繰延リース利益）3,955　（繰延リース利益戻入）3,955		仕　訳　な　し	
	P/L　売　上　高　　　0 　　　売　上　原　価　　　0 　　　修正前売上総利益　　0 　　　繰延リース利益戻入　3,955 　　　売　上　総　利　益　3,955 B/S　リ　ー　ス　債　権　47,755		P/L　売　上　高　　18,000 　　　売　上　原　価　　14,045 　　　売　上　総　利　益　　3,955 B/S　リ　ー　ス　債　権　47,755	

	第3法　純額法
リース料受取時	（現金預金）18,000　（リース債権）14,045 　　　　　　　　　（受取利息）3,955
決算時	仕　訳　な　し P/L　受　取　利　息　　3,955 B/S　リ　ー　ス　債　権　47,755

（注）いずれの方法によった場合でも，損益計算書に記載される利益は3,955円であり，貸借対照表に記載される資産は47,755円となる。

研究 中途解約

ファイナンス・リース取引にかかるリース契約を中途で解約した場合には，以下のように処理する。

1．借手側

「リース資産」の未償却残額を「リース資産除却損」として処理し，貸手に対して中途解約による損害金（違約金）を支払う必要が生じた場合は，リース債務未払残高と損害金（違約金）との差額を「リース債務解約損益」として処理する。なお，下記の仕訳の金額は仮のものとする。

（減価償却累計額）	12,500	（リ　ー　ス　資　産）		75,000
（リース資産除却損）	62,500			
（リ　ー　ス　債　務）	61,800	（現　金　預　金）		65,000
（リース債務解約損）	3,200			

2．貸手側

第1法（総額法1）または第3法（純額法）により処理している場合には，中途解約により受け取る損害金（違約金）と中途解約時の「リース債権（またはリース投資資産）」の残高との差額を収益として計上する。

(注) 第1法（総額法1）により処理している場合には，「リース債権（またはリース投資資産）」の残高からは「繰延リース利益」が控除される。

第2法により処理している場合には，中途解約により受け取る損害金（違約金）を「売上高」として計上し，中途解約時の「リース債権（またはリース投資資産）」の残高を「売上原価」に振り替える。

(注) なお，所有権移転外ファイナンス・リース取引の場合には，リース物件が返却されるため，中途解約時点での見積残存価額をもって，「リース投資資産」からその後の使用目的に応じて「貯蔵品」または適当な「固定資産」の勘定へ振り替える。

第2法による仕訳は，次のとおりである。なお，金額は仮のものとする。

（現　金　預　金）	65,000	（売　　上　　高）	65,000
（売　上　原　価）	61,800	（リ　ー　ス　債　権）	61,800

研究 セール・アンド・リースバック取引

1. セール・アンド・リースバック取引とは

　セール・アンド・リースバック取引とは，借手（ユーザー）がその所有する物件を貸手（リース会社）に売却し，貸手からその物件のリースを受ける取引をいう。

　したがって，セール・アンド・リースバック取引は，物件の売却とその物件のリースとが一体化した取引である。

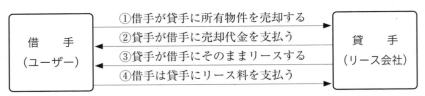

　なお，セール・アンド・リースバック取引の借手側のメリットには次の2つがある。

① 資産のメンテナンスなどはリース会社が行うため，管理業務が軽減される。
② 売却代金を有効活用できる。

2. セール・アンド・リースバック取引の会計処理

　セール・アンド・リースバック取引（ファイナンス・リース取引に該当する場合）では，物件の売却にともなう損益を「長期前払費用」または「長期前受収益」等として繰延処理し，その後，リース資産の減価償却費の割合に応じて配分し，減価償却費に加減して損益に計上する。また，所有権移転ファイナンス・リース取引に該当する場合には，リース資産の減価償却費の計算にあたっては，通常，当初の取得原価にもとづいた残存価額が用いられる。

資 産	（減価償却累計額）	××	（有形固定資産）	××
売却日	（現 金 預 金）	××	（長 期 前 受 収 益）	××
取 引	（リ ー ス 資 産）	××	（リ ー ス 債 務）	××
開始日				
リース料	（リ ー ス 債 務）	××	（現 金 預 金）	××
支払日	（支 払 利 息）	××		
決算日	（減 価 償 却 費）	××	（減価償却累計額）	××
	（長 期 前 受 収 益）	××	（減 価 償 却 費）	××

〈例〉P社（決算日は毎年3月31日）は，×1年4月1日に取得した備品を×4年4月1日にS社に売却し，その全部をリースバックすることにした。よって，次の資料にもとづいて(1)契約日（売却およびリースバック），(2)リース料支払日，(3)決算日（減価償却と売却損益の配分）の仕訳を示しなさい。なお，売却代金の受取りおよびリース料の支払いは現金預金とする。

（資　料）
1．売却資産の内容
　(1)　取得日：×1年4月1日
　(2)　取得原価：80,000円，売却日までの減価償却累計額30,000円
　(3)　減価償却は定額法（耐用年数8年，残存価額ゼロ）
2．リースバック取引の条件
　(1)　契約日：×4年4月1日
　(2)　売却価額：60,000円
　(3)　解約不能のリース期間は5年，リースバック以後の経済的耐用年数も5年であり，所有権移転ファイナンス・リース取引に該当する。
　(4)　S社の計算利子率は年6.4%，リース料は年14,400円（毎年3月31日の後払い）
　(5)　減価償却は定額法（耐用年数5年，残存価額ゼロ）

(1)　契約日
①　売却

（減価償却累計額）	30,000	（備　　　　品）	80,000
（現　金　預　金）	60,000	（長期前受収益）（＊1）	10,000
		売却益の繰延べ	

（＊1）貸借差額

②　リースバック

| （リ ー ス 資 産） | 60,000 | （リ ー ス 債 務） | 60,000 |

(2)　リース料支払日（1年ごとの後払い）

| （支　払　利　息）（＊2） | 3,840 | （現　金　預　金） | 14,400 |
| （リ ー ス 債 務）（＊3） | 10,560 | | |

（＊2）60,000円×6.4% = 3,840円
（＊3）貸借差額

(3)　決算日
①　減価償却

| （減 価 償 却 費）（＊4） | 12,000 | （減価償却累計額） | 12,000 |

（＊4）60,000円÷5年 = 12,000円

②　売却損益の配分

| （長 期 前 受 収 益）（＊5） | 2,000 | （減 価 償 却 費） | 2,000 |

（＊5）10,000円÷5年 = 2,000円

5 オペレーティング・リース取引の会計処理

オペレーティング・リース取引は，通常の賃貸借取引に係る方法に準じて会計処理を行う。したがって，リース料の受払時に「支払リース料」（借手の場合）または「受取リース料」（貸手の場合）を計上する。なお，リース料の受払日と決算日が異なる場合，リース料を後払いとしているときには，経過期間の未払リース料（または未収リース料）を見越計上し，リース料を前払いとしているときには，未経過期間の前払リース料（または前受リース料）を繰り延べる。また，貸手側では，取引開始時（またはリース物件取得時）にリース物件を該当する「固定資産」の勘定に計上し，決算時に減価償却する。

	借手側	貸手側
取引開始時	仕 訳 な し	（固 定 資 産）×× （買 掛 金）××
リース料受払時	（支払リース料）×× （現 金 預 金）××	（現 金 預 金）×× （受取リース料）××
決算時	仕 訳 な し （支払リース料） ×（未 払 費 用） × または （前 払 費 用） ×（支払リース料） ×	（減価償却費）××（減価償却累計額）×× （未 収 収 益） ×（受取リース料） × または （受取リース料） ×（前 受 収 益） ×

研究　リース取引の注記

リース取引に係る注記は，次のとおりである。

	ファイナンス・リース取引	オペレーティング・リース取引
借手側	リース資産について，その内容（おもな資産の種類等）および減価償却の方法を注記する。	オペレーティング・リース取引のうち解約不能のものに係る未経過リース料は，貸借対照表日後1年以内のリース期間に係るものと，貸借対照表日後1年を超えるリース期間に係るものとに区分して注記する。
貸手側	リース投資資産について，リース料債権部分および見積残存価額部分の金額ならびに受取利息相当額を注記する。リース債権およびリース投資資産に係るリース料債権部分について，貸借対照表日後5年以内における1年ごとの回収予定額および5年超の回収予定額を注記する。 ファイナンス・リース取引の基本的な会計処理について，いずれを採用しているかを重要な会計方針に記載する。	

（注）いずれの場合も，重要性が乏しい場合には，注記の必要はない。

「リース取引に関する会計基準」

用語の定義

4．「リース取引」とは，特定の物件の所有者たる貸手（レッサー）が，当該物件の借手（レッシー）に対し，合意された期間（以下「リース期間」という。）にわたりこれを使用収益する権利を与え，借手は，合意された使用料（以下「リース料」という。）を貸手に支払う取引をいう。

5．「ファイナンス・リース取引」とは，リース契約に基づくリース期間の中途において当該契約を解除することができないリース取引又はこれに準ずるリース取引で，借手が，当該契約に基づき使用する物件（以下「リース物件」という。）からもたらされる経済的利益を実質的に享受することができ，かつ，当該リース物件の使用に伴って生じるコストを実質的に負担することとなるリース取引をいう。

6．「オペレーティング・リース取引」とは，ファイナンス・リース取引以外のリース取引をいう。

7．「リース取引開始日」とは，借手が，リース物件を使用収益する権利を行使することができることとなった日をいう。

会計処理

ファイナンス・リース取引の分類

8．ファイナンス・リース取引は，リース契約上の諸条件に照らしてリース物件の所有権が借手に移転すると認められるもの（以下「所有権移転ファイナンス・リース取引」という。）と，それ以外の取引（以下「所有権移転外ファイナンス・リース取引」という。）に分類する。

ファイナンス・リース取引の会計処理

9．ファイナンス・リース取引については，通常の売買取引に係る方法に準じて会計処理を行う。

（借手側）

10．借手は，リース取引開始日に，通常の売買取引に係る方法に準じた会計処理により，リース物件とこれに係る債務をリース資産及びリース債務として計上する。

11．リース資産及びリース債務の計上額を算定するにあたっては，原則として，リース契約締結時に合意されたリース料総額からこれに含まれている利息相当額の合理的な見積額を控除する方法による。当該利息相当額については，原則として，リース期間にわたり利息法により配分する。

12．所有権移転ファイナンス・リース取引に係るリース資産の減価償却費は，自己所有の固定資産に適用する減価償却方法と同一の方法により算定する。また，所有権移転外ファイナンス・リース取引に係るリース資産の減価償却費は，原則として，リース期間を耐用年数とし，残存価額をゼロとして算定する。

（貸手側）

13. 貸手は，リース取引開始日に，通常の売買取引に係る方法に準じた会計処理により，所有権移転ファイナンス・リース取引についてはリース債権として，所有権移転外ファイナンス・リース取引についてはリース投資資産として計上する。

14. 貸手における利息相当額の総額は，リース契約締結時に合意されたリース料総額及び見積残存価額の合計額から，これに対応するリース資産の取得価額を控除することによって算定する。当該利息相当額については，原則として，リース期間にわたり利息法により配分する。

オペレーティング・リース取引の会計処理

15. オペレーティング・リース取引については，通常の賃貸借取引に係る方法に準じて会計処理を行う。

開　示

ファイナンス・リース取引の表示

（借手側）

16. リース資産については，原則として，有形固定資産，無形固定資産の別に，一括してリース資産として表示する。ただし，有形固定資産又は無形固定資産に属する各科目に含めることもできる。

17. リース債務については，貸借対照表日後1年以内に支払の期限が到来するものは流動負債に属するものとし，貸借対照表日後1年を超えて支払の期限が到来するものは固定負債に属するものとする。

（貸手側）

18. 所有権移転ファイナンス・リース取引におけるリース債権及び所有権移転外ファイナンス・リース取引におけるリース投資資産については，当該企業の主目的たる営業取引により発生したものである場合には流動資産に表示する。また，当該企業の営業の主目的以外の取引により発生したものである場合には，貸借対照表日の翌日から起算して1年以内に入金の期限が到来するものは流動資産に表示し，入金の期限が1年を超えて到来するものは固定資産に表示する。

ファイナンス・リース取引の注記

（借手側）

19. リース資産について，その内容（主な資産の種類等）及び減価償却の方法を注記する。ただし，重要性が乏しい場合には，当該注記を要しない。

（貸手側）

20. リース投資資産について，将来のリース料を収受する権利（以下「リース料債権」という。）部分及び見積残存価額（リース期間終了時に見積られる残存価額で借手による保証のない額）部分の金額（各々，利息相当額控除前）並びに受取利息相当額を注記する。ただし，重要性が乏しい場合には，当該注記を要しない。

21. リース債権及びリース投資資産に係るリース料債権部分について，貸借対照表日後5年以内における1年ごとの回収予定額及び5年超の回収予定額を注記する。ただし，重要性が乏しい場合には，当該注記を要しない。

オペレーティング・リース取引の注記

（借手側及び貸手側）

22. オペレーティング・リース取引のうち解約不能のものに係る未経過リース料は，貸借
    対照表日後1年以内のリース期間に係るものと，貸借対照表日後1年を超えるリース期間
    に係るものとに区分して注記する。ただし，重要性が乏しい場合には，当該注記を要しな
    い。

09 無形固定資産・投資その他の資産

Check ここでは，無形固定資産および投資その他の資産について学習する。特に無形固定資産については有形固定資産との違いに注意してほしい。

1 無形固定資産

1. 無形固定資産とは

無形固定資産とは，具体的な物財ではないが，経営上有用な長期利用目的の資産をいう。その内容は，法律上の権利およびこれに準じるもの（法的資産）と，法律上の権利ではないが経済的優位性があるもの（経済的資産）で構成されている。

具体的には，次のようなものがある。

法的資産	特許権	特許（高度な発明）を排他的に利用できる権利
	借地権	建物の所有を目的とする地上権および土地の賃借権
	商標権	商標（文字，図形，記号）を排他的に利用できる権利
	実用新案権	実用新案（形状，組み合わせに関する考案）を排他的に利用できる権利
	意匠権	意匠（形状，模様，色彩）を排他的に利用できる権利
	鉱業権	一定の鉱区において登録を受けた鉱物を採取できる権利
	ソフトウェア	プログラム等を利用，販売できる権利
	リース資産	リース取引により使用している無形固定資産
経済的資産	のれん	買収，合併，吸収分割による有償取得のれん

2. 無形固定資産の評価

無形固定資産は費用性資産であり，有形固定資産と同様に，減価償却を行うことにより費用配分を行う。

無形固定資産の貸借対照表価額は，取得原価から減価償却累計額を直接控除した残額のみを記載する。

> 取得原価 − 減価償却累計額（当期償却額を含む）＝ 貸借対照表価額

有形固定資産の減価償却と比較すると，次の3点で相違がみられる。

	有形固定資産の減価償却	無形固定資産の減価償却
残存価額	残存価額あり	残存価額なし
償却方法	定率法などもあり	原則として定額法
記帳・表示方法	原則として間接法	直接法

（注1）無形固定資産のうち鉱業権については，償却方法として生産高比例法を採用することができる。
（注2）無形固定資産のうちソフトウェアについては，償却方法として見込販売数量にもとづく償却方法などを採用することができる。詳しくは「テーマ10」で学習する。

次の取引について仕訳を示しなさい。なお，会計期間は 1 年，当期は×1年 4 月 1 日から×2年 3 月31日までである。

(1)　×1年 4 月10日にA鉱石の採掘権を280,000円で取得し，代金は現金預金で支払った。なお，鉱石は初めの20年間は毎年200トン，残りの10年間は毎年160トン採掘されるものと予測される。

(2)　×2年 3 月31日決算。生産高比例法により減価償却を行う。当期の採掘量は190トンであった。

【解答・解説】

(1)　鉱業権取得時（×1年 4 月10日）

（鉱　業　権）　280,000　　（現 金 預 金）　280,000

(2)　決算時（×2年 3 月31日）

（鉱 業 権 償 却）（＊）　9,500　　（鉱　業　権）　9,500

（＊）$280,000円 \times \dfrac{190トン}{\underbrace{200トン \times 20年 + 160トン \times 10年}_{5,600トン}} = 9,500円$

補足 のれん

「のれん」とは，超過収益力を資産として計上したものである。

　超過収益力とは，その企業の収益力が，同種企業の平均収益力よりも高い場合における，その差額をいい，通常，優秀な技術力，有利な立地条件，知名度（ブランドイメージ）などにより生じる。

　超過収益力には，自己の活動から生じる「自己創設のれん」もあるが，現行の制度会計では，「自己創設のれん」の資産計上は認められず，他の企業から事業の全部または一部を有償で取得した場合に限り，「のれん」として資産計上することが認められている。

無償取得（自己創設のれん）	資産計上することが認められない
有償取得（買入れのれん）	資産計上することが認められる

　（注）有償取得により「のれん」が計上できるケースとしては，買収，合併，吸収分割などの取引があげられる。

　「のれん」の償却については，理論上，「償却必要説」と「償却不要説」があるが，現行の制度会計では，「償却必要説」を採用しており，資産計上された「のれん」は，20年以内のその効果が及ぶ期間で規則的に償却することが要請されている。

償　却　期　間	20年以内
Ｐ／Ｌ　表　示	「のれん償却額」（販売費及び一般管理費）

〈例〉当期首にＡ社はＢ社を買収し，その代価として75,000円を現金預金で支払った。Ｂ社の諸資産は150,000円，諸負債は80,000円，純資産額は70,000円であった。なお，Ａ社は計上された「のれん」を20年で均等償却することとした。

買　　収　　時	（諸　　　資　　　産）	150,000	（諸　　負　　債）	80,000
	（の　　　れ　　　ん）（＊1）	5,000	（現　金　預　金）	75,000
償　　却　　時	（のれん償却額）（＊2）	250	（の　　　れ　　　ん）	250

　（＊1）75,000円 − (150,000円 − 80,000円) = 5,000円
　（＊2）5,000円 ÷ 20年 = 250円

2 投資その他の資産

「投資その他の資産」とは，固定資産のうち「有形固定資産」および「無形固定資産」以外のものをいう。「投資その他の資産」に記載される主な項目は，次のとおりである。

項　目	
投 資 有 価 証 券	長 期 定 期 預 金
子 会 社 株 式	長 期 貸 付 金
関 連 会 社 株 式	差 入 保 証 金
出 　 資 　 金	破 産 更 生 債 権 等
投 資 不 動 産	不 渡 手 形
	長 期 前 払 費 用

(注1)「出資金」とは，株式会社以外の会社に対する出資額をいう。

(注2)「投資不動産」とは，自己利用目的の不動産（有形固定資産）および販売目的の不動産（棚卸資産）以外の不動産をいう。なお，投資不動産に対する減価償却費は損益計算書の「営業外費用」の区分に計上する。

(注3)「差入保証金」とは，不動産の賃借時に預けた保証金，その他信用取引にともなう担保として預けられた保証金をいう。

設例 9-2

次の資料にもとづいて，貸借対照表（一部）を作成しなさい。なお，会計期間は1年，当期は×1年4月1日から×2年3月31日までである。

（資料1）決算整理前残高試算表（一部）

決算整理前残高試算表
×2年3月31日　　　　　　　（単位：円）

現 金 預 金	600,000	
売 　 掛 　 金	720,000	
貸 　 付 　 金	300,000	
土 　　　 地	1,500,000	
一 般 管 理 費	500,000	

（資料2）決算整理事項等

(1) 現金預金のうち200,000円は×3年6月30日を満期日とする定期預金である。

(2) 得意先が会社更生法の適用を受け，売掛金のうち120,000円は貸借対照表日の翌日から起算して1年以内に回収されないことが明らかになった。

(3) 貸付金のうち200,000円は×3年1月31日を返済期日とする貸付金であり，100,000円は×3年7月31日を返済期日とする貸付金である。

(4) 土地のうち1,000,000円は事業用の土地であり，500,000円は投資目的で取得した土地である。

(5) 一般管理費のうち120,000円は×1年10月1日に2年分の保険料を前払いしたものである。

【解　答】

貸 借 対 照 表

×2年3月31日　　　　　　　　　　　　（単位：円）

I　流 動 資 産
　　現 金 預 金　　400,000
　　売 　 掛 　 金　　600,000
　　前 払 費 用　　 60,000
　　短 期 貸 付 金　　200,000
II　固 定 資 産
　1．有形固定資産
　　土 　 　 　 地　1,000,000
　3．投資その他の資産
　　投 資 不 動 産　　500,000
　　長 期 定 期 預 金　　200,000
　　長 期 貸 付 金　　100,000
　　破産更生債権等　　120,000
　　長 期 前 払 費 用　　 30,000

【解　説】

(1)　現金預金と長期定期預金

　　定期預金の満期日が貸借対照表日の翌日から起算して1年を超えるため，「長期定期預金」として「投資その他の資産」に記載する。

（長 期 定 期 預 金）	200,000	（現 　 金 　 預 　 金）	200,000

　∴　現金預金：600,000円〈前 T/B〉－200,000円 = 400,000円

(2)　売掛金と破産更生債権等

　　会社更生法の適用を受けた得意先に対する売掛金は，貸借対照表日の翌日から起算して1年以内に回収されないことが明らかな場合には，「破産更生債権等」として「投資その他の資産」に記載する。

（破産更生債権等）	120,000	（売 　 　 掛 　 　 金）	120,000

　∴　売掛金：720,000円〈前 T/B〉－120,000円 = 600,000円

(3)　短期貸付金と長期貸付金

　　貸付金の返済期日が貸借対照表日の翌日から起算して1年以内のものは「短期貸付金」として「流動資産」に記載し，貸借対照表日の翌日から起算して1年を超えるものは「長期貸付金」として「投資その他の資産」に記載する。

（短 期 貸 付 金）	200,000	（貸 　 　 付 　 　 金）	300,000
（長 期 貸 付 金）	100,000		

(4) 土地と投資不動産

　事業用の土地は「土地」として「有形固定資産」に記載し，投資目的の土地は「投資不動産」として「投資その他の資産」に記載する。

（投資不動産）	500,000	（土　　　地）	500,000

　∴　土地：1,500,000円 − 500,000円 = 1,000,000円

(5) 前払費用と長期前払費用

　保険料のうち決算日までに未経過の 18 か月分を繰り延べる。また，繰り延べた額のうち貸借対照表日の翌日から起算して 1 年以内に費用化されるもの（12 か月分）は「前払費用」として「流動資産」に記載し，1 年を超えるもの（6 か月分）は「長期前払費用」として「投資その他の資産」に記載する。

（前　払　費　用）（＊1）	60,000	（一　般　管　理　費）	90,000
（長期前払費用）（＊2）	30,000		

（＊1）　$120,000円 \times \dfrac{12か月}{24か月} = 60,000円$

（＊2）　$120,000円 \times \dfrac{6か月}{24か月} = 30,000円$

無形固定資産・投資その他の資産

10 繰延資産，研究開発費等
Theme

Check ここでは，繰延資産および研究開発費等について学習する。本試験での計算対策としては，償却方法が重要であり，理論対策としては，繰延資産の要件が重要である。

① 繰延資産

1. 繰延資産とは

繰延資産とは「将来の期間に影響する特定の費用」を「資産計上したもの」であり，その内容については，「企業会計原則」では次のように規定している。

> **「貸借対照表原則 ─ D」**
>
> 　将来の期間に影響する特定の費用は，次期以後の期間に配分して処理するため，経過的に貸借対照表の資産の部に記載することができる。

> **「企業会計原則注解【注15】」** 一部抜粋・一部修正
>
> 　「将来の期間に影響する特定の費用」とは，すでに代価の支払が完了し又は支払義務が確定し，これに対応する役務の提供を受けたにもかかわらず，その効果が将来にわたって発現するものと期待される費用をいう。
>
> 　これらの費用は，その効果が及ぶ数期間に合理的に配分するため，経過的に貸借対照表上繰延資産として計上することができる。
>
> 　天災等により固定資産又は企業の営業活動に必須の手段たる資産の上に生じた損失が，その期の純利益又は繰越利益剰余金から当期の処分予定額を控除した金額をもって負担しえない程度に巨額であって特に法令をもって認められた場合には，これを経過的に貸借対照表の資産の部に記載して繰延経理することができる。

　繰延資産として資産の部に計上することは，容認規定であり，強制されるものではないことに注意すること。

　また，繰延資産は費用を繰り延べたものなので費用性資産に該当する。よって，その効果の及ぶ数期間にわたり費用配分（償却）が行われる。

　繰延資産の費用配分について，「企業会計原則」では次のように規定している。

> **「貸借対照表原則　五」** 一部抜粋・一部修正
>
> 　貸借対照表に記載する資産の価額は，原則として，当該資産の取得原価を基礎として計上しなければならない。
>
> 　資産の取得原価は，資産の種類に応じた費用配分の原則によって，各事業年度に配分しなければならない。繰延資産については，無形固定資産に準じて，各事業年度に均等額以上を配分しなければならない。

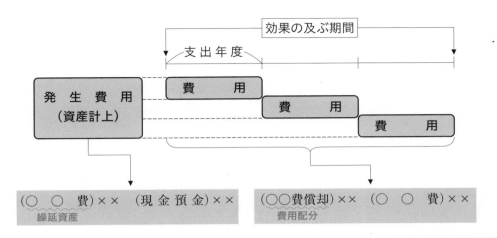

（○　○　費）×× （現 金 預 金）×× 　　 （○○費償却）×× （○　○　費）××
　　繰延資産　　　　　　　　　　　　　　　　　　　　費用配分

補足　繰延資産の特殊性

1．繰延経理の根拠

「将来の期間に影響する特定の費用」が繰延経理される理由としては，「費用収益対応の原則」と「費用配分の原則」があげられる。「将来の期間に影響する特定の費用」は，費用としてはすでに発生しているものであるが，その効果が将来にわたって発現するものと期待されているため，収益との対応関係を重視して，その効果が及ぶ数期間に配分されるのである。

2．繰延資産の資産性

繰延資産は，すでに役務の提供を受けていることから，それ自体に換金能力はなく，財産性を有するものではない。しかし，将来の収益獲得能力を有するものであるから，資産性は認められる。

3．前払費用との比較

繰延資産と前払費用の共通点および相違点をまとめると次のようになる。

		繰 延 資 産	前 払 費 用
共　通　点		・いずれも支出の繰延経理が行われる場合に生じる ・いずれも代価（対価）の支払いが完了（または支払義務が確定＝繰延資産の場合）	
相違点	役務の受入れ	あ　り	な　し
	財　産　性	なし（なんら請求権なし）	あり（役務提供請求権）
	資　産　計　上	任意計上	原則として計上

4．分配可能額の算定における制限

繰延資産は，換金能力がなく，財産性を有しないことから，「会社法」においては，分配可能額（配当などの財源として処分できる金額）の計算にあたって，一定の要件のもとに繰延資産の項目を控除することを要請している。

5．臨時巨額の損失

天災等による臨時巨額の損失は，一定の条件を満たす場合には，繰延経理することが認められている。これは，経営者の責任によらない天災などの偶発的事象によって一時的に巨額の損失が発生したときでも，企業の配当を可能にしたり，株価の暴落など株式市場の混乱を回避するための政策的な配慮によるものである。

したがって，臨時巨額の損失は，繰延経理することが認められてはいるが，「将来の期間に影響する特定の費用」という繰延資産本来の性格を有しているとはいえない。

Theme
10

繰延資産、研究開発費等

255

2. 繰延資産項目

「繰延資産の会計処理に関する当面の取扱い」では，(1)株式交付費，(2)社債発行費等，(3)創立費，(4)開業費，(5)開発費の5つの項目を繰延資産として計上することを認めている。その内容および処理方法は次のとおりである。

項　　目	内　　　　容	処　理　方　法
株式交付費	新株の発行または自己株式の処分のために直接支出した費用（広告費，手数料，印刷費など）（注1）	原則：支出時の費用（営業外費用） 容認：繰延資産に計上 　　　3年以内，定額法で償却
社債発行費等	社債の発行のために直接支出した費用（広告費，手数料，印刷費など）	原則：支出時の費用（営業外費用） 容認：繰延資産に計上 　　　償還期間，利息法または定額法で償却
社債発行費等	新株予約権の発行のために直接支出した費用（広告費，手数料，印刷費など）（注2）	原則：支出時の費用（営業外費用） 容認：繰延資産に計上 　　　3年以内，定額法で償却
創　立　費	会社の負担に帰すべき設立費用（広告費，手数料，印刷費など），発起人の報酬，登録免許税など	原則：支出時の費用（営業外費用） 容認：繰延資産に計上 　　　5年以内，定額法で償却
開　業　費	会社成立後，営業開始時までに支出した開業準備のための費用（賃借料，支払利子，給料など）	原則：支出時の費用（営業外費用または販売費及び一般管理費） 容認：繰延資産に計上 　　　開業のときから5年以内，定額法で償却
開　発　費	開発（新技術・新経営組織の採用，資源の開発，市場の開拓，設備の大規模な配置替えなど）のための費用（注3）	原則：支出時の費用（売上原価または販売費及び一般管理費） 容認：繰延資産に計上 　　　5年以内，定額法その他合理的な方法で償却

（注1）繰延資産として計上できる株式交付費は，企業規模の拡大のためにする資金調達などの財務活動（組織再編を含む）に係るものに限定される。したがって，株式の分割や無償割当などに係る費用は，繰延資産とせずに，支出時の費用（営業外費用または販売費及び一般管理費）とする。

（注2）新株予約権が社債に付されている場合で，新株予約権付社債を一括法により処理するときは，社債発行費として処理する。なお，新株予約権については，「テーマ14」で学習する。

（注3）経常費の性格を持つものは含まない。また，研究開発費に該当するものも含まない。

（注4）いずれの繰延資産も償却額の計算は月割計算とする。

（注5）いずれの繰延資産も支出の効果が期待されなくなったときは，その未償却残高を一時に償却しなければならない。　　　📖 繰延資産の会計処理に関する当面の取扱い

　　次の取引について仕訳を示しなさい。なお，会計期間は1年，当期は×1年4月1日から×2年3月31日までである。また，繰延資産として計上することが認められるものは，繰延資産とすること。

1．株式交付費
　(1)　×2年2月1日に新株発行による増資をしたさいに，株式発行のための費用90,000円を現金預金で支払った。
　(2)　×2年3月31日決算。株式交付費を定額法，期間3年で償却する。

2．社債発行費
　(1)　×1年10月1日に社債を発行したさいに，社債発行のための費用60,000円を現金預金で支払った。
　(2)　×2年3月31日決算。社債発行費を定額法，償還期間5年で償却する。

3．創立費
　(1)　×1年4月1日に当社を設立したさいに，株式発行のための費用および設立登記のための費用240,000円を現金預金で支払った。
　(2)　×2年3月31日決算。創立費を定額法，期間5年で償却する。

4．開業費
　(1)　×1年4月1日に当社を設立した後，3か月の開業準備期間を経て×1年7月1日から営業を開始した。×1年6月30日に開業準備のための費用600,000円を現金預金で支払った。
　(2)　×2年3月31日決算。開業費を定額法，期間5年で償却する。

5．開発費
　(1)　×2年2月1日に新市場を開拓するための費用900,000円を現金預金で支払った。
　(2)　×2年3月31日決算。開発費を定額法，期間5年で償却する。

【解答・解説】
　繰延資産の償却は，月割計算することに注意すること。

1．株式交付費
(1)　支出時（×2年2月1日）

| （株 式 交 付 費） | 90,000 | （現 金 預 金） | 90,000 |
| B／S繰延資産 | | | |

(2)　決算時（×2年3月31日）

| （株式交付費償却）(＊) | 5,000 | （株 式 交 付 費） | 5,000 |
| P／L営業外費用 | | | |

（＊）$90,000 円 \times \dfrac{2 か月}{36 か月} = 5,000 円$

　∴　B／S株式交付費〈繰延資産〉：90,000円 － 5,000円 = **85,000円**

2．社債発行費

(1) 支出時（×1 年 10 月 1 日）

（社 債 発 行 費）	60,000	（現 金 預 金）	60,000
B／S 繰延資産			

(2) 決算時（×2 年 3 月 31 日）

（社債発行費償却）(＊)	6,000	（社 債 発 行 費）	6,000
P／L 営業外費用			

（＊）$60,000円 \times \dfrac{6か月}{60か月} = 6,000円$

(注)「社債発行費償却」は「社債利息」に含めることもある。

∴ B／S 社債発行費〈繰延資産〉：$60,000円 - 6,000円 = $ **54,000円**

3．創立費

(1) 支出時（×1 年 4 月 1 日）

（創 立 費）	240,000	（現 金 預 金）	240,000
B／S 繰延資産			

(2) 決算時（×2 年 3 月 31 日）

（創 立 費 償 却）(＊)	48,000	（創 立 費）	48,000
P／L 営業外費用			

（＊）$240,000円 \times \dfrac{12か月}{60か月} = 48,000円$

∴ B／S 創立費〈繰延資産〉：$240,000円 - 48,000円 = $ **192,000円**

4．開業費

(1) 支出時（×1 年 6 月 30 日）

（開 業 費）	600,000	（現 金 預 金）	600,000
B／S 繰延資産			

(2) 決算時（×2 年 3 月 31 日）

開業した ×1 年 7 月 1 日から償却する。

（開 業 費 償 却）(＊)	90,000	（開 業 費）	90,000
P／L 営業外費用または 販売費及び一般管理費			

（＊）$600,000円 \times \dfrac{9か月}{60か月} = 90,000円$

∴ B／S 開業費〈繰延資産〉：$600,000円 - 90,000円 = $ **510,000円**

5．開発費

⑴　支出時（×2 年 2 月 1 日）

（開　発　費）	900,000	（現 金 預 金）	900,000
B／S 繰延資産			

⑵　決算時（×2 年 3 月 31 日）

（開 発 費 償 却）（＊）	30,000	（開　発　費）	30,000
P／L販売費及び一般管理費			

（＊）$900,000円 \times \dfrac{2\,か月}{60\,か月} = 30,000円$

∴　B／S 開発費〈繰延資産〉：900,000円 － 30,000円 ＝ **870,000円**

2 研究開発費等

1. 研究開発費

(1) 研究・開発とは

研究とは，新しい知識の発見を目的とした計画的な調査および探究をいう。

開発とは，①製品など（新しい製品・サービス・生産方法）についての計画・設計，または②既存の製品などを著しく改良するための計画・設計として，研究の成果その他の知識を具体化することをいう。

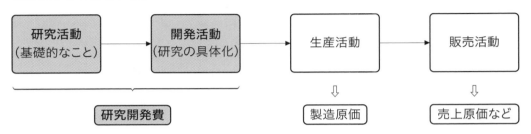

補足　研究開発の具体例

「研究開発」に該当するものと該当しないものの例は，次のとおりである。

① 「研究開発」に該当するものの具体例

(a) 従来にはない製品・サービスに関する発想を導き出すための調査・探究

(b) 新しい知識の調査・探究の結果を受け，製品化または業務化などを行うための活動

(c) 従来の製品に比較して，著しい違いを作り出す製造方法の具体化

(d) 従来と異なる原材料の使用方法または部品の製造方法の具体化

(e) 新製品の試作品の設計・製作および実験

(f) 取得した特許をもとにして販売可能な製品を製造するための技術的活動

② 「研究開発」に該当しないものの具体例

(a) 製品を量産化するための試作

(b) 品質管理活動や完成品の製品検査に関する活動

(c) 製品の品質改良，製造工程における改善活動

(d) 既存製品の不具合などの修正に係る設計変更および仕様変更

(e) 特許権や実用新案権の出願のための費用

　　　　　　　　　　　📖 研究開発費及びソフトウェアの会計処理に関する実務指針

(2) 研究開発費の会計処理および表示

「研究開発費」に該当するものは，原則としてすべて発生時に費用として処理し，通常，損益計算書の「販売費及び一般管理費（一般管理費）」の区分に表示する。

（研究開発費）	××	（現金預金）	××
P/L販売費及び一般管理費			

（注）製造現場において研究開発活動が行われ，かつ，その研究開発に要した費用を一括して製造現場で発生する原価に含めて計上しているような場合が認められるようなときには，例外的に当期製造費用に算入することも認められる。　📖 研究開発費及びソフトウェアの会計処理に関する実務指針

なお，特定の研究開発目的にのみ使用され，他の目的に使用できない機械装置や特許権などを取得した場合の原価は，取得時の「研究開発費」とする。

設例 10-2　　　　　　　　　　　　　　　　　　　　　　　　仕 訳

次の資料により，仕訳を示しなさい。

（資 料）

期首に，新製品Ａの開発のために以下の特別な支出を行った（現金預金で処理する）。

(1) 新製品Ａの試作品に係る設計費用　100円

(2) 新製品Ａの開発専用に仕様変更した機械装置の購入費用　2,000円

　　なお，この機械装置は，他目的の転用はできない仕様となっている。

【解答・解説】

資料(2)のように，特定の研究開発目的にのみ使用され，他の目的には使用することのできない機械装置や特許権などについては，将来の収益獲得が不確実であることから，資産計上することはせず，取得時にその取得原価を「研究開発費」として費用処理する。

（研究開発費）（＊）	2,100	（現金預金）	2,100
P/L販売費及び一般管理費			

（＊）2,000円 + 100円 = 2,100円

---

2. ソフトウェア制作費

(1) ソフトウェアとは

ソフトウェアとは，コンピュータを機能させるように指令を組み合わせて表現したプログラムなどをいう。

たとえば，データベース・ソフトウェアが処理対象とするデータや，映像・音楽ソフトウェアが処理対象とする画像データ・音楽データは，「ソフトウェア」には該当せず，「コンテンツ」として分類される。ただし，「ソフトウェア」と「コンテンツ」が一体不可分なものとして明確に区分できない場合は，その主要な性格がいずれに該当するかにより判断する。

📖 研究開発費及びソフトウェアの会計処理に関する実務指針

(2) **ソフトウェア制作費の会計処理および表示**

ソフトウェア制作費は，その取得態様別ではなく，制作目的により会計処理および表示が決定される。すなわち，「受注制作」，「市場販売目的」および「自社利用」の3つに区別したうえで，それぞれ会計処理および表示が異なる。

① **受注制作のソフトウェア**

受注制作の場合は，受注契約によりあらかじめ請負対象および請負価額が決定されているため，工事契約と同様に処理を行う。

② **市場販売目的のソフトウェア**

市場販売目的の場合，ソフトウェアは，その研究開発を経て「製品マスター（複写可能な完成品）」を制作し，これを複写したうえで，最終製品として販売されるという過程を経ることとなる。そのため，次のように処理を行う。

最初に製品化された製品マスター完成までの費用			研 究 開 発 費
製品マスター完成後の費用	製品マスター改良・強化の場合（購入ソフトウェアも同様）	著しい改良に該当	研 究 開 発 費
		上 記 以 外	無形固定資産
	バグ取りなど機能維持の費用		費 用 処 理

（注1）製品マスターの改良・強化 ⇨ バージョンアップ
（注2）バグ取りとは，プログラムのミスを修正することをいう。

なお，製品マスターは法的権利（著作権）を有しているため，その取得原価を算定し，貸借対照表の「無形固定資産」の区分に表示する。

③ **自社利用のソフトウェア**

自社利用の場合，その利用により，将来の収益獲得または費用削減が確実であることが認められるか否かにより，その会計処理が決定される。

サービス提供目的のように将来の収益獲得が確実であると認められる場合			無形固定資産
社 内 利 用 目 的	完成品を購入した場合のように，将来の収益獲得または費用削減が確実であると認められる場合		無形固定資産
	自社制作委託制作	将来の収益獲得または費用削減が確実であると認められる場合	
		将来の収益獲得または費用削減が確実であると認められない場合	費 用 処 理

なお，ソフトウェアが機械装置などに組み込まれており，ソフトウェアと機械装置などが一体不可分となっている場合には，そのソフトウェアの取得価額は，機械装置などの取得価額に含めて処理する。

(3)　**無形固定資産に計上したソフトウェア制作費の償却**

①　**市場販売目的のソフトウェア**

市場販売目的のソフトウェアは，ソフトウェアの性格に応じて最も合理的と考えられる減価償却の方法を採用すべきである。合理的な方法としては，「見込販売数量にもとづく方法」または「見込販売収益にもとづく方法」がある。ただし，毎期の償却額は，残存有効期間（当初の有効期間は原則として３年以内）にもとづく均等配分額を下回ってはならない。したがって，毎期の償却額は，以下の２つの方法により計算した額を比較し，いずれか大きい方の額とする。

(a)　見込販売数量（または見込販売収益）による償却額

$$当期首の未償却残高 \times \frac{当期の実績販売数量（または実績販売収益）}{当期首の見込販売数量（または見込販売収益）}$$

(注1)　当期より販売を開始したときは，ソフトウェアの取得原価および販売開始時の見込販売数量（または見込販売収益）にもとづいて計算する。

(注2)　当期首に見込販売数量（または見込販売収益）の変更があった場合には，変更後の見込販売数量（または見込販売収益）により計算する。ただし，当期末に見込販売数量（または見込販売収益）の変更があった場合には，翌期から変更後の見込販売数量（または見込販売収益）により計算する。

(b)　残存有効期間にもとづく均等配分額

当期首の未償却残高÷当期首の残存有効期間

(c)　当期の償却額

(a)と(b)を比較し，いずれか大きい方の額

(注3)　減価償却を実施した後の未償却残高が翌期以降の見込販売収益の額を上回った場合には，その超過額は一時の費用または損失として処理する。

仕訳を示すと次のようになる。

ソフトウェア計上時	（ソフトウェア） B/S無形固定資産	××	（現　金　預　金）	××
ソフトウェア償却時	（ソフトウェア償却）	××	（ソフトウェア）	××

次の資料にもとづいて，見込販売数量による各年度のソフトウェア償却の額を求めなさい。

（資　料）

(1) ×1年度期首に市場販売目的のソフトウェアの制作費60,000円を無形固定資産として計上した。見込有効期間は3年であり変更はなかった。

(2) 各年度の期首における見込販売数量および各年度の実績販売数量は次のとおりである。

	×1年度	×2年度	×3年度
見 込 販 売 数 量	3,000個	1,500個	800個
実 績 販 売 数 量	1,200個	700個	650個

（注）×2年度期首に見込販売数量を変更したが，×1年度期首の見積りは合理的であったと判断された。

【解　答】

	×1年度	×2年度	×3年度
ソフトウェア償却	24,000円	18,000円	18,000円

【解　説】

1．×1年度

(1) $60,000円 \times \dfrac{1,200個}{3,000個} = 24,000円$ 〈見込販売数量による償却額〉

(2) $60,000円 \div 3年 = 20,000円$ 〈残存有効期間による均等配分額〉

(3) $24,000円 > 20,000円$ ∴ **24,000円** 〈ソフトウェア償却〉

2．×2年度

(1) $(60,000円 - 24,000円) \times \dfrac{700個}{1,500個} = 16,800円$ 〈見込販売数量による償却額〉

(2) $(60,000円 - 24,000円) \div (3年 - 1年) = 18,000円$ 〈残存有効期間による均等配分額〉

(3) $16,800円 < 18,000円$ ∴ **18,000円** 〈ソフトウェア償却〉

3．×3年度

×3年度は，最終年度のため未償却残高の全額を償却する。

$60,000円 - 24,000円 - 18,000円 = $ **18,000円** 〈ソフトウェア償却〉

② 自社利用のソフトウェア

　自社利用のソフトウェアは，利用可能期間（原則として5年以内）にもとづき，原則として定額法により償却する。

設例 10-4 　　　　　　　　　　　　　　　　　　　　　　　　　　**仕　訳**

次の取引について仕訳を示しなさい。
1．×1年度期首に自社利用する目的でソフトウェア12,000円を購入し現金預金で支払った。当初の利用可能期間は5年と見積もられた。
2．×1年度決算。上記のソフトウェアを定額法により償却する。
3．×2年度決算。上記のソフトウェアを定額法により償却する。
4．×3年度決算。上記のソフトウェアを定額法により償却する。ただし，×3年度期首において×3年度期首からの利用可能期間を2年に変更した。

【解答・解説】

1．×1年度期首（ソフトウェア計上時）

（ソフトウェア）	12,000	（現 金 預 金）	12,000
B/S無形固定資産			

2．×1年度期末（償却時）

（ソフトウェア償却）（＊）	2,400	（ソフトウェア）	2,400
P/L販売費及び一般管理費			

（＊）12,000円÷5年＝2,400円

3．×2年度期末（償却時）

（ソフトウェア償却）（＊）	2,400	（ソフトウェア）	2,400
P/L販売費及び一般管理費			

（＊）（12,000円－2,400円）÷4年〈残存利用可能期間〉＝2,400円

4．×3年度期末（償却時）

（ソフトウェア償却）（＊）	3,600	（ソフトウェア）	3,600
P/L販売費及び一般管理費			

（＊）（12,000円－2,400円－2,400円）÷2年＝3,600円

（注）×3年度期首に利用可能期間の変更があったため，×3年度期首の未償却残高を変更後の残存利用可能期間で配分する。

Theme 11 引当金

Check ここでは，引当金について学習する。特に，引当金の計上要件，処理が重要である。

1 引当金とは

1. 引当金とは

引当金とは，将来の費用または損失の発生に備えて，当期の負担に属する金額を費用または損失として見越計上した場合の貸方科目である。

2. 引当金の計上目的

引当金の計上目的には，損益計算書目的，貸借対照表目的，保守主義による会計処理の３つがある。

(1) 損益計算書目的

適正な期間損益計算を行うためには，将来において資産の減少または債務の発生をもたらすものであっても，その原因となる事象が当期に起因し，当期の収益獲得に貢献した場合には，費用収益対応の原則や発生主義により，当期の費用として計上しなければならない。

(2) 貸借対照表目的

企業が所有する資産の正しい価額，企業が負っている条件付債務，潜在的債務などを適正に表示するために計上しなければならない。

(3) 保守主義による会計処理

予想される損失発生の危険に備えて，慎重な判断にもとづく会計処理を行うために計上しなければならない。

2 引当金の計上要件

「企業会計原則」では，引当金の計上要件を次のように規定している。

> **「企業会計原則注解【注18】」一部修正**
>
> 将来の特定の費用又は損失であって，その発生が当期以前の事象に起因し，発生の可能性が高く，かつ，その金額を合理的に見積ることができる場合には，当期の負担に属する金額を当期の費用又は損失として引当金に繰入れ，当該引当金の残高を貸借対照表の負債の部又は資産の部に記載するものとする。
>
> 製品保証引当金，賞与引当金，工事補償引当金，退職給付引当金，修繕引当金，特別修繕引当金，債務保証損失引当金，損害補償損失引当金，貸倒引当金等がこれに該当する。
>
> 発生の可能性の低い偶発事象に係る費用又は損失については，引当金を計上することはできない。

引当金は，次の４つの要件を満たしたときに計上される。

---

① 将来の特定の費用または損失であること
② その発生が当期以前の事象に起因していること
③ 発生の可能性が高いこと
④ その金額を合理的に見積ることができること

また，発生の可能性が低い偶発事象（災害など）に係る費用または損失は，引当金を計上することは認められていない。

次のようなケースでは引当金を計上できないことに注意してほしい。

〈例１〉数年後に予定されている創立10周年記念事業のために引当金を設定

⇨ この場合には，上記の①，③および④の条件を満たしているといえるが，②の条件を満たしているとはいえず引当金を設定することは適当ではない。

〈例２〉建物に対して火災保険を付ける代わりに引当金を設定

⇨ この場合には，上記の①の条件を満たしているといえるが，②，③および④の条件を満たしているとはいえず引当金を設定することは適当ではない。

3 引当金の分類

引当金の分類には，(1)表示上の分類，(2)債務性による分類，(3)損益計算の観点による分類などがあるが，このうち，(1)表示上の分類が重要である。「企業会計原則注解【注18】」に例示されている引当金の表示上の分類は，次のようになる。

表示上の分類	引　当　金
資産の部の引当金 （評価性引当金）	貸倒引当金
負債の部の引当金 （負債性引当金）	製品保証引当金，賞与引当金 退職給付引当金，工事補償引当金 修繕引当金，特別修繕引当金 債務保証損失引当金，損害補償損失引当金

(注) 貸倒引当金は，設定の対象となった債権の区分ごとに流動資産または固定資産に表示し，負債の部の引当金は，一年基準により，通常１年以内に使用される見込みのものは流動負債に表示し，通常１年を超えて使用される見込みのものは固定負債に表示する。

1. 債務性による分類

　負債の部の引当金は，債務性の有無により，債務たる引当金（条件付債務）と債務でない引当金（非債務）とに分類することができる。

債務たる引当金 （条件付債務）	製品保証引当金，賞与引当金，工事補償引当金， 退職給付引当金
債務でない引当金 （非　債　務）	修繕引当金，特別修繕引当金，債務保証損失引当金， 損害補償損失引当金

　(注) 債務保証損失引当金と損害補償損失引当金は，債務たる引当金（条件付債務）とする考え方もある。

2. 損益計算の観点による分類

　引当金は，損益計算の観点から，「費用性引当金」および「損失性引当金」に分類することができる。

費用性引当金	製品保証引当金，工事補償引当金，賞与引当金，退職給付引当金， 修繕引当金，特別修繕引当金，貸倒引当金
損失性引当金	債務保証損失引当金，損害補償損失引当金

4 負債の部の引当金（負債性引当金）の会計処理

1. 負債の部の引当金の内容

主な「負債の部の引当金」には，以下のものがある。

名　称	内　　　　　容
製品保証引当金	一定期間内において，製品無料修理を保証した場合，その支出に備えて設定される引当金をいう。
工事補償引当金	建設業において，契約により一定期間内，工事箇所に不都合が生じた場合などに無償で補修を行うため，この支出に備えて設定される引当金をいう。
賞与引当金	賞与支給規程などにより，従業員に対して次期に支払われる賞与の見積額について設定される引当金をいう。
退職給付引当金	労働協約，就業規則などにもとづいて，従業員の退職時または退職後に退職給付（退職一時金および退職年金）が支払われる場合に，その支出に備えて設定される引当金をいう。
修繕引当金	企業の所有する設備や機械装置などについて毎年行われる通常の修繕が資金の都合などにより行われなかった場合，その修繕に備えて設定される引当金をいう。
特別修繕引当金	一定期間ごとに行われる特別の大修繕に備えて設定される引当金をいう。
債務保証損失引当金	他人の債務保証を行っている場合で，債務者に代わって弁済責任を負わなければならない危険性が高くなった場合，それに備えて設定される引当金をいう。
損害補償損失引当金	経営活動の結果，企業に対して訴訟事件として裁判所に提訴されたような場合で，損害賠償支払義務の確定がかなりの可能性で考えられるような場合，その補償額を見越計上する場合の引当金をいう。
役員賞与引当金	役員賞与を発生時の費用として処理するために，当期の見込額について設定される引当金をいう。

2. 損益計算書の表示区分

各引当金の繰入額の損益計算書における表示区分は，次のとおりである。

科　　　目	損益計算書の表示区分（繰入額の表示）
製 品 保 証 引 当 金	販 売 費 及 び 一 般 管 理 費（注）
工 事 補 償 引 当 金	販 売 費 及 び 一 般 管 理 費（注）
賞 　 与 　 引 　 当 　 金	販 売 費 及 び 一 般 管 理 費（注）
退 職 給 付 引 当 金	**販 売 費 及 び 一 般 管 理 費**（注）
修 　 繕 　 引 　 当 　 金	**販 売 費 及 び 一 般 管 理 費**（注）
特 別 修 繕 引 当 金	販 売 費 及 び 一 般 管 理 費（注）
債 務 保 証 損 失 引 当 金	特 　 別 　 損 　 失
損 害 補 償 損 失 引 当 金	特 　 別 　 損 　 失
役 員 賞 与 引 当 金	**販 売 費 及 び 一 般 管 理 費**

（注）製造関係に関する繰入額は「製造原価」に算入される。

3. 会計処理
(1) 修繕引当金

設例 11-1　　　　　　　　　　　　　　　　　　　　　　　　　**仕　訳**

次の取引について仕訳を示しなさい。なお，会計期間は1年，決算日は3月31日である。

(1) ×1年3月31日決算。機械装置の修繕を当期に行う予定であったが，資金の都合により次期に延期することにした。そこで決算にあたり，修繕引当金70,000円を設定した。

(2) ×1年6月30日に修繕を行い，修繕費150,000円を現金預金で支払った。なお，この修繕費のうち70,000円は前期の修繕に対するものであり，同額の修繕引当金を取り崩した。

【解　答】
(1) **決算時**（×1年3月31日決算）

（修繕引当金繰入）	70,000	（修 繕 引 当 金）	70,000
P/L販売費及び一般管理費		B/S流動負債	

(2) **修繕時**（×1年6月30日）

（修 繕 引 当 金）	70,000	（現 　 金 　 預 　 金）	150,000
（修 　 　 繕 　 　 費）	80,000		
P/L販売費及び一般管理費			

(2) **役員賞与引当金**

役員賞与は発生した会計期間の費用として処理しなければならないが，通常，その金額は，期末後に開催される株主総会により決議され確定する。そこで，決算時には，決議事項とする額またはその見込額を「役員賞与引当金」として設定し，支払時には，これを取り崩して充当する。

設例 11-2　　　　　　　　　　　　　　　　　　　　　　仕　訳

次の取引について仕訳を示しなさい。なお，会計期間は1年，決算日は3月31日である。
(1) ×1年3月31日決算。役員賞与の支払見込額にもとづいて役員賞与引当金100,000円を設定した。
(2) ×1年6月25日に株主総会の決議により役員賞与100,000円の支払いが決議され，後日，現金預金で支払った。

【解　答】
(1) **決算時**

(役員賞与引当金繰入)	100,000	(役員賞与引当金)	100,000
P/L販売費及び一般管理費		B/S流動負債	

(2) **支払時**

(役員賞与引当金)	100,000	(現 金 預 金)	100,000

補足　役員賞与が確定している場合

あらかじめ株主総会で決議された役員報酬の範囲内で役員賞与を支給する場合や，子会社が親会社の同意のうえで役員賞与を支給する場合には，すでに役員賞与の支給額が確定しているかまたは実質的に確定しているとみなされるため，「役員賞与引当金」の代わりに確定債務である「未払役員報酬等」を計上する。この場合の仕訳は次のようになる。

決　算　時	(役 員 報 酬 等)	×××	(未払役員報酬等)	×××
支　払　時	(未払役員報酬等)	×××	(現 金 預 金)	×××

271

12 退職給付会計
Theme

Check ここでは，退職給付会計について学習する。その会計処理と退職給付債務や退職給付費用の計算過程をしっかりマスターしてほしい。なお，退職給付会計は，個別財務諸表とテキストⅢで学習する連結財務諸表とでは処理が大きく異なるが，ここでは，個別財務諸表上の扱いについて学習する。

■1 退職給付会計とは

1. 退職給付会計とは

退職給付会計とは，退職給付に係る負担を「退職給付引当金」として処理するための一連の会計処理をいう。

退職給付とは，一定の期間にわたり労働を提供したことなどの事由にもとづいて，退職以後に従業員に支給される給付をいい，「退職一時金」と「退職年金」とに区別される。

退職給付	退職一時金	従業員の退職時に一時的に支給されるものをいう（いわゆる退職金）。通常，企業が直接，従業員に支給する。
	退職年金	従業員の退職後に一定期間ごとに一定額ずつ支給されるものをいう。通常，企業から必要な資金を預かり運用している厚生年金基金などから支給される。

退職給付の流れを示すと次のようになる。

2. 退職給付会計の基本的な会計処理

退職給付会計では，退職給付債務（退職一時金と退職年金に係る債務）から年金資産（退職年金の支払いに充てるために年金基金などに預けてある資産）を控除した正味の債務額を「退職給付引当金」として計上する。

年 金 資 産	退 職 給 付 債 務
退職給付引当金	

(注1) 計算上は，退職給付債務と年金資産を区別して計算するが，正味の債務額だけが「退職給付引当金」として計上されることに注意。

(注2) 後述する未認識数理計算上の差異および未認識過去勤務費用がある場合には，当該金額を退職給付債務に加減した額から年金資産の額を控除した額を退職給付引当金として計上する。

(注3) 年金資産が企業年金制度に係る退職給付債務（後述する未認識の差異等があれば加減する）を超える場合には，当該超過額は，「前払年金費用」として処理する。

なお，基本的な会計処理は，次のようになる。

(1) 退職給付引当金の繰入れ

（退職給付費用）	××	（退職給付引当金）	××

(2) 退職一時金の支給

（退職給付引当金）	××	（現　金　預　金）	××

補足 退職給付制度

退職給付制度とは，従業員の労働提供などの理由にもとづいて，退職時もしくは退職後に支給する給付制度をいう。日本の退職給付制度は，確定給付型制度と確定拠出型制度に分類される。

・**確定給付型制度**：退職時または退職後にあらかじめ決められた一定の給付額を支払う制度

・**確定拠出型制度**：毎期拠出する掛金は確定しているが，給付額が変動する制度

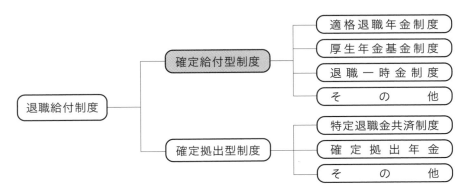

なお，簿記検定1級の試験では，確定給付型制度を前提に「退職給付に関する会計基準」に準拠した会計処理が多く出題されている。

2 退職給付債務

1. 退職給付債務とは

退職給付債務とは，退職給付のうち，認識時点までに発生していると認められる部分を割り引いたものをいう。

退職給付債務は，退職により見込まれる退職給付の総額（退職給付見込額）のうち，期末までに発生していると認められる額を割り引いて計算する。

なお，退職給付債務は，原則として個々の従業員ごとに算定する。

また，退職給付見込額は，合理的に見込まれる退職給付の変動要因（予想される昇給など）を考慮して見積らなければならない。

退職給付見込額のうち，期末までに発生したと認められる額は，「期間定額基準」または「給付算定式基準」のいずれかの方法により算定するが，本テキストでは，「期間定額基準」について説明する。

「期間定額基準」による退職給付債務の計算手順を示すと，次のとおりである。

(1) 退職給付見込額の算定

将来の昇給なども考慮するため，問題では金額が与えられる。

(2) 退職給付見込額のうち当期末までの発生額の算定

$$退職給付見込額のうち当期末までの発生額 = 退職給付見込額 \times \frac{入社時から当期末までの勤務期間}{入社時から退職時までの勤務期間}$$

(3) 退職給付債務の算定

$$退職給付債務 = 退職給付見込額のうち当期末までの発生額 \times \frac{1}{(1+割引率)^{残存勤務期間}}$$

(注) 割引率とは，退職給付債務などを計算するにあたり，退職給付見込額を現在価値に割引計算する際に用いられる率をいう。割引率は，安全性の高い債券（国債など）の利回りを基礎として決定する。

設例 12-1

従業員Aは入社から当期末まで29年勤務し，翌期末（30年後）に定年により退職する予定である。従業員Aの退職予定時の退職給付見込額は30,000円であり，期間定額基準による毎期の退職給付見込額の発生額は1,000円である。なお，割引率は5％であり，計算上端数が生じる場合には円未満を四捨五入すること。よって，期首および期末の退職給付債務をそれぞれ求めなさい。

【解 答】

期首の退職給付債務	25,397円
期末の退職給付債務	27,619円

【解　説】

1．期首の退職給付債務の計算

(1)　退職給付見込額　30,000円

(2)　$30{,}000円 \times \dfrac{28年}{30年} = 28{,}000円$ 〈(1)のうち前期末までの発生額〉

(3)　$28{,}000円 \div \underbrace{(1 + 0.05)^2}_{1.1025} \fallingdotseq 25{,}397円$（円未満四捨五入）
　　　　　　　　　　　　　　　　　期首退職給付債務

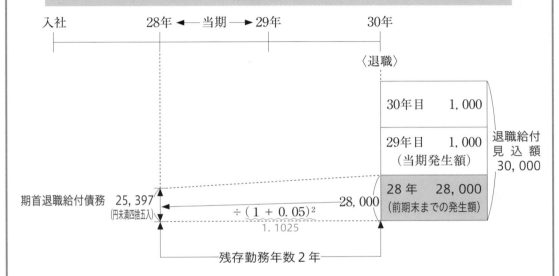

2．期末の退職給付債務の計算

(1)　退職給付見込額　30,000円

(2)　$30{,}000円 \times \dfrac{29年}{30年} = 29{,}000円$ 〈(1)のうち当期末までの発生額〉

(3)　$29{,}000円 \div (1 + 0.05) \fallingdotseq 27{,}619円$（円未満四捨五入）
　　　　　　　　　　　　　　　期末退職給付債務

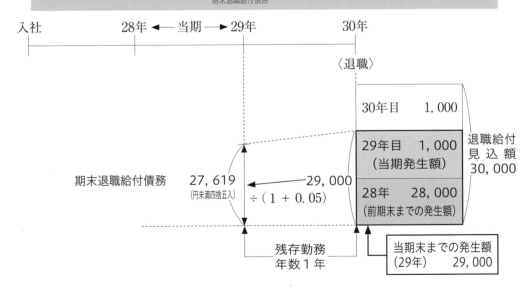

2. 勤務費用と利息費用

　［設例12－1］で確認したように，退職給付債務は，時間の経過にともなって増加する。この増加額を原因別に分類すると「勤務費用」と「利息費用」に分類できる。

(1) 勤務費用

　勤務費用とは，当期における労働の対価として，退職給付見込額のうち当期に発生（増加）したと認められる額を割り引いて計算する。「期間定額基準」による勤務費用の計算手順は，次のとおりである。

> (1) 退職給付見込額の算定
> (2) 退職給付見込額のうち当期の発生額の算定
>
> $$退職給付見込額の \atop うち当期の発生額 = 退職給付見込額 \times \frac{1}{入社時から退職時までの勤務期間}$$
>
> (3) 勤務費用の算定
>
> $$勤務費用 = {退職給付見込額の \atop うち当期の発生額} \times \frac{1}{(1+割引率)^{残存勤務期間}}$$

(注) 従業員からの拠出がある企業年金制度を採用している場合には，従業員からの拠出額を勤務費用から控除する。

(2) 利息費用

　利息費用とは，割引計算により算定された期首の退職給付債務について，期末時点までの時の経過により発生する計算上の利息であり，期首の退職給付債務に割引率を乗じて計算する。

> 利息費用 ＝ 期首退職給付債務×割引率

設例 12-2

　従業員Ａは，入社から当期末まで29年勤務し，翌期末（30年後）に定年により退職する予定である。従業員Ａの退職予定時の退職給付見込額は30,000円であり，期間定額基準による毎期の退職給付見込額の発生額は1,000円である。よって，当期の勤務費用および利息費用を求めなさい。なお，割引率は５％であり，計算上，端数が生じる場合には円未満を四捨五入すること。

【解　答】

勤 務 費 用	952円
利 息 費 用	1,270円

【解　説】
1．勤務費用の計算

(1)　退職給付見込額　30,000円

(2)　$30,000円 \times \dfrac{1年}{30年} = 1,000円$　〈(1)のうち発生額〉

(3)　$1,000円 \div (1 + 0.05) \doteqdot 952円$　（円未満四捨五入）
　　　　　　　　　　　　　勤務費用

2．利息費用の計算

(1)　$30,000円 \times \dfrac{28年}{30年} = 28,000円$　〈退職給付見込額のうち前期末までの発生額〉

(2)　$28,000円 \div (1 + 0.05)^2 \doteqdot 25,397円$　（円未満四捨五入）
　　　　　　　　　　　期首退職給付債務

(3)　$25,397円 \times 5\% \doteqdot 1,270円$　（円未満四捨五入）
　　　　　　　　　　利息費用

3 年金資産

1. 年金資産とは

年金資産とは，企業年金制度を採用している企業が，退職給付に充てるために外部の厚生年金基金などに積み立てている資産である。

年金資産の額は，期末における時価（公正な評価額）により計算する。

$$年金資産 ＝ 期末における時価（公正な評価額）$$

2. 期待運用収益

年金資産は，厚生年金基金などにおいて公社債などに投資を行うことにより運用されている。したがって，期首の年金資産は，期末においては，運用収益の分だけ増加するはずである。「期待運用収益」とは，年金資産の運用により生じると合理的に期待される計算上の収益であり，期首の年金資産の額に合理的に期待される収益率（長期期待運用収益率）を乗じて計算する。

$$期待運用収益 ＝ 期首の年金資産 × 長期期待運用収益率$$

4 会計処理

退職給付会計では，退職給付債務から年金資産を控除した正味の債務額を「退職給付引当金」として計上するため，時間の経過や実際の取引により退職給付債務と年金資産が増減すると，結果として「退職給付引当金」がどのように増減するのかを考えながら会計処理を行うことが重要である。

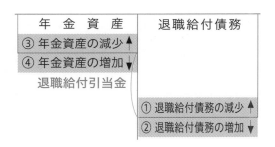

①　退職給付債務の減少＝退職給付引当金の減少
②　退職給付債務の増加＝退職給付引当金の増加
③　年 金 資 産 の 減 少＝退職給付引当金の増加
④　年 金 資 産 の 増 加＝退職給付引当金の減少

1. 見積りによる退職給付費用の計上

前述した退職給付債務に係る「勤務費用」,「利息費用」および年金資産に係る「期待運用収益」は,期首時点の見積りにより計算し「退職給付費用」として計上する。

(1) **勤務費用** ⇨ 退職給付債務の増加＝退職給付引当金の増加

時間の経過により退職給付債務は勤務費用の分だけ増加するため,退職給付引当金を増加させる。

（退職給付費用）	×××	（退職給付引当金）	×××

(2) **利息費用** ⇨ 退職給付債務の増加＝退職給付引当金の増加

時間の経過により退職給付債務は利息費用の分だけ増加するため,退職給付引当金を増加させる。

（退職給付費用）	×××	（退職給付引当金）	×××

(3) **期待運用収益** ⇨ 年金資産の増加＝退職給付引当金の減少

時間の経過により年金資産は期待運用収益の分だけ増加するため,退職給付引当金を減少させる。

（退職給付引当金）	×××	（退職給付費用）	×××

(4) **見積りによる退職給付費用**（(1)～(3)のまとめ）

「勤務費用」,「利息費用」および「期待運用収益」は,期首時点の見積りにより計算し計上するため,(1)～(3)の仕訳をまとめて正味の金額だけを計上することが一般的である。

（退職給付費用）（＊）	×××	（退職給付引当金）	×××

（＊）　見積りによる退職給付費用＝勤務費用＋利息費用－期待運用収益

退職給付費用

勤 務 費 用	期 待 運 用 収 益
利 息 費 用	見積りによる退職給付費用

2. 年金掛金の拠出 ⇨ 年金資産の増加＝退職給付引当金の減少

年金基金などに掛金を拠出した場合には,年金資産が増加するため,退職給付引当金を減少させる。

（退職給付引当金）	×××	（現 金 預 金）	×××

3. 退職一時金の支給 ⇨ 退職給付債務の減少＝退職給付引当金の減少

従業員の退職時に,企業が退職一時金を支給した場合には,退職給付債務が減少するため,退職給付引当金を減少させる。

（退職給付引当金）	×××	（現 金 預 金）	×××

4. 退職年金の支給 ⇨ 退職給付債務の減少＝退職給付引当金の減少
年 金 資 産 の 減 少＝退職給付引当金の増加

　従業員の退職後に，年金基金などから退職年金が支給された場合には，退職給付債務が減少するために退職給付引当金が減少するが，年金資産も減少するため退職給付引当金が増加する。したがって，同額の退職給付引当金が増減するため，実際には仕訳不要となる。

仕 訳 な し

　上記１～４までの仕訳を行った結果，退職給付費用および退職給付引当金の勘定記入は，次のようになる。

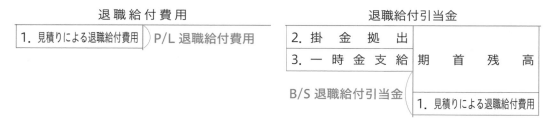

5. 数理計算上の差異
(1)　数理計算上の差異とは

　　退職給付会計においては，勤務費用，利息費用および期待運用収益の金額を期首時点の見積数値により計算して計上している。このことから年金資産の期待運用収益と実際の運用成果との差異，退職給付債務の数理計算に用いた見積数値と実績との差異および見積数値の変更などにより差異が発生することがある。これを数理計算上の差異という。

　　数理計算上の差異は，退職給付会計用貸借対照表（年金資産および退職給付債務を整理するための一覧表）により求めた期末年金資産および期末退職給付債務の金額と期末における年金資産の実際残高（時価）および新たな数値で計算しなおした退職給付債務との差額で計算する。

退職給付会計用貸借対照表

(2) 数理計算上の差異の費用処理（償却）

　数理計算上の差異が生じた場合には，数理計算上の差異を費用処理し，退職給付引当金の残高を修正しなければならない。

　数理計算上の差異は，原則として，各期の発生額について平均残存勤務期間以内の一定の年数で按分した額（定額法）を毎期費用処理しなければならない。

> 数理計算上の差異の費用処理額（償却額）＝ 数理計算上の差異 ÷ 平均残存勤務期間

　なお，数理計算上の差異の発生額のうち費用処理されていない部分を未認識数理計算上の差異という。

　数理計算上の差異を費用処理した場合の仕訳は次のようになる（引当不足の場合）。

> （退 職 給 付 費 用）　　×××　　　（退 職 給 付 引 当 金）　　　×××

　また，上記の仕訳を加えた退職給付費用および退職給付引当金の勘定記入は，次のようになる。

退職給付費用	
1. 見積りによる退職給付費用	P/L 退職給付費用
5. 数 理 差 異 費 用	

退職給付引当金	
2. 掛 金 拠 出	期 首 残 高
3. 一 時 金 支 給	
B/S 退職給付引当金	1. 見積りによる退職給付費用
	5. 数 理 差 異 費 用

補足　数理計算上の差異の費用処理（償却）について

　数理計算上の差異の費用処理は，前述したように発生年度から費用処理するほかに，発生年度の翌期から費用処理することが認められている。

　また，定額法のほかに定率法により計算することもできる。さらに，平均残存勤務期間以内で償却するので，たとえば一時に費用処理することも認められる。

補足　過去勤務費用

　「過去勤務費用」とは，退職給付水準の改訂などにともなって発生した退職給付債務の増減額である。つまり，退職金規程などの改訂時点における改訂前の規程にもとづいて算定した退職給付債務と改訂後の規程にもとづいて算定した退職給付債務との差額をいう。過去勤務費用も数理計算上の差異と同様に，発生年度から定額法などにより平均残存勤務期間以内の期間（1年を含む）で費用処理することになる。

5 表　示

退職給付引当金および退職給付費用は，次のように表示する。

項　　　　　目	表 示 科 目	表 示 区 分
退職給付引当金	貸借対照表 「退職給付引当金」	「固定負債」
勤務費用・利息費用・期待運用収益	損益計算書 「退職給付費用」	「販売費及び一般管理費」 （製造業に係るものは製造原価）
数理計算上の差異の費用処理額(注)		
過去勤務費用の費用処理額(注)		

（注）　多額な差異を一時費用処理した場合には，その費用処理額を「特別損失」に計上することができる。

設例 12-3

　次の資料により，決算整理後残高試算表（一部）を作成しなさい。なお，会計期間は1年，当期は×1年4月1日から×2年3月31日までである。

（資料1）期首試算表（一部）

期 首 試 算 表
×1年4月1日　　　　　　　　（単位：円）

	退 職 給 付 引 当 金　（各自推定）

（資料2）その他の資料
(1)　期首退職給付債務：30,000円
(2)　期首年金資産時価：20,000円
(3)　当期首に差異等は生じていない。
(4)　当期勤務費用：3,600円
(5)　割引率：4％
(6)　長期期待運用収益率：5％
(7)　当期年金掛金拠出額：2,000円
(8)　当期退職給付支給額（退職一時金800円，年金からの支給1,400円）
(9)　期末退職給付債務：33,000円（新たな数値により計算した額）
(10)　期末年金資産時価：21,000円
(11)　当期に新たに発生した数理計算上の差異　1,000円（不足額）
　　当期より定額法，平均残存勤務期間10年により償却する。

【解　答】

決算整理後残高試算表
×2年3月31日　　　　　　　　（単位：円）

退 職 給 付 費 用	3,900	退 職 給 付 引 当 金	11,100

【解　説】

1．期首退職給付引当金の推定

期首退職給付債務30,000円と期首年金資産時価20,000円との差額10,000円が，引当金となる。

期首退職給付会計用B／S

期首年金資産時価　20,000	期首退職給付債務　30,000
退職給付引当金　　10,000	

2．退職給付費用の計上（期首の見積りによる）

（退 職 給 付 費 用）（＊）	3,800	（退職給付引当金）	3,800

（＊）勤務費用………………………… 3,600円
利息費用…………30,000円×4％＝1,200円 ⎫ 3,800円（＝3,600円＋1,200円－1,000円）
期待運用収益……20,000円×5％＝1,000円 ⎭

3．年金掛金の拠出

（退職給付引当金）	2,000	（現 金 預 金）	2,000

4．退職一時金の支給（直接支給）

（退職給付引当金）	800	（現 金 預 金）	800

5．年金からの支給

仕 訳 な し

上記2～5までの仕訳の結果，退職給付費用および退職給付引当金の残高は，次のとおりとなる。

退 職 給 付 費 用

2.退職給付費用3,800) 3,800

退 職 給 付 引 当 金

3.掛 金 拠 出2,000	期首T/B　10,000
4.退職一時金　800	
11,000	2.退職給付費用　3,800

6．数理計算上の差異の費用処理（当期より10年で償却）

（退 職 給 付 費 用）（＊）	100	（退職給付引当金）	100

（＊）　1,000円÷10年＝100円

上記の仕訳を追加すると退職給付費用および退職給付引当金の残高は，次のとおりとなる。

退 職 給 付 費 用

2.退職給付費用 3,800	3,900
6.数理差異費用 100	

退 職 給 付 引 当 金

3.掛 金 拠 出 2,000	期首T/B　10,000
4.退職一時金　800	
11,100	2.退職給付費用　3,800
	6.数理差異費用　100

次の資料により，決算整理後残高試算表（一部）を作成しなさい。なお，会計期間は1年，当期は×2年4月1日から×3年3月31日までである。

（資料1）期首試算表（一部）

期　首　試　算　表
×2年4月1日　　　　　　　　（単位：円）

	退職給付引当金　（各自推定）

（資料2）その他の資料

(1) 期首退職給付債務：33,000円
(2) 期首年金資産時価：21,000円
(3) 期首未認識数理計算上の差異：900円（不足額）
　　前期に発生したものであり，前期より定額法，平均残存勤務期間10年により償却している。
(4) 当期勤務費用：3,800円
(5) 割引率：4%
(6) 長期期待運用収益率：5%
(7) 当期年金掛金拠出額：2,000円
(8) 当期退職給付支給額（退職一時金870円，年金からの支給1,500円）
(9) 期末退職給付債務：36,000円（新たな数値により計算した額）
(10) 期末年金資産時価：22,200円
(11) 当期に新たに発生した数理計算上の差異　600円（不足額）
　　当期より定額法，平均残存勤務期間10年により償却する。

【解　答】

決算整理後残高試算表
×3年3月31日　　　　　　　（単位：円）

退職給付費用	4,230	退職給付引当金	12,460

【解　説】

1．期首退職給付引当金の推定

期首退職給付債務33,000円と期首年金資産時価21,000円との差額12,000円が，本来あるべき引当金となる。しかし，期首未認識数理計算上の差異900円（不足額）があることから，実際の引当金は11,100円となる。

期首退職給付会計用B/S

期首年金資産時価 21,000	期首退職給付債務 33,000
期首未認識数理差異 900	あるべき引当金 12,000
退職給付引当金 11,100	

2. 退職給付費用の計上（期首の見積りによる）

（退職給付費用）（＊）	4,070	（退職給付引当金）	4,070

（＊）勤務費用‥‥‥‥‥‥‥‥‥‥‥‥‥ 3,800円
　　　利息費用‥‥‥‥‥ 33,000円 × 4 % = 1,320円　　} 4,070円（= 3,800円 + 1,320円 − 1,050円）
　　　期待運用収益‥‥‥ 21,000円 × 5 % = 1,050円

3. 年金掛金の拠出

（退職給付引当金）	2,000	（現 金 預 金）	2,000

4. 退職一時金の支給（直接支給）

（退職給付引当金）	870	（現 金 預 金）	870

5. 年金からの支給

仕 訳 な し

　上記2～5までの仕訳の結果，退職給付費用および退職給付引当金の残高は，次のとおりとなる。

退 職 給 付 費 用			
2. 退職給付費用 4,070	4,070		

退 職 給 付 引 当 金			
3. 掛金拠出 2,000			
4. 退職一時金 870	期首 T / B	11,100	
	12,300	2. 退職給付費用 4,070	

6. 数理計算上の差異の費用処理

(1) 期首未認識数理計算上の差異（残り9年で償却）

（退職給付費用）（＊）	100	（退職給付引当金）	100

（＊）　900円 ÷ 9 年 = 100円

(2) 当期に新たに発生した数理計算上の差異（当期より10年で償却）

（退職給付費用）（＊）	60	（退職給付引当金）	60

（＊）　600円 ÷ 10年 = 60円

　上記の仕訳を追加すると退職給付費用および退職給付引当金の残高は，次のとおりとなる。

退 職 給 付 費 用		
2. 退職給付費用 4,070		
6(1)数理差異費用 100	4,230	
6(2)数理差異費用 60		

退 職 給 付 引 当 金		
3. 掛金拠出 2,000		
4. 退職一時金 870	期首 T / B	11,100
		2. 退職給付費用 4,070
	12,460	6(1)数理差異費用 100
		6(2)数理差異費用 60

数理計算上の差異の求め方

当期に新たに発生した数理計算上の差異は，次のように求めることができる（［設例12 － 4 ］の場合）。

1．求め方（その1）

期首の見積り数値による期末の退職給付債務および年金資産を求め，新たな数値により計算した期末退職給付債務の額および期末年金資産の時価との差額で当期に新たに発生した数理計算上の差異を求めることができる。

期末退職給付会計用B/S（見積数値による）

期末年金資産時価 22,200	期首年金資産時価　21,000	期首退職給付債務　33,000	新たな数値による退職給付債務 36,000
	期 待 運 用 収 益＋　1,050	勤　務　費　用＋　3,800	
	掛 金 の 拠 出＋　2,000	利　息　費　用＋　1,320	
	年金からの支給△　1,500	一 時 金 の 支 給△　　870	
新たな差異　350	期 末 年 金 資 産　22,550	年金からの支給△　1,500	
		期末退職給付債務　35,750	
		新たな差異　250	

∴　350円＋250円＝600円〈新たに発生した差異〉

2．求め方（その2）

新たな数値による期末退職給付債務と期末年金資産時価との差額で，本来のあるべき引当金の残高を求め，実際の引当金残高（差異の費用処理前の金額）との差額で，期末における未認識の差異の総額を求めることができる。そこから，期首における未認識の差異を控除することにより，当期に新たに発生した数理計算上の差異を求める。

期末退職給付会計用B/S（実際数値による）

	期末年金資産時価　22,200	期末退職給付債務　36,000
差異の総額 1,500	期首未認識数理差異　　900	
	新たに発生した差異　　600	あるべき引当金　13,800
	実際の引当金　　12,300	

① 36,000円－22,200円＝13,800円〈あるべき引当金〉

② 13,800円－12,300円〈実際の引当金（差異の費用処理前）〉＝1,500円〈差異の総額〉

③ 1,500円－900円〈期首未認識数理計算上の差異〉＝600円〈新たに発生した差異〉

「退職給付に関する会計基準」

用語の定義

4．「確定拠出制度」とは，一定の掛金を外部に積み立て，事業主である企業が，当該掛金以外に退職給付に係る追加的な拠出義務を負わない退職給付制度をいう。

5．「確定給付制度」とは，確定拠出制度以外の退職給付制度をいう。

6．「退職給付債務」とは，退職給付のうち，認識時点までに発生していると認められる部分を割り引いたものをいう。

7．「年金資産」とは，特定の退職給付制度のために，その制度について企業と従業員との契約（退職金規程等）等に基づき積み立てられた，次のすべてを満たす特定の資産をいう。

　(1)　退職給付以外に使用できないこと

　(2)　事業主及び事業主の債権者から法的に分離されていること

　(3)　積立超過分を除き，事業主への返還，事業主からの解約・目的外の払出し等が禁止されていること

　(4)　資産を事業主の資産と交換できないこと

8．「勤務費用」とは，1期間の労働の対価として発生したと認められる退職給付をいう。

9．「利息費用」とは，割引計算により算定された期首時点における退職給付債務について，期末までの時の経過により発生する計算上の利息をいう。

10．「期待運用収益」とは，年金資産の運用により生じると合理的に期待される計算上の収益をいう。

11．「数理計算上の差異」とは，年金資産の期待運用収益と実際の運用成果との差異，退職給付債務の数理計算に用いた見積数値と実績との差異及び見積数値の変更等により発生した差異をいう。なお，このうち当期純利益を構成する項目として費用処理（費用の減額処理又は費用を超過して減額した場合の利益処理を含む。以下同じ。）されていないものを「未認識数理計算上の差異」という（第24項参照）。

12．「過去勤務費用」とは，退職給付水準の改訂等に起因して発生した退職給付債務の増加又は減少部分をいう。なお，このうち当期純利益を構成する項目として費用処理されていないものを「未認識過去勤務費用」という（第25項参照）。

確定給付制度の会計処理

貸借対照表

13．退職給付債務（第16項参照）から年金資産の額（第22項参照）を控除した額（以下「積立状況を示す額」という。）を負債として計上する。

　　ただし，年金資産の額が退職給付債務を超える場合には，資産として計上する。

　(注1)　複数の退職給付制度を採用している場合において，1つの退職給付制度に係る年金資産が当該退職給付制度に係る退職給付債務を超えるときは，当該年金資産の超過額を他の退職給付制度に係る退職給付債務から控除してはならない。

損益計算書及び包括利益計算書（又は損益及び包括利益計算書）

14. 次の項目の当期に係る額は，退職給付費用として，当期純利益を構成する項目に含めて計上する。

(1) 勤務費用（第17項参照）

(2) 利息費用（第21項参照）

(3) 期待運用収益（第23項参照）

(4) 数理計算上の差異に係る当期の費用処理額（第24項参照）

(5) 過去勤務費用に係る当期の費用処理額（第25項参照）

（注2）臨時に支給される退職給付であってあらかじめ予測できないもの及び退職給付債務の計算にあたって考慮されていたもの以外の退職給付の支給については，支払時の退職給付費用として処理する。

15. 数理計算上の差異の当期発生額及び過去勤務費用の当期発生額のうち，費用処理されない部分（未認識数理計算上の差異及び未認識過去勤務費用となる。）については，その他の包括利益に含めて計上する。その他の包括利益累計額に計上されている未認識数理計算上の差異及び未認識過去勤務費用のうち，当期に費用処理された部分については，その他の包括利益の調整（組替調整）を行う（第24項また書き及び第25項また書き参照）。

退職給付債務及び勤務費用

（退職給付債務の計算）

16. 退職給付債務は，退職により見込まれる退職給付の総額（以下「退職給付見込額」という。）のうち，期末までに発生していると認められる額を割り引いて計算する。

（注3）退職給付債務は，原則として個々の従業員ごとに計算する。ただし，勤続年数，残存勤務期間，退職給付見込額等について標準的な数値を用いて加重平均等により合理的な計算ができると認められる場合には，当該合理的な計算方法を用いることができる。

（勤務費用の計算）

17. 勤務費用は，退職給付見込額のうち当期に発生したと認められる額を割り引いて計算する。

（注4）従業員からの拠出がある企業年金制度を採用している場合には，勤務費用の計算にあたり，従業員からの拠出額を勤務費用から差し引く。

（退職給付見込額の見積り）

18. 退職給付見込額は，合理的に見込まれる退職給付の変動要因を考慮して見積る。

（注5）退職給付見込額の見積りにおいて合理的に見込まれる退職給付の変動要因には，予想される昇給等が含まれる。また，臨時に支給される退職給付等であってあらかじめ予測できないものは，退職給付見込額に含まれない。

（退職給付見込額の期間帰属）

19. 退職給付見込額のうち期末までに発生したと認められる額は，次のいずれかの方法を選択適用して計算する。この場合，いったん採用した方法は，原則として，継続して適用しなければならない。

 (1) 退職給付見込額について全勤務期間で除した額を各期の発生額とする方法（以下「期間定額基準」という。）

 (2) 退職給付制度の給付算定式に従って各勤務期間に帰属させた給付に基づき見積った額を，退職給付見込額の各期の発生額とする方法（以下「給付算定式基準」という。）

　　なお，この方法による場合，勤務期間の後期における給付算定式に従った給付が，初期よりも著しく高い水準となるときには，当該期間の給付が均等に生じるとみなして補正した給付算定式に従わなければならない。

（割引率）

20. 退職給付債務の計算における割引率は，安全性の高い債券の利回りを基礎として決定する。

 (注6) 割引率の基礎とする安全性の高い債券の利回りとは，期末における国債，政府機関債及び優良社債の利回りをいう。

21. 利息費用は，期首の退職給付債務に割引率を乗じて計算する。

年金資産

22. 年金資産の額は，期末における時価（公正な評価額）により計算する。

23. 期待運用収益は，期首の年金資産の額に合理的に期待される収益率（長期期待運用収益率）を乗じて計算する。

数理計算上の差異

24. 数理計算上の差異は，原則として各期の発生額について，予想される退職時から現在までの平均的な期間（以下「平均残存勤務期間」という。）以内の一定の年数で按分した額を毎期費用処理する。

　　また，当期に発生した未認識数理計算上の差異は税効果を調整の上，その他の包括利益を通じて純資産の部に計上する（第27項参照）。

 (注7) 数理計算上の差異については，未認識数理計算上の差異の残高の一定割合を費用処理する方法によることができる。この場合の一定割合は，数理計算上の差異の発生額が平均残存勤務期間以内に概ね費用処理される割合としなければならない。

　　数理計算上の差異については，当期の発生額を翌期から費用処理する方法を用いることができる。

 (注8) 割引率等の計算基礎に重要な変動が生じていない場合には，これを見直さないことができる。

Theme

12

退職給付会計

過去勤務費用

25. 過去勤務費用は，原則として各期の発生額について，平均残存勤務期間以内の一定の年数で按分した額を毎期費用処理する。

　　また，当期に発生した未認識過去勤務費用は税効果を調整の上，その他の包括利益を通じて純資産の部に計上する（第27項参照）。

（注9）過去勤務費用については，未認識過去勤務費用の残高の一定割合を費用処理する方法によることができる。この場合の一定割合は，過去勤務費用の発生額が平均残存勤務期間以内に概ね費用処理される割合としなければならない。

（注10）退職従業員に係る過去勤務費用は，他の過去勤務費用と区分して発生時に全額を費用処理することができる。

小規模企業等における簡便な方法

26. 従業員数が比較的少ない小規模な企業等において，高い信頼性をもって数理計算上の見積りを行うことが困難である場合又は退職給付に係る財務諸表項目に重要性が乏しい場合には，期末の退職給付の要支給額を用いた見積計算を行う等の簡便な方法を用いて，退職給付に係る負債及び退職給付費用を計算することができる。

確定給付制度の開示

表　示

27. 積立状況を示す額（第13項参照）について，負債となる場合は「退職給付に係る負債」等の適当な科目をもって固定負債に計上し，資産となる場合は「退職給付に係る資産」等の適当な科目をもって固定資産に計上する。未認識数理計算上の差異及び未認識過去勤務費用については，税効果を調整の上，純資産の部におけるその他の包括利益累計額に「退職給付に係る調整累計額」等の適当な科目をもって計上する。

28. 退職給付費用（第14項参照）については，原則として売上原価又は販売費及び一般管理費に計上する。

　　ただし，新たに退職給付制度を採用したとき又は給付水準の重要な改訂を行ったときに発生する過去勤務費用を発生時に全額費用処理する場合などにおいて，その金額が重要であると認められるときには，当該金額を特別損益として計上することができる。

29. 当期に発生した未認識数理計算上の差異及び未認識過去勤務費用並びに当期に費用処理された組替調整額（第15項参照）については，その他の包括利益に「退職給付に係る調整額」等の適当な科目をもって，一括して計上する。

注記事項

30. 確定給付制度については，次の事項を連結財務諸表及び個別財務諸表に注記する。なお，(2)から(11)について，連結財務諸表において注記している場合には，個別財務諸表において記載することを要しない。

　(1)　退職給付の会計処理基準に関する事項

　(2)　企業の採用する確定給付制度の概要

　(3)　退職給付債務の期首残高と期末残高の調整表

　(4)　年金資産の期首残高と期末残高の調整表

(5) 退職給付債務及び年金資産と貸借対照表に計上された退職給付に係る負債及び資産の調整表

(6) 退職給付に関連する損益

(7) その他の包括利益に計上された数理計算上の差異及び過去勤務費用の内訳

(8) 貸借対照表のその他の包括利益累計額に計上された未認識数理計算上の差異及び未認識過去勤務費用の内訳

(9) 年金資産に関する事項（年金資産の主な内訳を含む。）

(10) 数理計算上の計算基礎に関する事項

(11) その他の事項

確定拠出制度の会計処理

31. 確定拠出制度については，当該制度に基づく要拠出額をもって費用処理する。また，当該制度に基づく要拠出額をもって費用処理するため，未拠出の額は未払金として計上する。

確定拠出制度の開示

表 示

32. 前項の費用は，第28項の退職給付費用に含めて計上する。

注記事項

32-2. 確定拠出制度については，次の事項を連結財務諸表及び個別財務諸表に注記する。なお，連結財務諸表において注記している場合には，個別財務諸表において記載することを要しない。

(1) 企業の採用する確定拠出制度の概要

(2) 確定拠出制度に係る退職給付費用の額

(3) その他の事項

複数事業主制度の会計処理及び開示

33. 複数の事業主により設立された確定給付型企業年金制度を採用している場合においては，次のように会計処理及び開示を行う。

(1) 合理的な基準により自社の負担に属する年金資産等の計算をした上で，第13項から第30項の確定給付制度の会計処理及び開示を行う。

(2) 自社の拠出に対応する年金資産の額を合理的に計算することができないときには，第31項及び第32項の確定拠出制度に準じた会計処理及び開示を行う。この場合，当該年金制度全体の直近の積立状況等についても注記する。

（個別財務諸表における当面の取扱い）

39. 個別財務諸表上，所定の事項については，当面の間，次のように取り扱う。

(1) 第13項にかかわらず，個別貸借対照表上，退職給付債務に未認識数理計算上の差異及び未認識過去勤務費用を加減した額から，年金資産の額を控除した額を負債として計上する。ただし，年金資産の額が退職給付債務に未認識数理計算上の差異及び未認識過去勤務費用を加減した額を超える場合には，資産として計上する。

(2) 第15項，第24項また書き，第25項また書き，第29項及び第30項(7)(8)については適用しない。

(3) 第27項にかかわらず，個別貸借対照表に負債として計上される額（本項(1)参照）については「退職給付引当金」の科目をもって固定負債に計上し，資産として計上される額（本項(1)参照）については「前払年金費用」等の適当な科目をもって固定資産に計上する。

(4) 連結財務諸表を作成する会社については，個別財務諸表において，未認識数理計算上の差異及び未認識過去勤務費用の貸借対照表における取扱いが連結財務諸表と異なる旨を注記する。

(5) 本会計基準等で使用されている「退職給付に係る負債」，「退職給付に係る資産」という用語（本会計基準の公表による他の会計基準等についての修正を含む。）は，個別財務諸表上は「退職給付引当金」，「前払年金費用」と読み替えるものとする。

(注) 退職給付会計は，個別財務諸表上の処理と連結財務諸表上の処理とで大きく異なるので注意すること。なお，連結財務諸表上の処理については，テキストⅢで学習する。

MEMO

13 社　債
Theme

Check ここでは，社債について学習する。普通社債に関する一連の会計処理および買入償還ならびに抽選償還について，しっかり学習してほしい。

1 社債とは

社債とは，長期の資金調達のために，一般大衆から一定の条件で借入れを行うときに発行する債券であり，債務（負債）としての性格をもつ。

社債は，原則として公募による点において単なる借入金とは異なり，また，純然たる債務である点において株主の地位を表す株式とも異なる。

2 普通社債の発行形態

普通社債の発行形態には，社債の額面金額（債務額または債券金額または社債金額）と払込金額との関係から，平価発行，割引発行および打歩発行の3形態がある。

平 価 発 行	発行する社債券の額面金額と同額を払込金額とする形態である。普通社債を平価発行する場合，利率は市場金利にもとづいて決定される。
割 引 発 行	発行する社債券の額面金額より低い価額を払込金額とする形態である。普通社債を割引発行した場合，払込金額を低くするかわりに，利率は市場金利よりも低くなる。
打 歩 発 行	発行する社債券の額面金額より高い価額を払込金額とする形態である。普通社債を打歩発行した場合，払込金額を高くするかわりに，利率は市場金利よりも高くなる。

(1)　平価発行 ⇨ 額面金額@100円＝払込金額@100円
(2)　割引発行 ⇨ 額面金額@100円＞払込金額@ 95円
(3)　打歩発行 ⇨ 額面金額@100円＜払込金額@102円

└─ 額面金額は借入額（債務額）を示す

294

3 普通社債の会計処理（満期償還）

普通社債の会計処理をタイムテーブルにより示すと，次のようになる。

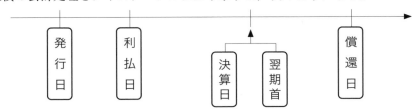

1. 発行日

社債を発行した場合には，払込金額を「社債」として計上する。なお，「社債」は，一年基準により，流動負債または固定負債に区別して記載する。

(注) 貸借対照表日の翌日から起算して，償還日が1年以内の社債は，「一年以内償還社債」として貸借対照表の流動負債に記載する。

(現 金 預 金)	××	(社 債)	××

2. 利払日

社債に対する利息は，通常年2回，半年ごとに支払われる。この利息は，銀行などからの借入金に対する利息（支払利息）とは区別して，「社債利息（営業外費用）」として処理する。

利払日における社債利息は，次の計算式により求める（利払日が半年ごとの場合）。

$$額面金額 \times 年利率 \times \frac{6か月}{12か月} = 社債利息$$

(社 債 利 息)	××	(現 金 預 金)	××

3. 決算日

(1) 償却原価法の適用

社債を額面金額（債務額）より低い価額（割引発行）または高い価額（打歩発行）で発行した場合には，償却原価法を適用し，額面金額と払込金額との差額（金利調整差額）を償還期に至るまで毎期一定の方法で，貸借対照表価額に加減しなければならない。償却原価法の適用による償却額は，「社債利息」に加減する。また，その計算方法には，利息法と定額法があり，利息法による場合には，一般的に利払日ごとに償却額を計算して計上する。

割引発行の場合		打歩発行の場合	
(社債利息) ××	(社 債) ××	(社 債) ××	(社債利息) ××

(2) 「未払費用（未払社債利息）」の計上

利払日と決算日が一致しない場合には，前利払日の翌日から決算日までの期間に対応する社債利息を月割計算により見越計上する。

(社 債 利 息)	××	(未 払 費 用)	××
		B/S流動負債	

295

4. 翌期首

前期末において計上した「未払費用（未払社債利息）」を取り消すための逆仕訳（再振替仕訳）を行う。

（未　払　費　用）	××	（社　債　利　息）	××

5. 満期償還日

社債の償還期限（満期日）には，社債を額面金額により一括して償還し，最終回の社債利息を支払う。

なお，金利調整差額の未償却残高がある場合には，償還日に償却する。割引発行の場合には，次のようになる。

（社　債　利　息）	××	（社　　　　　債）	××
（社　　　　　債）	××	（現　金　預　金）	××
（社　債　利　息）	××		

補足　社債利息の未払額

社債利息の未払額は，支払期日が到来しているか否かにより，次のように区分する。

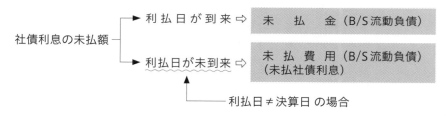

(1) 利払日までに支払うべき社債利息（要支払額）－ 実際支払額＝未払金

(2) 最終利払日の翌日から決算日までの社債利息＝未払費用（未払社債利息）

(1)	（社　債　利　息）	××	（未　払　金）	××
(2)	（社　債　利　息）	××	（未　払　費　用）	××

4 社債発行費

　社債募集のための広告費，金融機関・証券会社の取扱手数料，目論見書・社債券等の印刷費，社債の登記の登録免許税，その他社債発行のため直接支出した費用は，「社債発行費」とする。

　「社債発行費」は，原則として，支出時の費用として損益計算書の営業外費用に計上するが，貸借対照表の繰延資産に計上することができる。繰延資産として計上した場合には，利息法（原則）または定額法（容認）により，社債の償還期間にわたり償却しなければならない。また，この場合の償却額は，「社債発行費償却」として損益計算書の営業外費用に計上する。

	原則：P/L営業外費用	
社債発行費	容認：B/S繰延資産	原則：利息法で償却
		容認：定額法で償却

　「社債発行費」を繰延資産として計上した場合の仕訳は，次のようになる。

1. 発行時（社債発行費の計上）

（社 債 発 行 費）	×××	（現 金 預 金）	×××

B/S繰延資産

2. 決算時（社債発行費の償却）

（社債発行費償却）	×××	（社 債 発 行 費）	×××

P/L営業外費用

設例 13-1

　次の資料により，社債発行日，各利払日，各決算日および償還日の仕訳を示しなさい。なお，社債は定額法による償却原価法を適用し，社債発行費は繰延資産とし定額法により償却する。また，発行，利払い，償還にともなう受取額および支払額はすべて現金預金とする。

（資　料）
1. 発　　　行　　日：×1年4月1日
2. 額　面　金　額：100,000円
3. 払　込　金　額：額面100円につき95円
4. 償　　　還　　日：×6年3月31日（期間5年）
5. クーポン利子率：年8％
6. 利　　　払　　日：毎年9月末日と3月末日（年2回）
7. 社　債　発　行　費：6,000円（すべて発行日に支払い）

【解答・解説】

(1) ×1年4月1日（社債発行日）

（現　金　預　金）（＊）	95,000	（社　　　　　　債）	95,000
（社 債 発 行 費）	6,000	（現　金　預　金）	6,000

（＊）$100,000円 \times \dfrac{@95円}{@100円} = 95,000円〈払込金額〉$

(2) ×1年9月30日（利払日）

（社　債　利　息）（＊）	4,000	（現　金　預　金）	4,000

（＊）$100,000円 \times 8\% \times \dfrac{6か月}{12か月} = 4,000円〈半年ごとのクーポン利息〉$

(3) ×2年3月31日（利払日，決算日）

（社　債　利　息）	4,000	（現　金　預　金）	4,000
（社　債　利　息）（＊1）	1,000	（社　　　　　　債）	1,000
（社債発行費償却）（＊2）	1,200	（社　債　発　行　費）	1,200

（＊1）$(100,000円 - 95,000円) \times \dfrac{12か月}{60か月} = 1,000円〈社債の1年ごとの償却額〉$

（＊2）$6,000円 \times \dfrac{12か月}{60か月} = 1,200円〈社債発行費の1年ごとの償却額〉$

∴　P/L社債利息（営業外費用）：4,000円＋4,000円＋1,000円＝9,000円
　　社債発行費償却（営業外費用）：1,200円
　　B/S社債発行費（繰延資産）：6,000円－1,200円＝4,800円
　　社債（固定負債）：95,000円＋1,000円＝96,000円

(4) ×2年9月30日（利払日）

（社　債　利　息）	4,000	（現　金　預　金）	4,000

(5) ×3年3月31日（利払日，決算日）

（社　債　利　息）	4,000	（現　金　預　金）	4,000
（社　債　利　息）	1,000	（社　　　　　　債）	1,000
（社債発行費償却）	1,200	（社　債　発　行　費）	1,200

∴　P/L社債利息（営業外費用）：4,000円＋4,000円＋1,000円＝9,000円
　　社債発行費償却（営業外費用）：1,200円
　　B/S社債発行費（繰延資産）：4,800円－1,200円＝3,600円
　　社債（固定負債）：96,000円＋1,000円＝97,000円

(6) ×3 年 9 月 30 日（利払日）

| （社 債 利 息） | 4,000 | （現 金 預 金） | 4,000 |

(7) ×4 年 3 月 31 日（利払日，決算日）

（社 債 利 息）	4,000	（現 金 預 金）	4,000
（社 債 利 息）	1,000	（社 債）	1,000
（社債発行費償却）	1,200	（社 債 発 行 費）	1,200

∴　P/L 社債利息（営業外費用）：4,000円 + 4,000円 + 1,000円 = 9,000円
　　社債発行費償却（営業外費用）：1,200円
　　B/S 社債発行費（繰延資産）：3,600円 − 1,200円 = 2,400円
　　社債（固定負債）：97,000円 + 1,000円 = 98,000円

(8) ×4 年 9 月 30 日（利払日）

| （社 債 利 息） | 4,000 | （現 金 預 金） | 4,000 |

(9) ×5 年 3 月 31 日（利払日，決算日）

（社 債 利 息）	4,000	（現 金 預 金）	4,000
（社 債 利 息）	1,000	（社 債）	1,000
（社債発行費償却）	1,200	（社 債 発 行 費）	1,200

∴　P/L 社債利息（営業外費用）：4,000円 + 4,000円 + 1,000円 = 9,000円
　　　社債発行費償却（営業外費用）：1,200円
　　B/S 社債発行費（繰延資産）：2,400円 − 1,200円 = 1,200円
　　　一年以内償還社債（流動負債）：98,000円 + 1,000円 = 99,000円

(10) ×5 年 9 月 30 日（利払日）

| （社 債 利 息） | 4,000 | （現 金 預 金） | 4,000 |

(11) ×6 年 3 月 31 日（利払日，満期償還日）

（社 債 利 息）	4,000	（現 金 預 金）	4,000
（社 債 利 息）	1,000	（社 債）	1,000
（社 債）	100,000	（現 金 預 金）	100,000
（社債発行費償却）	1,200	（社 債 発 行 費）	1,200

∴　P/L 社債利息（営業外費用）：4,000円 + 4,000円 + 1,000円 = 9,000円
　　　社債発行費償却（営業外費用）：1,200円

（参考）タイム・テーブル

社債の償却原価および社債発行費の未償却残高をタイム・テーブルで示すと次のとおりである。

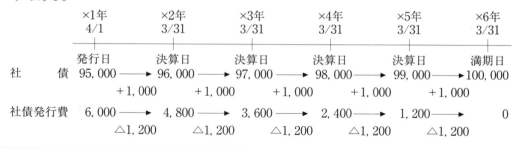

設例 13-2

次の資料により，損益計算書（一部）および貸借対照表（一部）を作成しなさい。なお，会計期間は1年，当期は×3年4月1日から×4年3月31日までである。

（資料1）

決算整理前残高試算表
×4年3月31日　　　　　（単位：円）

社 債 発 行 費	3,600	社 債	97,000
社 債 利 息	8,000		

（資料2）

(1) 社債は×1年4月1日に，額面総額100,000円を額面@100円につき@95円，期間5年，クーポン利子率年8％（利払日は3月と9月の各末日）の条件で発行したものである。

なお，社債発行のための諸費用は6,000円であった。

(2) 社債については，償却原価法（定額法）を適用し，社債発行費については，定額法で償却する。

【解　答】

損 益 計 算 書　　（単位：円）

Ⅴ　営 業 外 費 用

　1．社 債 利 息　　　　　　　　　9,000

　2．社債発行費償却　　　　　　　　1,200

貸 借 対 照 表
×4年3月31日　　　　　　　（単位：円）

Ⅲ　繰 延 資 産		Ⅱ　固 定 負 債	
1．社 債 発 行 費	2,400	1．社 債	98,000

【解　説】

(1)　社債の償却原価法（定額法）

×1年 4/1	24か月	×3年 4/1	12か月	×4年 3/31	24か月	×6年 3/31
発行日		期　首		期　末		満期日
（＊1）95,000	→	（＊3）97,000	→	（＊5）98,000		
	（＊2）＋2,000		（＊4）＋1,000			

（＊1）　$100,000円 \times \dfrac{@95円}{@100円} = 95,000円〈払込金額〉$

（＊2）　$100,000円〈額面金額〉 - 95,000円〈払込金額〉 = 5,000円〈金利調整差額〉$

$5,000円〈金利調整差額〉 \times \dfrac{24か月}{60か月} = 2,000円〈過年度償却額〉$

（＊3）　$95,000円〈払込金額〉 + 2,000円〈過年度償却額〉 = 97,000円〈期首償却原価〉$

（＊4）　$5,000円〈金利調整差額〉 \times \dfrac{12か月}{60か月} = 1,000円〈当期償却額＝社債利息〉$

（＊5）　$97,000円〈期首償却原価〉 + 1,000円〈当期償却額〉 = 98,000円〈期末償却原価〉$

（社　債　利　息）（＊4）　　1,000	（社　　　　　債）　　　1,000
P/L営業外費用	

　∴　P/L社債利息：$8,000円〈前T/B〉 + 1,000円〈社債の償却額〉 = 9,000円$

(2)　社債発行費の償却（定額法）

×1年 4/1	24か月	×3年 4/1	12か月	×4年 3/31	24か月	×6年 3/31
発行日		期　首		期　末		満期日
6,000	→	（＊2）3,600	→	（＊4）2,400		
	（＊1）△2,400		（＊3）△1,200			

（＊1）　$6,000円〈社債発行費〉 \times \dfrac{24か月}{60か月} = 2,400円〈過年度償却額〉$

（＊2）　$6,000円〈社債発行費〉 - 2,400円〈過年度償却額〉 = 3,600円〈期首残高〉$

（＊3）　$6,000円〈社債発行費〉 \times \dfrac{12か月}{60か月} = 1,200円〈当期償却額＝社債発行費償却〉$

（＊4）　$3,600円〈期首残高〉 - 1,200円〈当期償却額〉 = 2,400円〈期末残高〉$

（社債発行費償却）（＊3）　　1,200	（社　債　発　行　費）　　　1,200
P/L営業外費用	

5 買入償還

1. 買入償還とは

　買入償還とは，償還期限（満期日）前に臨時に行う償還をいい，発行会社に資金的余裕が生じたことなどにより，自己の発行した社債を市場から買い入れたほうが有利であると判断した場合に行われる。

　買入償還は，市場からその時の相場（時価）で買い入れてくるため，社債償還損益が生じる場合が多い。なお，社債の相場には，端数利息も含めた利付相場と，端数利息を含めない裸相場とがあり，簿記検定1級では，裸相場により出題されることが多い。

2. 会計処理

　買入償還時には，当期首から買入償還時までの金利調整差額を月割計算で償却し，買入償還時の社債の償却原価（期首償却原価に当期の償却額を加減した額）と買入価額との差額で「社債償還益」または「社債償還損」を損益計算書の特別利益または特別損失に計上する。

帳簿価額＞買入価額				帳簿価額＜買入価額			
(社　　　債)	×××	(現 金 預 金)	××	(社　　　債)	××	(現 金 預 金)	×××
		(社債償還益)	×	(社債償還損)	×		
		P/L特別利益		P/L特別損失			

（注）「社債償還益」または「社債償還損」は，損益計算書の営業外収益または営業外費用に計上することもある。

設例 13-3

　次の資料により，損益計算書（一部）および貸借対照表（一部）を作成しなさい。なお，会計期間は1年，当期は×3年4月1日から×4年3月31日までである。

（資料1）期首試算表（一部）

期 首 試 算 表
×3年4月1日　　　　（単位：円）

	社　　　債	97,000

（資料2）期中取引および決算整理事項

(1)　社債は×1年4月1日に，額面総額100,000円を額面@100円につき@95円，期間5年，利率年8％（利払日は3月と9月の各末日）の条件で発行したものである。
　　社債については，償却原価法（定額法）を適用している。

(2)　×3年9月30日に，額面総額40,000円の社債を額面@100円につき@97円（裸相場）で買入償還し，半年分の社債利息とともに現金預金で支払った。

(3)　×4年3月31日に半年分の社債利息を現金預金で支払った。

【解　答】

損　益　計　算　書　　　（単位：円）

Ⅴ　営　業　外　費　用

1.　社　債　利　息　　　　　　　　7,200

︙

Ⅵ　特　別　利　益

1.　社　債　償　還　益　　　　　　200

貸　借　対　照　表
×4年3月31日現在　　　　　（単位：円）

︙

Ⅱ　固　定　負　債

1.　社　　　　　　　債　　58,800

【解　説】

(1)　社債の償却原価法（定額法）

(＊1)　$40,000円 \times \dfrac{@95円}{@100円} = 38,000円〈償還社債の払込金額〉$

(＊2)　$100,000円 - 40,000円 = 60,000円〈未償還社債〉$

　　　$60,000円 \times \dfrac{@95円}{@100円} = 57,000円〈未償還社債の払込金額〉$

(＊3)　$40,000円 - 38,000円〈償還社債の払込金額〉= 2,000円〈金利調整差額〉$

　　　$2,000円〈金利調整差額〉\times \dfrac{24か月}{60か月} = 800円〈過年度償却額〉$

(＊4)　$38,000円〈払込金額〉+ 800円〈過年度償却額〉= 38,800円〈償還社債の期首償却原価〉$

(＊5)　$60,000円 - 57,000円〈未償還社債の払込金額〉= 3,000円〈金利調整差額〉$

　　　$3,000円〈金利調整差額〉\times \dfrac{24か月}{60か月} = 1,200円〈過年度償却額〉$

(＊6)　$57,000円〈払込金額〉+ 1,200円〈過年度償却額〉= 58,200円〈未償還社債の期首償却原価〉$

(＊7)　$2,000円〈金利調整差額〉\times \dfrac{6か月}{60か月} = 200円〈償還社債の当期償却額＝社債利息〉$

(＊8)　$38,800円〈期首償却原価〉+ 200円〈当期償却額〉= 39,000円〈償還社債の償還時の償却原価〉$

(＊9)　$3,000円〈金利調整差額〉\times \dfrac{12か月}{60か月} = 600円〈未償還社債の当期償却額＝社債利息〉$

(＊10)　$58,200円〈期首償却原価〉+ 600円〈当期償却額〉= 58,800円〈未償還社債の期末償却原価〉$

(2) ×3年9月30日（買入償還と社債利息の支払い）

（社 債 利 息）（＊7）	200	（社 債）	200
（社 債）（＊8）	39,000	（現 金 預 金）	38,800
		（社 債 償 還 益）（＊11）	200
（社 債 利 息）（＊12）	4,000	（現 金 預 金）	4,000

（＊11）39,000円 − 38,800円 ＝ ＋200円〈償還益〉

（＊12）$100,000円 \times 8\% \times \dfrac{6\,か月}{12\,か月} = 4,000円$〈未償還分を含む〉

(3) ×4年3月31日（社債の償却と社債利息の支払い）

（社 債 利 息）（＊9）	600	（社 債）	600
（社 債 利 息）（＊13）	2,400	（現 金 預 金）	2,400

（＊13）$60,000円 \times 8\% \times \dfrac{6\,か月}{12\,か月} = 2,400円$

6 抽選償還（分割償還）

1．抽選償還（分割償還）とは

　抽選償還（分割償還）とは，社債の発行後，抽選により一定期間ごとに一定額ずつ償還する方法である。抽選償還は通常，額面金額により償還を行うため，「社債償還損益」は生じないことが多い。

2．社債の償却原価法

　抽選償還することを前提に社債を発行している場合における社債の償却額の計算方法には，次の2つが考えられる。

(1) 利息法
(2) 社債資金の利用割合に応じて償却する方法

⑴ **利息法**

　抽選償還することを前提に将来キャッシュ・フローを把握し，将来キャッシュ・フローの現在価値が，払込金額と一致するような実効利子率を計算する。実効利子率の計算は，複雑になるが，学習上は，与えられた実効利子率を使った計算ができれば充分である。

償却原価 × 実効利子率 − クーポン利息 = 償却額

⑵ **社債資金の利用割合に応じて償却する方法**

　額面金額による社債資金の総利用金額に対する当期の利用金額の割合（利用割合）に応じて償却する。この方法は，有形固定資産の減価償却における級数法と同様の計算である。

金利調整差額 × <math><mfrac><mtext>当期利用金額</mtext><mtext>総利用金額</mtext></mfrac></math> = 償却額

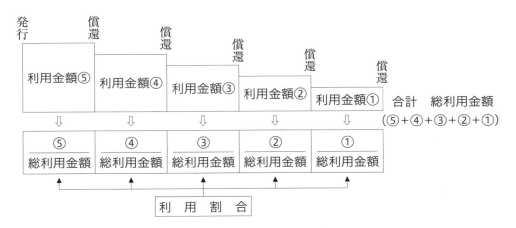

　ここでは，⑴利息法により償却する場合の計算について確認する。

　前期首に額面総額50,000円の社債を払込金額47,000円で発行した。クーポン利子率年2%（毎期末に支払う），期間5年，毎期末に5分の1ずつを額面金額で抽選償還する。社債には利息法による償却原価法（実効利子率年4.2%）を適用する。よって，(1)前期および(2)当期における①社債利息ならびに②社債（償還後の償却原価）の金額を求めなさい。なお，計算上端数が生じた場合には円未満を四捨五入すること。

【解　答】

	(1)　前　期	(2)　当　期
①　社 債 利 息	1,974円	1,595円
②　社　　　債	37,974円	28,769円

【解　説】

(1)　前　期

①　前期首（発行時）

（現　金　預　金）	47,000	（社　　　　　債）	47,000

②　前期末（社債利息の支払い，社債の償却原価（利息法），抽選償還）

（社　債　利　息）（＊1）	1,000	（現　金　預　金）	1,000
（社　債　利　息）（＊2）	974	（社　　　　　債）	974
（社　　　　　債）	10,000	（現　金　預　金）	10,000

（＊1）50,000円×2％＝1,000円〈クーポン利息〉
（＊2）47,000円×4.2％＝1,974円〈利息配分額〉
　　　　1,974円－1,000円＝974円〈償却額〉

∴　社債利息：1,000円＋974円＝1,974円
　　社　　債：47,000円＋974円－10,000円＝37,974円

(2)　当期末（社債利息の支払い，社債の償却原価（利息法），抽選償還）

（社　債　利　息）（＊1）	800	（現　金　預　金）	800
（社　債　利　息）（＊2）	795	（社　　　　　債）	795
（社　　　　　債）	10,000	（現　金　預　金）	10,000

（＊1）（50,000円－10,000円）×2％＝800円〈クーポン利息〉
（＊2）37,974円×4.2％≒1,595円〈利息配分額〉
　　　　1,595円－800円＝795円〈償却額〉

∴　社債利息：800円＋795円＝1,595円
　　社　　債：37,974円＋795円－10,000円＝28,769円

研究　社債資金の利用割合に応じて償却する場合

〈例〉次の取引について仕訳を示しなさい。なお，会計期間は 1 年，当期は×1年 4 月 1 日から×2年
　 3 月31日までである。

1．×1年 4 月 1 日に，額面総額300,000円の社債を額面@100円につき@95円，期間 5 年，クーポン
　 利子率は年 4 ％（利払日は毎年 3 月末日），毎年 3 月31日に60,000円ずつ抽選により償還する条件
　 で発行し，払込金額は現金預金とした。

2．×2年 3 月31日に，当期末償還予定の社債60,000円を額面金額で償還し，償還額および社債利息
　 を現金預金で支払った。社債の償却額の計算は，社債資金の利用割合に応じて償却する方法によ
　 る。

【解答・解説】

1．発行時（×1年 4 月 1 日）

（現　金　預　金）（＊）	285,000	（社　　　　　債）	285,000

（＊）$300,000円 \times \dfrac{@95円}{@100円} = 285,000円〈払込金額〉$

2．利払日，決算日，償還日（×2年 3 月31日）

(1)　クーポン利息の支払い

（社　債　利　息）（＊）	12,000	（現　金　預　金）	12,000

（＊）$300,000円 \times 4 ％ = 12,000円〈クーポン利息〉$

(2)　社債の償却原価法と償還

（社　債　利　息）（＊）	5,000	（社　　　　　債）	5,000
（社　　　　　債）	60,000	（現　金　預　金）	60,000

（＊）$300,000円 - 285,000円 = 15,000円〈金利調整差額〉$

　　　$15,000円 \times \dfrac{300,000円(5)}{900,000円(15)} = 5,000円〈償却額〉$

∴　社債の当期末残高：$285,000円 + 5,000円 - 60,000円 = 230,000円$

なお，各年度の社債資金の利用割合および各年度の償却額は，次のとおりである。

$$×1年度：15,000円 × \frac{300,000円(5)}{900,000円(15)} = 5,000円〈償却額〉$$

$$×2年度：15,000円 × \frac{240,000円(4)}{900,000円(15)} = 4,000円〈償却額〉$$

$$×3年度：15,000円 × \frac{180,000円(3)}{900,000円(15)} = 3,000円〈償却額〉$$

$$×4年度：15,000円 × \frac{120,000円(2)}{900,000円(15)} = 2,000円〈償却額〉$$

$$×5年度：15,000円 × \frac{60,000円(1)}{900,000円(15)} = 1,000円〈償却額〉$$

3．抽選時の処理

抽選償還では，償還日より前に抽選により償還社債の番号を確定してから，後日，償還を行う。この場合に，抽選日において，償還社債の番号が確定したときに，他の社債と区別するために「未払社債」に振り替えることがある。

(1) 抽選日

（社 債）	×××	（未 払 社 債）	×××

(2) 償還日

（未 払 社 債）	×××	（現 金 預 金）	×××

4．一年以内償還社債

　社債は，一年基準により流動負債または固定負債に区別して記載する。抽選償還を行っている場合には，当期末の社債残高のうち，翌期中に償還予定のものと，翌々期以降に償還予定のものがある場合には，翌期中に償還予定のものを「一年以内償還社債」として貸借対照表の流動負債に記載し，残額を「社債」として固定負債に記載する。×2年3月31日の貸借対照表における記載は次のとおりである。

流　動　負　債 「一年以内償還社債」	（＊1）　　59,000円
固　定　負　債 「社　　　　　債」	（＊2）　171,000円

（＊1）$15,000円 \times \dfrac{60,000円(1)}{900,000円(15)} = 1,000円$〈1年以内償還社債に対する翌期償却額〉

　　　　$60,000円 - 1,000円 = 59,000円$〈一年以内償還社債〉

（＊2）$230,000円$〈×2年3月31日における社債残高〉$- 59,000円 = 171,000円$〈社債〉

研究　繰上償還

　繰上償還とは，抽選償還における臨時買入償還のことである。抽選償還の場合には発行時にあらかじめ毎年償還される社債金額が決定されているが，発行会社の都合により当初予定した償還日より早く（臨時に）償還されるのが繰上償還である。なお，繰上償還は通常市場から買い入れることによって行われるために，時価で償還されることが多い。

　繰上償還における処理は，満期償還における臨時買入償還と同じように行えばよい。すなわち，繰上償還日における償還社債の償却原価と買入価額との差額で「社債償還損益」を計算する。

〈例〉次の資料により，決算整理仕訳を示しなさい。なお，会計期間は1年，当期は×3年4月1日から×4年3月31日までである。

（資料1）決算整理前残高試算表（一部）

決算整理前残高試算表
×4年3月31日　　　　　（単位：円）

社　債　利　息	6,400	社　　　　　債	77,000

（資料2）決算整理事項

　社債は×1年4月1日に，額面総額100,000円を額面@100円につき@94円，利率年8％（利払日は3月と9月の各末日）で発行したものである。

　この社債は1年据え置き後，×3年3月31日を初回として毎年3月31日に20,000円ずつ5回にわたって抽選償還を行っている。×4年3月31日に，×4年3月31日に償還予定の社債20,000円を額面金額で償還し，現金預金で支払ったが未処理である。×4年3月31日に，×5年3月31日に償還予定の社債20,000円を@99円で繰上償還し，現金預金で支払ったが未処理である。また，社債の償却額の計算は，社債資金の各期における利用割合に応じて償却する方法による。なお，社債利息は適正に処理されている。

	×1年 4/1 → ×2年 3/31	×2年 3/31 → ×3年 3/31	×3年 3/31	×4年 3/31	×5年 3/31	×6年 3/31	×7年 3/31	
×3年3/31償還⇨	300	300						
×4年3/31償還⇨	〃	〃	300					
×5年3/31償還⇨	〃	〃	〃	300				
×6年3/31償還⇨	〃	〃	〃	〃	300			
×7年3/31償還⇨	〃	〃	〃	〃	〃	300		計6,000
	100,000 (5)	100,000 (5)	80,000 (4)	60,000 (3)	40,000 (2)	20,000 (1)		計400,000 (20)

(注) 据え置き期間が1年あるため，発行後1年目の×2年3月31日には，償還せずに，翌×3年3月31日から償還を開始する。

(1) 社債の償却原価法（社債資金の利用割合に応じて償却）

（社 債 利 息）（＊）	1,200	（社　　　　債）	1,200

（＊）$100,000円 × \dfrac{@94円}{@100円} = 94,000円〈払込金額〉$

　　$100,000円 - 94,000円 = 6,000円〈金利調整差額〉$

　　$6,000円 × \dfrac{80,000円(4)}{400,000円(20)} = 1,200円$

(2) 定時償還 ⇨ ×4年3月31日償還予定分（額面20,000円）

（社　　　　債）	20,000	（現 金 預 金）	20,000

(3) 繰上償還 ⇨ ×5年3月31日償還予定分（額面20,000円）

（社　　　　債）（＊2）	19,700	（現 金 預 金）（＊1）	19,800
（社 債 償 還 損）（＊3）	100		

（＊1）$20,000円 × \dfrac{@99円}{@100円} = 19,800円〈償還金額〉$

（＊2）$6,000円 × \dfrac{20,000円(1)}{400,000円(20)} = 300円〈繰上償還社債に対する翌期償却額〉$

　　　$20,000円 - 300円 = 19,700円〈繰上償還社債の償却原価〉$

（＊3）$19,700円 - 19,800円 = △100円〈社債償還損〉$

MEMO

14 純資産（資本）
Theme

Check ここでは，純資産について学習する。純資産の部の表示と各項目ごとの会計処理をしっかり学習してほしい。

1 純資産とは

純資産とは，資産と負債の差額をいう。純資産は基本的に株主の持分（株主からの出資額とその増加額）を表しており，資本（株主資本または自己資本）ともいわれる。ただし，今日の貸借対照表では，資産，負債，資本（株主資本または自己資本）のいずれにも属さない項目（評価・換算差額等，新株予約権など）が生じることがあるため，それらを記載するために，貸借対照表の表示上は，「純資産の部」の中に「株主資本」とその他の純資産の項目を区分して表示することとしている。

貸借対照表における純資産の部は，おおむね次のように区分される。なお，詳細については，後述する。

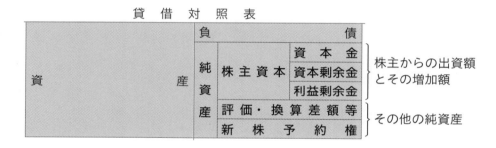

2 純資産の部の表示

純資産の部は，次のように区分して表示する。

```
            純 資 産 の 部
Ⅰ 株 主 資 本
  1. 資      本      金              ×××
  2. 新株式申込証拠金              ×××
  3. 資 本 剰 余 金
    (1) 資 本 準 備 金              ×××
    (2) その他資本剰余金            ×××
          資 本 剰 余 金 合 計      ×××
  4. 利 益 剰 余 金
    (1) 利 益 準 備 金              ×××
    (2) その他利益剰余金
          任 意 積 立 金            ×××
          繰 越 利 益 剰 余 金      ×××
          利 益 剰 余 金 合 計      ×××
  5. 自  己  株  式              △×××
  6. 自己株式申込証拠金            ×××
          株 主 資 本 合 計        ×××
Ⅱ 評価・換算差額等
  1. その他有価証券評価差額金        ×××
  2. 繰 延 ヘ ッ ジ 損 益          ×××
  3. 土 地 再 評 価 差 額 金        ×××
          評価・換算差額等合計      ×××
Ⅲ 株 式 引 受 権              ×××
Ⅳ 新 株 予 約 権              ×××
          純 資 産 合 計          ×××
```

「純資産の部」の表示区分および表示科目の内容は，次のとおりである。

表示区分または表示科目	内　　　　容
Ⅰ　株　主　資　本	株主からの出資額またはその増加額である。
1．資　　本　　金	株主から株式の対価として払い込まれた額であり，原則として，その払込額の全額を資本金としなければならない。
2．新株式申込証拠金	新株式の発行の際に申込者から払い込まれた額を一時的に処理する勘定である。
3．資 本 剰 余 金	資本取引から生じた剰余金であり，払込資本のうち資本金としなかったものをいう。
(1)　資 本 準 備 金	株主から株式の対価として払い込まれた額のうち資本金としなかった額をいい，株式払込剰余金などが該当する（内訳を表示せずに，資本準備金として一括して表示する）。なお，利益準備金とあわせて準備金または法定準備金ということもある。
(2)　その他資本剰余金	資本準備金以外の資本剰余金であり，自己株式処分差益などが該当する（内訳を表示せずに，その他資本剰余金として一括して表示する）。
4．利 益 剰 余 金	損益取引から生じた利益の留保額である。
(1)　利 益 準 備 金	配当の際に積立てが強制される準備金であり，資本準備金とあわせて準備金または法定準備金ということもある。
(2)　その他利益剰余金	利益準備金以外の利益剰余金である。
任 意 積 立 金	株主総会等の決議により任意で積み立てられた留保利益であり，新築積立金，減債積立金，別途積立金などその内容を示す科目をもって表示する。
繰越利益剰余金	利益準備金および任意積立金以外の利益剰余金であり，利益の獲得により増加する。
5．自　己　株　式	保有する自社の株式であり，株主資本から控除する形式で表示する。
6．自己株式申込証拠金	保有する自己株式を処分する際に申込者から払い込まれた額を一時的に処理する勘定である。
Ⅱ　評価・換算差額等	資産および負債を時価評価した際の評価差額等である。
1．その他有価証券評価差額金	その他有価証券の評価替えにより生じた差額である。
2．繰延ヘッジ損益	ヘッジ会計により繰り延べられた評価差額である。
3．土地再評価差額金	土地再評価法の規定による評価替えにより生じた差額である。
Ⅲ　株　式　引　受　権	取締役の報酬等として株式を無償交付する取引のうち，事後交付型の取引に対する評価額である。
Ⅳ　新　株　予　約　権	当社が発行（または付与）した新株予約権に対する払込額（または評価額）である。

3 新株の発行（増資）

　会社は，取締役会等の決議により，新株を発行して資本の払込みを受けることができる。なお，通常の新株の発行（増資）の形態には，①一般公募，②株主割当，③第三者割当などがある。新株の発行により増加する資本金は，次のように決定する。

> 原則：払込金額の全額を資本金とする。
> 容認：払込金額の2分の1以上を資本金とし，残額は資本準備金（株式払込剰余金）とする。

　また，株式の引受人からの払込金は，段階的に次のように区分して処理する。

決　算　日	表　示　科　目	表　示　区　分
申　込　期　間　中	新株式申込証拠金	流　動　負　債
申込期日の翌日から払込期日の前日まで	新株式申込証拠金	株主資本の資本金の次
払　込　期　日	資　本　金	株主資本の資本金

（注）株式の引受人は，払込期日に株主となるため，払込期日に「資本金」（または「資本金」および「資本準備金（株式払込剰余金）」）とするが，払込期日に代えて払込期間を設けている場合には，払込期間中の出資の履行をした日に株主となる。

設例 14-1　　　　　　　　　　　　　　　　　　　　　　　　仕　訳

次の取引について仕訳を示しなさい。
(1)　甲株式会社は取締役会の決議により，新株300株を一般公募により発行することとした。払込金額は1株につき70円である。なお，申込証拠金を1株につき70円の条件で募集したところ，400株の申込みがあったので別段預金とした。
(2)　(1)の新株について割当てを行い，割当てに漏れた申込証拠金は返還した。
(3)　払込期日に申込証拠金を資本金に振り替えるとともに，別段預金を当座預金とした。なお，会社法規定の最低額を資本金とする。

【解答・解説】
(1)　**申込期間**

（別　段　預　金）（＊）	28,000	（新株式申込証拠金）	28,000

（＊）70円×400株＝28,000円

(2)　**株式割当日**

（新株式申込証拠金）	7,000	（別　段　預　金）（＊）	7,000

（＊）70円×100株＝7,000円

(3) 払込期日

(新株式申込証拠金)(＊1)	21,000		(資　本　金)(＊2)	10,500	
			(資本準備金)(＊3)	10,500	
			株式払込剰余金		
(当　座　預　金)	21,000		(別　段　預　金)(＊1)	21,000	

（＊1）28,000円－7,000円＝21,000円　または　70円×300株＝21,000円
（＊2）70円〈払込金額〉×$\frac{1}{2}$＝35円〈資本金組入額〉
　　　　35円×300株＝10,500円〈資本金〉
（＊3）（70円－35円）×300株＝10,500円〈資本準備金（株式払込剰余金）〉

なお，(1)から(3)までの仕訳をまとめると次のようになる。

(当　座　預　金)	21,000	(資　本　金)	10,500	
		(資　本　準　備　金)	10,500	

研究　株式の種類と株式転換

　株式会社が発行する株式の種類は，「議決権付普通株式」が一般的であるが，これとは別に，配当や残余財産の分配，議決権行使の条件などが議決権付普通株式とは異なる種類の株式を発行することができる。たとえば，配当を優先的に受ける権利がある代わりに議決権のない「優先株式」などがある。また，複数の種類の株式を発行する場合には，さらに，ある種類の株式から別の種類の株式に転換する権利を付けた「転換予約権付株式」を発行することができる。たとえば，優先株式から議決権付普通株式に転換できる株式などがある。

　この転換予約権付株式の権利が行使され異なる種類の株式と交換することを「株式転換」という。この株式転換が行われた場合には，株式の種類が転換されるだけなので，会計処理は行う必要はないが，優先株式に対する資本金と普通株式に対する資本金とを区別して記録している場合には，次のように処理することもある。

〈例〉当社は，優先株式から普通株式に転換できる転換予約権付株式1,000株（資本金組入額1株あたり10,000円）を発行していたが，転換請求があり，すべて普通株式に転換した。

1．優先株式の発行時

(現　金　預　金)(＊)	10,000,000	(優先株式資本金)	10,000,000

（＊）@10,000円×1,000株＝10,000,000円

2．転換時

(優先株式資本金)	10,000,000	(普通株式資本金)	10,000,000

1．株式分割とは

　会社は，取締役会等の決議により，株式の分割をすることができる。株式分割とは，発行済株式を分割することにより，会社の純資産額を変化させることなく発行済株式総数を増加させることをいい，既存の株主に対して新株を無償で交付することになる。株式分割を行うと理論上は，1株あたりの価値が低下するため，株式の市場価格が高いときに，市場価格を引き下げることにより流通性を高めたり，株主に対して利益を還元する目的などで行われる。株式分割は，発行済株式数が増加するだけであるため，発行会社，所有者ともに会計上の処理は不要である。

〈例〉　1．A社は設立にあたって株式100株を1株あたり2,000円で発行し，B社はこの株式をすべて取得した。

　　　　2．A社は取締役会で1株を2株に分割する株式分割を決議し，B社に100株の株式を交付した。

　　　　3．B社は，所有するA社株式のうち50株を1,200円で売却した。

	A　　社(発行会社)	B　　社(所有者)
設立時	(現金預金)(＊1)200,000(資本金)　　200,000	(子会社株式)(＊1)200,000(現金預金)　　200,000
分割時	仕　訳　な　し	仕　訳　な　し
売却時	仕　訳　な　し	(現金預金)(＊2) 60,000(子会社株式)(＊3)50,000 　　　　　　　　　　　　(子会社株式売却益)(＊4)10,000

　　（＊1）@2,000円×100株＝200,000円
　　（＊2）@1,200円×50株＝60,000円
　　（＊3）200,000円÷(100株＋100株)＝@1,000円〈分割後の1株あたりの帳簿価額〉
　　　　　 @1,000円×50株＝50,000円
　　（＊4）貸借差額

2．株式分割と株式の無償割当

　会社は，取締役会等の決議により，株式の無償割当をすることができる。株式の無償割当とは，株主に新たな払込みをさせずに株式を割り当てることであり，既存の株主に対して株式を無償で交付する点では，株式分割と同様の取引であるが，以下の点で異なっている。

	株　式　分　割	株式の無償割当
交付する株式の種類	同一の株式に限定	異なる種類の株式でも可
自己株式への割当て	割り当てる	割り当てない
自己株式での交付	不可(すべて新株で交付)	可

4 利益剰余金の配当とその他の処分（利益処分）

1. 利益剰余金の配当とその他の処分（利益処分）

　会社は，株主総会等の決議により，利益剰余金の配当，任意積立金の積立て，その他の利益剰余金の処分を行うことができる。

> （注1）平成18年の会社法の施行により，株主総会で決議すれば，いつでも利益剰余金の配当および処分を行うことができるようになった。また，会計監査人設置会社においては，取締役会の決議で利益剰余金の配当および処分を行うことができるようになった。
>
> （注2）取締役会設置会社は，一事業年度の途中において1回に限り取締役会の決議により利益剰余金の配当を行うことができる。これを中間配当という。
>
> （注3）「会社法」では，会社の純資産額が300万円を下回る場合には，配当することができないと定めているが，本テキストの設例では，数値を簡略にするため，300万円未満でも配当している。

2. 利益準備金の積立額

　利益剰余金の配当および中間配当を行う場合には，資本準備金および利益準備金の合計額が資本金の4分の1に達するまで，配当または中間配当の10分の1の額を利益準備金として積み立てなければならない。利益準備金の積立額は，次のように計算する。

$$\left.\begin{array}{l} \text{配当または中間配当} \times \dfrac{1}{10} \\[2mm] \text{資本金} \times \dfrac{1}{4} - (\text{資本準備金} + \text{利益準備金}) \end{array}\right\} \begin{array}{l} \text{いずれか} \\ \text{小さい方} \end{array}$$

3. 任意積立金の積立てと取崩し

　任意積立金とは，株主総会等の決議により積み立てられた利益の留保額であり，特定の目的のある任意積立金は，その内容を示す適当な科目をもって表示し，特定の目的のない任意積立金は「別途積立金」として表示する。

分　　　類	表示科目	内　　　容
特定の目的のある任意積立金	中間配当積立金	中間配当を行うための利益の留保額
	新築積立金	建物等の取得のための利益の留保額
	減債積立金	社債の償還のための利益の留保額
特定の目的のない任意積立金	別途積立金	不特定の資金需要に備えるための利益の留保額

　任意積立金の積立ては，利益剰余金の処分として株主総会等の決議により行われる。また，目的のある任意積立金については，その目的を達したときに取締役会等の決議により取り崩し，「繰越利益剰余金」に振り替える。

次の資料により，各取引について仕訳を示しなさい。なお，会計期間は1年，当期は×1年4月1日から×2年3月31日までであり，下記以外に純資産の増減に関する取引はなかった。

（資料1）前期末の貸借対照表

貸 借 対 照 表

×1年3月31日現在　　　　（単位：円）

諸 資 産	200,000	諸 負 債	30,000
		資 本 金	100,000
		資 本 準 備 金	10,000
		その他資本剰余金	15,000
		利 益 準 備 金	5,000
		繰越利益剰余金	40,000
	200,000		200,000

（資料2）期中取引

(1) ×1年6月25日。定時株主総会において，次のとおり利益剰余金の配当および処分が決議された。

　① 利 益 準 備 金　　各自推定

　② 配 当 金　　10,000円

　③ 別 途 積 立 金　　10,000円

(2) ×1年7月10日。配当金を現金預金で支払った。

(3) ×2年3月31日。決算につき当期純利益31,000円が計算された。

【解答・解説】

(1)株主総会決議時	（繰越利益剰余金）21,000	（利 益 準 備 金）（＊）	1,000
		（未 払 配 当 金）	10,000
		（別 途 積 立 金）	10,000
(2)配当金支払時	（未 払 配 当 金）10,000	（現 金 預 金）	10,000
(3)決算時（利益の計上）	（損　　益）31,000	（繰越利益剰余金）	31,000

（＊）① $10,000円〈配当金〉 \times \dfrac{1}{10} = 1,000円$

② $100,000円〈資本金〉 \times \dfrac{1}{4} - (10,000円〈資本準備金〉 + 5,000円〈利益準備金〉) = 10,000円$

③ ①1,000円 ＜ ②10,000円　　∴ ①1,000円〈積立額〉

よって，繰越利益剰余金および利益準備金の勘定記入は次のようになる。

繰越利益剰余金		
利益準備金　1,000	前期繰越 40,000	
未払配当金 10,000		
別途積立金 10,000		
次 期 繰 越 50,000	損　　　　益 31,000	

利 益 準 備 金		
次 期 繰 越　6,000	前 期 繰 越　5,000	
	繰越利益剰余金　1,000	

補足　その他資本剰余金による配当

1．その他資本剰余金による配当

　株主に対する配当は，本来，利益剰余金から支払われるべきであるが，会社法では，資本剰余金のうち法定準備金である資本準備金だけに配当制限を設けている。したがって，資本準備金以外の資本剰余金（その他資本剰余金）を財源として配当を支払うことが認められている。なお，その他資本剰余金による配当が行われた場合には，利益準備金と同様の基準により資本準備金を積み立てなければならない。

　その他資本剰余金から配当する場合の仕訳は次のようになる。

〈例〉その他資本剰余金15,000円のうち10,000円を配当し，1,000円を資本準備金とすることが株主総会で決議された。

決　　議　　時	（その他資本剰余金）	11,000	（未　払　配　当　金）	10,000
			（資　本　準　備　金）	1,000
支　　払　　時	（未　払　配　当　金）	10,000	（現　金　預　金）	10,000

2．その他資本剰余金による配当を受けた株主の会計処理

　株主がその他資本剰余金による配当を受けた場合には，配当の対象となる有価証券が売買目的有価証券である場合を除き，原則として受取受領額を配当の対象である有価証券の帳簿価額から減額する。

売 買 目 的 有 価 証 券	（現　金　預　金）	10,000	（受　取　配　当　金） 有価証券運用損益	10,000
そ　の　他 有 価 証 券	（現　金　預　金）	10,000	（その他有価証券）	10,000

研究　中間配当

　中間配当に関する一連の会計処理は，次のようになる。

〈例〉（1）　×1年12月20日。取締役会の決議により利益剰余金の処分として中間配当10,000円の支払
　　　　　いと利益準備金1,000円の積立てを行うことが決議された。
　　　（2）　×1年12月25日。上記の中間配当が当座預金から支払われた。

【解　答】

(1)　取締役会決議時

（繰越利益剰余金）	11,000	（未払中間配当金）	10,000
		（利 益 準 備 金）	1,000

(2)　中間配当支払時

（未払中間配当金）	10,000	（当 座 預 金）	10,000

5 株主資本の計数の変動

　株式会社は，株主総会等の決議により，株主資本の計数を変動させることができる。株主資本の計数の変動とは，株主資本のなかで，ある科目から別の科目へ振替えを行うことにより，株主資本の内訳を変更することをいい，配当政策その他の財務上，経営上の判断により行われる。

〈例〉株主総会の決議により，資本準備金10,000円および利益準備金10,000円を取り崩し，それぞれ，その他資本剰余金および繰越利益剰余金に振り替える。

（資 本 準 備 金）	10,000	（その他資本剰余金）	10,000
（利 益 準 備 金）	10,000	（繰越利益剰余金）	10,000

6 自己株式

1. 自己株式の取得

　会社は，自己株式を取得することができる。期末に保有する「自己株式」は，取得原価をもって純資産の部の株主資本の末尾に控除する形式で表示する。なお，自己株式の取得にあたって，付随費用が生じた場合には，「支払手数料」などの科目をもって「営業外費用」として処理する。

（自　己　株　式）	××	（現　金　預　金）	×××
（支　払　手　数　料）	×		

2. 自己株式の処分（新株発行の手続きを準用した処分）

　会社は，保有する自己株式を新株発行の手続きを準用して処分することができる。この場合には，処分した自己株式の帳簿価額と自己株式の処分の対価との差額を「自己株式処分差益」または「自己株式処分差損」として処理する。

　「自己株式処分差益」は「その他資本剰余金」に計上し，「自己株式処分差損」は「その他資本剰余金」から減額する。なお，この結果，「その他資本剰余金」の残高が負の値（借方残高）となった場合には，会計期間末において，「その他資本剰余金」をゼロとし，その負の値をその他利益剰余金の「繰越利益剰余金」から減額する。

　また，自己株式の処分にあたって，付随費用が生じた場合には，「支払手数料」などの科目をもって「営業外費用」として処理する。ただし，「株式交付費」として繰延資産に計上することもできる。

(1)　帳簿価額＜処分の対価　の場合

（現　金　預　金）	×××	（自　己　株　式）	××
		（その他資本剰余金） 自己株式処分差益	×
（支　払　手　数　料）	×	（現　金　預　金）	×

(2)　帳簿価額＞処分の対価　の場合

（現　金　預　金）	××	（自　己　株　式）	×××
（その他資本剰余金） 自己株式処分差損	×		
（支　払　手　数　料）	×	（現　金　預　金）	×

次の取引について仕訳を示しなさい。

(1) 取締役会の決議により，発行済株式のうち100株を1株につき4,000円で取得し，現金預金で支払った。また，支払手数料2,000円を現金預金で支払った。

(2) 保有する自己株式（帳簿価額@4,000円）のうち30株を1株につき5,000円で処分し，代金を現金預金で受け取った。また，支払手数料600円を現金預金で支払った。

(3) 保有する自己株式（帳簿価額@4,000円）のうち20株を1株につき3,500円で処分し，代金を現金預金で受け取った。また，支払手数料400円を現金預金で支払った。

【解答・解説】

(1)取得時	（自 己 株 式）（＊1） 400,000	（現 金 預 金） 400,000		
	（支 払 手 数 料） 2,000	（現 金 預 金） 2,000		
(2)処分時	（現 金 預 金）（＊2） 150,000	（自 己 株 式）（＊3） 120,000		
		（その他資本剰余金）（＊4） 30,000		
	（支 払 手 数 料） 600	（現 金 預 金） 600		
(3)処分時	（現 金 預 金）（＊5） 70,000	（自 己 株 式）（＊6） 80,000		
	（その他資本剰余金）（＊7） 10,000			
	（支 払 手 数 料） 400	（現 金 預 金） 400		

（＊1）@4,000円×100株＝400,000円
（＊2）@5,000円×30株＝150,000円
（＊3）@4,000円×30株＝120,000円
（＊4）貸借差額
（＊5）@3,500円×20株＝70,000円
（＊6）@4,000円×20株＝80,000円
（＊7）貸借差額

よって，貸借対照表の株主資本における「その他資本剰余金」および「自己株式」は次のようになる。

その他資本剰余金： 20,000円 ⇦ 30,000円〈処分差益〉－10,000円〈処分差損〉
自 己 株 式：△200,000円 ⇦ 400,000円－120,000円－80,000円

なお，会計期間末に「その他資本剰余金」の残高が負の値（借方残高）となった場合には，次のように処理する。

（繰越利益剰余金） ×× （その他資本剰余金） ×××

自己株式申込証拠金

　新株発行の手続きを準用して自己株式を処分した場合には，株式の引受人からの払込金を一時的に「自己株式申込証拠金」として処理し，払込期日（または払込期間中の出資の履行をした日）に「自己株式」と相殺し，「自己株式処分差益」または「自己株式処分差損」は「その他資本剰余金」に加減する。なお，申込期日経過後の「自己株式申込証拠金」は，株主資本の末尾（自己株式の下）に記載する。

〈例〉　1．帳簿価額120,000円の自己株式を150,000円で処分することとし，引受人から別段預金に150,000円が払い込まれた。

　　　　2．払込期日になり，引受人に自己株式を移転して交付するとともに，別段預金を当座預金とした。

払　込　時	（別　段　預　金）	150,000	（自己株式申込証拠金）	150,000
払 込 期 日	（自己株式申込証拠金）	150,000	（自　己　株　式）	120,000
			（その他資本剰余金）	30,000
	（当　座　預　金）	150,000	（別　段　預　金）	150,000

研究 自己株式の処分と新株の発行が同時に行われた場合

　自己株式の処分と新株の発行が同時に行われた場合には，資本金等の増加限度額は，次のように算定される。

①　払込金額 $\times \dfrac{新株発行数}{株式発行数}$ ＝新株に対応する払込金額

②　払込金額 $\times \dfrac{自己株式処分数}{株式発行数}$ ＝自己株式に対応する払込金額

③　自己株式の帳簿価額－②＝自己株式処分差損益相当額

④　③が正の値の場合：①－③＝資本金等の増加限度額

⑤　③が負の値の場合：①＝資本金等の増加限度額

　（注）③が正の値の場合（自己株式処分差損に該当する場合）には，その他資本剰余金（場合によっては繰越利益剰余金）を減少させてまで，資本金等を増加させることは適切ではないと考え，資本金等の増加限度額から控除する。なお，③が負の値の場合（自己株式処分差益に該当する場合）には，①を資本金等の増加限度額とし，③をその他資本剰余金として計上する。

〈例〉株式1,000株を募集により発行し，そのうち800株は新株を発行し，200株は自己株式を処分する。株式1株あたりの払込金額は100円とし，資本金等の増加限度額は全額資本金とする。

(1)　自己株式の帳簿価額が@120円の場合

（現　金　預　金）（＊1）	100,000	（自　己　株　式）（＊2）	24,000
		（資　本　金）（＊3）	76,000

（＊1）@100円×1,000株＝100,000円〈払込金額〉

（＊2）@120円×200株＝24,000円〈自己株式の帳簿価額〉

（＊3）$100,000円 \times \dfrac{200株}{1,000株} = 20,000円$〈自己株式に対応する払込金額〉

　　　20,000円－24,000円＝△4,000円〈自己株式処分差損に該当〉

　　　$100,000円 \times \dfrac{800株}{1,000株} = 80,000円$〈新株に対応する払込金額〉

　　　∴　80,000円－4,000円＝76,000円〈資本金等の増加限度額〉

(2)　自己株式の帳簿価額が@80円の場合

（現　金　預　金）（＊1）	100,000	（自　己　株　式）（＊2）	16,000
		（その他資本剰余金）（＊3）	4,000
		（資　本　金）（＊4）	80,000

（＊1）@100円×1,000株＝100,000円〈払込金額〉

（＊2）@80円×200株＝16,000円〈自己株式の帳簿価額〉

（＊3）$100,000円 \times \dfrac{200株}{1,000株} = 20,000円$〈自己株式に対応する払込金額〉

　　　20,000円－16,000円＝4,000円〈自己株式処分差益に該当〉

（＊4）$100,000円 \times \dfrac{800株}{1,000株} = 80,000円$〈新株に対応する払込金額〉

　　　∴　80,000円〈資本金等の増加限度額〉

補足　自己株式の消却

　会社は，取締役会等の決議により，所有する自己株式を消却することができる。この場合には，自己株式の帳簿価額を「その他資本剰余金」から減額する。なお，この結果，「その他資本剰余金」の残高が負の値（借方残高）となった場合には，会計期間末において「その他資本剰余金」をゼロとし，その負の値をその他利益剰余金の「繰越利益剰余金」から減額する。

　（注）自己株式の消却にあたって，付随費用が生じた場合には，「支払手数料」などの科目をもって「営業外費用」として処理する。

〈例〉取締役会において帳簿価額100,000円の自己株式を消却し，その他資本剰余金100,000円を減額することが決議され，消却手続が完了した。

（その他資本剰余金）	100,000	（自　己　株　式）	100,000

減資とは，資本金を減らすことであり，次のようなケースがある。

1．無償減資（形式的減資）

　無償減資（形式的減資）とは，純資産額の変動を伴わない減資であり，株主資本の計数の変動として，資本金を減額し，資本準備金，その他資本剰余金に振り替える。通常，欠損の填補など株主資本の構成内容の健全化のために行われる。

　　(注) 無償減資は，株式の併合（2株を1株に併合するなど，株主が所有する株式数を減少させるための手続き）や自己株式の消却など発行済株式総数を減少する取引と同時に行われることが一般的であるが，制度上は，株式数の減少手続と資本金の減少手続は区別されているため，必ずしも，株式数が減少したときに資本金の減少手続が行われるとは限らない。

〈例〉株主総会の決議により，繰越利益剰余金の負の残高（借方残高）50,000円（利益準備金および任意積立金はないものとする）を補填するため，資本金100,000円を減少させ，残額はその他資本剰余金とすることとし，手続きが完了した。

（資 本 金）	100,000	（繰越利益剰余金）	50,000
		（その他資本剰余金）	50,000

2．有償減資（実質的減資）

　有償減資（実質的減資）とは，純資産額の減少を伴う減資であり，株主資本の計数の変動として，資本金を減額し，その他資本剰余金に振り替え，取得した自己株式を消却する。通常，事業規模の縮小，資本効率の向上のために行われる。

〈例〉株主総会の決議により，資本金100,000円を減少させ，その他資本剰余金とし，同額の自己株式を取得して消却することとなり，手続きが完了した。

（資 本 金）	100,000	（その他資本剰余金）	100,000
（自 己 株 式）	100,000	（現 金 預 金）	100,000
（その他資本剰余金）	100,000	（自 己 株 式）	100,000

　会社は，定款の定めにしたがい一定の時期に一定の価額で償還することがあらかじめ定められた株式を発行することができる。この株式を「償還株式」といい，「償還株式」を償還することを「株式償還」という。「株式償還」の会計処理は，自己株式の取得に準じて行われる。

7 新株予約権

1. 新株予約権とは

　新株予約権とは，この権利を所有する者（新株予約権者）が，発行会社に対してこの権利を行使したときに，あらかじめ定められた条件にしたがって発行会社より新株を発行または新株の発行に代えて発行会社が所有する自己株式を移転してもらうことのできる権利である。

　したがって，この新株予約権は，所有者にとっては，株式を発行または移転してもらうことのできる権利になるが，発行会社にとっては，新株を発行または自己株式を移転する義務となる。

(1) 新株予約権の発行時

　　新株予約権の発行会社は，新株予約権の対価を受け入れ，新株予約権を発行する。

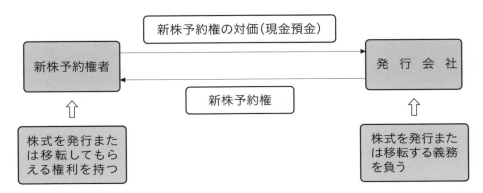

(2) 権利の行使時

　　新株予約権の発行会社は，新株予約権および払込金額と引換えに，新株を発行または自己株式を移転する。

2. 会計処理
(1) 発行者の処理
① 新株予約権の発行時

新株予約権に対する払込金額を「新株予約権（純資産の部）」として計上する。

（現　金　預　金）	××	（新 株 予 約 権）	××
		純資産の部	

② 権利行使時（新株を発行する場合）

行使された新株予約権の払込金額と権利行使にともなう払込金額（権利行使価額）の合計を，発行した株式に対する払込金額とする。

(a) 全額を資本金に組み入れる場合（原則）

（現　金　預　金）	××	（資　　本　　金）	××
（新 株 予 約 権）	××		

(b) 会社法規定の最低額（払込金額の2分の1）を資本金に組み入れる場合（容認）

（現　金　預　金）	××	（資　　本　　金）	××
（新 株 予 約 権）	××	（資 本 準 備 金）	××

③ 権利行使時（自己株式を移転する場合）

行使された新株予約権の払込金額と権利行使にともなう払込金額（権利行使価額）の合計を，移転した自己株式の処分の対価とする。したがって，この合計額と自己株式の帳簿価額との差額は「自己株式処分差益（損）」となる。

（現　金　預　金）	××	（自　己　株　式）	××
（新 株 予 約 権）	××	（その他資本剰余金）	××

④ 権利行使期限終了時

権利が行使されないまま権利行使期限が終了したときは，未行使の新株予約権の払込金額を「新株予約権戻入益（特別利益)」とする。

（新 株 予 約 権）	××	（新株予約権戻入益）	××
		特別利益	

(2) 購入者（新株予約権者）の処理
① 新株予約権の購入時

新株予約権の取得原価をその保有目的に応じて「その他有価証券」または「売買目的有価証券」として計上する。

（その他有価証券）	××	（現　金　預　金）	××
または売買目的有価証券			

② 権利行使時

行使した新株予約権の帳簿価額と権利行使にともなう払込金額（権利行使価額）の合計を取得した株式の取得原価とする。

なお、新株予約権を売買目的有価証券として所有している場合には、行使時の時価に評価替えしてから、権利行使の処理を行う。

（その他有価証券）	××	（現 金 預 金）	××
または売買目的有価証券		（その他有価証券）	××
		または売買目的有価証券	

③ 権利行使期限終了時

権利を行使しないまま権利行使期限が終了したときは、未行使の新株予約権の帳簿価額を「新株予約権未行使損（特別損失または営業外費用）」とする。

（新株予約権未行使損）	××	（その他有価証券）	××
特別損失または営業外費用		または売買目的有価証券	

設例 14-4　　　　　　　　　　　　　　　　　　　　　　　仕　訳

次の取引について、A社およびB社の仕訳を示しなさい。なお、代金の決済はすべて現金預金とし、B社の所有する有価証券はすべてその他有価証券で処理する。

1. A社は次の条件で新株予約権を発行し、B社はそのすべてを購入した。
   (1) 新株予約権の目的たる株式の種類および数：普通株式2,000株
   　　　　　　　　　　　　　　　　　　　　　　　　（新株予約権1個につき200株）
   (2) 新株予約権の発行総数：10個
   (3) 新株予約権の払込金額：1個につき50,000円（1株につき250円）
   (4) 行使価額：1株につき1,500円
   (5) 新株予約権の行使の際の払込金額：1個につき300,000円（1株につき1,500円）
   (6) 新株予約権の行使による株式の資本金組入額：会社法規定の最低限度額
2. B社は新株予約権のうち5個の権利を行使し、代金を払い込み、A社は新株を発行した。
3. B社は新株予約権のうち4個の権利を行使し、代金を払い込み、A社は自己株式（帳簿価額@1,400円）を移転した。
4. 新株予約権の行使期限が終了したが、未行使の新株予約権1個が残っている。

【解答・解説】

1．新株予約権の発行時

A社（発行者）		B社（購入者）	
（現金預金）500,000	（新株予約権）(*) 500,000	（その他有価証券）(*) 500,000	（現金預金）500,000
	純資産の部	新株予約権	

（＊）@50,000円×10個＝500,000円〈新株予約権の払込金額・取得原価〉

２．権利の行使時（新株の発行）

A社（発行者）		B社（購入者）	
（現金預金）(*1) 1,500,000	（資 本 金）(*3) 875,000	（その他有価証券）(*4) 1,750,000 株　式	（現金預金）(*1) 1,500,000
（新株予約権）(*2) 250,000	（資本準備金）(*3) 875,000		（その他有価証券）(*2) 250,000 新株予約権

（＊１）＠300,000円×5個＝1,500,000円〈払込金額〉
（＊２）＠50,000円×5個＝250,000円〈権利行使された新株予約権〉
（＊３）(1,500,000円＋250,000円)×$\frac{1}{2}$＝875,000円〈資本金＝資本準備金〉
　　　　1,750,000円〈新株の払込金額〉
（＊４）1,500,000円＋250,000円＝1,750,000円〈株式の取得原価〉

３．権利の行使時（自己株式の移転）

A社（発行者）		B社（購入者）	
（現金預金）(*1) 1,200,000	（自己株式）(*3) 1,120,000	（その他有価証券）(*5) 1,400,000 株　式	（現金預金）(*1) 1,200,000
（新株予約権）(*2) 200,000	（その他資本剰余金）(*4) 280,000		（その他有価証券）(*2) 200,000 新株予約権

（＊１）＠300,000円×4個＝1,200,000円〈払込金額〉
（＊２）＠50,000円×4個＝200,000円〈権利行使された新株予約権〉
（＊３）＠1,400円×200株×4個＝1,120,000円〈自己株式の帳簿価額〉
（＊４）(1,200,000円＋200,000円)－1,120,000円＝280,000円〈自己株式処分差益〉
　　　　1,400,000円〈自己株式の処分の対価〉
（＊５）1,200,000円＋200,000円＝1,400,000円〈株式の取得原価〉

４．権利行使期限終了時

A社（発行者）		B社（購入者）	
（新株予約権）(*) 50,000	（新株予約権戻入益） 50,000 特別利益	（新株予約権未行使損） 50,000 特別損失または営業外費用	（その他有価証券）(*) 50,000 新株予約権

（＊）＠50,000円×1個＝50,000円〈未行使の新株予約権〉

研究　自己新株予約権

１．自己新株予約権の取得

　会社は，自己新株予約権を取得することができる。取得した自己新株予約権は，その取得原価による帳簿価額（付随費用を含む）を，純資産の部の新株予約権から，原則として直接控除する。

２．自己新株予約権の消却

　所有する自己新株予約権を消却した場合には，消却した自己新株予約権の帳簿価額とこれに対応する新株予約権の帳簿価額との差額を「自己新株予約権消却損」または「自己新株予約権消却益」として当期の損益とする。

3．自己新株予約権の処分

　所有する自己新株予約権を処分した場合には，受取対価と処分した自己新株予約権の帳簿価額との差額を「自己新株予約権処分損」または「自己新株予約権処分益」として当期の損益とする。

取　得　時	（自 己 新 株 予 約 権） 新株予約権から直接控除	××× 	（現　金　預　金）	×××
消　却　時	（新 株 予 約 権） （自己新株予約権消却損）	×× ×	（自 己 新 株 予 約 権）	×××
処　分　時	（現　金　預　金） （自己新株予約権処分損）	×× ×	（自 己 新 株 予 約 権）	×××

補足　ストック・オプション

　ストック・オプションとは，会社がその従業員等に対して報酬として新株予約権を付与したものである。ストック・オプションは，その権利が確定する条件（勤務条件，業績条件）を定めていることが多く，権利を付与した後，条件を満たしたときに権利が確定する場合が多い。

　付与したオプションの公正な評価額は「新株予約権（純資産の部）」として計上するとともに，「株式報酬費用」を計上する。なお，公正な評価額は，公正な評価単価にストック・オプション数（権利不確定による失効見積数を除く）を乗じて計算し，見積数に重要な変動があった場合，または，権利が確定した場合には，これまでに計上した額との差額を見直した期または確定した期の損益として計上する。

　なお，各会計期間における費用計上額は，ストック・オプションの公正な評価額のうち，対象勤務期間（権利付与日から権利確定日までの期間）を基礎とする方法その他合理的な方法にもとづき当期に発生したと認められる額とする。

〈例〉次の資料により各年度の仕訳を示しなさい。なお，各年度の費用計上額は，対象勤務期間を基礎に月割計算により均等配分する。また，会計期間は1年であり，決算日は3月31日である。

　1．×1年7月1日に従業員に対して100個のストック・オプションを付与した。権利確定日は，×3年6月30日であり，付与日における公正な評価単価は1,000円，見積失効数は20個である。

　2．×2年度末に見積失効数を16個に変更した。

　3．×3年6月30日に権利が確定し，実際の失効数は13個であり，権利確定数は87個であった。

×1年度	（株 式 報 酬 費 用）（＊1）30,000	（新 株 予 約 権）	30,000
×2年度	（株 式 報 酬 費 用）（＊2）43,500	（新 株 予 約 権）	43,500
×3年度	（株 式 報 酬 費 用）（＊3）13,500	（新 株 予 約 権）	13,500

（＊1）@1,000円×（100個－20個）×$\dfrac{9か月}{24か月}$＝30,000円〈×1年度の費用計上額〉

（＊2）@1,000円×（100個－16個）×$\dfrac{21か月}{24か月}$＝73,500円〈×2年度までの費用計上額〉

　　　　73,500円－30,000円＝43,500円〈×2年度の費用計上額〉

（＊3）@1,000円×87個＝87,000円〈費用総額〉

　　　　87,000円－73,500円＝13,500円〈×3年度の費用計上額〉

8 新株予約権付社債

1. 新株予約権付社債とは

　新株予約権付社債とは，新株予約権が付された社債のことをいう。新株予約権付社債の発行時および権利行使時の流れは以下のとおりである。

(1) 新株予約権付社債の発行時

　発行会社は，新株予約権付社債の対価を受け入れ，新株予約権付社債を発行する。

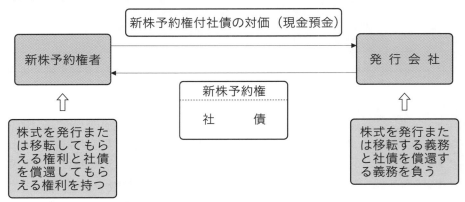

(2) 権利の行使時

① 現金預金等による払込みがあった場合（代用払込がなかった場合）

　新株予約権の発行会社は，新株予約権および払込金額と引換えに，新株を発行または自己株式を移転する。

② 代用払込があった場合

　新株予約権の発行会社は，新株予約権および社債と引換えに，新株を発行または自己株式を移転する。

新株予約権付社債の分類と会計処理

1．種　類

　新株予約権付社債は，(1)転換社債型新株予約権付社債と(2)その他の新株予約権付社債の2つに分類される。

(1)	転換社債型新株予約権付社債	新株予約権付社債の社債部分を出資の目的とするものであって，募集事項において新株予約権と社債が別々に存在しないことが定められているものをいい，権利行使時には，権利行使による金銭の払込みは行われず，社債による代用払込があったとみなされる。
(2)	その他の新株予約権付社債	転換社債型新株予約権付社債以外のものをいい，権利行使時には，権利行使による金銭の払込みが行われるか，社債による代用払込が行われる。

2．会計処理

　新株予約権付社債の会計処理方法には，(1)一括法と(2)区分法の2つがある。

(1)	一括法	新株予約権付社債の発行に伴う払込金額または取得原価を社債の対価部分と新株予約権の対価部分とに区分せずに普通社債の発行または取得に準じて処理する方法。
(2)	区分法	新株予約権付社債の発行に伴う払込金額または取得原価を社債の対価部分と新株予約権の対価部分とに区分して処理する方法。

　新株予約権付社債の種類と認められる会計処理方法は次のとおりである。

分　　　類	発行者側	取得者側
転換社債型新株予約権付社債	一括法・区分法	一括法
その他の新株予約権付社債	区分法	区分法

　(注) 払込資本を増加させる可能性がある部分を含む複合金融商品では，払込資本を増加させる可能性がある部分（新株予約権の部分）とそれ以外の部分（社債の部分）を区分して処理することが合理的であるが，転換社債型新株予約権付社債のように各々が独立して存在することがなく，権利行使時には，社債部分が出資の目的とすることが定められているものについては，区分して処理する必要性が乏しいため，発行者側では，一括法または区分法が選択適用され，取得者側では，一括法のみが適用される。

2．区分法による会計処理

区分法では，新株予約権付社債の対価を新株予約権の対価と社債の対価に区分し，それぞれ新株予約権と普通社債の会計処理に準じて処理する。

設例 14-5　　仕　訳

次の取引について，A社およびB社の仕訳を区分法により示しなさい。代金の決済はすべて現金預金とし，B社の所有する有価証券はすべてその他有価証券で処理する。

1．A社は次の条件で新株予約権付社債を発行し，B社はそのすべてを購入した。
　(1)　社債額面金額：10,000,000円（10口）
　(2)　払込金額：社債の払込金額は額面100円につき100円（平価発行）
　　　　　　　　　新株予約権の払込金額は1個につき100,000円
　(3)　付与割合：社債券1口（1,000,000円券のみ）につき1個の新株予約権証券（新株予約権1個につき1,000株）を付す。
　(4)　行使価額：1株につき1,000円
　(5)　新株予約権の行使による株式の資本金組入額：会社法規定の最低限度額
　(6)　代用払込：可
2．B社は新株予約権のうち5個の権利を行使し，代金を払い込み，A社は新株5,000株を発行した。
3．B社は新株予約権のうち5個の権利を行使し，代金は代用払込し，A社は自己株式5,000株（帳簿価額@900円）を移転した。

【解答・解説】

1．新株予約権付社債の発行時

A社（発行者）	B社（購入者）
(現金預金)　11,000,000　(社　債)(＊1)10,000,000 　　　　　　　　　　　　　(新株予約権)(＊2) 1,000,000	(その他有価証券)(＊1)10,000,000(現金預金)　　11,000,000 　　社　債 (その他有価証券)(＊2) 1,000,000 　　新株予約権

（＊1）$1,000,000円 \times 10口 \times \dfrac{100円}{100円} = 10,000,000円$〈社債の払込金額・取得原価〉

（＊2）$100,000円 \times 10個 = 1,000,000円$〈新株予約権の払込金額・取得原価〉

2．権利の行使時（代用払込なし，新株を発行）

A社（発行者）	B社（購入者）
(現金預金)(＊1)5,000,000　(資本金)(＊3)2,750,000 (新株予約権)(＊2)　500,000　(資本準備金)(＊3)2,750,000	(その他有価証券)(＊4) 5,500,000(現金預金)(＊1) 5,000,000 　　株　式 　　　　　　　　　　　　(その他有価証券)(＊2)　500,000 　　　　　　　　　　　　　　新株予約権

（＊1）$@1,000円 \times 5,000株 = 5,000,000円$〈払込金額〉

（＊2）$100,000円 \times 5個 = 500,000円$〈権利行使された新株予約権〉

（＊3）$(5,000,000円 + 500,000円) \times \dfrac{1}{2} = 2,750,000円$〈資本金＝資本準備金〉
　　　　$\underbrace{}_{5,500,000円〈株式の払込金額〉}$

（＊4）$5,000,000円 + 500,000円 = 5,500,000円$〈株式の取得原価〉

3．権利の行使時（代用払込あり，自己株式を移転）

A社（発行者）	B社（購入者）
（社　債）（＊1）5,000,000　（自己株式）（＊3）4,500,000 （新株予約権）（＊2）　500,000　（その他資本剰余金）（＊4）1,000,000	（その他有価証券）（＊5）5,500,000　（その他有価証券）（＊1）5,000,000 株　式　　　　　　　　　　　社　債 　　　　　　　　　　　　　（その他有価証券）（＊2）　500,000 　　　　　　　　　　　　　　新株予約権

（＊1）1,000,000円×5口＝5,000,000円〈代用払込された社債〉
（＊2）100,000円×5個＝500,000円〈権利行使された新株予約権〉
（＊3）＠900円×5,000株＝4,500,000円〈自己株式の簿価〉
（＊4）（5,000,000円＋500,000円）－4,500,000円＝1,000,000円〈自己株式処分差益〉
　　　　5,500,000円〈自己株式の処分の対価〉
（＊5）5,000,000円＋500,000円＝5,500,000円〈株式の取得原価〉

3．割引発行している場合

　新株予約権付社債の社債部分を割引発行している場合には，社債部分の払込金額を社債として計上し，額面金額との差額は償却原価法により処理する。したがって，権利行使時に代用払込があった場合には，代用払込された社債の償却原価と権利行使された新株予約権の合計額が交付した新株式の払込金額または自己株式の処分の対価となる。

（社　　　　債）	××× 償却原価	新株式の払込金額または 自己株式の処分の対価
（新　株　予　約　権）	×××	

4．一括法による会計処理

　転換社債型新株予約権付社債を一括法により処理した場合には，次のようになる。

⑴　発行者の処理

①　新株予約権付社債の発行時（社債額面＝新株予約権付社債の払込金額とする）

（現　金　預　金）	××	（社　　　　債）	××

②　権利行使時（株式を発行し，全額を資本金に組み入れる場合）

（社　　　　債）（＊）	××	（資　　本　　金）	××

（＊）新株予約権付社債の払込金額＝株式の払込金額

⑵　購入者（新株予約権者）の処理（その他有価証券で処理する場合）

①　新株予約権付社債の購入時

（その他有価証券）（＊） 新株予約権付社債	××	（現　金　預　金）	××

（＊）新株予約権付社債の取得原価

②　権利行使時

（その他有価証券）（＊） 株　式	××	（その他有価証券） 新株予約権付社債	××

（＊）新株予約権付社債の取得原価＝株式の取得原価

335

　次の取引について，A社の仕訳を(1)区分法および(2)一括法により示しなさい。なお，代金の決済はすべて現金預金とする。

1．A社は当期首に額面金額100,000円の転換社債型新株予約権付社債を払込金額100,000円（うち社債の対価95,000円，新株予約権の対価5,000円）で発行した。社債の償還期限は5年であり，償却原価法（定額法）を適用する。

2．当期末に上記の転換社債型新株予約権付社債のすべてについて転換請求があり，新株を発行した。なお，資本金組入額は会社法規定の最低額とする。

【解答・解説】

1．発行時

(1) 区 分 法				(2) 一 括 法		
(現金預金)	100,000	(社　債)	95,000	(現金預金)	100,000	(社　債) 100,000
		(新株予約権)	5,000			

　　(注) 区分法の場合には，額面金額100,000円の社債に対する払込金額が95,000円であるため，差額の5,000円に対して償却原価法を適用する。また，一括法の場合には，額面金額100,000円の転換社債型新株予約権付社債に対する払込金額が100,000円であるため，償却原価法は適用しない。

2．当期末＝転換請求時（新株予約権の権利行使時）

(1) 区 分 法				(2) 一 括 法		
(社債利息)(＊1)	1,000	(社　債)	1,000	(社　債) 100,000	(資本金)(＊4)	50,000
(社　債)(＊2)	96,000	(資本金)(＊3)	50,500		(資本準備金)(＊4)	50,000
(新株予約権)	5,000	(資本準備金)(＊3)	50,500			

　(＊1) $(100,000円 - 95,000円) \times \dfrac{12\,か月}{60\,か月} = 1,000円〈償却額〉$

　(＊2) $95,000円 + 1,000円 = 96,000円〈転換請求時の償却原価〉$

　(＊3) $(96,000円 + 5,000円) \times \dfrac{1}{2} = 50,500円〈資本金＝資本準備金〉$

　(＊4) $100,000円 \times \dfrac{1}{2} = 50,000円〈資本金＝資本準備金〉$

| 研究 | 取得条項付の転換社債型新株予約権付社債 |

　転換社債型新株予約権付社債の発行者が，一定の事由が生じたことを条件として，当該転換社債型新株予約権付社債を取得できることとする条項（取得条項：コール・オプション）が付された転換社債型新株予約権付社債を取得条項付の転換社債型新株予約権付社債という。取得条項その他の募集事項等の内容および取得の対価などにより，さまざまな会計処理が考えられるが，ここでは，以下の2つのケースについて説明する。

〈例1〉取得した転換社債型新株予約権付社債を消却することが定められている場合

1．取得条項付の転換社債型新株予約権付社債の発行

(1) 額面金額　100,000円，払込金額100,000円（一括法で処理）

(2) 発行者は，取得条項にもとづき，転換社債型新株予約権付社債に付された新株予約権の目的である自社の株式の数を交付することにより，転換社債型新株予約権付社債を取得することができる。

(3) 発行者が取得した転換社債型新株予約権付社債は消却することが募集事項で定められている。

(4) 取得者により新株予約権の行使または発行者の転換社債型新株予約権付社債の取得に際して出資をなすべき1株あたりの金額（転換価額）は100,000円とする。

2．取得条項にもとづく転換社債型新株予約権付社債の取得

(1) 取得条項にもとづき転換社債型新株予約権付社債を取得し，その対価として新株（市場価額110,000円）を発行した。また，取得した転換社債型新株予約権付社債は，ただちに消却された。

(2) 新株の発行時に出資された額は，すべて資本金とする。

1．発行時（一括法）

　転換社債型新株予約権付社債に対する払込金額100,000円を社債とする。

| （現　金　預　金） | 100,000 | （社　　　　　債） | 100,000 |

2．取得時

　社債の帳簿価額100,000円を出資された額とする。

| （社　　　　　債） | 100,000 | （資　本　金） | 100,000 |

〈例2〉取得した転換社債型新株予約権付社債を消却することが定められていない場合

1．取得条項付の転換社債型新株予約権付社債の発行

(1) 額面金額　100,000円，払込金額100,000円（一括法で処理）

(2) 発行者は，取得条項にもとづき，転換社債型新株予約権付社債に付された新株予約権の目的である自社の株式の数を交付することにより，転換社債型新株予約権付社債を取得することができる。

(3) 発行者が取得した転換社債型新株予約権付社債は消却することが募集事項で定められていない。

(4) 取得者により新株予約権の行使または発行者の転換社債型新株予約権付社債の取得に際して出資をなすべき1株あたりの金額（転換価額）は100,000円とする。

2．取得条項にもとづく転換社債型新株予約権付社債の取得

　(1)　取得条項にもとづき転換社債型新株予約権付社債を取得し，その対価として新株（市場価額110,000円）を発行した。

　(2)　新株の発行時に出資された額は，すべて資本金とする。

1．発行時（一括法）

転換社債型新株予約権付社債に対する払込金額100,000円を社債とする。

（現　金　預　金）	100,000	（社　　　　　債）	100,000

2．取得時

取得の対価となる自社の株式の時価110,000円で自己社債を計上し，同額を出資された額とする。

（自　己　社　債）	110,000	（資　本　　金）	110,000

研究　株式引受権

　上場企業が会社法の規定にしたがって，取締役や執行役の報酬等として無償で自社の株式を交付する取引を行うことがある。

　この取引には，事前交付型と事後交付型の2つのタイプがある。

> ### 1．事前交付型
> 　対象勤務期間の開始後すぐに株式が交付され，権利確定条件（業績条件・勤務条件など）が達成された場合には譲渡制限が解除され，権利確定条件が達成されない場合には企業が無償で株式を取得する取引をいう。
> ### 2．事後交付型
> 　株式の発行等について権利確定条件が付されており，権利確定条件が達成された場合に発行等が行われる取引をいう。

　本テキストでは，事後交付型の会計処理について説明する。

　付与した株式の公正な評価額は「株式引受権（純資産の部）」として計上するとともに，「報酬費用」を計上する。なお，公正な評価額は，公正な評価単価に株式数（権利確定条件の不達成による失効見積数を除く）を乗じて計算し，見積数に重要な変更があった場合，または，権利が確定した場合には，これまで計上した額との差額を見直した期または確定した期の損益として計上する。

　なお，各会計期間における費用計上額は，株式の公正な評価額のうち，対象勤務期間（権利付与日から権利確定日までの期間）を基礎とする方法その他合理的な方法にもとづき当期に発生したと認められる額とする。

〈例〉次の資料により各年度の仕訳を示しなさい。なお，各年度の費用計上額は，対象勤務期間を基礎に月割計算により均等配分する。また，会計期間は1年であり，決算日は3月31日である。

1．×1年7月1日に取締役10人に対して報酬として，一定の条件を達成した場合に，1名あたり20株を交付する契約を取締役と締結した。なお，割り当ての条件を達成できなかった場合，契約は失効する。

2．権利確定日は，×3年6月30日であり，割り当ての条件は，×1年7月1日から×3年6月30日までの間，取締役として業務を行うことである。なお，付与日における株式の公正な評価単価は1株あたり500円，自己都合による退任に伴う失効を1名と見込んでいる。

3．×2年度末において，自己都合による退任に伴う失効の見込みを2名に変更した。

4．×3年6月30日に権利が確定し，自己都合による退任に伴う失効は2名であった。なお，権利確定した株式すべてについて，新株を発行した。新株の発行にともなって増加する払込資本は全額資本金とする。

×1年度	（報　酬　費　用）（＊1）33,750	（株　式　引　受　権）	33,750
×2年度	（報　酬　費　用）（＊2）36,250	（株　式　引　受　権）	36,250
×3年度	（報　酬　費　用）（＊3）10,000	（株　式　引　受　権）	10,000
	（株　式　引　受　権）　80,000	（資　　本　　金）	80,000

（＊1）@500円×20株×（10名－1名）×$\dfrac{9か月}{24か月}$＝33,750円〈×1年度の費用計上額〉

（＊2）@500円×20株×（10名－2名）×$\dfrac{21か月}{24か月}$＝70,000円〈×2年度までの費用計上額〉

　　　70,000円－33,750円＝36,250円〈×2年度の費用計上額〉

（＊3）@500円×20株×（10名－2名）＝80,000円〈費用総額〉

　　　80,000円－70,000円＝10,000円〈×3年度の費用計上額〉

9 株主資本等変動計算書

　株主資本等変動計算書とは，株主資本等（純資産）の変動を表す財務諸表であり，貸借対照表の純資産の部の表示区分にしたがい，各項目ごとにその当期首残高，当期変動額および当期末残高を記載する。なお，株主資本の各項目に対する当期変動額は，その変動事由ごとに記載し，株主資本以外の各項目に対する当期変動額は原則として純額で記載する。

〈例〉当期の株主資本等の項目に関する増減は，次のとおりであった。

1．新株式20,000円を発行し，払込金額のうち10,000円ずつを資本金と資本準備金とした。

（現 金 預 金）	20,000	（資 本 金）	10,000
		（資 本 準 備 金）	10,000

2．その他資本剰余金による配当5,000円および利益剰余金による配当5,000円を支払い，資本準備金および利益準備金を500円ずつ積み立てた。

（その他資本剰余金）	5,500	（未 払 配 当 金）	5,000
		（資 本 準 備 金）	500
（繰越利益剰余金）	5,500	（未 払 配 当 金）	5,000
		（利 益 準 備 金）	500

3．その他有価証券の時価評価によるその他有価証券評価差額金の当期首残高は6,000円（貸方），当期末残高は8,000円（貸方）であった。

（その他有価証券評価差額金）	6,000	（その他有価証券）	6,000
（その他有価証券）	8,000	（その他有価証券評価差額金）	8,000

　（注）その他有価証券評価差額金は，株主資本以外の項目のため，株主資本等変動計算書には，純額（2,000円の増加）で記載する。

4．当期純利益30,000円が計上された。

（損 益）	30,000	（繰越利益剰余金）	30,000

株主資本等変動計算書

自×1年4月1日 至×2年3月31日

(単位：円)

| | 株主資本 | | | | | | | | | | 評価・換算差額等 | | 新株予約権 | 純資産合計 |
| | 資本金 | 資本剰余金 | | | 利益剰余金 | | | | 自己株式 | 株主資本合計 | その他有価証券評価差額金 | 評価・換算差額等合計 | | |
		資本準備金	その他資本剰余金	資本剰余金合計	利益準備金	その他利益剰余金 ○○積立金	その他利益剰余金 繰越利益剰余金	利益剰余金合計						
当期首残高	200,000	20,000	10,000	30,000	20,000	10,000	50,000	80,000	△10,000	300,000	6,000	6,000	1,000	307,000
当期変動額														
新株の発行	10,000	10,000		10,000						20,000				20,000
剰余金の配当		500	△5,500	△5,000	500		△5,500	△5,000		△10,000				△10,000
当期純利益							30,000	30,000		30,000				30,000
株主資本以外の項目の当期変動額(純額)											2,000	2,000		2,000
当期変動額合計	10,000	10,500	△5,500	5,000	500		24,500	25,000	0	40,000	2,000	2,000	0	42,000
当期末残高	210,000	30,500	4,500	35,000	20,500	10,000	74,500	105,000	△10,000	340,000	8,000	8,000	1,000	349,000

(注) その他利益剰余金および評価・換算差額等は、科目ごとの記載に代えて、科目ごとの金額を注記することができる。また、各合計欄の記載は省略することができる。

Theme
14

純資産（資本）

341

　会社法では，債権者の保護など利害関係者の利害を調整するために，自己株式の取得および剰余金の配当を行える金額に制限を設けている。この限度額を「分配可能額」という。「分配可能額」は，会社法および会社計算規則の定めに従い算定された「剰余金」の額から，さらに必要な調整項目を加減して算定する。また，配当を行う場合には，資本金の4分の1に達するまで資本準備金および利益準備金を積み立てなければならないため，実際に配当できる額（剰余金配当の限度額）は，「分配可能額」から「準備金積立額」を控除した額となる。

　（注）分配可能額の算定にあたっては，さまざまな調整項目を考慮しなければならないが，ここでは基本的なもののみ学習する。

| 剰　　余　　金 | 調　　整　　項　　目 | 準　備　金　積　立　額 |
| | 分　配　可　能　額 | 剰余金配当の限度額 |

1. 剰余金

　「剰余金」の額は，資産の額と自己株式の帳簿価額の合計額から負債の額，資本金，準備金（資本準備金と利益準備金）および株主資本以外のその他の純資産の項目（評価・換算差額等，新株予約権）の合計額を控除した額と規定されている。したがって，「剰余金」の額は，実質的に「その他資本剰余金」と「その他利益剰余金」の合計額となる。

資　産　の　額 自己株式の帳簿価額	負　　債　　の　　額
	資　　本　　金
	資　本　準　備　金
	利　益　準　備　金
	評価・換算差額等
	新　株　予　約　権
	剰余金：その他資本剰余金
	その他利益剰余金 任　意　積　立　金 繰越利益剰余金

2. 分配可能額

　「分配可能額」は，「剰余金」の額から自己株式の帳簿価額，のれん等調整額の超過額，その他有価証券評価差額金（借方残高の場合），土地再評価差額金（借方残高の場合）を控除した額とする。なお，純資産額が300万円を下回る場合には，剰余金の配当を行えないため，300万円から剰余金以外の純資産額（資本金，準備金，新株予約権，評価・換算差額等（貸方の場合））を控除した額がゼロ以上の場合には，その額（純資産の不足額）を控除する。

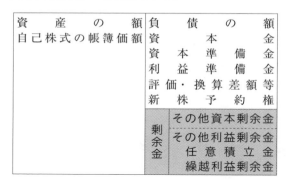

| 剰余金：その他資本剰余金 | 自　己　株　式　の　帳　簿　価　額
のれん等調整額の超過額 ⇦（注1）
その他有価証券評価差額金（借方） |
| その他利益剰余金
任　意　積　立　金
繰越利益剰余金 | 土地再評価差額金（借方）
純　資　産　の　不　足　額 ⇦（注2）
分　配　可　能　額 |

(1) のれん等調整額の超過額 (注1)

のれん等調整額の超過額は，条件により，次のように計算する。

なお，のれん等調整額とは，資産の部に計上した「のれん」の2分の1と繰延資産の合計額とし，資本等金額とは，資本金と準備金（資本準備金，利益準備金）の合計額とする。

① のれん等調整額 ≦ 資本等金額

のれん等調整額の超過額は，ゼロとする。

資　　本　　金	のれん × 1/2
資　本　準　備　金	繰　延　資　産
利　益　準　備　金	
	のれん等調整額の超過額はゼロとする。

② のれん等調整額 ≦ 資本等金額＋その他資本剰余金

のれん等調整額の超過額は，のれん等調整額から資本等金額を控除した額とする。

資　　本　　金		資　　本　　金
資　本　準　備　金	のれん × 1/2	資　本　準　備　金
利　益　準　備　金	繰　延　資　産	利　益　準　備　金
その他資本剰余金		のれん等調整額の超過額

③ のれん等調整額 ＞ 資本等金額＋その他資本剰余金

　(イ) のれん×1/2 ≦ 資本等金額＋その他資本剰余金

のれん等調整額の超過額は，のれん等調整額から資本等金額を控除した額とする。

　(ロ) のれん×1/2 ＞ 資本等金額＋その他資本剰余金

のれん等調整額の超過額は，その他資本剰余金と繰延資産の合計額とする。

(2) 純資産の不足額（注2）

純資産の不足額は，次のように計算する。

300万円	資　　　本　　　金 資　本　準　備　金 利　益　準　備　金 新　株　予　約　権 評価・換算差額等（貸方）	
	純　資　産　の　不　足　額	⇐ ゼロ以下の場合はゼロとする。

3．剰余金配当の限度額

剰余金の配当を行った場合には，資本金の4分の1に達するまで，資本準備金および利益準備金を積み立てなければならないため，分配可能額から準備金積立額を控除する。

分　配　可　能　額	準　備　金　積　立　額 ⇐（注）
	剰余金配当の限度額

（注）準備金積立額は，次のように計算する。

> (1) 分配可能額 $\times \dfrac{1}{11}$ ＝積立予定額
>
> (2) 資本金 $\times \dfrac{1}{4}$ －（資本準備金＋利益準備金）＝積立限度額
>
> (3) (1)積立予定額と(2)積立限度額を比較して小さい方を準備金積立額とする。

※　準備金積立額は，原則として配当の10分の1であるため，剰余金配当の限度額を10，準備金の積立額を1とすると，分配可能額は11となる。したがって，分配可能額の11分の1が(1)積立予定額となる。

〈例〉前期末の貸借対照表にもとづいて，決算確定後の剰余金，分配可能額，剰余金配当の限度額を求めなさい。

貸　借　対　照　表　　　　　　　（単位：千円）

資　　　　　産	金　　額	負債・純資産	金　　額
諸　　資　　産	200,000	諸　　負　　債	170,000
の　　れ　　ん	80,000	資　　本　　金	50,000
繰　延　資　産	20,000	資　本　準　備　金	2,000
		その他資本剰余金	10,000
		利　益　準　備　金	4,000
		その他利益剰余金	40,000
		自　己　株　式	△ 2,000
		その他有価証券評価差額金	18,000
		新　株　予　約　権	8,000
	300,000		300,000

1．剰余金

諸　　資　　産	200,000	諸　　負　　債	170,000
の　　れ　　ん	80,000	資　　本　　金	50,000
繰　延　資　産	20,000	資　本　準　備　金	2,000
自　己　株　式	2,000	利　益　準　備　金	4,000
		その他有価証券評価差額金	18,000
		新　株　予　約　権	8,000
		剰　　余　　金	50,000

または，10,000千円〈その他資本剰余金〉＋40,000千円〈その他利益剰余金〉＝50,000千円〈剰余金〉

2．分配可能額

		自　己　株　式	2,000
剰　　余　　金	50,000	のれん等調整額の超過額（＊1）	4,000
		純資産の不足額（＊2）	0
		分　配　可　能　額	44,000

（＊1）　80,000千円〈のれん〉×1/2＋20,000千円〈繰延資産〉＝60,000千円〈のれん等調整額〉
　　　　50,000千円〈資本金〉＋2,000千円〈資本準備金〉＋4,000千円〈利益準備金〉
　　　　＝56,000千円〈資本等金額〉
　　　　60,000千円 ＞ 56,000千円
　　　　かつ，60,000千円 ＜ 56,000千円＋10,000千円〈その他資本剰余金〉＝66,000千円
　　　　∴　60,000千円－56,000千円＝4,000千円〈のれん等調整額の超過額〉
（＊2）　3,000千円（300万円）－(50,000千円＋2,000千円＋4,000千円＋8,000千円＋18,000千円)
　　　　　　　　　　　　　　　　　　　　　　　　　　　82,000千円
　　　　＝△79,000千円
　　　　　ゼロ以下
　　　　∴　純資産の不足額はゼロとする。

3．剰余金配当の限度額

		準　備　金　積　立　額（＊）	4,000
分　配　可　能　額	44,000	剰余金配当の限度額	40,000

（＊）　(1)　44,000千円〈分配可能額〉× $\frac{1}{11}$ ＝4,000千円〈積立予定額〉

　　　　(2)　50,000千円× $\frac{1}{4}$ －(2,000千円＋4,000千円)＝6,500千円〈積立限度額〉

　　　　(3)　(1)4,000千円〈積立予定額〉 ＜ (2)6,500千円〈積立限度額〉

　　　　∴　4,000千円〈準備金積立額〉

研究　１株当たり情報

　１株当たり当期純利益および１株当たり純資産額は，財務諸表に注記または注記表に記載しなければならない。

1．１株当たり当期純利益

（1）　１株当たり当期純利益

　　１株当たり当期純利益は，普通株式に係る当期純利益を普通株式の期中平均株式数で除して算定する。

$$\frac{普通株式に係る当期純利益}{（普通株式の期首株式数＋普通株式の期末株式数）÷ 2 ＝普通株式の期中平均株式数} = 1株当たり当期純利益$$

　（注）　自己株式がある場合には，期中平均株式数は，期中平均発行済株式数から期中平均自己株式数を控除して算定する。

（2）　潜在株式調整後１株当たり当期純利益

　　潜在株式とは，その保有者が普通株式を取得することができる権利もしくは普通株式への転換請求権またはこれらに準じる権利が付された証券または契約をいい，たとえば，新株予約権，転換社債型新株予約権付社債などがある。

　　潜在株式に係る権利の行使を仮定することにより算定した１株当たり当期純利益（潜在株式調整後１株当たり当期純利益）が，１株当たり当期純利益を下回る場合には，その潜在株式は希薄化効果を有するものとし，このようなときは，潜在株式調整後１株当たり当期純利益も注記または注記表に記載しなければならない。

　　潜在株式調整後１株当たり当期純利益は，普通株式に係る当期純利益に希薄化効果を有する各々の潜在株式に係る当期純利益調整額を加えた合計金額を，普通株式の期中平均株式数に希薄化効果を有する各々の潜在株式に係る権利の行使を仮定したことによる普通株式の増加数を加えた合計株式数で除して算定する。

$$\frac{普通株式に係る当期純利益 ＋ 当期純利益調整額}{普通株式の期中平均株式数 ＋ 普通株式増加数} = 潜在株式調整後１株当たり当期純利益$$

　（注１）　当期純利益調整額は，潜在株式（新株予約権，転換社債型新株予約権付社債）に係る支払利息，社債の償却額などの費用から，これらの費用に課税されたと仮定した場合の税額相当額を控除した金額とする。

　（注２）　普通株式増加数は，たとえば，期首に転換社債型新株予約権付社債が存在した場合には，期首においてすべて転換されたと仮定して算定する。

〈例〉次の資料により，1株当たり当期純利益および潜在株式調整後1株当たり当期純利益を算定しなさい。

1．当期純利益は6,000,000円である。

2．普通株式の発行済株式数は，期首120,000株，期末130,000株である。

3．当期首に転換社債型新株予約権付社債がある。すべて転換されたと仮定した場合の普通株式の発行数は10,000株であり，当期の社債利息は300,000円である。

4．法人税等の法定実効税率は30%とする。

(1) 1株当たり当期純利益

(120,000株〈期首〉+ 130,000株〈期末〉) ÷ 2 = 125,000株〈平均株式数〉

6,000,000円 ÷ 125,000株 = @48円〈1株当たり当期純利益〉

(2) 潜在株式調整後1株当たり当期純利益

125,000株〈平均株式数〉+ 10,000株〈増加〉= 135,000株〈調整後株式数〉

300,000円 × (100% − 30%) = 210,000円〈当期純利益調整額〉

(6,000,000円 + 210,000円) ÷ 135,000株

= @46円〈潜在株式調整後1株当たり当期純利益〉

2．1株当たり純資産額

1株当たり純資産額は，普通株式に係る期末の純資産額を期末の普通株式の発行済株式数から自己株式数を控除した株式数で除して算定する。

$$\frac{普通株式に係る純資産額}{期末の普通株式の発行済株式数 − 期末の普通株式の自己株式数} = 1株当たり純資産額$$

(注) 普通株式に係る純資産額は，貸借対照表の純資産の部の合計額から，新株式申込証拠金，自己株式申込証拠金，優先株式の払込金額（資本金，資本剰余金），剰余金の配当であって普通株主に関連しない金額，新株予約権など期末の普通株式に帰属しない額を控除して算定する。

〈例〉次の資料により，1株当たり純資産額を算定しなさい。

1．当期末の普通株式の発行済株式数は10,000株，そのうち1,000株は自己株式として所有している。なお，当社は普通株式のみ発行している。

2．貸借対照表の純資産の部は次のとおりである。

資 本 金	2,000,000円
新 株 式 申 込 証 拠 金	100,000
資 本 準 備 金	200,000
利 益 準 備 金	100,000
繰 越 利 益 剰 余 金	600,000
自 己 株 式	△350,000
その他有価証券評価差額金	150,000
新 株 予 約 権	50,000
合 計	2,850,000円

2,850,000円 − 100,000円〈新株式申込証拠金〉− 50,000円〈新株予約権〉

= 2,700,000円〈普通株式に係る純資産額〉

2,700,000円 ÷ (10,000株 − 1,000株) = @300円〈1株当たり純資産額〉

「貸借対照表の純資産の部の表示に関する会計基準」
範　囲
３．本会計基準は，すべての株式会社の貸借対照表における純資産の部の表示を定める。

純資産の部の表示
４．貸借対照表は，資産の部，負債の部及び純資産の部に区分し，純資産の部は，株主資本と株主資本以外の各項目（第７項参照）に区分する。

５．株主資本は，資本金，資本剰余金及び利益剰余金に区分する。

６．個別貸借対照表上，資本剰余金及び利益剰余金は，さらに次のとおり区分する。

(1) 資本剰余金は，資本準備金及び資本準備金以外の資本剰余金（以下「その他資本剰余金」という。）に区分する。

(2) 利益剰余金は，利益準備金及び利益準備金以外の利益剰余金（以下「その他利益剰余金」という。）に区分し，その他利益剰余金のうち，任意積立金のように，株主総会又は取締役会の決議に基づき設定される項目については，その内容を示す科目をもって表示し，それ以外については繰越利益剰余金にて表示する。

７．株主資本以外の各項目は，次の区分とする。

(1) 個別貸借対照表上，評価・換算差額等（第８項参照），株式引受権及び新株予約権に区分する。

(2) 連結貸借対照表上，その他の包括利益累計額（第８項参照），株式引受権，新株予約権及び非支配株主持分に区分する。

　　なお，連結貸借対照表において，連結子会社の個別貸借対照表上，純資産の部に直接計上されている評価・換算差額等は，持分比率に基づき親会社持分割合と非支配株主持分割合とに按分し，親会社持分割合は当該区分において記載し，非支配株主持分割合は非支配株主持分に含めて記載する。

８．評価・換算差額等には，その他有価証券評価差額金や繰延ヘッジ損益のように，資産又は負債は時価をもって貸借対照表価額としているが当該資産又は負債に係る評価差額を当期の損益としていない場合の当該評価差額や，為替換算調整勘定，退職給付に係る調整累計額等が含まれる。当該評価・換算差額等は，その他有価証券評価差額金，繰延ヘッジ損益，退職給付に係る調整累計額等その内容を示す科目をもって表示する。

　　なお，当該評価・換算差額等については，これらに係る繰延税金資産又は繰延税金負債の額を控除した金額を記載することとなる。

(注)「包括利益の表示に関する会計基準」の公表により，個別貸借対照表における「評価・換算差額等」の区分は，連結貸借対照表においては「その他の包括利益累計額」として記載することになった。なお，連結貸借対照表については，テキストⅢで学習する。

「株主資本等変動計算書に関する会計基準」

範　囲

3．本会計基準は，株主資本等変動計算書を作成することとなるすべての会社に適用する。

表示区分

4．株主資本等変動計算書の表示区分は，企業会計基準第5号「貸借対照表の純資産の部の表示に関する会計基準」（以下「純資産会計基準」という。）に定める貸借対照表の純資産の部の表示区分に従う。

表示方法

5．株主資本等変動計算書に表示される各項目の当期首残高及び当期末残高は，前期及び当期の貸借対照表の純資産の部における各項目の期末残高と整合したものでなければならない。

　なお，企業会計基準第24号「会計方針の開示，会計上の変更及び誤謬の訂正に関する会計基準」（以下「企業会計基準第24号」という。）に従って遡及処理を行った場合には，表示期間のうち最も古い期間の株主資本等変動計算書の期首残高に対する，表示期間より前の期間の累積的影響額を区分表示するとともに，遡及処理後の期首残高を記載する。

5-2．会計基準等における特定の経過的な取扱いとして，会計方針の変更による影響額を適用初年度の期首残高に加減することが定められている場合には，第5項なお書きに準じて，期首残高に対する影響額を区分表示するとともに，当該影響額の反映後の期首残高を記載する。

株主資本の各項目

6．貸借対照表の純資産の部における株主資本の各項目は，当期首残高，当期変動額及び当期末残高に区分し，当期変動額は変動事由ごとにその金額を表示する。

7．連結損益計算書の親会社株主に帰属する当期純利益（又は親会社株主に帰属する当期純損失）は，連結株主資本等変動計算書において利益剰余金の変動事由として表示する。また，個別損益計算書の当期純利益（又は当期純損失）は，個別株主資本等変動計算書においてその他利益剰余金又はその内訳科目である繰越利益剰余金の変動事由として表示する。

株主資本以外の各項目

8．貸借対照表の純資産の部における株主資本以外の各項目は，当期首残高，当期変動額及び当期末残高に区分し，当期変動額は純額で表示する。ただし，当期変動額について主な変動事由ごとにその金額を表示（注記による開示を含む。）することができる。

Theme
14

純資産（資本）

注記事項

9. 株主資本等変動計算書には，次に掲げる事項を注記する。

  (1) 連結株主資本等変動計算書の注記事項

    ① 発行済株式の種類及び総数に関する事項

    ② 自己株式の種類及び株式数に関する事項

    ③ 新株予約権及び自己新株予約権に関する事項

    ④ 配当に関する事項

  (2) 個別株主資本等変動計算書の注記事項

    自己株式の種類及び株式数に関する事項

    なお，個別株主資本等変動計算書には，上記の事項に加え，(1)①，③及び④に準ずる事項を注記することを妨げない。

    また，連結財務諸表を作成しない会社においては，(2)の事項に代えて，(1)に準ずる事項を個別株主資本等変動計算書に注記する。

中間株主資本等変動計算書

10. 中間連結株主資本等変動計算書及び中間個別株主資本等変動計算書（以下合わせて「中間株主資本等変動計算書」という。）は，株主資本等変動計算書に準じて作成する。

（注）連結貸借対照表については，テキストⅢで学習する。

12 1株当たり当期純利益に関する会計基準　　　理論

「1株当たり当期純利益に関する会計基準」 一部抜粋

範　囲

4. 本会計基準は，財務諸表において，1株当たり当期純利益又は潜在株式調整後1株当たり当期純利益を開示するすべての場合に適用する。

    なお，財務諸表以外の箇所において，1株当たり当期純利益又は潜在株式調整後1株当たり当期純利益を開示する場合にも，その算定方法については，本会計基準を適用することが望ましい。

用語の定義

5.「普通株式」とは，株主としての権利内容に制限のない，標準となる株式をいう。

6.「普通株主」とは，普通株式を有する者をいう。

7.「配当優先株式」とは，普通株式よりも配当請求権（剰余金の配当を受ける権利）が優先的に認められる株式をいう。

8.「優先配当」とは，配当優先株式における優先的な剰余金の配当であって，本会計基準では留保利益から行われるものをいう。

9.「潜在株式」とは，その保有者が普通株式を取得することができる権利若しくは普通株式への転換請求権又はこれらに準じる権利が付された証券又は契約をいい，例えば，ワラントや転換証券が含まれる。

10.「ワラント」とは，その保有者が普通株式を取得することのできる権利又はこれに準じる権利をいい，例えば，新株予約権が含まれる。

11. 「転換証券」とは，普通株式への転換請求権若しくはこれに準じる権利が付された金融負債（以下「転換負債」という。）又は普通株式以外の株式（以下「転換株式」という。）をいい，例えば，一括法で処理されている新株予約権付社債や一定の取得請求権付株式が含まれる。

1株当たり当期純利益

1株当たり当期純利益の算定

12. 1株当たり当期純利益は，普通株式に係る当期純利益（第14項参照）を普通株式の期中平均株式数（第17項参照）で除して算定する。

$$1株当たり当期純利益$$
$$= \frac{普通株式に係る当期純利益}{普通株式の期中平均株式数}$$
$$= \frac{損益計算書上の当期純利益 - 普通株主に帰属しない金額（第15項参照）}{普通株式の期中平均発行済株式数 - 普通株式の期中平均自己株式数}$$

また，損益計算書上，当期純損失の場合にも，当期純利益の場合と同様に，1株当たり当期純損失を算定する（本会計基準においては，1株当たり当期純利益に1株当たり当期純損失を含むものとする。）。

13. 普通株式と同等の株式が存在する場合には，これらの株式数を含めて1株当たり当期純利益を算定する。

普通株式に係る当期純利益

14. 第12項にいう普通株式に係る当期純利益は，損益計算書上の当期純利益から，剰余金の配当に関連する項目で普通株主に帰属しない金額（以下「普通株主に帰属しない金額」という。）を控除して算定する。

15. 第14項にいう普通株主に帰属しない金額には，優先配当額などが含まれる。

普通株式の期中平均株式数

17. 第12項にいう普通株式の期中平均株式数は，普通株式の期中平均発行済株式数から期中平均自己株式数を控除して算定する。

18. 潜在株式は，実際に権利が行使されたときに，普通株式数に含める。

19. （削　除）

潜在株式調整後1株当たり当期純利益

希薄化効果

20. 潜在株式に係る権利の行使を仮定することにより算定した1株当たり当期純利益（以下「潜在株式調整後1株当たり当期純利益」という。）が，1株当たり当期純利益を下回る場合に，当該潜在株式は希薄化効果を有するものとする。

潜在株式調整後1株当たり当期純利益の算定

21. 潜在株式が希薄化効果を有する場合，潜在株式調整後1株当たり当期純利益は，普通株式に係る当期純利益（第14項参照）に希薄化効果を有する各々の潜在株式に係る当期純利益調整額（以下「当期純利益調整額」という。）を加えた合計金額を，普通株式の期中平均株式数（第17項参照）に希薄化効果を有する各々の潜在株式に係る権利の行使を仮定したことによる普通株式の増加数（以下「普通株式増加数」という。）を加えた合計株式数で除して算定する。

$$\frac{潜在株式調整後}{1株当たり当期純利益} = \frac{普通株式に係る当期純利益 + 当期純利益調整額}{普通株式の期中平均株式数 + 普通株式増加数}$$

本会計基準では，潜在株式の代表的な例としてワラント（第24項から第26項参照）と転換証券（第27項から第30項参照）が存在する場合の当期純利益調整額及び普通株式増加数の算定について定めている。

22. 潜在株式が複数存在する場合は，最大希薄化効果を反映した潜在株式調整後1株当たり当期純利益を算定する。

23. 以下の場合は，その旨を開示し，潜在株式調整後1株当たり当期純利益の開示は行わない。

   (1) 潜在株式が存在しない場合

   (2) 潜在株式が存在しても希薄化効果を有しない場合

   (3) 1株当たり当期純損失の場合

ワラントが存在する場合

24. 普通株式の期中平均株価がワラントの行使価格を上回る場合に，当該ワラントがすべて行使されたと仮定することにより算定した潜在株式調整後1株当たり当期純利益は，1株当たり当期純利益を下回るため，当該ワラントは希薄化効果を有することとなる。

25. 各々のワラントが希薄化効果を有する場合，潜在株式調整後1株当たり当期純利益の算定（第21項参照）にあたっては，普通株式の期中平均株式数（第17項参照）に普通株式増加数（第26項参照）を加える。

26. 第25項にいう普通株式増加数は，下記の(1)により算定された普通株式数から，(2)により算定された普通株式数を差し引いて算定する。なお，ワラントが期中に消滅，消却又は行使された部分については，期首又は発行時から当該消滅時，消却時又は行使時までの期間に応じた普通株式数を算定する。

   (1) 希薄化効果を有するワラントが期首又は発行時においてすべて行使されたと仮定した場合に発行される普通株式数

   (2) 期中平均株価にて普通株式を買い受けたと仮定した普通株式数

   　ワラントの行使により払い込まれると仮定された場合の入金額を用いて，当期にワラントが存在する期間の平均株価にて普通株式を買い受けたと仮定した普通株式数を算定する。

転換証券が存在する場合

27. １株当たり当期純利益が，転換証券に関する当期純利益調整額（第29項参照）を普通株式増加数（第30項参照）で除して算定した増加普通株式１株当たりの当期純利益調整額を上回る場合に，当該転換証券がすべて転換されたと仮定することにより算定した潜在株式調整後１株当たり当期純利益は，１株当たり当期純利益を下回るため，当該転換証券は希薄化効果を有することとなる。

28. 各々の転換証券が希薄化効果を有する場合，潜在株式調整後１株当たり当期純利益の算定（第21項参照）にあたっては，普通株式に係る当期純利益（第14項参照）に当期純利益調整額（第29項参照）を加え，普通株式の期中平均株式数（第17項参照）に普通株式増加数（第30項参照）を加える。

29. 第28項にいう当期純利益調整額は，以下の金額とする。

(1) 転換負債に係る当期の支払利息の金額，社債金額よりも低い価額又は高い価額で発行した場合における当該差額に係る当期償却額及び利払いに係る事務手数料等の費用の合計額から，当該金額に課税されたと仮定した場合の税額相当額を控除した金額

(2) 転換株式について，１株当たり当期純利益を算定する際に当期純利益から控除された当該株式に関連する普通株主に帰属しない金額（第14項参照）

30. 第28項にいう普通株式増加数は，下記の(1)及び(2)によって算定された普通株式数の合計とする。

(1) 希薄化効果を有する転換証券が期首に存在する場合，期首においてすべて転換されたと仮定した場合に発行される普通株式数（なお，転換証券のうち転換請求期間が期中に満了した部分又は期中に償還した部分については，期首から当該満了時又は償還時までの期間に応じた普通株式数を算定する。また，期中に転換された部分については，期首から当該転換時までの期間に応じた普通株式数を算定する。）

(2) 希薄化効果を有する転換証券が期中に発行された場合は，発行時においてすべて転換されたと仮定し算定した当該発行時から期末までの期間に応じた普通株式数（なお，上記(1)の括弧書きは，転換証券が期中に発行された場合にも準用する。）

付　　録

損益計算書の一般的な様式

報告式による損益計算書の一般的な様式は，次のとおりである。

損　益　計　算　書

○○○株式会社　自×2年4月1日　至×3年3月31日		（単位：円）
Ⅰ　売　　上　　高		1,000,000
Ⅱ　売　上　原　価		
1．期首商品棚卸高	200,000	
2．当期商品仕入高	530,000	
合　　　計	730,000	
3．期末商品棚卸高	180,000	550,000
売　上　総　利　益		450,000
Ⅲ　販売費及び一般管理費		
1．給　料　手　当	120,000	
2．販　売　手　数　料	53,500	
3．貸倒引当金繰入	10,000	
4．租　税　公　課	13,000	
5．減　価　償　却　費	38,000	
6．退　職　給　付　費　用	14,000	
7．雑　　　　　費	6,500	255,000
営　業　利　益		195,000
Ⅳ　営　業　外　収　益		
1．受取利息配当金	14,000	
2．仕　入　割　引	3,500	17,500
Ⅴ　営　業　外　費　用		
1．支　払　利　息	21,000	
2．社　債　利　息	4,000	25,000
経　常　利　益		187,500
Ⅵ　特　別　利　益		
1．社　債　償　還　益		12,500
Ⅶ　特　別　損　失		
1．固定資産売却損		40,000
税引前当期純利益		160,000
法人税，住民税及び事業税	66,000	
法人税等調整額	△3,000	63,000
当　期　純　利　益		97,000

貸借対照表の一般的な様式

勘定式による貸借対照表の一般的な様式は，次のとおりである。

貸 借 対 照 表

○○○株式会社　　　　　　　　　　×3年3月31日現在　　　　　　　　　　（単位：円）

資 産 の 部			負 債 の 部		
I 流 動 資 産			I 流 動 負 債		
現 金 預 金		100,000	支 払 手 形		275,000
受 取 手 形	300,000		買 掛 金		180,000
貸 倒 引 当 金	△6,000	294,000	短 期 借 入 金		80,000
売 掛 金	200,000		未 払 金		10,000
貸 倒 引 当 金	△4,000	196,000	未 払 法 人 税 等		64,000
有 価 証 券		78,000	未 払 消 費 税		10,000
商 品		150,000	未 払 費 用		30,000
前 払 金		30,000	前 受 金		25,000
前 払 費 用		10,000	前 受 収 益		10,000
未 収 入 金		20,000	流 動 負 債 合 計		684,000
未 収 収 益		62,000	II 固 定 負 債		
短 期 貸 付 金		40,000	社 債		400,000
流 動 資 産 合 計		980,000	長 期 借 入 金		170,000
II 固 定 資 産			退 職 給 付 引 当 金		80,000
1. 有形固定資産			固 定 負 債 合 計		650,000
建 物	300,000		負 債 合 計		1,334,000
減価償却累計額	△60,000	240,000	純 資 産 の 部		
備 品	80,000		I 株 主 資 本		
減価償却累計額	△16,000	64,000	1. 資 本 金		300,000
土 地		400,000	2. 資 本 剰 余 金		
建 設 仮 勘 定		76,000	(1) 資 本 準 備 金		20,000
有形固定資産合計		780,000	(2) その他資本剰余金		10,000
2. 無形固定資産			資 本 剰 余 金 合 計		30,000
の れ ん		45,000	3. 利 益 剰 余 金		
無形固定資産合計		45,000	(1) 利 益 準 備 金		20,000
3. 投資その他の資産			(2) その他利益剰余金		
投 資 有 価 証 券		42,000	別 途 積 立 金	70,000	
子 会 社 株 式		40,000	繰越利益剰余金	210,000	280,000
長 期 定 期 預 金		45,000	利 益 剰 余 金 合 計		300,000
長 期 前 払 費 用		2,000	4. 自 己 株 式		△5,000
長 期 貸 付 金		10,000	株 主 資 本 合 計		625,000
繰 延 税 金 資 産		6,000	II 評価・換算差額等		
投資その他の資産合計		145,000	1. その他有価証券評価差額金		7,000
固 定 資 産 合 計		970,000	2. 土地再評価差額金		14,000
III 繰 延 資 産			評価・換算差額等合計		21,000
社 債 発 行 費		16,000	III 株 式 引 受 権		2,000
開 発 費		34,000	IV 新 株 予 約 権		18,000
繰 延 資 産 合 計		50,000	純 資 産 合 計		666,000
資 産 合 計		2,000,000	負債・純資産合計		2,000,000

付　　録

日商簿記で使う算数と数学

1. 分数

(1) 加算（たしざん）・減算（ひきざん）

① 分母が同じ分数同士のときは，分子同士をそのまま加算・減算する。

（例１）

そのまま加算

$$\frac{3}{7} + \frac{2}{7} = \frac{3+2}{7} = \frac{5}{7}$$

（例２）

そのまま減算

$$\frac{3}{7} - \frac{2}{7} = \frac{3-2}{7} = \frac{1}{7}$$

② 分母が違う分数同士のときは，分母の数を揃えてから分子同士を加算・減算する。

（例）

$$\frac{1}{3} + \frac{1}{2} = \frac{1 \times 2}{3 \times 2} + \frac{1 \times 3}{2 \times 3}$$

分母を6に揃える（通分）ためにそれぞれ2と3を掛ける。
なお，分数の分母と分子に同じ数を掛けても，分数の大きさは変わらない。

$$= \frac{2}{6} + \frac{3}{6} = \frac{5}{6}$$

(2) 乗算（かけざん）

分母同士の乗算は，分母同士，分子同士を掛ける。

（例）

$$\frac{1}{3} \times \frac{2}{5} = \frac{1 \times 2}{3 \times 5} = \frac{2}{15}$$

(3) 除算（わりざん）

除算は，割る数の逆数（分子と分母を入れ替えた分数）を掛ける。

（例）

分子と分母を入れ替えて掛ける。

$$\frac{1}{3} \div \frac{2}{5} = \frac{1}{3} \times \frac{5}{2} = \frac{1 \times 5}{3 \times 2} = \frac{5}{6}$$

2. 歩合と百分率

割合を表す単位として，歩合（ぶあい）や百分率（ひゃくぶんりつ）などがある。

(1) 歩合

通常，試合の勝率などを「○割（わり）○分（ぶ）○厘（りん）」のように表すが，これを歩合という。

「割」は分数で10分の1（小数で0.1），「分」は100分の1（0.01），「厘」は1,000分の1（0.001）を表す。

具体的には，試合の勝率で「5割4分1厘」を小数で表すと0.541となる。

(2) **百分率**

　百分率とは，％（パーセント）のことをいい，もとになるものを100等分した場合の割合を表したものをいう。

　たとえば，空気中に含まれる窒素の割合はおよそ78％だが，これは，もとになる空気を100等分したうちのおよそ78の割合が窒素であることを表す。空気を1としたとき，窒素の割合を小数で表すと，およそ0.78となる。

(3) **小数，分数，歩合，百分率の関係**

　小数，分数，歩合，百分率を表にすると以下のようになる。

小　数	0.1	0.25	0.5
分　数	$\dfrac{1}{10} = \dfrac{10}{100}$	$\dfrac{1}{4} = \dfrac{25}{100}$	$\dfrac{1}{2} = \dfrac{5}{10} = \dfrac{50}{100}$
歩　合	1割	2割5分	5割
百分率	10%	25%	50%

3. 一次方程式

　一次方程式は次のように解く。

(1) **「25x－50＝75」を解く。**

① 左辺の「－50」を右辺に移項する。このとき，符号の「－」は「＋」に変わる。

$$25x \;\boxed{-50}\; = 75$$

左辺から右辺へ移項

$$25x = 75\;\boxed{+50}$$

右辺を計算

$$25x = 125$$

①は，次のようにも計算できます。

$$25x - 50 = 75$$

両辺に50を加算

$$25x - 50\;\boxed{+50}\; = 75\;\boxed{+50}$$

$$25x = 125$$

② 両辺を25で割って，xを求める。

両辺を25で割る

$$25x \;\boxed{\div 25}\; = 125\;\boxed{\div 25}$$

$$x = 5 \quad \cdots \text{（答）}$$

(2) **「2－x＝4（2－x）」を解く。**

① 右辺のカッコ（　）をはずす。

それぞれの項に掛ける。

$$2 - x = \boxed{4}\,(2 - x)$$

$$2 - x = \boxed{4} \times 2 - \boxed{4} \times x$$

$$2 - x = 8 - 4x$$

② 右辺の－4xを左辺に移項する。

$$2 - x \;\boxed{+4x}\; = 8$$

$$2 + 3x = 8$$

③ 左辺の2を右辺に移項する。

$$3x = 8 \;\boxed{-2}$$

$$3x = 6$$

④ 両辺を3で割って，xを求める。

$$3x \;\boxed{\div 3}\; = 6\;\boxed{\div 3}$$

$$x = 2 \quad \cdots \text{（答）}$$

さくいん‥‥‥Index

参考文献

「連結財務諸表の実務」（朝日監査法人，アーサーアンダーセン　中央経済社）

「新版財務会計論」（新井清光　中央経済社）

「上級簿記」（新井清光　中央経済社）

「現代会計学」（新井清光　中央経済社）

「Ｑ＆Ａ金融商品会計」（伊藤真，花田重典，荻原正佳　税務経理協会）

「デリバティブの会計実務」（荻茂生，川本修司　中央経済社）

「財務会計概論」（加古宜士　中央経済社）

「新版Ｑ＆Ａ金融商品会計の実務」（監査法人トーマツ　清文社）

「財務会計」（広瀬義州　中央経済社）

「連結会計入門」（広瀬義州　中央経済社）

「株式会社会計」（桜井久勝　税務経理協会）

「財務会計論」（森川八洲男　税務経理協会）

「仕訳実務便覧1000」（東陽監査法人　洋光）

「簿記Ⅰ，Ⅱ，Ⅲ」（武田隆二　税務経理協会）

「財務諸表論」（武田隆二　中央経済社）

「決算実務ハンドブック」（嶌村剛雄　中央経済社）

「合併・分割・株式交換等の実務」（澤田眞史，東京北斗監査法人　清文社）

「企業会計」（中央経済社）

「ＪＩＣＰＡジャーナル」（日本公認会計士協会）

MEMO

よくわかる簿記シリーズ

合格テキスト　日商簿記1級商業簿記・会計学 II　Ver. 18. 0

2002年2月1日　初　版　第1刷発行
2023年12月25日　第21版　第1刷発行

編　著　者　　Ｔ　Ａ　Ｃ　株　式　会　社
　　　　　　　　　　　　（簿記検定講座）
発　行　者　　多　　田　　敏　　男
発　行　所　　ＴＡＣ株式会社　出版事業部
　　　　　　　　　　　　　　（ＴＡＣ出版）
　　　　　　　〒101-8383
　　　　　　　東京都千代田区神田三崎町3-2-18
　　　　　　　電話 03 (5276) 9492 (営業)
　　　　　　　FAX 03 (5276) 9674
　　　　　　　https://shuppan. tac-school. co. jp
組　　　版　　朝日メディアインターナショナル株式会社
印　　　刷　　株式会社　ワ　コ　ー
製　　　本　　株式会社　常　川　製　本

© TAC 2023　　　Printed in Japan　　　ISBN 978-4-300-10660-0
　　　　　　　　　　　　　　　　　　　　　　N.D.C. 336

乱丁・落丁による交換,および正誤のお問合せ対応は,該当書籍の改訂版刊行月末日までといたします。なお,交換につきましては,書籍の在庫状況等により,お受けできない場合もございます。
また,各種本試験の実施の延期,中止を理由とした本書の返品はお受けいたしません。返金もいたしかねますので,あらかじめご了承くださいますようお願い申し上げます。

簿記検定講座のご案内

選べる学習メディアでご自身に合うスタイルでご受講ください！

通学講座

| 3級コース | 3・2級コース | 2級コース | 1級コース | 1級上級・アドバンスコース |

教室講座　通って学ぶ

定期的な日程で通学する学習スタイル。常に講師と接することができるという教室講座の最大のメリットがありますので、疑問点はその日のうちに解決できます。また、勉強仲間との情報交換も積極的に行えるのが特徴です。

ビデオブース講座　通って学ぶ　予約制

ご自身のスケジュールに合わせて、TACのビデオブースで学習するスタイル。日程を自由に設定できるため、忙しい社会人に人気の講座です。

直前期教室出席制度
直前期以降、教室受講に振り替えることができます。

| 無料体験入学 | ご自身の目で、耳で体験し納得してご入学いただくために、無料体験入学をご用意しました。 |
| 無料講座説明会 | もっとTACのことを知りたいという方は、無料講座説明会にご参加ください。 |

無　料
予約不要※

※ビデオブース講座の無料体験入学は要予約。
無料講座説明会は一部校舎では要予約。

通信講座

| 3級コース | 3・2級コース | 2級コース | 1級コース | 1級上級・アドバンスコース |

Web通信講座　スマホやタブレットにも対応　見て学ぶ

教室講座の生講義をブロードバンドを利用し動画で配信します。ご自身のペースに合わせて、24時間いつでも何度でも繰り返し受講することができます。また、講義動画はダウンロードして2週間視聴可能です。有効期間内は何度でもダウンロード可能です。
※Web通信講座の配信期間は、お申込コースの目標月の翌月末までです。

TAC WEB SCHOOL ホームページ
URL https://portal.tac-school.co.jp/
※お申込み前に、左記のサイトにて必ず動作環境をご確認ください。

DVD通信講座　見て学ぶ

講義を収録したデジタル映像をご自宅にお届けします。講義の臨場感をクリアな画像でご自宅にて再現することができます。
※DVD-Rメディア対応のDVDプレーヤーでのみ受講が可能です。パソコンやゲーム機での動作保証はいたしておりません。

Webでも無料配信中！　スマホ・タブレット　パソコン

「TAC動画チャンネル」

資料通信講座（1級のみ）

テキスト・添削問題を中心として学習します。

● 講座説明会　※収録内容の変更のため、配信されない期間が生じる場合がございます。
● 1回目の講義（前半分）が視聴できます

詳しくは、TACホームページ
「TAC動画チャンネル」をクリック！

| TAC動画チャンネル　簿記 | 検索 |

コースの詳細は、簿記検定講座パンフレット・TACホームページをご覧ください。

パンフレットのご請求・お問い合わせは、TACカスタマーセンターまで

通話無料 0120-509-117
ゴウカク　イイナ

受付時間　月～金 9:30～19:00
　　　　　土・日・祝 9:30～18:00
※携帯電話からもご利用になれます。

TAC簿記検定講座ホームページ

| TAC 簿記 | 検索 |

資格の学校 TAC

簿記検定講座

お手持ちの教材がそのまま使用可能!
【テキストなしコース】のご案内

TAC簿記検定講座のカリキュラムは市販の教材を使用しておりますので、こちらのテキストを使ってそのまま受講することができます。独学では分かりにくかった論点や本試験対策も、TAC講師の詳しい解説で理解度も120%UP! 本試験合格に必要なアウトプット力が身につきます。独学との差を体感してください。

左記の各メディアが【テキストなしコース】でお得に受講可能!

こんな人にオススメ!

●テキストにした書き込みをそのまま活かしたい!
●これ以上テキストを増やしたくない!
●とにかく受講料を安く抑えたい!

※お申込前に必ずお持ちのバージョンをご確認ください。場合によっては最新のものに買い直していただくことがございます。詳細はお問い合わせください。

お手持ちの教材をフル活用!!

合格テキスト

合格トレーニング

会計業界への就職・転職支援サービス

TPB

TACの100%出資子会社であるTACプロフェッションバンク（TPB）は、会計・税務分野に特化した転職エージェントです。勉強された知識とご希望に合ったお仕事を一緒に探しませんか? 相談だけでも大歓迎です! どうぞお気軽にご利用ください。

人材コンサルタントが無料でサポート

Step1 相談受付
完全予約制です。HPからご登録いただくか、各オフィスまでお電話ください。

Step2 面談
ご経験やご希望をお聞かせください。あなたの将来について一緒に考えましょう。

Step3 情報提供
ご希望に適うお仕事があれば、その場でご紹介します。強制はいたしませんのでご安心ください。

正社員で働く

● 安定した収入を得たい
● キャリアプランについて相談したい
● 面接日程や入社時期などの調整をしてほしい
● 今就職すべきか、勉強を優先すべきか迷っている
● 職場の雰囲気など、求人票でわからない情報がほしい

TACキャリアエージェント
https://tacnavi.com/

派遣で働く（関東のみ）

● 勉強を優先して働きたい
● 将来のために実務経験を積んでおきたい
● まずは色々な職場や職種を経験したい
● 家庭との両立を第一に考えたい
● 就業環境を確認してから正社員で働きたい

TACの経理・会計派遣
https://tacnavi.com/haken/

※ご経験やご希望内容によってはご支援が難しい場合がございます。予めご了承ください。　※面談時間は原則お一人様30分とさせていただきます。

自分のペースでじっくりチョイス

正社員・アルバイトで働く

● 自分の好きなタイミングで就職活動をしたい
● どんな求人案件があるのか見たい
● 企業からのスカウトを待ちたい
● WEB上で応募管理をしたい

Webで

TACキャリアナビ
https://tacnavi.com/kyujin/

就職・転職・派遣就労の強制は一切いたしません。会計業界への就職・転職を希望される方への無料支援サービスです。どうぞお気軽にお問い合わせください。

 TACプロフェッションバンク

東京オフィス
〒101-0051
東京都千代田区神田神保町1-103
東京パークタワー 2F
TEL.03-3518-6775

大阪オフィス
〒530-0013
大阪府大阪市北区茶屋町6-20
吉田茶屋町ビル 5F
TEL.06-6371-5851

名古屋 登録会場
〒453-0014
愛知県名古屋市中村区則武 1-1-7
NEWNO 名古屋駅西 8F
TEL.0120-757-655

■ 有料職業紹介事業 許可番号13-ユ-010678　　■ 一般労働者派遣事業 許可番号（派）13-010932

10860572

2022年4月現在

TAC出版 書籍のご案内

TAC出版では、資格の学校TAC各講座の定評ある執筆陣による資格試験の参考書をはじめ、資格取得者の開業法や仕事術、実務書、ビジネス書、一般書などを発行しています!

TAC出版の書籍

*一部書籍は、早稲田経営出版のブランドにて刊行しております。

資格・検定試験の受験対策書籍

- 日商簿記検定
- 建設業経理士
- 全経簿記上級
- 税　理　士
- 公認会計士
- 社会保険労務士
- 中小企業診断士
- 証券アナリスト

- ファイナンシャルプランナー(FP)
- 証券外務員
- 貸金業務取扱主任者
- 不動産鑑定士
- 宅地建物取引士
- 賃貸不動産経営管理士
- マンション管理士
- 管理業務主任者

- 司法書士
- 行政書士
- 司法試験
- 弁理士
- 公務員試験(大卒程度・高卒者)
- 情報処理試験
- 介護福祉士
- ケアマネジャー
- 社会福祉士　ほか

実務書・ビジネス書

- 会計実務、税法、税務、経理
- 総務、労務、人事
- ビジネススキル、マナー、就職、自己啓発
- 資格取得者の開業法、仕事術、営業術
- 翻訳ビジネス書

一般書・エンタメ書

- ファッション
- エッセイ、レシピ
- スポーツ
- 旅行ガイド (おとな旅プレミアム/ハルカナ)
- 翻訳小説

日商簿記検定試験対策書籍のご案内

TAC出版の日商簿記検定試験対策書籍は、学習の各段階に対応していますので、あなたの
ステップに応じて、合格に向けてご活用ください!

3タイプのインプット教材

❶

> 簿記を専門的な知識に
> していきたい方向け

● **満点合格を目指し
次の級への土台を築く**

「合格テキスト」
「合格トレーニング」

● 大判のB5判、3級～1級累計300万部超の、信頼の定番テキスト&トレーニング!
TACの教室でも使用している公式テキストです。3級のみオールカラー。
● 出題論点はすべて網羅しているので、簿記をきちんと学んでいきたい方にぴったりです!
◆3級 □2級 商簿、2級 工簿 ■1級 商・会 各3点、1級 工・原 各3点

❷

> スタンダードにメリハリ
> つけて学びたい方向け

● **教室講義のような
わかりやすさでしっかり学べる**

「簿記の教科書」
「簿記の問題集」
　　　　　　　　　　　滝澤 ななみ 著

● A5判、4色オールカラーのテキスト(2級・3級のみ)&模擬試験つき問題集!
● 豊富な図解と実例つきのわかりやすい説明で、もうモヤモヤしない!!
◆3級 □2級 商簿、2級 工簿 ■1級 商・会 各3点、1級 工・原 各3点

DVDの併用で、
さらに理解が
深まります!

『簿記の教科書DVD』
● 「簿記の教科書」3、2級の準拠DVD。
わかりやすい解説で、合格力が短時間
で身につきます!
◆3級 □2級 商簿、2級 工簿

❸

> 気軽に始めて、早く全体像を
> つかみたい方向け

● **初学者でも楽しく続けられる!**

「スッキリわかる」
テキスト／問題集一体型
滝澤 ななみ 著(1級は商・会のみ)

● 小型のA5判によるテキスト／問題集一体型。これ一冊でOKの、
圧倒的に人気の教材です。
● 豊富なイラストとわかりやすいレイアウト! かわいいキャラの
「ゴエモン」と一緒に楽しく学べます。
◆3級 □2級 商簿、2級 工簿 ■1級 商・会 4点、1級 工・原 4点

シリーズ待望の問題集が誕生!
「スッキリとける本試験予想問題集」
滝澤 ななみ 監修　TAC出版開発グループ 編著

● 本試験タイプの予想問題9回分を掲載
◆3級 □2級

DVDの併用で、
さらに理解が
深まります!

『スッキリわかる 講義DVD』
● 「スッキリわかる」3、2級の準拠DVD。
超短時間でも要点はのがさず解説。
3級10時間、2級14時間＋10時間で合
格へひとっとび。
◆3級 □2級 商簿、2級 工簿

コンセプト問題集

● 得点力をつける!
『みんなが欲しかった! やさしすぎる解き方の本』

B5判　滝澤 ななみ 著

● 授業で解き方を教わっているような 新感覚問題集。再受験にも有効。
◆3級　□2級

本試験対策問題集

● 本試験タイプの
　問題集
『合格するための
　本試験問題集』
（1級は過去問題集）

B5判

● 12回分（1級は14回分）の問題を収載。
ていねいな「解答への道」、各問対策が
充実。
◆3級　□2級　■1級

● 知識のヌケを
　なくす!
『まるっと
　完全予想問題集』
（1級は網羅型完全予想問題集）

A4判

● オリジナル予想問題（3級10回分、2級12回分、
1級8回分）で本試験の重要出題パターンを網羅。
● 実力養成にも直前の本試験対策にも有効。
◆3級　□2級　■1級

直前予想

『○年度試験をあてる
　TAC予想模試
　＋解き方テキスト』
（1級は第○回をあてるTAC直前予想模試）

A4判

● TAC講師陣による4回分の予想問題で最終仕上げ。
● 2級・3級は、第1部解き方テキスト編、第2部予想模試編
の2部構成。
● 年3回（1級は年2回）、各試験に向けて発行します。
◆3級　□2級　■1級

あなたに合った合格メソッドをもう一冊!

仕訳 『究極の仕訳集』
B6変型判
● 悩む仕訳をスッキリ整理。ハンディサイズ、
一問一答式で基本の仕訳を一気に覚える。
◆3級　□2級

仕訳 『究極の計算と仕訳集』
B6変型判　境 浩一朗 著
● 1級商会で覚えるべき計算と仕訳がすべて
つまった1冊!
■1級 商・会

理論 『究極の会計学理論集』
B6変型判
● 会計学の理論問題を論点別に整理、手軽
なサイズが便利です。
■1級 商・会、全経上級

電卓 『カンタン電卓操作術』
A5変型判　TAC電卓研究会 編
● 実践的な電卓の操作方法について、丁寧
に説明します!

📱：ネット試験の演習ができる模擬試験プログラムつき（2級・3級）

📱：スマホで使える仕訳Webアプリつき（2級・3級）

・2023年8月現在 ・刊行内容、表紙等は変更することがあります ・とくに記述がある商品以外は、TAC簿記検定講座編です

書籍の正誤に関するご確認とお問合せについて

書籍の記載内容に誤りではないかと思われる箇所がございましたら、以下の手順にてご確認とお問合せをしてくださいますよう、お願い申し上げます。

なお、正誤のお問合せ以外の**書籍内容に関する解説および受験指導などは、一切行っておりません。**
そのようなお問合せにつきましては、お答えいたしかねますので、あらかじめご了承ください。

1 「Cyber Book Store」にて正誤表を確認する

TAC出版書籍販売サイト「Cyber Book Store」の
トップページ内「正誤表」コーナーにて、正誤表をご確認ください。

CYBER TAC出版書籍販売サイト
BOOK STORE

URL：https://bookstore.tac-school.co.jp/

2 1の正誤表がない、あるいは正誤表に該当箇所の記載がない
⇒ 下記①、②のどちらかの方法で文書にて問合せをする

★ご注意ください★

お電話でのお問合せは、お受けいたしません。
①、②のどちらの方法でも、お問合せの際には、「お名前」とともに、
「対象の書籍名（○級・第○回対策も含む）およびその版数（第○版・○○年度版など）」
「お問合せ該当箇所の頁数と行数」
「誤りと思われる記載」
「正しいとお考えになる記載とその根拠」
を明記してください。
なお、回答までに１週間前後を要する場合もございます。あらかじめご了承ください。

① ウェブページ「Cyber Book Store」内の「お問合せフォーム」より問合せをする

【お問合せフォームアドレス】

https://bookstore.tac-school.co.jp/inquiry/

② メールにより問合せをする

【メール宛先　TAC出版】

syuppan-h@tac-school.co.jp

※土日祝日はお問合せ対応をおこなっておりません。
※正誤のお問合せ対応は、該当書籍の改訂版刊行月末日までといたします。

乱丁・落丁による交換は、該当書籍の改訂版刊行月末日までといたします。なお、書籍の在庫状況等により、お受けできない場合もございます。
また、各種本試験の実施の延期、中止を理由とした本書の返品はお受けいたしません。返金もいたしかねますので、あらかじめご了承くださいますようお願い申し上げます。

（2022年7月現在）